MANUAL PRÁTICO e teórico da empresa familiar

MANUAL PRÁTICO e teórico da empresa familiar

Organização patrimonial, planejamento sucessório, governança familiar e corporativa e estratégias societárias e sucessórias (governança jurídica)

ROBERTA NIOAC PRADO

2023

saraiva jur

saraiva EDUCAÇÃO | saraiva jur

Av. Paulista, 901, Edifício CYK, 4º andar
Bela Vista – São Paulo – SP – CEP 01310-100

SAC | sac.sets@saraivaeducacao.com.br

Diretoria executiva Flávia Alves Bravin
Diretoria editorial Ana Paula Santos Matos
Gerência de produção e projetos Fernando Penteado
Gerência editorial Thais Cassoli Reato Cézar

Novos projetos Aline Darcy Flôr de Souza
Dalila Costa de Oliveira

Edição Jeferson Costa da Silva (coord.)
Liana Brito Ganiko

Design e produção Daniele Debora de Souza (coord.)
Daniela Nogueira Secondo
Camilla Felix Cianelli Chaves
Claudirene de Moura Santos Silva
Deborah Mattos
Lais Soriano
Tiago Dela Rosa

Planejamento e projetos Cintia Aparecida dos Santos
Daniela Maria Chaves Carvalho
Emily Larissa Ferreira da Silva
Kelli Priscila Pinto

Diagramação Negrito Produção Editorial
Revisão Daniela Georgeto
Capa Lais Soriano
Produção gráfica Marli Rampim
Sergio Luiz Pereira Lopes

Impressão e acabamento

DADOS INTERNACIONAIS DE CATALOGAÇÃO NA PUBLICAÇÃO (CIP)
ODILIO HILARIO MOREIRA JUNIOR – CRB-8/9949

P896m Prado, Roberta Nioac

Manual prático e teórico da empresa familiar: organização patrimonial, planejamento sucessório, governança familiar e corporativa e estratégias societárias e sucessórias (Governança jurídica) / Roberta Nioac Prado. – São Paulo: SaraivaJur, 2023.

376 p.

Inclui anexo.

ISBN 978-65-5559-877-3 (Impresso)

1. Famílias Empresárias. 2. Alinhamento Estratégico. 3. Metodologia VDS. 4. Governança Familiar. I. Título.

CDD 341.3
2022-2672 CDU 342.9

Índices para catálogo sistemático:

1. Direito administrativo 341.3
2. Direito administrativo 342.9

Data de fechamento da edição: 6-10-2022

Dúvidas? Acesse www.saraivaeducacao.com.br

CÓD. OBRA 715046 CL 608225 CAE 812724

Aos meus pais, Ligia e Roberto, meus avós, Nena (mamy), Caito, vovó Ruth e vovô Mauricio, meus bisavós, Lalá e vovô Bibi, Caio e Antonieta, vovó Julieta e vovô João, Olga e Odilon.

Aos pais deles, e aos pais dos pais deles...

Aos meus filhos, Aryê e Helena, e a todos os que ainda virão...

Apresentação

Desde 2005, quando comecei a estudar e a trabalhar com governança corporativa, governança familiar, organização patrimonial e planejamento sucessório para famílias empresárias e empresas familiares, depois de conhecer o livro *De geração para geração: ciclos de vida das empresas familiares*[1] e me encantar com o assunto, venho sendo regularmente convidada para dar aulas e fazer palestras para variados públicos, que vão desde estudantes de graduação e de pós-graduação de diversas especializações, notadamente em Direito, Administração e Psicologia, até fundadores, gestores, membros de famílias empresárias e também profissionais, de múltiplas formações, que prestam consultoria ou trabalham para, ou em, empresas familiares[2], e estão interessados em conhecer, de forma estruturada e interdisciplinar, o tema. Com efeito, a quase totalidade dos tópicos aqui tratados está constantemente interferindo em nossa vida patrimonial, empresarial, profissional ou mesmo familiar.

Durante a pandemia da Covid-19, em meados de 2020, em isolamento domiciliar e com mais tempo disponível, fiz diversas *lives*, webinars e transmissões por Zoom, o que me permitiu sistematizar e sintetizar, ainda mais acuradamente, todos esses assuntos. E, a partir daí, nasceu a ideia de fazer esta obra para divulgar de forma ampla, simplificada, acessível e prática todo o conteúdo aqui disponível.

---

1 GERSICK, Kelin E.; HAMPTON, Marion McCollom; LANSBERG, Ivan; DAVIS, John. *Generation to Generation*: Life cycles of family business. Harvard Business School Press, 1997.

2 Sejam micro, pequenas, médias ou grandes empresas, de capital fechado ou com ações negociadas em Bolsa, na forma de Ltda. ou S/A, e em qualquer setor do comércio, indústria e prestação de serviços.

Julgo que o principal diferencial deste trabalho é a interdisciplinaridade dos temas abordados, de fácil compreensão para não especialistas, e, ainda, os exemplos práticos de cláusulas e documentos comumente utilizados nos âmbitos familiar e empresarial.

Não pretendo aqui me debruçar sobre matérias complexas, intrincadas e discutidas em abundantes e incontáveis laudas de doutrina e jurisprudência. Meu objetivo é dividir de forma estruturada e simplificada o que já venho fazendo em cursos e palestras para alunos e profissionais, e em projetos de Governança e Gestão da nossa consultoria para empresas familiares e famílias empresárias.

Nessa perspectiva, os três primeiros capítulos desta obra tratam de temas relacionados à governança familiar e corporativa de famílias empresárias e empresas familiares. Os dois últimos abordam temas jurídicos relevantes para a governança patrimonial e sucessória dessas mesmas famílias.

No decorrer da obra será possível notar que todos os capítulos se inter-relacionam e que, de certa forma, para que um trabalho de organização patrimonial e planejamento sucessório, em consideração às boas práticas de governança corporativa e familiar, seja efetivado, é necessário, no mínimo, que cada tema listado seja considerado e adaptado à realidade e às necessidades de cada família e empresa.

Sendo assim, um trabalho dessa natureza, especialmente se executado por escritório, consultoria ou profissional renomado, terá um custo financeiro significativamente alto e, portanto, pode não caber no bolso de qualquer família empresária ou empresa familiar, notadamente as de pequeno porte.

Por outro lado, um projeto dessa espécie, implementado de forma competente e eficaz, como em princípio deve ser para que atinja seus objetivos, pode ser extremamente importante para a longevidade dos negócios e das relações familiares.

Creio que o acesso ao conhecimento sobre tais temas, ainda que de maneira sintética, deva ser acessível a todas as famílias e empresas, independentemente de seu porte, seja pela necessidade econômica e social de se dar suporte a essa parcela relevante das empresas operantes no país, seja por uma simples questão de justiça, segundo a qual todos, independentemente de sua capacidade econômica, podem ter acesso ao conhecimento de que precisam.

Sabemos que desalinhamentos graves envolvendo patrimônio, sucessão, divórcios e sociedades empresárias, de todos os portes, têm grande vocação para terminar em ações judiciais irracionais e intermináveis, ou seja, ações que, independentemente da sentença final, trarão consideráveis prejuízos patrimoniais e emocionais a todos.

Pensamos que a melhor prevenção desse cenário, sem dúvida, é o conhecimento e a reflexão prévios do que pode ser pensado, endereçado e construído no interesse de todos. Conhecer as regras do jogo é fundamental para jogar bem, de forma consciente, honesta, com clareza e segurança, e, inclusive, prevenir-se de surpresas desagradáveis com base em bons fundamentos.

Nessa perspectiva, não é necessário ser um Doutor pós-graduado no assunto, ou um conhecedor dos mínimos detalhes do Direito e dos paradigmas e princípios da governança, a fim de regrar seus vínculos patrimoniais e familiares de maneira satisfatória. Basta ter uma noção essencial sobre o tema, tempo e disposição para refletir e conversar em família, e um pouco de bom senso.

Oferecer as ferramentas básicas para tal reflexão e avaliação crítica é o principal objetivo desta obra, para que, em seguida, com apoio nesse conhecimento, ferramentas e reflexões, qualquer pessoa, independentemente de sua formação e conhecimento prévios, possa, por um lado, entender de que maneira tais assuntos respeitam e tangenciam a área profissional na qual atua e, por outro, começar a pensar sobre questões envolvendo a governança dos seus próprios negócios, bem como a governança que toca a sua própria família e sucessão, visando tanto melhorar a gestão de seu patrimônio e das suas relações familiares, como mitigar eventuais conflitos futuros entre seus herdeiros e sucessores, além de facilitar e baratear seu processo sucessório e, algumas vezes, evitar, inclusive, a abertura judicial ou extrajudicial de seu inventário, antecipando em vida parte relevante, ou a totalidade, da sucessão do seu patrimônio.

Objetivamente, esta obra está dividida em cinco capítulos, quais sejam:

I. Alinhamento Estratégico de Famílias Empresárias;
II. Governança Familiar;
III. Governança Corporativa;
IV. Estratégias para Regrar Relações Familiares no Direito Brasileiro (Direito de Família e das Sucessões);
V. Estratégias Societárias e Sucessórias no Direito Brasileiro.

Cada capítulo trata de sua temática em textos que aproximam a teoria de situações concretas, e, na sequência, apresentamos exemplos de minutas e cláusulas relevantes de documentos comumente utilizados em estruturas de planejamento sucessório e organização patrimonial, sempre em consideração às regras e princípios de boas práticas de governança corporativa e familiar, tais como:

(i) Exemplo de questionários básicos, no âmbito da Governança Familiar, a serem explorados em entrevistas de Projetos de Alinhamento Estratégico da Família;
(ii) Exemplo de Protocolo Familiar, Regimento Interno de Conselho de Família e "Combinados Familiares";
(iii) Exemplo de Regimento Interno de Conselho Consultivo;
(iv) Exemplo de Regimento Interno de Conselho de Administração ou Consultivo;
(v) Exemplo de Pauta e Ata de Reunião de Conselho Consultivo ou de Administração;
(vi) Exemplo de Contrato de Convivência (União Estável);
(vii) Exemplo de Pacto Antenupcial (Casamento);
(viii) Exemplo de Contrato de Namoro;
(ix) Exemplos de Testamentos;
(x) Exemplo de Contrato Social de *Holding* Ltda.: Pura, Patrimonial e Imobiliária;
(xi) Exemplo de Acordos de Sócios;
(xii) Exemplo de Escritura de Doação da Nua-propriedade de Cotas de *Holding* com Reserva de Usufruto;
(xiii) Outros exemplos relevantes para a temática em questão.

Além disso, sugerimos, ao longo de cada capítulo, algumas indicações bibliográficas e assinalamos os vídeos no canal do YouTube do GEEF – Grupo de Estudos de Empresas Familiares[3]: https://www.youtube.com/channel/UCr9Yvlk_2YLgVtt5sn_GA_w, tratando de assuntos correlatos em entrevistas e bate-papos com especialistas renomados das mais diversas áreas de atuação relacionadas ao assunto.

Esse material também pode ser utilizado como conteúdo didático em graduações e pós-graduações, como base de inserção de metodologias multidisciplinares, que aproximam teoria e prática, para o enfrentamento das múltiplas complexidades que envolvem esses e outros aspectos do patrimônio e da sucessão de famílias e empresas.

Todo o conteúdo aqui disponibilizado tem caráter informativo e exemplificativo, e não substitui o devido aconselhamento jurídico, sucessório e de governança em cada caso concreto.

---

[3] A respeito do GEEF, assista no canal do YouTube GEEF – Grupo de Estudos de Empresas Familiares aos vídeos: Papo reto n. 4 com Eduardo Capobianco – cocoordenador do GEEF: *Algumas conquistas nos últimos 12 anos de GEEF*. Mediação: Roberta Nioac Prado. Disponível em: https://www.youtube.com/watch?v=hsbYQNKICAo&t=3s; e *Introdução: Empresas Familiares e Famílias Empresárias*. Disponível em: https://www.youtube.com/watch?v=6pxBAYiDxiE.

Sumário

Capítulo I

Alinhamento Estratégico de Famílias Empresárias[1]

Quando tratamos de empresas familiares ou de famílias empresárias, sabemos que não há uma solução *standard* para o devido encaminhamento de dificuldades, sejam elas relacionais, sejam de natureza empresarial ou patrimonial. Assim também acontece quando pensamos qual é a melhor estratégia de um planejamento sucessório, organização patrimonial, estrutura de governança corporativa ou familiar.

Com efeito, a melhor solução será sempre aquela que combina as características, as necessidades, os desejos e as possibilidades de cada família e de seus indivíduos, em consideração a *expertises* de diversas áreas, dentre as quais ressaltamos: (i) diversos ramos do Direito (Societário, de Família e das Sucessões, Tributário, Imobiliário etc.); (i) *expertises* relacionadas à gestão e à estratégia da empresa; e (iii) múltiplas áreas que tratam da psicologia, dos relacionamentos e da subjetividade humana[2].

---

1 Sobre o tema, *vide*: canal do YouTube GEEF – Grupo de Estudos de Empresas Familiares – Roberta Nioac Prado: Alinhamento Estratégico da Família Empresária Governança Familiar. Disponível em: https://www.youtube.com/watch?v=eRpTDc84xiM.

2 Sobre o tema, assista, no canal do YouTube GEEF – Grupo de Estudos de Empresas Familiares, ao vídeo: Mesa redonda 3 GEEF: Ingredientes de Sucesso (e de Insucesso!) em Planejamentos e Organizações Patrimoniais. Convidados: Fernando Pimenta, Luís André Negrelli e Telmo Schoeler. Mediação: Roberta Nioac Prado – coordenadora do GEEF. Disponível em: https://youtu.be/RL_bbO38hW8. Também sobre características e razões pelas quais muitas famílias influentes e/ou quatrocentonas em geral perdem tudo em poucas gerações (do ditado tão conhecido "Pai Rico, Filho Nobre, Neto Pobre"), vale a pena assistir à Mesa Redonda GEEF n. 27 – Quatrocentões e outras famílias influentes do Brasil séculos XVIII a XX: o que deixam de herança? Convidados: Antonio Jacinto Palma, Amedeo Papa

Concretamente, temos que questões de ordem familiar, notadamente quando envolvem patrimônio e sucessão, costumam ser extremamente intrincadas e multifacetadas[3].

É fato que a grande maioria das demandas judiciais infindáveis em torno de divórcios, sucessões e sociedades familiares tem um forte componente emocional, que sustenta comportamentos irracionais e que acaba gerando destruição econômica e danos pessoais substanciais.

Por outro lado, em nossa experiência profissional, constatamos que o desconhecimento de regras básicas do Direito, assim como a falta de conversas e o estabelecimento de regras de convivência *a priori*, ou seja, antes das relações se deteriorarem, tende a intensificar ainda mais os desentendimentos.

Vale ressaltar aqui três ditados populares muito apropriados ao tema: "É conversando que a gente se entende", "É melhor prevenir do que remediar" e "O combinado não sai caro"[4].

---

e Cecilia Carmen Jacintho Andrade. Mediação: Roberta Nioac Prado – coordenadora do GEEF. Disponível em: https://youtu.be/4jKbwDvrxQU.

3 Sobre diversos assuntos envolvendo temas desta obra, assista no nosso canal do YouTube: GEEF – Grupo de Estudos de Empresas Familiares. Coordenação: Roberta Nioac Prado. Disponível em: https://www.youtube.com/channel/UCr9YvIk_2YLgVtt5sn_GA_w; e no canal do YouTube GEEF – Grupo de Estudos de Empresas Familiares: Introdução: empresas familiares e famílias empresárias. Disponível em: https://www.youtube.com/watch?v=6pxBAYiDxiE. Consulte nossos livros: PRADO, Roberta Nioac (coord.). *Empresas familiares e famílias empresárias* – governança e planejamento jurídico e sucessório. São Paulo: Quartier Latin, 2019; PRADO, Roberta Nioac (coord.). *Empresas familiares*: uma visão interdisciplinar. Patrocínio: PwC e Grupo Agis. São Paulo: Noeses, 2015; PRADO, Roberta Nioac (coord.). *Aspectos relevantes da empresa familiar:* governança e planejamento patrimonial sucessório. Prefácio Modesto Carvalhosa. São Paulo: Saraiva, 2013; PRADO, Roberta Nioac (coord.). *Empresas familiares* – governança corporativa, governança familiar e governança jurídico sucessória. São Paulo: Saraiva, 2011. E nossos artigos: PRADO, Roberta Nioac; VILELA, Renato. *Empresas familiares*: governança corporativa, governança familiar e planejamento patrimonial sucessório. *In*: SILVA, Regina Beatriz Tavares da; CAMARGO NETO, Theodureto de Almeida (coords.). *Grandes temas de direito de família e das sucessões*. São Paulo: Saraiva, 2014. v. 2, p. 209-229; PRADO, Roberta Nioac. *Empresas familiares: família, propriedade e gestão* – conflitos de interesses, direito e governança. *In*: FONTES FILHO, Joaquim Rubens; LEAL, Ricardo Pereira Câmara (orgs.). *Governança corporativa em empresas familiares*. São Paulo: Saint Paul Editora, 2011. p. 55-69; PRADO, Roberta Nioac. *Empresas familiares* – governança corporativa, familiar e jurídico sucessória. *In*: PRADO, Roberta Nioac (coord.). *Empresas familiares* – governança corporativa, governança familiar, governança jurídica. São Paulo: Saraiva, 2011. p. 19-75. (Série GVlaw)

4 Sobre o tema, assista no canal do YouTube GEEF – Grupo de Estudos de Empresas Familiares ao vídeo: Mesa redonda 2 GEEF: Espaços para Interações e Conversas Saudáveis em

Nessa linha, é preciso ao menos tentar estabelecer uma comunicação aberta e honesta, consigo mesmo e com o outro, e, além disso, regrar preventivamente situações possíveis, prováveis ou inevitáveis, conhecendo as regras do jogo, as estruturas possíveis de boa governança familiar e corporativa, e as principais regras e consequências jurídicas envolvendo empresas, famílias e sucessão. E, como afirmamos anteriormente, é esse o nosso foco nesta obra.

1. Preocupações típicas de famílias empresárias

Reza a lenda que "família é tudo igual. Só muda o endereço". Leon Tolstói[5], por sua vez, com erudição e sapiência, inicia seu clássico livro *Anna Karenina* com a seguinte provocação: "todas as famílias felizes se parecem, cada família infeliz é infeliz à sua maneira".

Com efeito, a partir da minha experiência familiar pessoal, somada a mais de duas décadas estudando e trabalhando com famílias e empresas familiares, afirmo que ambas as citações são corretas: existem "padrões repetitivos de comportamento" em todas as famílias, alguns benignos e outros perniciosos, bem como existe uma variedade imensa de problemas envolvendo relações e organizações familiares. Ou seja, no final do dia, todas as famílias são iguais e ao mesmo tempo completamente diferentes umas das outras.

Assim como é possível observar padrões que se repetem em várias famílias, bem como distinções e diversidades de condutas e desempenho, notamos que, em regra, são algumas as principais preocupações de uma família que possui uma empresa, no que respeita ao seu patrimônio tangível e/ou intangível, quando tenciona transmitir um legado para as próximas gerações, ou mesmo para uma comunidade ou nação.

Dentre os principais questionamentos de uma família empresária, qualquer que seja o patrimônio, porte e área de atuação de sua empresa, podemos citar:

(i) De que forma mudanças na configuração da família (filhos que nascem, casamentos, filhos que crescem, separações, falecimentos etc.)

Famílias. Convidados: Cecilia Andrade, Silvio Bahia e Valeria Lisondo. Moderação: Roberta Nioac Prado – coordenadora do GEEF. Disponível em: https://youtu.be/tJnLc4D-fkA.

5 Lev Nikolayevich Tolstj (em russo), mais conhecido como Leon Tolstói, foi um importante escritor, educador, filósofo e ativista social russo da segunda metade do século XIX e início do século XX. É considerado um dos principais representantes do realismo na literatura mundial. Suas principais obras foram os romances *Guerra e Paz* (1865-1869) e *Ana Karenina* (1877). Disponível em: htps://www.suapesquisa.com/escritores/leon_tolstoi/htm.

podem afetar, positiva ou negativamente, os relacionamentos familiares e, com isso, os resultados e a estabilidade da empresa e/ou do patrimônio familiar?;

(ii) De que forma as tendências de comportamento das novas gerações (querer ou não querer trabalhar na empresa familiar, mudar para outro país, se casar várias vezes, ter muitos filhos, não ter filhos etc.) podem afetar, positiva ou negativamente, os relacionamentos familiares e, com isso, os resultados e a estabilidade da empresa e/ou do patrimônio familiar?;

(iii) Até que ponto nosso atual modelo de governança, seja ele escrito ou não, é sustentável no curto, médio e longo prazos?;

(iv) Como podemos ou devemos pensar em um modelo de governança que nos permita criar valor sustentável, desenvolver e aprimorar as próximas gerações, incentivando um relacionamento saudável de seus membros?;

(v) Quais as opções estratégicas, documentos, órgãos, regras e princípios que devemos considerar para os próximos cinco a dez anos? O que deve ser priorizado, o que devemos manter e o que devemos deixar de lado?;

(vi) Como podemos amparar e promover o empreendedorismo nas próximas gerações?

2. Por que uma família deve fazer um alinhamento estratégico?

Em primeiro lugar, aprender a lidar, a refletir e a responder às indagações acima pode trazer um grande conforto às famílias empresárias, clareando significativamente sua estratégia de curto, médio e longo prazos.

É natural que, com o passar do tempo, todas as famílias, sejam elas nucleares e tradicionais (pai, mãe e filhos), reconstituídas ou compostas (casal com filhos de várias uniões: "os meus, os seus e os nossos"), homoparentais (dois pais ou duas mães com um ou mais filhos) ou monoparentais (mãe ou pai solteiros com um ou mais filhos) etc., vivenciem transformações consideráveis, para o bem e para o mal. Tudo está em constante transformação, e as famílias empresárias e as empresas familiares não fogem a essa regra.

Vale dizer, toda família que permanece unida, seja na convivência, na empresa ou no patrimônio, tende a se tornar maior em número e mais complexa em relacionamentos: ao longo do tempo, toda família passa por casamentos, divórcios, nascimentos, mudanças de cidade, de país, de padrão de vida etc. Sem mencionar as inúmeras mudanças que ocorrem no ambiente externo!

E, a partir dessas mudanças, contínuas e permanentes, a diversidade de referências, interesses, aptidões, visão etc., pessoais e coletivos, torna-se crescente.

Tal realidade tende a trazer muita heterogeneidade para o grupo, em todos os sentidos, o que, por um lado, pode ser muito bom, mas, por outro, pode desalinhar interesses e expectativas, dificultar o relacionamento dos membros familiares, causar graves problemas de gestão e estratégia na empresa, dificultar ou impedir a tomada de providências necessárias e racionais em todos os sentidos, e comprometer, por vezes, irremediavelmente, o negócio, o patrimônio e, também, os vínculos familiares.

Sendo assim, notadamente a partir da segunda geração de uma família empresária ou investidora, é preciso ter claro que estamos tratando de um grupo de pessoas que não se escolheram para serem sócias de uma empresa, ou coproprietárias de bens, embora, por questões jurídicas, possam ficar amarradas por toda uma vida, em razão do inexorável processo de sucessão de seus pais, avós, bisavós e assim por diante.

Não são raras as histórias de famílias que "perderam tudo" em brigas e desavenças em Juízo ou fora dele, por má gestão, falta de profissionalismo e falta de entendimento entre os sucessores.

O desalinhamento, e muitas vezes a incapacidade de gestão, das novas gerações, somado a níveis distintos de dependência financeira dos lucros da empresa ou da renda e do patrimônio da família, tende a dissipar a "fortuna inabalável" construída por seus antepassados. E, "em casa que falta pão, todo mundo grita e ninguém tem razão".

Querendo ou não, nenhum de nós é eterno, e tampouco temos garantias de saúde física e mental por toda a vida. Logo, e de forma imprevisível, novamente para o bem ou para o mal, estamos sujeitos a um evento de doença grave, ou de falecimento abrupto e, portanto, de iminente necessidade de sermos sucedidos, seja na nossa atuação, enquanto gestores de uma empresa, provedores da nossa família, ou no comando dos nossos bens.

Juntar todos esses ingredientes em um único caldeirão, sem organização prévia e alinhamento dos envolvidos, pode ser fatal!

Um alinhamento estratégico da família, ademais de mitigar tais "inconvenientes", pode oferecer o benefício potencial de aproximar e desenvolver o empreendedorismo entre os membros das novas gerações, muitas vezes fisicamente distantes. Nesse sentido, pode propiciar, por exemplo, a identificação e o impulsionamento de possíveis sinergias que resultem no desenvolvimento de novos negócios, o que, com efeito, pode amparar e garantir a sustentabilidade patrimonial da família no longo prazo.

3. Metodologia VDS – *Vision Driven Strategy*[6]

A seguir, abordaremos detalhadamente a metodologia VDS (*Vision Driven Strategy*), a qual utilizamos há vários anos em nossa atividade profissional, e que nos auxilia sobremaneira nessa tarefa, estimulante e extremamente delicada, de pensar e ajudar famílias a encontrarem a melhor solução estratégica para seus planejamentos sucessórios e patrimoniais, orquestrando a implementação de soluções em consideração a *expertises* de diversas áreas, e de acordo com as características, necessidades, desejos e possibilidades específicas de cada grupo familiar. Na linha do que muito bem preconiza o prof. Modesto Carvalhosa:

> Na minha experiência profissional, comprovei que as soluções para problemas envolvendo empresas familiares e famílias empresárias são sempre mais abrangentes, adequadas e viáveis se *houver interação das várias dinâmicas do processo, fortemente relacionadas entre si.* (...) Atualmente, o mercado demanda profissionais que, além de especialistas em suas áreas, tenham conhecimento e significativa compreensão do todo relacionado com o seu universo de atuação. Nesse sentido, *imagina-se a melhor solução para cada caso concreto como uma grandiosa orquestra, que deve reunir excelentes músicos, especialistas em seus instrumentos, mas não pode prescindir de um maestro, conferindo harmonia ao todo* (grifos nossos)[7].

3.1. Principais desafios de um alinhamento estratégico

Vários são os desafios com os quais podemos nos deparar em um processo de alinhamento estratégico, dentre os quais citamos: (i) dificuldade da família em estabelecer objetivos comuns; (ii) conflitos latentes ou já instalados entre membros; (iii) sobreposição de interesses de duas ou mais gerações, envolvendo pessoas com diferentes perfis e necessidades; (iv) despreparo profissional, intelectual

---

[6] Em português, Estratégia Dirigida pela Visão.

[7] Modesto Carvalhosa no prefácio do livro: PRADO, Roberta Nioac (coord.). *Aspectos relevantes da empresa familiar*: governança e planejamento patrimonial sucessório. São Paulo: Saraiva/Fundação Getulio Vargas; Direito GV, 2013.

e emocional, ou comportamentos negativos mais graves (e por vezes doentios, em diversos graus de patologia[8]) da família e/ou de alguns membros etc.

3.2. O processo típico do VDS

Um projeto de alinhamento estratégico de uma família empresária que utiliza a metodologia VSD se desenvolve em três etapas típicas: (i) preparação; (ii) workshop; e (iii) refinamento.

A seguir trataremos de cada uma delas.

3.2.1. *Kickoff*, preparação e entrevistas individuais

Inicialmente, e antes mesmo de iniciar essa etapa propriamente dita, é importante identificar e definir, junto com os contratantes da consultoria, quem serão as pessoas que irão participar do processo, até mesmo para estimar o tempo de desenvolvimento e finalização do projeto, bem como seu custo.

Nesse momento, já surge uma primeira dúvida frequente em grande parte das famílias: adolescentes menores de idade, de 16, 17 anos, devem participar do projeto? E cônjuges e companheiros? A partir de quando, e até que ponto, devemos considerar essas pessoas como partes integrantes da definição estratégica da família?

Na verdade, não existe uma resposta única, ou "certa", para essas perguntas. O tema deve ser conversado e aprofundado com a família. Em regra, nossa

---

[8] Em circunstâncias nas quais diagnosticamos que comportamentos e dinâmicas individuais ou familiares envolvendo, por exemplo, individualismo exacerbado, inveja, ganância e arrogância descontrolados, alcoolismo ou uso de drogas psicotrópicas, obsessões e transtornos de personalidade etc., podem comprometer, em diferentes graus, o andamento adequado do Projeto, pode ser necessário acionar diferentes profissionais parceiros que, em suas *expertises*, podem auxiliar no endereçamento do problema, tais como psicoterapeutas especializados em famílias (psiquiatras, em casos mais graves) e, mais recentemente, consteladores familiares. A constelação familiar ou sistêmica foi criada e desenvolvida pelo alemão Bert Hellinger após anos de pesquisas com famílias, empresas e outras organizações em várias partes do mundo, buscando o diagnóstico e a solução de problemas e conflitos. Trata-se de um método psicoterapêutico que estuda padrões inconscientes de comportamento de grupos familiares através de suas gerações. É uma terapia que tem como objetivo identificar e facilitar a cura de tais comportamentos nocivos, estimulados inconscientemente pela dinâmica e pelas relações de uma família. A constelação familiar, de acordo com o Conselho Nacional de Justiça – CNJ, está alinhada à Resolução n. 125/2010 do órgão, que visa a estimular práticas para solução de conflitos. No Judiciário brasileiro, a técnica começou a ser utilizada na resolução de conflitos pelo juiz de Direito Sami Storch, no interior da Bahia, em 2012. Atualmente (2022), 16 Estados e o Distrito Federal já utilizam o método em Varas de Família e das Sucessões.

sugestão é que todos os familiares, entendidos aí cônjuges e companheiros, envolvidos ou não na gestão da empresa ou do patrimônio, ou ainda na linha sucessória, e até mesmo potenciais herdeiros ou legatários menores de idade, a depender de sua maturidade e vontade de se envolver, participem ao menos da primeira fase do processo, qual seja, as entrevistas individuais.

Isso se mostra relevante para que possamos ouvir, da própria pessoa, quais são suas dúvidas, preocupações, grau de comprometimento, influência e relacionamento com os membros da família, afinidades, animosidades etc. Em geral, esse conhecimento contribui, e muito, para endereçarmos futuras estratégias de alinhamento e definição de estruturas jurídicas e de governança.

Dito isso, e uma vez contratada nossa consultoria e definido quem irá participar, é agendada uma reunião com todos os envolvidos para explicar, detalhar e tirar dúvidas sobre cada etapa do projeto.

Em seguida, são agendadas as entrevistas individuais com cada um dos membros familiares.

3.2.2. Entrevistas individuais

Uma vez definidos os participantes, começam a ser agendadas as entrevistas individuais. Nessas entrevistas, contamos sempre com a participação de dois consultores, idealmente de formação profissional diferente e complementar.

Isso é relevante para que possamos ouvir o que nos está sendo relatado sob perspectivas distintas e evitar vieses particulares de entendimentos. Quando duas pessoas participam e se envolvem com as questões colocadas pela família já desde o início, o diagnóstico e a definição da estratégia tendem a ser mais precisos, objetivos e claros.

Antes de cada encontro, é importante que os consultores envolvidos conheçam o projeto, definam em conjunto e com clareza o objetivo ou objetivos da entrevista e preparem um roteiro inicial. Cada entrevista, que dura cerca de duas horas, deve ter um delineamento inicial previamente definido, mas é fundamental deixar espaços abertos e tempo suficiente para manifestações pessoais imprevistas.

As questões a serem colocadas, como regra, precisam ser amplas e os consultores devem deixar o entrevistado confortável para falar abertamente sobre o que sentir vontade: contar histórias, falar de seus sentimentos, desejos, receios, pontos de vista, dar sugestões etc.

Esse é um momento fundamental para ouvir. É importante evitar falar muito e desnecessariamente, interromper os blocos de pensamento do entrevistado, ou dar indicações de suas preferências, induzindo as respostas que você pretende ouvir. É importante não avaliar nem julgar nada nem ninguém, nem em pensamento. Estamos ali para escutar, entender e acolher, sem nenhum juízo de valor.

A entrevista começa com uma pergunta introdutória, de resposta fácil, como a carreira do entrevistado. Ou com perguntas abertas, por exemplo, qual a sua opinião sobre, como você enxerga tal situação, por que você acha importante alguma mudança etc. É anotado tudo o que for possível, pois com as notas da entrevista somos capazes de escrever um bom relatório.

Também é nesse momento, com efeito, que os consultores têm o potencial de começar a desenvolver laços de confiança com todos os membros da família, tornando clara e compreensível a sua isenção no projeto, ou seja, reforçar o entendimento de que estamos ali para defender o interesse do todo: da família, da empresa e do patrimônio, e nunca de um ou de outro membro, seja ele o contratante, o patriarca, a matriarca ou quem quer que seja[9]. E essa máxima deve ser sempre o pilar de sustentação das entrevistas.

A seguir, são elencadas, exemplificativamente, algumas questões comumente utilizadas nessas entrevistas individuais iniciais:

(i) Em relação à sua vida (ou trabalho, ou cônjuge/companheiro, ou irmãos, sogros etc.), tem alguma questão que te preocupa, que você tem como prioridade e que tem implicações com esse projeto? Quais são os pontos que você enxerga como merecedores de maior atenção?;

(ii) Quais são as suas expectativas, dúvidas e/ou receios, no curto, médio e/ou longo prazos, em relação à empresa e/ou ao patrimônio e/ou às relações da família? Por quê?;

(iii) Como você se enxerga na família? (Ou na empresa?) Qual o seu papel ou o papel que você gostaria de desempenhar?;

(iv) Como você vê a relação dos seus pais? (Ou dos seus irmãos? Ou dos pais com os filhos? Ou do seu cônjuge com a família? etc.). Se pudesse implementar alguma iniciativa para melhorar a convivência, ou dirimir problemas, qual seria?;

(v) Como é a prestação de contas do negócio (ou da gestão do patrimônio)? Você se sente confortável ou gostaria de sugerir algum aperfeiçoamento?;

---

[9] Sobre o tema, assista no canal do YouTube GEEF – Grupo de Estudos de Empresas Familiares ao vídeo: Mesa redonda 12 – Advogados e Consultores Como Ser (e Parecer!!) Imparcial. Convidados: Luiz Kignel, Priscila Mello e Roberto Faldini. Moderação: Roberta Nioac Prado – coordenadora do GEEF. Disponível em: https://www.youtube.com/watch?v=KT8wZw3E-Ow.

(vi) Como você enxerga a entrada das novas gerações na gestão da empresa e/ou na gestão do patrimônio familiar?;

(vii) Como você enxerga a entrada de cônjuges ou companheiros no quadro social da empresa (como sócios)? E na gestão (como administradores)?;

(viii) Como você considera que a remuneração de membros da família que trabalham na empresa deveria ser fixada e divulgada para os demais membros?;

(ix) Como você considera que os dividendos deveriam ser distribuídos (percentual para distribuição aos sócios) e/ou reinvestidos na empresa?;

(x) Quais as principais mudanças que você gostaria que fossem implementadas na estrutura de governança da sua família ou da empresa familiar? etc.

No final da entrevista, sugerimos sempre perguntar se faltou tratar de algum assunto e se o entrevistado gostaria de acrescentar algo, se havia perguntas que deveriam ter sido feitas e não o foram, se a pessoa quer levantar outros tópicos. Em seguida, é feita uma breve síntese do que se ouviu e sugerimos perguntar se há correções a serem feitas: isso pode enriquecer, corrigir e ampliar os dados obtidos.

Ademais, sugerimos sempre deixar a porta aberta para voltar a conversar ou para que ele ou ela possa ligar para aprofundar ou detalhar algum ponto, ou para resolver alguma dúvida que eventualmente surja. É importante abrir um canal de comunicação direta, que pode ser, por exemplo, um e-mail, telefone ou WhatsApp, caso a pessoa sinta necessidade de complementar alguma informação ou tirar alguma dúvida.

3.2.3. Encontros para nivelar conhecimento técnico

Terminadas as entrevistas com todos os participantes, os consultores envolvidos no projeto já deverão ter um mapa bastante preciso sobre as principais preocupações, contribuições e desafios que cada membro da família pode oferecer, o que está alinhado e o que está desalinhado, podendo, portanto, começar a pensar em como conduzir e endereçar soluções.

Quando necessário, pode-se, por exemplo, sugerir algumas conversas em duplas ou em pequenos grupos, buscando mediar e alinhar entendimentos, dissipando antagonismos.

Nesse momento, também é importante inferir o grau de conhecimento de cada um acerca de temas específicos sobre governança, planejamento e organização patrimonial, tais como os principais instrumentos e estruturas de governança que podem ser utilizados, a legislação relativa ao Direito de Família e das Sucessões, entre outros.

Quanto ao último item supramencionado – grau de conhecimento técnico sobre o assunto –, em muitas famílias vale a pena, antes de partir para o workshop de alinhamento propriamente dito, propor encontros, ou miniaulas, para tratar de temas e conceitos fundamentais de Governança Corporativa e Familiar, de Direito de Família e das Sucessões, e das Estruturas e Estratégias Societárias e Cíveis que podem ser utilizadas, em quais contextos etc.[10].

O conhecimento das matérias acima relacionadas, e a possibilidade de afastar dúvidas, costuma ser fundamental para o conforto dos participantes e, portanto, para o bom andamento e conclusão do projeto.

3.2.4. Workshop

3.2.4.1. *Etapas típicas (configuráveis)*

O workshop, segunda etapa do projeto, é o ponto alto do Alinhamento Estratégico da Família. É nele que as pessoas irão interagir, terão oportunidade de ouvir outros pontos de vista, poderão colocar os seus próprios pontos de vista, perguntar, concordar, discordar, mas sempre de forma supervisionada e mediada pelos consultores, a fim de evitar tumultos e ruídos desnecessários e contraproducentes.

O workshop divide-se em quatro etapas: (i) abertura; (ii) exercício da visão; (iii) exercício dos obstáculos; e (iv) exercício de agenda de mudança.

Um workshop típico costuma ser realizado em um final de semana: um sábado inteiro e no domingo pela manhã.

A opção por um final de semana pode ser interessante por uma questão de agenda dos participantes. A depender da família, e do número de membros envolvidos, conseguir uma data que atenda a todos costuma ser um trabalho considerável. Em geral, um final de semana é a alternativa mais viável.

Quanto ao local para realização do workshop, dependendo do número de integrantes, pode acontecer no próprio escritório da consultoria, notadamente se ocorrer em um final de semana. Por vezes, a família possui um local que acomoda bem o encontro, e outras vezes é necessário locar um ambiente que tenha espaço disponível para as dinâmicas. Qualquer que seja a opção, deve haver uma sala que acomode confortavelmente todos os participantes, com

---

[10] Nosso canal no YouTube (GEEF – Grupo de Estudos de Empresas Familiares) oferece vários vídeos gratuitos sobre aspectos fundamentais de alguns desses temas. Disponível em: https://www.youtube.com/channel/UCr9Yvlk_2YLgVtt5sn_GA_w.

telão e projetor de slides, e pequenos ambientes nos quais os grupos possam trabalhar. É interessante também, para o conforto de todos, oferecer *coffee break* nos intervalos entre as dinâmicas, bem como local para almoço. Estamos falando, normalmente, dos espaços para eventos em hotéis.

3.2.4.2. *Abertura do workshop*

Em um workshop típico, em um final de semana, o encontro entre os consultores e os membros da família se dá na sala plenária, no sábado, pontualmente às 9h, depois do café da manhã, que poderá ter sido feito já no local.

Todos são recebidos com boas-vindas, é apresentado um breve relato do projeto (em torno de dez a quinze minutos) e, em seguida, é realizada alguma dinâmica de grupo ou apresentação com slides no telão, que internamente chamamos de "quebra-gelo". Ao final deste capítulo serão expostos, a título de exemplo, duas dinâmicas de "quebra-gelo", com duração de mais ou menos 10 a 15 minutos a primeira[11], e 30 a 45 minutos a segunda[12].

Feito isso, os participantes são divididos em duplas ou grupos de três a quatro pessoas (dependendo da quantidade de integrantes do workshop).

Procuramos colocar juntas as pessoas que têm algum tipo de alinhamento sobre o que será discutido. É importante que todos se sintam confortáveis em seus grupos e, de preferência, validados de alguma forma acerca de suas opiniões.

Posteriormente, é projetado no telão, ainda na sala plenária, o "pano de fundo" para o **exercício da visão**, por exemplo:

Hoje é dia ...... (5 ou 10 anos à frente)
Como membro da família Silva, você foi designado(a) para apresentar, no encontro da família, as principais realizações de vocês nos últimos 5 (cinco) anos (nos aspectos de governança familiar e/ou governança corporativa e/ou governança jurídico-sucessória, organização patrimonial, desenvolvimento das novas gerações, gestão do patrimônio etc.)[13]. Você deve preparar uma apresentação para a família que descreva as estratégias adotadas desde (há 5 (cinco) anos) até o momento, e os resultados alcançados.

---

[11] (i) Comportamentos típicos em reuniões (funciona bem para quaisquer famílias).

[12] (ii) Os sete pecados capitais e (ii) Mitos e psicologia familiar sistêmica (para famílias já mais avançadas e trabalhadas em consultorias).

[13] A situação deve ser ajustada de acordo com os desafios identificados pela consultoria.

3.2.4.3. *Exercício da Visão*

Apresentado o "pano de fundo", os grupos são encaminhados para salas separadas (ou se é uma sala única grande, são colocados em mesas distantes umas das outras) e convidados a debater, por cerca de 45 minutos a 1 hora, sobre, por exemplo: *"Como nos enxergamos daqui a 5 ou 10 anos, no aspecto levantado no pano de fundo?" ou "Onde queremos chegar juntos enquanto Família Empresária, Família Investidora ou Empresa Familiar em 5 ou 10 anos?".*

Cada grupo deve anotar em *post-its* de tamanho que comporte frases completas, porém concisas, ou em meio digital que possa ser compartilhado (existem programas com *post-it* digital, por exemplo), idealmente em torno de 6 a 10 itens (cada item em um *post-it*), explicitando seus objetivos no curto, médio e longo prazos enquanto família empresária ou investidora. Durante os debates, os consultores devem circular pelas salas, ou mesas, para auxiliar na estruturação das ideais, tirar dúvidas e ajudar a escrever os tópicos que depois serão apresentados em plenária.

É importante dizer que, nesse primeiro exercício, não apenas as pessoas começam a se "alinhar", mas também passam a ter mais claro, e de forma mais objetiva, o que pretendem em relação ao futuro da família, da empresa e de si mesmas. Resumir suas pretensões em duas ou três linhas faz com que seus desejos e visões comecem a se clarificar e a se consolidar.

Terminado o tempo do debate, o grupo todo volta a se reunir em plenária. Cada grupo deve escolher um representante para expor e defender o ponto de vista debatido para todos os demais participantes (em torno de 15 minutos por pessoa)[14].

Durante a apresentação dos grupos, os consultores vão elencando e unificando os pontos identificados como prioritários, agrupando-os, por exemplo, em curto, médio e longo prazos, ou em "temas da família" e "temas da empresa".

Terminada essa sessão, todos seguem para uma hora de almoço.

3.2.4.4. *Exercício dos Obstáculos*

Após o almoço, todos retornam para a plenária.

---

[14] Esse tempo pode aumentar ou diminuir, dependendo da quantidade de grupos, da complexidade da questão tratada etc.

Os mesmos grupos são encaminhados para salas separadas e convidados a debater, por cerca de 45 minutos a 1 hora, sobre: *"Quais são os obstáculos que teremos de enfrentar para chegar aonde queremos?"*.

É explicado, inicialmente, que obstáculos são situações, comportamentos, fatos, circunstâncias etc. que podemos mudar, ajustar, trabalhar ou adequar.

Assim, situações externas, tais como política, economia, taxa de câmbio, pandemia, guerra etc., não são obstáculos (podem até ser circunstâncias a serem consideradas, e de alguma forma contornadas, mas não obstáculos familiares, pois não temos como solucioná-los). Pessoas também não são obstáculos: os obstáculos podem ser comportamentos, visões e dificuldades de pessoas, por exemplo.

Novamente, cada grupo deve anotar em *post-its* ou em meio digital que possa ser compartilhado depois, idealmente em torno de 6 a 10 itens, quais os obstáculos identificados. Da mesma forma, os consultores circulam pelas salas, ou mesas, para auxiliar os grupos a estruturar o pensamento, tirar dúvidas e ajudar a escrever os tópicos que depois serão apresentados em plenária.

Nesse exercício, além de seguirmos alinhando entendimentos, tornando-os cada vez mais claros e objetivos, a família já começa, naturalmente, a partir dos desafios colocados, a refletir sobre a estratégia que devem adotar para alcançar seus desejos e aspirações.

Finalizado o tempo do debate, o grupo todo volta a se reunir em plenária. Deve ser escolhido um representante para expor e defender o ponto de vista de cada grupo para todos (cerca de 15 minutos por pessoa)[15].

Durante a apresentação dos grupos, os consultores vão elencando e consolidando os pontos identificados como prioritários, agrupando-os, por exemplo, em razão de sua natureza, conteúdo, categoria etc.

Terminada a sessão, todos seguem, exaustos, mas geralmente felizes e muito motivados, para o jantar.

3.2.4.5. *Exercício de Agenda de Mudança*

O segundo dia do wokshop é iniciado no domingo, pontualmente às 9h, depois do café da manhã.

---

[15] Esse tempo pode aumentar ou diminuir, dependendo da quantidade de grupos, da complexidade da questão tratada etc.

Todos são recebidos com boas-vindas a todos e é apresentado um breve resumo do dia anterior. Em seguida, abre-se um tempo para perguntas e considerações. Normalmente, reservamos meia hora para essa atividade.

Na sequência, os participantes se juntam novamente nas mesmas duplas ou grupos e são convidados a debater, por cerca de 45 minutos a 1 hora, sobre: *"O que temos que fazer para superar os obstáculos que identificamos para chegar aonde queremos?"*.

Assim como nos outros dois exercícios – Visão e Obstáculos –, cada grupo deve anotar em *post-its* ou em meio digital que possa ser compartilhado, em torno de 6 a 10 itens, quais atitudes, ações, contratações, mudanças de rumo etc. devem ser implementadas para que os obstáculos possam ser vencidos. Os consultores seguem circulando a fim de ajudar cada minigrupo a escrever os tópicos que depois serão apresentados em plenária.

Nesse momento, quase que de forma "mágica", as pessoas começam a se sentir alinhadas e unidas em torno de objetivos comuns. As principais questões estão sendo endereçadas e ordenadas.

Quando o grupo todo volta a se reunir em plenária, e um representante de cada minigrupo expõe e defende seu ponto de vista, os consultores vão elencando e consolidando as decisões definidas para serem implementadas, agrupando-as em temas de curto, médio e longo prazos, de acordo com sua natureza, já deliberando com a família quem será responsável por cada tarefa, o tempo médio estimado para a execução, a forma de prestação de contas etc.

3.2.5. Refinamento

Terminado o workshop, os consultores elaboram um relatório consolidando a visão, os obstáculos e a agenda de mudanças compartilhados pelos participantes para apresentação e debate com os líderes do projeto.

Nesse ponto, é importante estabelecer como conduzir os próximos passos, ou seja, a forma de implementação e o acompanhamento do que foi definido pela família, por exemplo: a criação de um conselho de família, de um conselho consultivo ou de administração, de um comitê de gestão, de acordos de sócios, protocolo familiar, testamentos e/ou doações, constituição de *holdings* etc., bem como os responsáveis pelas iniciativas e sua liderança.

Exemplos de dinâmicas para abrir o workshop:

A escolha do "quebra-gelo", bem como a forma de trabalhá-lo com a família, vai depender do entendimento da situação e da experiência do consultor (aqui citamos três possibilidades a serem consideradas). Deve-se também ponderar as características dos indivíduos e as dinâmicas familiares levantadas na fase das entrevistas e encontros de alinhamento de conhecimentos. Como dito, tudo que envolve pessoas e famílias não tem uma "receita de bolo", e devemos sempre agir com segurança e cautela em observância a cada caso concreto.

A seguir, apresentamos suscintamente duas dinâmicas que utilizamos em nosso trabalho de consultoria[16].

(i) Comportamentos típicos em reuniões de trabalho para reflexão íntima: (i) o "Prisioneiro"; (ii) o "Turista"; (iii) o "Sabe-Tudo"; (iv) o "Guerrilheiro"; (v) o "Explorador"[17] ("Quebra-gelo 1")

O primeiro comportamento típico em reuniões de trabalho é o do "Prisioneiro".

Com a figura projetada no telão, explicamos que o prisioneiro é aquele sujeito "reclamão", sempre insatisfeito com alguma coisa. Não está feliz de estar ali e, sempre que pode, justifica-se dizendo: "estou aqui porque mandaram, não tive outra opção". O prisioneiro vive nas suas próprias crenças e pensamentos, não quer enxergar outras realidades de frente: está preso e condenado às suas convicções absolutas e "verdades" pessoais. Claro que não é uma atitude positiva e benéfica para o decurso do workshop.

---

[16] Um terceiro exemplo de dinâmica com famílias que pode ser interessante é tratar dos mitos e da psicologia familiar sistêmica, e da sua ligação com comportamentos e situações em famílias empresárias, por meio de reflexões e debates, conduzidos por especialistas em governança familiar, acerca do tema. Se você se interessar pelo assunto, os mitos de (i) Pigmalion e Galanteia; (ii) Minerva e Aracne; (iii) Faeotonte – o filho do Sol; (iv) Ícaro e Dédalo; (v) o Filho Pródigo; (vi) Hydra e Lerna; (vii) Rei Salomon; (viii) Janus; (ix) o Bode Expiatório foram tratados em um vídeo no nosso canal do YouTube GEEF – Grupo de Estudos de Empresas Familiares: Mesa redonda 21 – Mitos e Psicologia Familiar Sistêmica. Convidados: Hector Lisondo, Valeria Lisondo e Regina Giacomelli Politi. Moderação: Roberta Nioac Prado – coordenadora do GEEF. Disponível em: https://www.youtube.com/watch?v=4pnmQrwfOuE. Ver também o vídeo Shakespeare e as Famílias Empresárias – King Lear. Convidados: José Garcez Ghirardi e Eduardo Ribeiro Capobianco. Moderação Roberta Nioac Prado. Disponível em: https://www.youtube.com/watch?v=k8pMwo6ARpw&t=1s.

[17] Ícones disponíveis em https://www.flaticon.com/authors/geometric-flat-circular/flat. Essa dinâmica é a mais simples para trabalhar e geralmente serve para quaisquer famílias.

O segundo comportamento típico em reuniões de trabalho é o do "Turista".

O turista é a pessoa que encara o projeto como um passatempo: não pretende se envolver nem se comprometer com o processo, não quer viver a experiência de forma profunda. Só veio para tirar um *selfie*. Essa também não é uma atitude adequada em um workshop de alinhamento da família.

O terceiro comportamento típico em reuniões de trabalho é o do "Sabe-Tudo".

O sabe-tudo é arrogante e, em geral, chato. Humildade, no sentido positivo da palavra, não é o seu forte. O sabe-tudo "já viu tudo isso antes", "já passou por tudo isso antes", "já sabe que não vai dar em nada", mesmo porque "já não tem mais nada a aprender". O sabe-tudo não quer ouvir ninguém, mas se ofende se não é ouvido por todos. Essa também não é uma atitude favorável para o bom desenvolvimento do workshop.

O quarto comportamento típico em reuniões de trabalho é o do "Guerrilheiro".

O guerrilheiro tem um comportamento destrutivo. Resiste ativa ou passivamente a tudo que lhe é proposto. Não expressa o que sente e faz comentários maliciosos ou cínicos para agredir o outro ou a situação presente. Gosta de "causar". Claro que essa também não é uma atitude frutífera para o progresso do workshop.

O quinto e último comportamento típico em reuniões de trabalho é o do "Explorador".

O explorador busca contribuir e aprender ao máximo. Sente-se confortável para questionar seus modelos mentais e paradigmas. Explora e eventualmente aceita caminhos diferentes dos tradicionais. Tem uma postura aberta e interessada. Ufa! Parece que finalmente encontramos uma atitude construtiva e adequada para tentarmos manter durante esses dois dias de workshop!

Neste ponto, é importante ressaltar que todos os seres humanos, inclusive nós, consultores, por óbvio, já nos comportamos de todas essas maneiras em algum momento de nossas vidas, mas que naquele momento, para a dinâmica funcionar da melhor forma possível, devemos tentar nos comportar como exploradores: nós, profissionais, e também todos os demais participantes do workshop.

Esse quebra-gelo costuma funcionar bem, porque todos nos identificamos com essas atitudes. Afinal, quem nunca? É interessante também, porque acabamos rindo dessas situações, e passamos a identificar, durante o workshop, os momentos em que estamos agindo de forma improdutiva ou inadequada.

(ii) Reflexões sobre os 7 Pecados Capitais: Soberba ou Vaidade, Inveja ou Cobiça, Avareza, Preguiça, Ira, Gula ou Embriaguez e Luxúria ("Quebra-gelo 2")

No âmbito de projetos de governança familiar, em situações que demandem dinâmicas de maior aprofundamento em autoconhecimento e amadurecimento interpessoal familiar, pode ser interessante e produtivo propor uma reflexão em grupo, de forma organizada e liderada pelos consultores, sobre os sete pecados capitais, seus possíveis impactos nas famílias e caminhos para mitigar seus efeitos perniciosos.

O pecado nos é comumente ensinado como um pensamento, desejo, palavra ou ato que praticamos contrariamente às leis de Deus.

Os sete pecados capitais, conhecidos por todos nós, foram solenizados no século VI, quando o papa Gregório Magno, em consideração às Epístolas de São Paulo, os estabeleceu como sendo os principais vícios de conduta de todos nós, seres humanos. São eles: a soberba (vaidade), a inveja, a avareza, a preguiça, a ira, a gula e a luxúria.

São denominados "capital" por serem os maiores, os principais, aqueles dos quais derivam todos os outros tipos de pecado, ou seja, todos os outros vícios humanos de comportamento.

Etimologicamente, porém, e em diversos idiomas, a palavra pecado representa algo como "errar o alvo", no sentido de perder o foco, se desconcentrar, se desvirtuar do propósito, da finalidade, do escopo.

Em hebraico, *hhatá*, e em grego, *amartía* ou *hamartáno*, denota "errar", no sentido de falhar em um ideal ou não atingir um alvo, um "sair da rota", mudar desacertadamente a direção. Em latim, *peccatum*, em seu uso ancestral, significava "dar um passo em falso", enganar-se, tropeçar.

A humanidade, de uma forma ou de outra, conhece todos esses pecados, muito famosos e difundidos no mundo todo, reproduzidos em filmes[18], livros e séries. Uma simples busca no Google com a expressão "os sete pecados capitais" traz mais de quatro milhões de resultados, com os títulos mais variados e curiosos, por exemplo: "A influência dos hormônios nos sete pecados capitais"; "Os sete pecados capitais à luz da psicanálise", "Os sete pecados capitais e o cérebro", "Sete pecados capitais do advogado", "Os sete pecados capitais no mundo dos negócios", "Pecados capitais comprometem evolução de empresas", "Sete pecados capitais do investidor", e por aí vai...[19].

O resultado dessa busca engloba desde links mais populares, como "Rede Globo – Mais Você – Sete Pecados Capitais", passando por trabalhos acadêmicos apresentados em programas de pós-graduação universitária, como "Cultura organizacional e os sete pecados capitais"[20]. Não faltam ideias para falar desses sete pecados!

Dessa profusão de concepções acerca do tema surgiu a questão: Como seria pecar no âmbito da nossa família ou da empresa da nossa família? Poderia ser algo como focar no individualismo, no egoísmo, nos nossos vícios de comportamento e sentimentos menos nobres, em detrimento do coletivo, daquilo que é importante, que é o que, em última instância, dá sustentação ao todo? Ou seria outra coisa?

Para que possamos debatê-los com um pouco mais de reflexão, vejamos um a um, buscando ponderar como os sete pecados capitais, comportamentos, em maior ou menor grau, invariavelmente presentes em condutas e interações humanas, podem atuar negativamente no seio de famílias empresárias.

---

18 Seven ou Os Sete Crimes Capitais, um filme de David Fincher, com Brad Pitt, Morgan Freeman, Gwyneth Paltrow. 1985. Excelente, por sinal!

19 Tem até página relacionando os sete pecados capitais com aplicativos e redes sociais: LinkedIn: ganância (rede social voltada para busca de empregos e troca de currículos), Netflix: preguiça (aplicativo para assistir a filmes e séries), Twitter: ira (rede social para expressar opiniões curtas, em geral cheias de sentimentos), iFood: gula (aplicativo para pedido e delivery de comida), Tinder: luxúria (aplicativo de paquera virtual, para busca de parceiros), Facebook: inveja (rede social para compartilhar textos/fotos/vídeos pessoais ou de interesse) e Instagram: vaidade (rede social para compartilhar fotos e vídeos rápidos pessoais ou assuntos de interesse).

20 SCHADECK, Marise; GRZYBOVSKI, Denize; BELTRAME, Betina; MOZZATO, Anelise Rebelato. Cultura organizacional e os sete pecados capitais: uma proposta para compreender os sistemas simbólicos. Cad. EBAPE.BR, Rio de Janeiro, v. 14, n. 1, art. 8, jan.-mar. 2016. Disponível em: http://www.scielo.br/pdf/cebape/v14n1/1679-3951-cebape-14-01-00164.pdf.

a) Soberba (ou Vaidade)

Alguns o veem como "pai de todos os pecados", ou o mais perigoso de todos os pecados capitais, aquele do qual derivam todos os demais pecados.

Os termos presunção, arrogância, orgulho excessivo e vaidade exacerbados têm sentido semelhante. O soberbo se julga supremo e se ama acima de todas as coisas e pessoas.

Uma pessoa orgulhosa, motivada pela sua soberba e arrogância, poderá causar extremo mal aos demais, e nunca pedirá desculpas por algo que fez ou falou e que feriu, ofendeu, magoou ou afrontou o outro.

Ademais, aquele que age com soberba sempre busca encontrar justificativas para ter agido daquela forma.

Paradoxalmente, uma pessoa pode agir com soberba ao se julgar a mais altruísta, despojada, desapegada e humilde, sentindo-se melhor que as que são menos "caridosas".

O problema é que, em qualquer modalidade, a soberba só traz infelicidade, tanto para aquele que a sofre quanto para aquele que age nessa condição. É uma via de mão dupla de sofrimento, desfortuna e infelicidade.

Trata-se de um vício da conduta humana que, a depender da sua intensidade, pode destruir qualquer relacionamento familiar, matrimonial, profissional ou entre amigos.

A soberba pode ser controlada pela humildade, no sentido positivo da palavra, qual seja, admitir que, a despeito de nossas qualidades, somos humanos e também possuímos defeitos. Humildade no sentido de tentarmos perder nossa inclinação de querermos ser deuses, os maiorais, e desejar que todos sejam "feitos à nossa imagem e semelhança".

Em uma família, aquele que quer decidir desconsiderando os outros, que acha que sempre tem sempre em tudo, que destrata e humilha os demais, ignora e desdenha outros pontos de vistas, pode estar agindo com soberba.

De fato, a diversidade pode fazer muita diferença, benéfica, em um grupo familiar, e o dito "a união faz a força" deveria ser o paradigma, ou seja, a busca pela complementariedade e o entendimento de que ninguém sozinho é o maioral, tem todas as qualidades para garantir o bem de todos, ou é o "melhor" e mais apto e capaz em tudo.

Cada qual deve fazer a sua parte, buscando crescentemente plantar o respeito ao próximo, a compreensão de que todos precisamos uns dos outros e de que, se atuarmos em favor de nossas complementariedades, cada um agindo "no seu melhor", todos seremos mais prósperos, felizes e realizados.

Será que estamos fazendo isso no âmbito da nossa família?

b) Inveja (ou Cobiça)

A inveja, irmã da cobiça, da ganância, do ciúme e da ambição compulsivos, é outro vício de comportamento humano extremamente nocivo às boas relações, tanto familiares quanto profissionais. Alguns a citam como o mal secreto, o pior dos pecados capitais, o pecado capital que se manifesta de forma escusa, enganosa, que, dissimuladamente, planta o mal e a desgraça, em desconsideração aos sentimentos, aptidões e direitos dos demais. Foi por inveja que, segundo a bíblia, Caim matou Abel.

O invejoso se alimenta e se diverte imaginando o sofrimento e a privação do próximo, daquele "próximo" que é, ou que o invejoso idealiza que é, quem ele gostaria de ser. Ou daquele que tem, ou o invejoso fantasia que tem, aquilo que ele gostaria de ter.

A inveja é um sentimento funesto que, assim como os demais pecados capitais, pode se manifestar em maior ou menor profundidade: desde não ficar feliz com a alegria de um parente e sentir-se injustiçado pelo seu sucesso, até sentir uma alegria doentia de ver o outro se dar mal, por vezes suplantando até mesmo qualquer anseio de benefício pessoal.

A pessoa invejosa não somente deseja possuir o que é do outro – desde a propriedade de algum bem material, o afeto e a consideração familiar, o poder genuinamente conquistado e exercido, o reconhecimento social etc. –, como também se sentirá "realizada" se o outro for privado do que lhe pertence, quase por uma vingança pelo fato de o outro ter tido um "sucesso" que o invejoso julga não lhe pertencer.

O invejoso despreza suas bênçãos e qualidades e prioriza o *status* de outra pessoa, seja o lugar do outro na família ou na empresa, por exemplo. O invejoso sofre, ignora o seu lugar legítimo, para cobiçar, patologicamente (em maior ou menor grau), o que é do próximo. A inveja pode estragar nossa riqueza fundamental: a saúde, inclusive e principalmente a mental, e a possibilidade de viver com o coração sereno, em paz.

Em uma família ou empresa, a inveja tem poder altamente destrutivo. Trabalhar o desenvolvimento e a autoestima de cada membro familiar, com respeito ao "melhor de cada um", por meio de programas de aperfeiçoamento individual, pessoal e profissional, pode trazer altruísmo e generosidade, que serão revertidos, seguramente, em favor de todos[21].

Estamos cuidado disso na nossa família?

c) Avareza

A avareza, mesquinhez ou sovinice, o famoso "pão-durismo", é outro pecado capital ligado ao excesso de apego, notadamente quanto a bens materiais. Baseia-se também na máxima "quanto mais eu tenho, mais eu quero".

Os avarentos podem ser confundidos com pessoas econômicas e que prezam pela segurança e pela sobriedade. Mas não é isso. O avarento, na verdade, é aquele que vive obcecado em sempre ter mais e mais, seja afeto, dinheiro e/ou poder. Ele poderá trabalhar incessante e compulsivamente, sem considerar outros aspectos relevantes da sua vida, como seu papel de pai, de mãe, de filho, de irmão, sua saúde física e mental. Falta-lhe generosidade espiritual.

Priorizar e idolatrar sempre o material, deixando os afetos e as relações em segundo plano, pode ser extremamente prejudicial para as relações familiares, e muitas vezes não nos permite usufruir os frutos do trabalho de forma saudável. Ser avarento, na verdade, pode ser um grande sofrimento.

Esse pecado é intrincado, pois riquezas e posses alcançadas, em vez de nos satisfazerem, nos levam crescentemente à insatisfação e ao "querer mais". Estamos continuamente correndo atrás de acumular mais e mais, muitas vezes até sem saber por quê ou para quê.

O problema é que os bens materiais são infinitos: sempre será possível ter uma casa maior, um iate mais luxuoso, uma conta bancária mais opulenta. Mas, paradoxalmente, nunca será possível encontrar satisfação ou "ter o suficiente daquilo que não precisamos", dos excessos e redundâncias buscados para preencher vazios e inseguranças.

"Vou morrer e não vou levar nada disso" e "Ser é mais importante do que ter" são ditos que merecem cultivo nessas situações. Dedicar-se a causas

---

[21] Em última instância, é a formação das próximas gerações que garantirá o negócio saudável ao longo do tempo, e nas mãos da família. Sobre o tema, assista no canal do YouTube GEEF – Grupo de Estudos de Empresas Familiares aos vídeos: Mesa redonda 5 – Como educar os filhos para serem herdeiros – partes 1 e 2. Convidados: Hector Rafael Lisondo, Regina Giacomelli Politi e Tomas Lanz. Moderação: Roberta Nioac Prado – coordenadora do GEEF. Disponível em: https://youtu.be/UEvd4O9tsrk e https://youtu.be/z1plg3JraT4; Mesa Redonda 24 – Escola de Acionistas e Herdeiros. Convidados: Alexis Novelino, Marcelo Binder e Mary Nicoliello. Mediação: Roberta Nioac Prado – coordenadora do GEEF. Disponível em: https://www.youtube.com/watch?v=8rtu-cEYHgQ&t=3s.

sociais, humanitárias, ambientais ou a qualquer coisa que seja maior do que nós mesmos pode ser um caminho a nos trazer sentimentos de generosidade, altruísmo e desprendimento, reduzindo nossa avareza e resultando em maior felicidade e realização pessoal.

Muitas famílias abastadas já perceberam o benefício e a recompensa pessoal de promover ações de filantropia humanitárias, ambientais, culturais etc.

E a nossa? Como nos posicionamos nesse quesito?

"À pobreza faltam muitas coisas, à avareza falta tudo."
Públio Siro (Escritor da Roma Antiga)

d) Preguiça

A preguiça, irmã da indolência e da inatividade, está, de alguma forma, também ligada à indiferença e ao tédio, a um corpo e a uma mente não ocupados e, em alguma medida, física ou psíquica, doente ou inválida[22].

Em outras palavras, a preguiça é a negligência com o próprio corpo, com a mente e com as atividades cotidianas; é o desleixo, a lentidão, a moleza, enfim, a aversão a qualquer tipo de ocupação, deixando a falta de vontade dominar a vida.

Uma pessoa que vive com preguiça, acaba por negligenciar o capricho, o esmero e o empenho, tão importantes nas relações afetivas e profissionais.

Diz o ditado que a preguiça não costuma ser um bom sócio ou parceiro!

Em latim, *pigritia* significa aversão ao trabalho. Em famílias empresárias, podemos dizer que preguiçosos são aqueles que pretendem viver unicamente daquilo que os outros construíram.

Essa pessoa precisa encontrar formas de trabalhar a disposição, a energia, o ânimo e, também, o empenho, a diligência, o comprometimento, inclusive para sentir-se melhor e mais leve.

Aqueles que não querem se envolver, nem se desenvolver, podem se tornar um entrave para o bom relacionamento familiar e, inclusive, prejudicar os negócios.

---

[22] Importante averiguar em cada caso concreto se o comportamento "preguiçoso" não se trata de depressão, doença psiquiátrica crônica, que tem como sintomas tristeza profunda, perda de interesse na vida, ausência de ânimo e oscilações de humor associados a outros sintomas, como alterações do sono, do apetite, cansaço e sensação de culpa. A depressão tem controle e tratamento, e, para tanto, deve-se buscar ajuda de profissional especializado.

Será que em algum momento já agimos assim?

"Vencer a preguiça é a primeira coisa que o homem deve procurar, se quiser ser dono do seu destino."

Thomas Whitlam Atkinson (Arquiteto, artista e viajante inglês)

e) Ira

A ira, também conhecida como raiva, ódio, rancor, cólera, fúria, é um sentimento intenso e descontrolado, cheio de impaciência e intolerância. A ira nos desperta a vontade de destruir, aniquilar, eliminar aquilo ou aquele que nos inflamou, nos irritou profundamente.

Infelizmente, é cada vez mais comum nos depararmos com pessoas extremamente irritadas e raivosas, que xingam e berram, inclusive publicamente, como se fosse "normal" agir dessa maneira. Por outro lado, quem nunca sentiu uma raiva intensa e acabou falando ou fazendo o que não devia?

A ira sempre nos traz grandes dissabores: seja pelo sentimento em si, muito pouco agradável, seja pelo que dele decorre, quando falamos ou agimos "de cabeça quente", e praticamos a violência emocional, verbal (ou física...) e, geralmente, nos arrependemos depois.

"Mais penosas são as consequências da ira do que as suas causas."

Marco Aurélio (Imperador Romano)

Lidar bem com a ira depende, antes de tudo, de um investimento pessoal no aprendizado de controlar nossas emoções, conseguir respirar fundo, "pensar antes de falar" ou "contar até dez antes de agir". Ou seja, a boa e velha paciência que nos ensinam usualmente os mais velhos.

Além de aprender a extravasar emoções reprimidas no local e com a "vítima" certa, por exemplo, no consultório de um bom terapeuta ou em casa com o travesseiro, e sempre tomando cuidado para não chutar uma porta e quebrar o dedinho do pé!

Será que estamos conseguindo controlar e lidar bem com nossos momentos de raiva?

f) Gula (e Embriaguez)

A gula, de forma simplificada, é um desejo insaciável de consumir muito mais do que aquilo que é necessário, em geral relacionado a comida. Mas esse pecado também pode estar relacionado ao consumo excessivo de outras substâncias viciantes e destrutivas, como álcool ou drogas.

Este é, talvez, um dos pecados mais comuns e aceitos socialmente. Respeitada no segmento de vinhos e gastronomia, a revista *Gula* é um grande sucesso. Que atire a primeira pedra quem nunca repetiu um prato ou comeu uma sobremesa deliciosa, com os "olhos maiores do que a barriga", mesmo consciente de que depois se sentiria mal?

O problema é que, assim como os demais "pecados", esses excessos não só não ajudarão a nos satisfazer, física e emocionalmente, como, ao contrário, tenderão a relativizar quantidades e a nos fazer querer cada vez mais, sem haver saciedade.

"A gula é uma fuga emocional, um sinal de que algo está nos comendo."

Peter de Vries (Novelista americano, conhecido pelo seu tom satírico)

g) Luxúria

A luxúria é um pecado capital que pode servir de "porta" para outros pecados. Em Bhagavad Gita, o Senhor Krishna disse: "É a luxúria, nascida dentre a paixão, que se transforma em ira quando insatisfeita. A luxúria é insaciável, e é um grande demônio. Conheça-a como o inimigo" (3.37)[23].

A luxúria, *grosso modo*, se caracteriza por pensamentos e desejos egoístas, passionais, excessivos e incontroláveis, em geral, de natureza sexual. São desejos eróticos nunca satisfeitos plenamente.

Para a maioria das religiões, o sexo deve ser pensado como a preservação da espécie, mas, na perspectiva espiritual, especialmente no mundo oriental, o sexo pode ser compreendido como forma de desenvolver e aprofundar o amor, que é visto como a forma ideal de purificação da prática sexual.

Repressões severas ou abusos sofridos na infância podem gerar adultos também reprimidos ou demasiadamente liberais, que vivem para camuflar seu desejo de amar e serem cuidados. Na busca desenfreada pelo prazer sexual, corrompemos e deturpamos o sentimento de amor. Do ponto de vista psicológico, a luxúria pode ser uma defesa e, na prática, desvirtuar aquilo que é belo, estabelecendo uma desordem física e mental, provocando a degradação de algo positivo e levando o indivíduo ao vício.

---

[23] Disponível em: https://pt.wikipedia.org/wiki/Lux%C3%BAria.

"Não há paixão mais egoísta do que a luxúria."
Marquês de Sade

O pecado da luxúria pode nos levar a grandes distorções de conduta, por vezes criminosas, inclusive, tais como a pedofilia (desejos ou atos sexuais com crianças), a zoofilia (atração ou práticas sexuais com animais), o voyeurismo (necessidade de observar pessoas se despindo, nuas ou fazendo sexo, sem que elas saibam que estão sendo vistas), o masoquismo (necessidade de sofrimento, no âmbito físico ou emocional, para sentir prazer sexual) e o sadismo (necessidade de provocar, também no âmbito físico ou emocional, sofrimento a outra pessoa, para sentir prazer sexual)[24].

4. Conclusão

Os pecados, em última análise, são pensamentos, sentimentos e atos desgovernados em busca da satisfação momentânea do próprio desejo, em desconsideração à lei ou ao outro indivíduo.

Esse desvirtuamento, esse "errar o alvo", "dar um passo em falso", enganar-se, tropeçar, na melhor das hipóteses (quando não configurar crime), pode comprometer severamente as relações humanas, familiares, empresariais, além de prejudicar a saúde física e mental da pessoa.

Todos os pecados são, de certa forma, limitantes e causam, em algum grau, uma cegueira naquele que o comete. Além disso, pessoas emocionalmente mais sadias, depois de cometerem pecados, acabam por se autojulgar de acordo com seus valores e cultura, entrar em conflito interno, e sentir muita culpa.

Por outro lado:

---

[24] A pedofilia e a exploração sexual de menores, além de serem crimes puníveis com reclusão, **devem ser sempre denunciados**. O Disque Direitos Humanos (Disque 100) é um serviço de disseminação de informações sobre direitos de grupos vulneráveis e de denúncias de violações de direitos humanos. As ligações podem ser feitas de todo o Brasil por meio de discagem direta e gratuita, de qualquer terminal telefônico fixo ou móvel, bastando discar 100. O Ligue 180 é um serviço de utilidade pública essencial para o enfrentamento à violência contra a mulher. É responsável por (i) receber denúncias de violações contra as mulheres. A central encaminha o conteúdo dos relatos aos órgãos competentes e monitora o andamento dos processos; (ii) orientar mulheres em situação de violência, direcionando-as para os serviços especializados da rede de atendimento; (iii) informar sobre os direitos da mulher, a legislação vigente sobre o tema e a rede de acolhimento de mulheres em situação de vulnerabilidade.

"Quem entre vós está sem pecado? Então que seja o primeiro a atirar pedras contra esta mulher."

Jesus Cristo (Jo 8:7)

Depois da leitura dos sete pecados capitais, podemos propor questões para reflexão em grupo, coordenadas por um consultor especialista em dinâmicas familiares:

Todos nós, humanos, temos um pouco dos sete pecados capitais, ou não?

Como cada um desses pecados capitais pode prejudicar uma família ou uma empresa?

E o que você acha que poderia ser feito, na prática, para mitigar os efeitos danosos?

Será que reconhecer um "tiquinho" de soberba, inveja, avareza, ira, preguiça, gula e luxúria pode ter um lado positivo? Por exemplo, nos ajudar a desenvolver nossa inteligência emocional para gerenciar esses sentimentos?

Capítulo II

Governança Familiar

1. Noções fundamentais

1.1. Governança familiar

Podemos definir a governança familiar como um processo, uma ação continuada com vistas a estruturar e organizar a gestão das relações e do patrimônio da família empresária ou investidora. Deve ser concebida a partir das características e da história da família, de seus princípios e valores, e materializar regras e estruturas de gestão e de relacionamento que viabilizem à família administrar e/ou utilizar seus bens comuns tangíveis (empresas, imóveis para uso particular da família, imóveis para locação e incorporação imobiliária, investimentos etc.), bem como seu patrimônio intangível (valores, legado, identidade, bagagem cultural e social, reputação etc.), de forma sustentável no curto, médio e longo prazos.

Envolve inúmeros desafios, tais como: cuidar do modo de comunicação de seus membros; estabelecer regras, princípios e processos para a definição de estratégias de gestão, incremento e utilização do patrimônio comum; regulamentar acordos e formas de mitigar eventuais conflitos; determinar os direitos, os deveres e o papel de cada um de seus membros no âmbito familiar; prever regras de responsabilidade e de prestação de contas quanto aos atos de administração do patrimônio coletivo da família, entre outros preceitos e orientações específicos para cada núcleo familiar concreto.

1.2. Patrimônio tangível

O patrimônio tangível da família consubstancia-se nos bens materiais, ou materializáveis no âmbito jurídico, que o grupo familiar possui. São os bens que têm existência física, corpórea, que podem ser tocados, vistos, percebidos com os cinco sentidos, ou documentados e eventualmente negociados com terceiros, uma vez que são passíveis de precificação.

Podemos citar como exemplos os bens imóveis, tais como casas, fazendas, prédios, terrenos, galpões industriais etc., e os bens móveis, incluindo participações societárias, ativos financeiros, carros, aviões, obras de arte, direitos autorais etc. São todos os bens que podemos valorar em dinheiro e que são transmissíveis por herança jurídica ou por testamento.

1.3. Patrimônio intangível

O patrimônio intangível, por sua vez, consubstancia-se nos bens imateriais de uma família, que não podem ser precificados nem transmitidos por herança jurídica ou por testamento, como: a tradição da família, seus valores, sua ética e cultura de relacionamentos, sua competência de gestão e empreendedorismo, sua reputação, seus vínculos e relações pessoais de networking, seu legado, identidade, história, bagagem cultural etc. É um tipo de patrimônio muito prezado pelas famílias empresárias que tencionam ser longevas e compreendem a força que um legado possui[25].

1.4. Empresas familiares

Empresas familiares, em regra, são aquelas fundadas por uma pessoa, ou um casal, tendo o fundador, o casal fundador, e/ou seus descendentes como principais controladores e gestores da empresa. As empresas familiares podem ter qualquer porte e configuração, desde microempresas até grandes conglomerados com atuação internacional, e atuar em qualquer segmento de negócios – no comércio, na indústria e na prestação de serviços.

---

[25] Sobre o tema, assista no canal do YouTube GEEF – Grupo de Estudos de Empresas Familiares ao vídeo: Mesa redonda 6 – Sucessão: a força de um legado. Convidadas: Cristina Queiroz, Mary Nicoliello e Silvia Martins. Moderação: Roberta Nioac Prado – coordenadora do GEEF. Disponível em: https://youtu.be/fqOPRHXFBYU.

1.5. Empresas multifamiliares

Empresas multifamiliares, por sua vez, são as empresas fundadas e controladas por duas ou mais famílias que, em geral, contam com membros dessas famílias no quadro executivo da empresa. Também podem ter qualquer porte e configuração, desde microempresas até grandes conglomerados com atuação internacional, e atuar em qualquer segmento de negócios - no comércio, na indústria e na prestação de serviços.

1.6. Empresas de sócios

As empresas de sócios, também muito comuns no Brasil, são aquelas fundadas por duas ou mais pessoas que não são parentes entre si, e que compartilham o controle e a gestão corporativa de um negócio. Assim como as empresas familiares e as multifamiliares, podem ter qualquer porte e configuração, desde microempresas até grandes conglomerados com atuação internacional, e atuar em qualquer segmento de negócios - no comércio, na indústria e na prestação de serviços.

1.7. Famílias empresárias

As famílias empresárias podem ser definidas como famílias (ou membros de uma família) que investem ou empreendem conjuntamente em uma ou mais empresas e/ou em novos negócios, geralmente participando do seu controle e gestão.

1.8. Famílias investidoras

Finalmente, famílias investidoras são famílias de alto poder aquisitivo que quase sempre passaram por um evento de liquidez (venda de uma empresa, de parte de uma empresa ou realização de um IPO[26] com oferta secundária[27])

[26] Em inglês, IPO é a sigla para *initial public offering*, ou, em português, oferta pública inicial. Ocorre quando a empresa recebe novos sócios (investidores) realizando uma oferta de ações ao mercado. A empresa se torna, então, uma companhia de capital aberto com papéis negociados no pregão da Bolsa de Valores. Ela (empresa) passa a financiar seus negócios com recursos públicos, de investidores de mercado.

[27] Os controladores, junto com a IPO (emissão de novas ações para capitalizar a empresa), vendem parte de suas ações em Bolsa de Valores (oferta pública secundária) e recebem o dinheiro pessoalmente por essa venda.

e optam por manter um portfólio conjunto de investimentos (ativos financeiros, imóveis para aluguel, grandes propriedades de terra para arrendamentos etc.) geridos em um Family Office[28] comum.

Por outro lado, para efeitos sucessórios, independentemente da conceituação adotada, que de fato varia razoavelmente entre autores e estudiosos do tema, quando falamos de governança familiar, empresa familiar, empresa multifamiliar e famílias empresárias, devemos sempre atentar para o patrimônio e para as empresas que podem ser impactadas em sua propriedade, gestão e poder de controle por falecimento, doença grave, ausência, impedimento ou divórcio de seus sócios e titulares.

Ou seja, quando falamos de famílias, empresas ou pessoas que possuem patrimônio empresarial, financeiro, imobiliário ou outro, e desejam que na sua falta (por exemplo, em caso de falecimento ou doença mental grave) tais recursos sejam passados adiante para seus herdeiros e sucessores, de maneira organizada, evitando perdas financeiras e custos emocionais desnecessários.

Conforme asseverou John Ward, da Kellogg School of Management[29], de maneira simples, porém com grande alcance e profundidade:

"Para alcançar sucesso e longevidade a empresa familiar precisa ter tanto um negócio saudável quanto uma família saudável."

Mas como fazer para ter uma família e uma empresa saudáveis, aptas a alcançar sucesso e longevidade?

Inicialmente, é preciso que cada indivíduo envolvido no sistema familiar tenha algum conhecimento básico sobre questões relevantes que circundam e compreendem a governança, a sucessão e a organização patrimonial da família. De posse desse conhecimento, é necessário que a família encontre fóruns apropriados para conversar de forma aberta e transparente sobre os rumos que deseja tomar, em observância às suas circunstâncias e necessidades, no sentido de implementar boas práticas de governança nos três círculos de interesse da família empresária, quais sejam: o Círculo da Família, o Círculo da Gestão e o Círculo da Propriedade.

---

[28] *Vide*, adiante, neste mesmo Capítulo II, o item que trada de Family Offices.

[29] John L. Ward, professor de Family Enterprise. Disponível em: https://www.kellogg.northwestern.edu/faculty/directory/ward_john.aspx.

1.8.1. O modelo dos três círculos - Governança Corporativa e Familiar: Família, Gestão e Propriedade

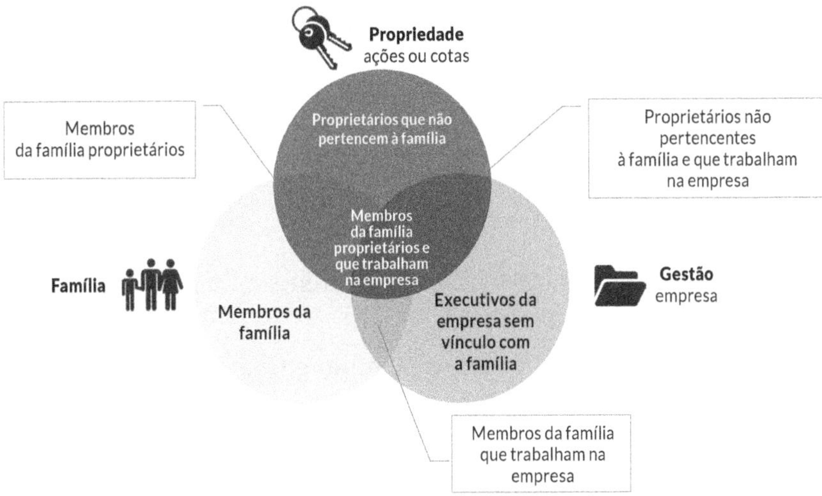

Conforme podemos observar na figura *supra*, o Círculo da Família é composto pelos membros da família, que fundaram ou controlam a empresa familiar, tais como cônjuges, companheiros(as), descendentes e ascendentes (que são os parentes em linha reta); além de primos, tios e sobrinhos (que são os parentes colaterais), que não necessariamente trabalham ou possuem participação societária na empresa.

O Círculo da Gestão, por sua vez, é composto pelos executivos de topo da empresa, que não precisam ser membros da família e tampouco possuir ações ou cotas da empresa.

Já o Círculo da Propriedade é composto pelas pessoas que detêm participações societárias na empresa, podendo não ser membros da família nem trabalhar na empresa (investidores externos, por exemplo).

Ainda na mesma figura, notamos que existem pessoas que estão nas intersecções dos três círculos, são elas: (i) os membros da família que possuem participações societárias, mas não trabalham na empresa (por exemplo, receberam ações ou cotas da empresa por herança ou doação de seus pais); (ii) os membros da família que trabalham na empresa, mas não possuem participação societária (executivos familiares que ainda não herdaram ou não estão na linha sucessória de nenhum sócio); (iii) os executivos que possuem participação na empresa e não são membros da família (profissionais externos contratados que de alguma forma adquiriram ações ou cotas da sociedade, por exemplo, por meio de stock *options* – planos de opções de compra de ações formatados para executivos).

E, finalmente, no centro dos três círculos, temos os(as) fundadores(as), controladores(as) da sociedade, patriarcas e/ou matriarcas, que também atuam como os(as) principais executivos(as) na empresa, ou seja, as pessoas que comumente dizemos que utilizam três chapéus: são membros da família, em geral os patriarcas e/ou as matriarcas, que possuem participações societárias (normalmente o controle da empresa), e são também os(as) principais executivos(as) do negócio.

Mas por que é importante conhecer e entender o modelo dos três círculos, no âmbito da empresa familiar?

Fundamentalmente, porque cada círculo e suas intersecções representam uma "esfera de interesses" distinta e, portanto, uma dimensão a ser considerada para a elaboração da estrutura de governança necessária.

Por exemplo, de modo genérico, em se tratando das esferas de interesse de cada um dos círculos mencionados, podemos ter sócios que perseguem, como meta primordial ou exclusiva, uma maior distribuição de dividendos (lucro individual) e a valorização da empresa no médio e longo prazo; ou executivos que pleiteiam uma progressiva remuneração pelo seu trabalho, seja direta (salário e/ou prolabore), indireta (pagamento da escola dos filhos, de um seguro de saúde etc.), fixa (paga em períodos determinados, mensalmente, por exemplo) ou variável (por exemplo, paga aos executivos mediante o atingimento de determinadas metas), ou, ainda, um maior investimento dos lucros no negócio (em tese, quanto maior e mais rentável, maior a remuneração de seus executivos), em desconsideração aos interesses e necessidades financeiras dos sócios ou sem considerar as demandas de longo prazo da empresa. E, finamente, podemos ter membros da família que não são sócios nem trabalham na empresa – tampouco têm compromisso com boas práticas de governança –, e que enxergam a empresa como uma oportunidade de trabalho para si e para seus filhos, não necessariamente vinculada à meritocracia, além de, sem qualquer contrapartida, se sentirem no direito de utilizar ativos da empresa (por exemplo, o cartão corporativo do marido, da esposa, dos pais etc.) ou serviços de funcionários em proveito próprio (secretária do pai, do marido, office boy, usar o carro ou o avião mantido pela empresa para viagens particulares de final de semana etc.).

O(A) fundador(a), patriarca (matriarca), controlador(a) e executivo(a) principal da empresa, que se localiza na intersecção central dos três círculos, por sua vez, tem que administrar os múltiplos interesses intra e interpessoais de quem usa os três chapéus, por exemplo, *grosso modo*: no papel de sócio e chefe de família, empenhar-se em receber a maior parcela possível de dividendos para manter e dar conforto ao seu núcleo familiar, pagando boas escolas, viagens etc. Ao mesmo tempo, criar condições e oferecer oportunidades de trabalho e experiência para seus parentes queridos, mesmo que estes não sejam tão qualificados quanto os gestores de fora da família (nepotismo). No papel de controlador, busca atender às demandas do negócio, tanto no que respeita à necessidade de aportes de investimentos ou reinvestimento de lucros quanto no sentido de contratar e reter executivos competentes e alinhados com o crescimento e a sustentabilidade da empresa, em uma cultura de meritocracia (manter viva a "galinha dos ovos de ouro"). E tudo isso ao mesmo tempo![30]

Mas como administrar tudo isso no âmbito das relações interpessoais (entre duas ou mais pessoas) e intrapessoais (do indivíduo consigo mesmo)?

Primeiramente, é importante aceitar que conflitos de interesses fazem parte da natureza e das relações humanas, por isso, é natural emergirem conflitos de interesse entre os indivíduos em diferentes posições, ou seja, que ocorram algumas divergências de entendimentos privados que podem vir a comprometer o interesse coletivo. Em outras palavras, como se diz popularmente, é quase que instintivo "puxar a brasa pra sua sardinha", olhando apenas para seu benefício pessoal, descolado da visão do todo. Sendo assim, é preciso compreender que, se tais conflitos de interesse ou divergências de entendimentos não forem bem administrados e regrados, *a priori*, antes de acontecerem, poderão comprometer não apenas a sustentabilidade e a longevidade da empresa, mas também o patrimônio e as relações familiares.

1.8.1.1. *Boas práticas de governança*

E é justamente nesse contexto que surge a necessidade de se implementar boas práticas de governança, ou seja, regras, estruturas e mecanismos de gestão de patrimônio e de solução de conflitos, pensados para atuar orgânica

[30] Sem dúvida, existem situações diversas das citadas nesses exemplos, tais como fundadores cuja principal preocupação é reinvestir no negócio para que este cresça, ou outros que não querem dividir a gestão nem com parentes e menos ainda com executivos competentes de fora da família, e tantas outras situações comuns em empresas familiares. O exemplo serve exclusivamente para demonstrar como podem surgir conflitos de interesses entre os personagens que habitam cada um dos três círculos, bem como conflitos intra e interpessoais daqueles que estão em uma ou mais intersecções.

e interdisciplinarmente em consideração aos três círculos: da família, da gestão e da propriedade.

Em poucas palavras, podemos dizer que a implementação de boas práticas de governança corporativa, familiar e jurídico-sucessória tem como principal objetivo assegurar maior longevidade à empresa e ao patrimônio tangível e intangível da família, criando regras a partir de princípios e valores éticos que garantam uma boa comunicação entre a empresa, seus administradores, sócios e familiares, viabilizem soluções práticas para mitigar eventuais conflitos, zelem pelas boas relações e pelo bem-estar de todos os envolvidos e salvaguardem o alinhamento estratégico da família no médio e longo prazos.

Resumidamente, quando estamos tratando de todos esses temas no âmbito da família, estamos falando da Governança Familiar, que tem como principais instrumentos e estruturas: (i) o Protocolo de Família; (ii) a Assembleia Familiar; (iii) o Conselho de Família; (iv) os Comitês de Família; e (v) o Family Office[31].

No círculo da empresa, estamos falando da Governança Corporativa, que tem como principais instrumentos e estruturas: (i) o Estatuto Social (S/A) ou o Contrato Social (Ltda.); (ii) o Conselho Consultivo ou o Conselho de Administração e seus respectivos Regimentos Internos; (iii) os Comitês (de Auditoria, de Pessoas e RH, de Risco, de Estratégia, de Remuneração, de Governança e Sustentabilidade, de Sucessão da Gestão etc.); (iv) os Códigos de Conduta, entre outros[32].

E, no âmbito (ou círculo, esfera ou contexto) da propriedade, estamos tratando da Governança Jurídico-Sucessória, que tem como principais instrumentos e estruturas: (i) os testamentos; (ii) os pactos antenupciais e os contratos de convivência; (iii) as *holdings*: pura, imobiliária ou patrimonial; (iv) os acordos de acionistas ou de cotistas; (v) as doações da nua-propriedade de bens imóveis ou de cotas de *holdings*, com reserva de usufruto patrimonial e político[33]; (vi) os fundos de investimentos fechados (Fundos de Investimentos em Participações – FIPs, Fundos de Investimentos Imobiliários – FIIs) – para

---

[31] Cada um desses itens será abordado adiante, neste Capítulo II, que cuida da Governança Familiar, com exemplos de minutas no respectivo anexo.

[32] Cada um desses itens será tratado no próximo Capítulo III, que cuida da Governança Corporativa, também com exemplos de minutas no anexo respectivo.

[33] Cada um desses itens será visto nos Capítulos IV e V, que cuidam da Governança em Direito de Família e em Direito Civil e Societário, todos com exemplos de minutas nos respectivos anexos.

ativos financeiros relevantes – acima de 20 milhões de reais; (vii) os *Off Shores*, *Trusts* e Fundações no exterior, para patrimônio móvel, ativos financeiros, por exemplo, ou imóveis, localizados no exterior[34].

Dito isso, temos que o modelo dos três círculos, em consideração a cada dimensão da estrutura de governança, pode ser ilustrado da seguinte forma:

O que fazer na prática?
A separação entre gestão, propriedade e família em subsistemas possibilita gerenciar os desafios de forma estruturada

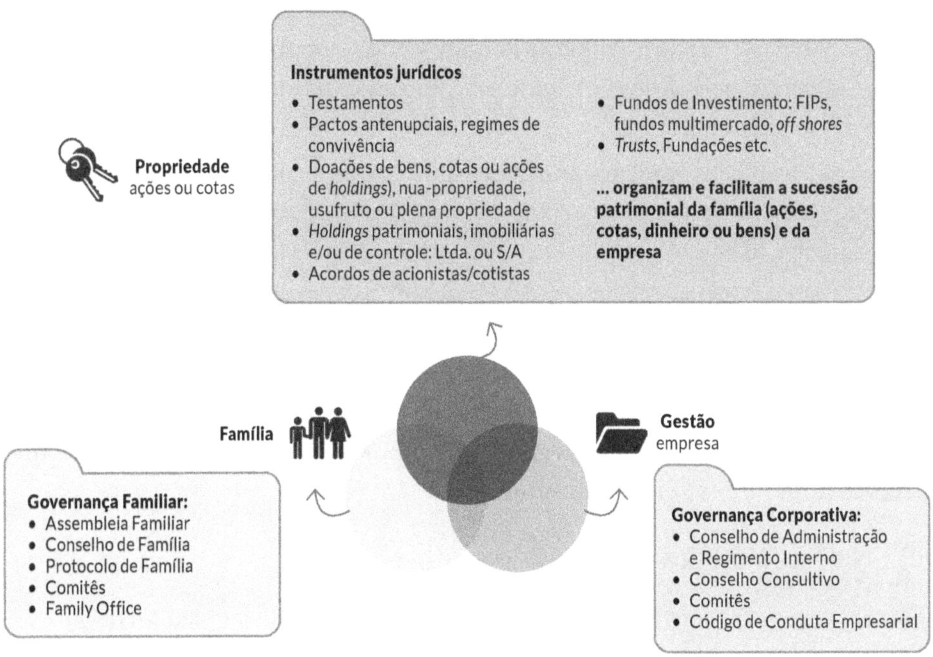

1.8.2. Governança Corporativa, Familiar e Jurídico-Sucessória. O que fazer?

Neste capítulo, abordaremos os instrumentos e estruturas mais utilizados e importantes para empresas familiares, famílias empresárias e investidoras, quando tratamos da Governança Familiar, quais sejam: o Protocolo Familiar, a Assembleia Familiar, o Conselho de Família, os Comitês de Família e o Family Office.

[34] Não são tratados nesta obra.

1.8.2.1. *Documentos e estruturas de Governança Familiar*

1.8.2.1.1. *O Protocolo Familiar*[35]

(i) Denominação

Inicialmente, é importante ressaltar que várias podem ser as denominações possíveis para um documento dessa natureza, como: Constituição Familiar, Acordo de Família, Acordo de Conduta Familiar, Código de Ética da Família, entre outros. Todas as nomenclaturas mencionadas podem ser utilizadas, e a que utilizo, pessoal e profissionalmente, é Protocolo Familiar.

Embora já tenha me deparado com vários documentos dessa natureza intitulados como Acordo de Sócios ou Acordo de Acionistas ou Cotistas, não gosto dessa nomenclatura.

Como veremos no Capítulo V desta obra, os Acordos de Acionistas são documentos que possuem previsão legal específica e contam com regras também específicas.

Um Acordo de Sócios[36] típico, por exemplo, não pode ser firmado por membros da família que não sejam sócios da empresa. Já um Protocolo Familiar, por consubstanciar fundamentalmente um acordo moral e ético da família como um todo, não só pode como recomenda-se que seja assinado por todos os membros da família, inclusive, por vezes, por cônjuges e companheiros que não são nem nunca serão sócios da empresa.

(ii) Natureza jurídica do Protocolo

O Protocolo Familiar é um contrato não previsto na legislação brasileira, tratando-se, portanto, de um "Contrato Atípico" (não tipificado, não regulado em lei). Como dito anteriormente, tem como propósito fundamental estabelecer e regular formalmente a ética, os valores, a conduta social, patrimonial e empresarial da família, no que tange à gestão do seu patrimônio tangível e intangível.

Para produzir efeitos jurídicos entre as partes, deve observar o disposto no art. 104 do Código Civil: (i) ser firmado por pessoas capazes; (ii) ter como

[35] Sobre o assunto, *vide* no canal YouTube GEEF – Grupo de Estudos de Empresas Familiares o vídeo: Protocolo da Família, Conselho e Comitês de Família, Family Office. Disponível em: https://www.youtube.com/watch?v=6iD5GY1T2eg.

[36] Nas S/A, Acordo de Acionistas, e nas Ltda., Acordo de Cotistas.

objeto matérias lícitas, possíveis, determinadas ou determináveis; (iii) a forma não pode ser proibida, vedada em lei; e, finalmente, (iv) a vontade dos signatários deve ser livre, consciente e voluntária.

Os "agentes capazes" são as pessoas que possuem capacidade para praticar os atos da vida civil, tal como assinar um contrato. Por exclusão, são agentes capazes os que não são definidos como incapazes pelo Código Civil[37].

Objeto lícito é aquele que não contraria o ordenamento jurídico como um todo – a Constituição Federal, leis, decretos etc.[38].

Em relação ao objeto, este deve ser possível, determinado ou determinável, ou seja, deve consistir em uma prestação, um ato de dar, fazer ou não fazer alguma coisa, que seja clara, concreta, definida e possível do ponto de vista físico e jurídico, já que o seu cumprimento deve ser exequível, ou seja, implementável, realizável na prática.

Nesse sentido, é importante ressaltar que várias das obrigações de fazer ou não fazer são de cunho moral, embora possam operar efeitos jurídicos entre os signatários. Por exemplo, pode haver uma cláusula, aliás bastante comum em protocolos de família, na qual os signatários obrigam-se a se casar

---

[37] Código Civil: "Art. 3º São absolutamente incapazes de exercer pessoalmente os atos da vida civil: I – os menores de dezesseis anos; II – os que, por enfermidade ou deficiência mental, não tiverem o necessário discernimento para a prática desses atos; III – os que, mesmo por causa transitória, não puderem exprimir sua vontade. Art. 4º São incapazes, relativamente a certos atos, ou à maneira de os exercer: I – os maiores de dezesseis e menores de dezoito anos; II – os ébrios habituais, os viciados em tóxicos, e os que, por deficiência mental, tenham o discernimento reduzido; III – os excepcionais, sem desenvolvimento mental completo; IV – os pródigos. Parágrafo único. A capacidade dos índios será regulada por legislação especial. Art. 5º A menoridade cessa aos dezoito anos completos, quando a pessoa fica habilitada à prática de todos os atos da vida civil e o parágrafo único que trata das hipóteses nas quais cessará, para os menores a incapacidade".

[38] Arts. 186, 187 e 188 do Código Civil. Além disso, como exemplos de objetos ilícitos, temos desde os crimes mais evidentes, tais como o tráfico de drogas, adquirir, receber, transportar, conduzir ou ocultar, em proveito próprio ou alheio, coisa que sabe ser produto de crime, trabalho e exploração infantil, submeter pessoa a trabalho escravo, praticar a sonegação ou evasão fiscal, até crimes de discriminação quanto a raça e etnia, religião, sexo/gênero, peso, deficiência, estatura, condições de emprego, orientação sexual. Em relação a esse último ponto, por mais absurdo que possa parecer, pasmem!, já me deparei com protocolos familiares – antigos, é verdade – que, expressamente e em cláusula específica, não permitiam que familiares mulheres ou homossexuais tivessem cargos no alto executivo da empresa. Ou que os descendentes que não se casassem com pessoas da mesma religião não poderiam participar do Conselho de Família, podendo, inclusive, caracterizar crimes de descriminação (preconceito de raça, cor, etnia, religião ou procedência nacional – Lei n. 7.716/89 c/c Lei n. 9.459/97. O Supremo Tribunal Federal (STF) determinou, em 13 de junho de 2019, que a discriminação por orientação sexual e identidade de gênero passa a ser considerada crime.

no regime de separação total de bens (obrigação de cunho moral com impactos patrimoniais).

É claro que, caso um dos signatários não cumpra o que firmou, e se case em outro regime, a família não poderá exigir legalmente a alteração do regime de bens do casal. Por outro lado, pode estar previsto no contrato, por exemplo, que, em havendo descumprimento dessa regra, o membro da família não poderá participar de nenhum órgão de governança da família (conselho de família, conselho de administração da empresa etc.)[39].

Ademais, uma cláusula dessa natureza não pode obrigar a pessoa que não a assinou, no caso o marido ou a mulher do signatário, sujeitando tão somente os subscritores, em relação aos outros contratantes, e a sociedade, por exemplo, caso esta participe do contrato (no caso do Protocolo Familiar), tomando ciência e dando aprovação a seus termos, na qualidade de interveniente anuente.

Finalmente, a vontade deve ser livre, consciente e voluntária, ou seja, os signatários não podem ser forçados, ameaçados, constrangidos ou coagidos a assinar o documento, sob pena de anulação do que foi contratado[40].

(iii) Princípios e conceitos importantes para elaboração do Protocolo de Família

A seguir, são expostos alguns dos temas e questões que geralmente suscitam dúvidas e, por vezes, provocam certos desconfortos, mas que precisam ser enfrentados em nome da sustentabilidade da família, e do negócio, no médio e longo prazos.

(a) Quem deve participar do projeto?

Em um projeto de governança familiar, os cônjuges e companheiros devem participar? E os filhos menores, a partir de que idade devem ser envolvidos? E os membros separados/divorciados ou viúvos com filhos menores descendentes dos fundadores, participam ou não? E em que medida?

Como sempre, não existe resposta "certa" ou "errada" para estas questões. Cada família deve refletir sobre suas necessidades e limites, avaliar os

[39] Acho discutível, mas já vi em um Protocolo a previsão de multa pecuniária em caso de descumprimento dessa cláusula.

[40] Vícios da vontade ou de consentimento: erro, ignorância, dolo, coação, estado de perigo e lesão; Vícios sociais: fraude contra credores e simulação. Art. 138 e s. do CC.

prós e contras de cada escolha, e definir, junto com os consultores do projeto, o que é mais adequado para suas circunstâncias e necessidades naquele momento.

Entendemos que um Protocolo Familiar, por ter perspectiva diferente de um acordo de sócios (de acionistas ou de cotistas), como regra, deve ser concebido e firmado pelo maior número possível de pessoas envolvidas na estrutura familiar e, em algumas situações, sugerimos inclusive a participação de membros de 16 anos, ou de menos idade, mas que já possuem interesse no assunto, ainda que representados em conjunto por seus pais na assinatura do documento.

De qualquer forma, como dito, será sempre o núcleo "duro" familiar – os fundadores, os pais, os contratantes do projeto – que terá a palavra final e irá determinar, por exemplo, a conveniência da participação ou não de cônjuges, companheiros(as), viúvos(as) e/ou adolescentes, no caso concreto.

Outrossim, habitualmente, quando somos contratados para desenvolver um Protocolo Familiar, nossa sugestão para a família é a de que, ao menos das entrevistas iniciais, todos participem (cônjuges, companheiros, adolescentes interessados e envolvidos nos negócios da família etc.) para que possamos desenhar um "mapa" mais preciso da família, mesmo que depois tais pessoas não assinem o documento final nem participem dos workshops de alinhamento estratégico da família[41].

(b) A partir da 2ª geração, membros familiares e seus cônjuges e companheiros devem ou não participar da gestão da empresa? E quais as principais regras a serem definidas?

Outro questionamento muito comum é: membros da 2ª geração, seus cônjuges ou companheiros, e outros familiares, podem ou não trabalhar na empresa?

Alguns pensam que sim, desde que em condições igualitárias com outros candidatos de fora, e sempre com remuneração compatível com o mercado. Outras famílias acham que procurar profissionais exclusivamente no mercado (profissionalização externa) pode evitar futuros desentendimentos, dissabores e inconformidades na família. Esse também é um ponto que deve ser debatido e definido de acordo com cada circunstância e entendimento familiar.

---

[41] Sobre esse tema, *vide* o Capítulo I – Alinhamento Estratégico de Famílias Empresárias.

De qualquer forma, se a decisão for no sentido de que familiares, e/ou cônjuges e companheiros, podem trabalhar na empresa, é importante definir no Protocolo como estes podem/devem se candidatar ao cargo, como serão selecionados (por um profissional externo, por exemplo) e quais os pré-requisitos para se candidatar, tais como formação, experiência externa, temperamento e relação com a família etc.

Ademais, seja como for, é importante definir, de modo claro e preciso, a política de remuneração dos executivos da empresa, sejam familiares ou não. Ressalte-se que, no mais das vezes, é aconselhável valer-se do auxílio de um profissional externo *expert* no assunto que, conhecendo a filosofia, os valores e as grandes linhas de atuação da empresa e da família, ajudará a conceber e a estruturar tal política (mais agressiva ou mais conservadora, com maior ou menor foco no resultado variável ou em metas etc.), levando em consideração as práticas de mercado e os princípios e valores da família.

Definida a política de remuneração dos executivos da empresa, é fundamental que a família tenha muito claro como a empresa endereça, tanto a remuneração pelo trabalho (*pro labore* e salário direto, indireto, fixo, variável) quanto a remuneração pelo capital (a política de distribuição de dividendos aos sócios e a política de investimento e reinvestimento na empresa).

Essa clareza é crucial para evitar uma série de desconfortos no futuro, que muitas vezes se manifestam em empresas familiares. Por exemplo, imaginemos dois irmãos que detêm o mesmo percentual societário na sociedade (portanto, recebem o mesmo montante a título de dividendos), mas um deles atua também como executivo no negócio. É natural que este último receba quantias financeiras superiores ao outro que não trabalha na empresa, uma vez que receberá também pelo seu trabalho e o outro não. Nesse caso, pode haver exercícios nos quais a empresa não distribui lucros, mas paga o salário/*pro labore* daquele que trabalha, provocando diferenças de renda que, por vezes, podem ser significativas e que podem gerar mal-estar na família como um todo.

(c) Qual a nossa política de distribuição de lucros e de reinvestimento?

Este é outro ponto importante a ser debatido com a família: se a empresa tem como política distribuir ou reinvestir mais, por exemplo, e em quais circunstâncias. Também nesse aspecto as famílias podem ter entendimentos distintos.

Algumas famílias acham que a maior parte dos lucros deve ser reinvestida na empresa familiar ou no patrimônio comum da família. Outras famílias acham mais adequado distribuir o maior valor possível a título de dividendos, e cada membro decidir como quer gastar ou investir em outros ativos.

De qualquer forma, é recomendável que toda empresa conte com um Planejamento Estratégico de curto, médio e longo prazos, que irá auxiliar na definição de regras e percentuais de distribuição, aportes e reinvestimentos para expansões etc.

Além disso, é fundamental que a família defina e compreenda bem a diferença entre a remuneração pelo trabalho e a remuneração pelo capital investido.

(d) A saída, ou retirada voluntária total ou parcial da empresa ou do patrimônio comum, deve ser facilitada ou dificultada, com multas, por exemplo?

Outro ponto importante é definir se a família entende que a saída ou a retirada voluntária de herdeiros/sócios, total ou parcial, da empresa ou do patrimônio comum da família deve ser facilitada ou dificultada, por exemplo, com multas ou avaliações patrimoniais menos vantajosas, ou seja, se a família contempla e privilegia a liberdade individual dos herdeiros de investir de forma autônoma, ou se a diretriz da família é de que todos permaneçam unidos, na maior parte ou na totalidade dos investimentos, a fim de, por exemplo, obter maiores sinergias e ganhos de escala, e/ou poderem também desenvolver ações conjuntas voltadas para a filantropia[42].

Novamente, não há "certo" e "errado", mas é importante que a família ao menos pondere e reflita sobre esses assuntos.

De qualquer forma, entendemos que a filantropia altruísta (e não marketeira), visando ao bem-estar social, bem como o investimento planejado em sustentabilidade ambiental podem consubstanciar um bom motivo e propósito para uma família permanecer unida e investindo conjuntamente ao longo de gerações.

---

[42] Felizmente, esse debate vem ganhando, crescentemente, espaço no universo empresarial nacional e entre famílias de alto poder aquisitivo, e muitas famílias e empresas decidem ter uma atividade filantrópica conjunta e coordenada. Nesse caso, é importante definir quais são as causas prioritárias a serem consideradas, qual valor lhes será destinado e como devem ser financiadas, bem como a estrutura legal de gestão e de governança dessa atividade que, independentemente do montando envolvido, deve ser realizada de forma profissional. *Vide* no canal do YouTube GEEF – Grupo de Estudos de Empresas Familiares nossa Mesa redonda 7: A filantropia e as famílias empresárias no Brasil. Convidadas: Marcia Setti, Paula Fabiani e Priscila Pasqualin. Moderação: Roberta Nioac Prado – coordenadora do GEEF. Disponível em: https://www.youtube.com/watch?v=RQj0xNUO6RQ&t=856s.

(e) Como distribuir/dividir meu patrimônio entre meus herdeiros?

Este também é um dos temas "espinhosos", mas que precisa ser enfrentado pelas famílias em nome da sustentabilidade e do longo prazo.

Veremos no Capítulo IV desta obra que o Direito de Família e das Sucessões vigente no Brasil dispõe de regras cogentes (obrigatórias) quando estamos tratando da meação, da parte legítima e da parte disponível do patrimônio de qualquer pessoa física, seja no casamento ou na união estável, no processo sucessório, com ou sem testamento, ou, ainda, na doação em vida de bens, sempre que houver herdeiros necessários envolvidos (descendentes, ascendentes e/ou cônjuges e companheiros)[43].

Há, porém, um espaço na autonomia privada que permite aos particulares autorregulamentar alguns de seus interesses pessoais e, por exemplo, escolher o regime de bens que irá vigorar no seu casamento ou união estável, bem como regrar alguns temas no que tange à sua sucessão. Por exemplo, direcionando 50% de seu patrimônio pessoal para terceiros que não necessariamente sejam seus herdeiros (descendentes, ascendentes, cônjuges e companheiros). Tal liberdade pode se mostrar bastante conveniente em algumas circunstâncias concretas.

Outrossim, ainda no âmbito da autonomia privada, é possível ao patriarca, ou matriarca, caso seja de sua vontade, compor quinhões hereditários com valores patrimoniais semelhantes (observando a legítima e a disponível), mas com ativos distintos, em consideração a herdeiros e sucessores com perfil, experiência, vontade e competências pessoais distintas.

Por exemplo, é possível, respeitando a legítima dos herdeiros necessários, direcionar, tanto por doação em vida quanto por testamento (para operar efeitos depois da morte), o controle (percentual de ações ou de cotas) de uma empresa operacional ou *holding* para um dos herdeiros, ou cônjuge/companheiro, que trabalha, tem maior interesse, engajamento, conhecimento e compromisso efetivo com o negócio, e compensar os demais herdeiros com bens imóveis ou liquidez. Ou, ainda, doar a maior parte de uma fazenda sede do agronegócio

---

[43] Segundo a Lei brasileira, os herdeiros necessários (ascendentes, descendentes e/ou cônjuge) têm direito à legítima, ou seja, 50% do patrimônio do doador ou falecido. Os outros 50% são considerados a "parte disponível" do patrimônio, ou seja, a parte que a pessoa pode doar em vida ou legar em testamento a quem quiser (inclusive um dos seus herdeiros necessários). No Capítulo IV desta obra, abordaremos com maior profundidade os conceitos de "legítima", "disponível" e "herdeiros necessários".

da família àquele que trabalha e cuida do negócio, compensando os demais herdeiros com outros bens imóveis, obras de arte etc.

Seja como for, e antes de tomar qualquer decisão, é importante refletir profundamente sobre o tema, qual seja: achamos mais justo dividir todo o patrimônio igualmente (todos os ativos divididos em percentuais iguais) entre os herdeiros (filhos e cônjuge/companheiro), ou aqueles bens, móveis ou imóveis, com os quais alguns dos herdeiros têm maior afinidade (por exemplo, considerar que um deles sempre gostou e frequentou mais a casa de praia) ou relação (de trabalho, por exemplo) devem lhes ser direcionados, nesse último caso pensando inclusive na função social da empresa[44]? Vale dizer, vamos incorporar a máxima de Aristóteles segundo a qual devemos tratar igualmente os iguais e desigualmente os desiguais, na medida de suas desigualdades[45]. Ou não?

Depois de refletir sobre a questão, algumas famílias concluem que é mais apropriado que todos recebam quinhões patrimoniais o mais "iguais" possível (seja em valor, seja em espécie de bem). Outras concluem que os herdeiros mais engajados no negócio devem recebem maior percentual de controle da empresa, e os demais devem ser compensados com outros bens. Outras, por sua vez, creem que os que têm maior dificuldade para se colocar no mercado, ou de ganhar dinheiro, ou, ainda, se casaram com alguém de menos posses, ou escolheram um trabalho que não é bem remunerado no mercado, devem receber quinhão patrimonial maior. Ainda há famílias que planejam deixar uma porção patrimonial maior, ou específica, para um filho temporão muito mais jovem que os irmãos, ou para um filho especial. Há de tudo e mais um pouco...

Entendemos que, desde que haja coerência na decisão, em consideração aos princípios e valores da família (e que não seja uma decisão injustificada ou unicamente fundada em preconceito ultrapassado nos dias atuais), não há

[44] A função social da empresa, em poucas palavras, é o papel que ela exerce na sociedade de não apenas gerar lucros para seus sócios, mas de fazer a economia como um todo circular: gerando empregos, pagando impostos, produzindo e distribuindo bens de consumo etc. Quando uma empresa que desempenha bem a sua função social quebra, em teoria, toda a sociedade perde, e não apenas os seus sócios.

[45] Princípio presente também na lindíssima *Oração aos Moços*, um dos mais célebres discursos de Rui Barbosa, escrito para paraninfar os formandos da turma de 1820 da Faculdade de Direito do Largo São Francisco: "A regra da igualdade não consiste senão em quinhoar desigualmente aos desiguais, na medida em que se desigualam. Nesta desigualdade social, proporcionada à desigualdade natural, é que se acha a verdadeira lei da igualdade". Disponível na íntegra em: https://www.portalabel.org.br/images/pdfs/oracao-aos-mocos.pdf.

certo e errado. Mas é recomendado que cada família decida sempre concatenada com seus princípios, tendo em conta a forma como educou seus filhos para que estes se tornassem herdeiros e sucessores[46]. O que aquela família específica acredita ser "mais justo"?

Já presenciei desavenças familiares porque um irmão achou injusto o outro receber quinhão maior da empresa "só porque trabalha lá", ou, ao contrário, aquele que trabalha achou injusto receber o mesmo quinhão de controle que seu irmão que nunca trabalhou, nem na empresa nem em lugar nenhum, e só sabe surfar e beber com os amigos.

Por isso, é importante ter em mente que se trata de uma questão muito delicada, que deve ser ampla, profunda e abertamente debatida entre os envolvidos para que todos compreendam e aceitem (mesmo que não concordem!) a lógica da opção. Ademais, e idealmente, é crucial que todos efetivamente sejam e se sintam considerados, acolhidos e contemplados em suas necessidades.

Sem dúvida, é um tema que, se não for tratado com muito cuidado e amor, pode comprometer seriamente as relações familiares e até mesmo destruir a empresa e/ou o patrimônio da família.

Aqui, com certeza, valem as máximas de "é conversando que a gente se entende" e "o combinado não sai caro".

Exemplo de matérias que podem ser tratadas em um Protocolo Familiar

Depois de devidamente alinhados os temas de importância para a família, conforme descrito no Capítulo I desta obra, eles deverão ser redigidos pelos consultores, da forma mais simples e coloquial possível, sem jargões profissionais ou técnicos, a fim de que toda a família possa compreendê-los em todos os seus termos e, posteriormente, validá-los, assinando o Protocolo da Família.

Como exemplo de temáticas comumente trabalhadas nesse âmbito, podemos citar:

---

[46] Sobre o tema, assista no canal do YouTube GEEF – Grupo de Estudos de Empresas Familiares ao vídeo: Mesa redonda 5 – Como educar os filhos para serem herdeiros – partes 1 e 2. Convidados: Hector Rafael Lisondo, Regina Giacomelli Politi e Tomas Lanz. Moderação: Roberta Nioac Prado – coordenadora do GEEF. Disponível em: https://youtu.be/UEvd4O9tsrk e https://youtu.be/z1plg3JraT4; Mesa redonda 24 – Escola de Acionistas e Herdeiros. Convidados: Alexis Novelino, Marcelo Binder e Mary Nicoliello. Mediação: Roberta Nioac Prado – coordenadora do GEEF. Disponível em: https://www.youtube.com/watch?v=8rtu-cEYHgQ&t=3s.

(i) Visão, Missão e Valores da família;

(ii) Quem somos enquanto família e aonde queremos chegar juntos? Quais são os nossos obstáculos e como desenvolveremos em conjunto e de forma alinhada a nossa estratégia em comum?;

(iii) Qual é a melhor estrutura de governança familiar, corporativa e jurídico-sucessória para essa família empresária?;

(iv) Como os membros de nossa família se comunicam e tomam decisões acerca dos negócios e sobre a gestão do patrimônio comum?;

(v) Como queremos cuidar das nossas riquezas comuns, tangíveis e intangíveis?;

(vi) Como trataremos de novos investimentos conjuntos e diversificação? Além disso, seremos mais arrojados ou mais conservadores?;

(vii) Como é e como deverá ser exercido no futuro o poder de controle da nossa empresa, bem como as regras para a sucessão e o exercício desse controle?;

(viii) Como é e como deverá ser exercida a gestão da nossa empresa e quais as regras para a sucessão dessa gestão, no que respeita tanto aos membros familiares quanto aos profissionais externos à nossa família? Ou seja, quem pode e quem não pode trabalhar na empresa? E em que medida vamos ter profissionais externos na alta gestão da empresa e/ou em seu conselho de administração (maior ou menor profissionalização)?;

(ix) Como será nossa política de remuneração de executivos, de distribuição de lucros e de reinvestimentos nos nossos negócios?;

(x) Como determinaremos o papel e as responsabilidades de cada um dos membros da nossa família, com cada indivíduo atuando no "seu melhor"?;

(xi) Queremos investir no desenvolvimento das próximas gerações da família? Se sim, o que faremos para qualificar e formar os acionistas e sucessores familiares e quanto estamos dispostos a investir nesse sentido?;

(xii) Quais são as regras para entrada e saída da nossa empresa de familiares e cônjuges/companheiros na gestão e na propriedade?;

(xiii) Qual é a nossa estratégia de gestão de relacionamentos/conflitos?

(iv) Cláusulas relevantes de um Protocolo Familiar[47]

Além de o Protocolo ser redigido pelo consultor em linguagem clara, sem jargões técnicos ou profissionais, a fim de que toda a família, independentemente de sua formação, possa compreendê-lo e validá-lo, para somente depois, conscientemente, assiná-lo, é fundamental que todos os seus termos tenham sido previamente debatidos, compreendidos e alinhados na família. Ademais, como dito, o ideal é que o maior número de familiares relevantes nos três círculos de interesse da governança participe da sua concepção e elaboração, ou ao menos tenha tido o seu ponto de vista exposto na fase das entrevistas.

Estrutura do Protocolo

Iniciamos um Protocolo com um breve índice dos tópicos que serão abordados, que são os seguintes:

Apresentação: breve histórico da família e da empresa

Sugerimos sempre uma apresentação (preâmbulo, prefácio ou abertura) contendo um breve histórico da família e da empresa, escrito a várias mãos, pelos familiares com o apoio dos consultores, contando, por exemplo, como, quando e onde os fundadores se conheceram, fatos significativos sobre a relação, o nascimento dos filhos etc.

Em relação à empresa, sugerimos um breve relato expondo quando, como e por que foi criada, como se deu o crescimento dos seus negócios, além de conquistas, êxitos, insucessos, ou algum fato interessante, curioso ou marcante que a família queira acrescentar.

Algumas famílias possuem, por exemplo, uma carta de seus pais ou avós que contempla fatos e relatos relevantes da história da família ou da empresa. Nesses casos, sugerimos adicionar tal documento no preâmbulo.

Essa apresentação no início do Protocolo é importante, uma vez que conhecer a história da família traz união e sentimento de pertencimento. Uma família que sente prazer em estar reunida, conhecer e compartilhar suas memórias, tem mais chances de permanecer unida e alicerçada.[48]

---

[47] Um modelo de Protocolo no formato no qual trabalhamos pode ser encontrado nos anexos deste capítulo.

[48] Sobre o tema, assista no canal do YouTube GEEF – Grupo de Estudos de Empresas Familiares ao vídeo: Mesa redonda 14 – Livros de família: como e por que famílias empresárias

Após essa introdução, passamos ao Protocolo propriamente dito.

Capítulo I: Signatários, Visão, Missão, Valores e Diretrizes da Família

Como qualquer outro contrato privado, iniciamos um Protocolo de Família pela qualificação completa dos signatários, contendo, ainda, a sua qualidade nesse documento, por exemplo: patriarca, matriarca, pai, mãe, fundador(a), controlador(a) da empresa (nome da empresa) e/ou titular do patrimônio (ações ou cotas de *holding*, imóveis, investimentos financeiros e fundos fechados etc.), filho(a), descendente, neto(a), herdeiro(a), legatário(a), cônjuge, companheiro(a), irmão(ã), primo(a) etc.

Em seguida, passamos aos "considerandos", que devem relatar da forma mais clara e suscinta possível a razão, a motivação, a justificativa pela qual tal documento está sendo pactuado pela família. Por exemplo:

"**Considerando** que os pais (*fundadores, patriarcas etc.*) amealharam no decorrer de sua vida conjugal patrimônio empresarial, imobiliário, financeiro e/ou familiar significativo;

Considerando que pais e filhos têm interesse em regular a gestão desse patrimônio de forma a dar sustentação às necessidades financeiras e familiares das próximas gerações;

Considerando que todos têm interesse que a gestão do referido patrimônio seja feita de forma profissional e isenta de conflitos de interesses;

Considerando que pais e filhos pretendem encorajar o espírito empreendedor das novas gerações, em atendimento às necessidades de formação educacional de seus membros familiares, com harmonia e respeito aos objetivos e aspirações individuais;

Considerando que a família concorda em estabelecer mecanismos de boas práticas de governança corporativa, além de criar instrumentos legais de governança jurídico-sucessória, a fim de planejar, facilitar e baratear a sucessão, buscando, ainda, evitar futuras desavenças familiares desnecessárias;

Decidem firmar o presente Protocolo"

---

relatam suas trajetórias. Convidados: Bruno Truite, Jair Moggi e Floreal Rodrigues. Moderação: Roberta Nioac Prado – coordenadora do GEEF. Disponível em: https://youtu.be/kNJuoyVnS3g.

Estes são alguns exemplos de *considerandos* genéricos que podem constar de Protocolos de Família. Lembramos que é recomendado também apontar *considerandos* específicos para cada caso concreto[49].

De qualquer forma, por óbvio, o importante é que cada "considerando" seja pensado, ponderado e inserido no Protocolo de acordo com a realidade e a necessidade de cada família e ou de cada empresa familiar.

Missão, Visão e Valores

A missão, a visão e os valores da família podem ser trabalhados, por exemplo, em dinâmicas e workshops de alinhamento estratégico, conforme abordamos no Capítulo I desta obra.

A missão de uma família (ou de uma empresa no Código de Ética da Empresa[50]) é a sua razão de existir, seu propósito, sua finalidade e escopo. A missão deve endereçar à seguinte pergunta: qual a nossa razão de ser? A missão tem caráter permanente, devendo perdurar no tempo e podendo (devendo) atravessar gerações. É o que conduz a gestão das relações da família e a estratégia operacional da empresa familiar.

A visão é a situação, o posicionamento, o *status* que a família (ou a empresa) deseja alcançar em um tempo definido ou em um horizonte futuro e estratégico. Deve responder à pergunta: para onde queremos ir e o que queremos nos tornar no longo prazo? De caráter menos permanente que a missão, pode ser redirecionada ao longo de diferentes ciclos de vida da família (ou da empresa, no caso do Código de Ética Empresarial).

Os valores são os ideais de conduta, ética, atuação e resultados que devem estar presentes no comportamento de cada um dos membros familiares (e no caso da empresa dos sócios, de seus executivos e colaboradores, sejam membros familiares ou não), no que respeita tanto ao relacionamento interpessoal de seus membros, em relação ao patrimônio tangível e intangível da família, quanto na relação destes com a empresa e para com terceiros. Assim como a missão, os valores são mais estáveis e permanentes. Na verdade, são os valores que devem dar sustentação à missão.

---

[49] Outros exemplos serão apresentados nos documentos que integram os anexos deste capítulo.

[50] O Protocolo Familiar assemelha-se ao Código de Ética de uma empresa, sendo que o primeiro respeita o círculo da família e suas relações e o segundo, o círculo da gestão. Em uma família empresária, ambos os documentos devem "conversar". Um exemplo de Código de Ética será fornecido no Capítulo III desta obra, que trata da Governança Corporativa.

Os valores surgem de reflexões do tipo: Que família somos e que família queremos ser (ou que empresa somos e que empresa queremos ser?) Qual é o propósito de estarmos unidos? Que espécie de relacionamento queremos ter entre nós e para com terceiros? Quais são nossas habilidades e características mais importantes, e que nos diferenciam de outras famílias (ou de outras empresas)? Quais são nossas responsabilidades como membros da família (ou enquanto empresa)? O que admiramos em outras famílias (ou em outras empresas) e gostaríamos de assimilar?

A enumeração dos valores da família em ordem decrescente no Protocolo (ou da empresa no seu Código de Ética) pode ser importante na medida de uma situação concreta. Por exemplo, em havendo o desejo de um dos membros de sair do negócio, ou do investimento conjunto familiar, em uma família que tem como valores a união e o respeito à individualidade, qual desses valores deverá prevalecer?

De qualquer forma, é a partir dos valores mais relevantes identificados pela família, não muito mais que cinco ou seis (se muita coisa é prioritária, no final, nada é prioridade!), que devem ser concebidas frases, com cerca de três linhas, suscintas e precisas, que os apreendam e deem conta de descrever a missão da família.

Após a missão, a visão e os valores, costumamos definir e nomear, para efeito do Protocolo, quem são os membros da família nuclear (por exemplo: pais, filhos e netos), da família estendida (por exemplo: cônjuges, companheiros, viúvos e viúvas), e/ou as gerações (1G, 2G, 3G e assim em diante), especialmente nos casos em que há diferença de direitos, deveres e responsabilidade entre tais membros familiares.

Em seguida, passamos ao Capítulo II do Protocolo, que tratará da Governança da Família Empresária: Da Família; Da Gestão; Da Propriedade. Lembrando que nem todos os Protocolos tratarão necessariamente das três esferas de governança já em um primeiro momento (por exemplo, em uma primeira fase do processo de implementação da governança da família).

Capítulo II: Governança da Família Empresária

(i) Da Família.

(ii) Da Gestão.

(iii) Da Propriedade.

Neste capítulo, o importante é separar claramente o que respeita cada um dos três círculos: da Família, da Gestão e da Propriedade.

Ademais, e desde o início do processo, é fundamental conscientizar os sucessores de que eles não vão herdar simplesmente uma empresa ou um patrimônio, mas uma sociedade composta por pessoas que, em princípio, não se escolheram, ou seja, é necessário criarmos e implementarmos regras claras de governança, de gestão, de sucessão e de mitigação de conflitos, compreendendo que se trata de um processo, que deve ir sofrendo ajustes, e que as futuras gerações devem participar, aderir (como gestores, como acionistas ou simplesmente como membros da família que compreendem o conjunto de boas práticas de governança) e colaborar "com o seu melhor", agregando de alguma forma valor ao patrimônio da família.

Caso contrário, em maior ou menor tempo, todo o patrimônio comum, tangível e intangível tenderá a ser inexoravelmente aniquilado.

Havendo suspeita considerável de que esse é o caso, nossa sugestão é de que a família profissionalize toda a gestão dos negócios, ou venda aquilo que for possível (seus bens tangíveis comuns), idealmente com agilidade e auxílio profissional, entre si e/ou a terceiros mais aptos a administrá-lo no momento, e proceda à divisão proporcional, de acordo com suas participações, dos montantes obtidos (do produto da venda). Se isso for feito de forma eficiente e não amadora, é possível que a família ainda consiga compartilhar seus bens intangíveis (suas relações, identidade, memórias, bagagem cultural e social, reputação etc.) de forma sustentável e com bastante dinheiro no banco!

Tratando concretamente da estrutura da governança familiar (círculo da família), o Protocolo deverá prever e determinar os princípios e as regras que irão regular os foros/órgãos, matérias, competências e alçadas, bem como a periodicidade e o local dos encontros, as pautas fixas etc., para que a família siga se reunindo, desenvolvendo e implementando suas boas práticas de governança.

Comumente, e sempre respeitando o tamanho do patrimônio e a complexidade da família, como dito anteriormente, os principais órgãos/foros no âmbito da governança familiar são: a Assembleia Familiar, o Conselho de Família, os Comitês e o Family Office.

Do ponto de vista da estrutura da governança corporativa (círculo da gestão), o Protocolo deverá prever os princípios e as regras que irão regular os foros/órgãos, matérias, competências e alçadas que darão suporte às boas práticas de governança da empresa, sempre respeitando o seu porte, complexidade e necessidades.

Os principais órgãos/foros no âmbito da governança corporativa são: o Conselho Consultivo e o Conselho de Administração, além de comitês específicos do Conselho, tais como: de sucessão, de remuneração, de inovação, de auditoria, de riscos, de pessoas e recursos humanos, de estratégia etc. Uma vez finalizado o Protocolo de Família, tudo o que foi definido no seu âmbito deve ser transportado para os documentos pertinentes, por exemplo, para um Código de Ética, um Regimento Interno de Conselho de Administração ou Consultivo da Empresa[51].

Do ponto de vista da estrutura da governança jurídico-sucessória (círculo da propriedade), o Protocolo de Família deverá prever e regular os foros/órgãos, documentos, matérias, competências e alçadas que darão suporte às boas práticas de governança, organização patrimonial e sucessão, na família e na empresa.

Alguns dos principais órgãos/foros e documentos nessa alçada são: Estatuto (S/A) ou Contrato Social (Ltda.) da empresa e de *holdings* controladoras, Acordo de Sócios (acionistas na S/A e cotistas na Ltda.)[52], testamentos, escrituras de doação com reserva de usufruto e contratos de convivência[53].

Como dito, a família pode optar por trabalhar, em um primeiro momento, somente um ou dois desses assuntos, por exemplo, Visão, Missão, Valores e Diretrizes da Família e a Governança da Gestão (corporativa). Ou a Governança da Família (familiar) e a Governança da Propriedade (jurídico-sucessória), deixando para outra ocasião os demais tópicos. O importante é compreender a governança e a implementação de boas práticas como um processo, o qual, a partir do momento em que se inicia, não terá mais fim (só acaba se a família "terminar" ou o patrimônio (tangível e intangível) e/ou empresa comuns se exaurirem).

Finalmente, é importante novamente ressaltar que, em essência, o Protocolo da Família é um documento de cunho moral, que zela fundamentalmente pelos bens intangíveis da família. Sendo assim, depois de devidamente assinado, recomenda-se que matérias concretas previstas e reguladas na lei e em outros normativos legais sejam transportadas para os documentos jurídicos adequados, como o estatuto ou contrato social da empresa, acordo de

51 Esse tema, com exemplos de documentos, constam do Capítulo III desta obra, que trata da Governança Corporativa.

52 Tema que será abordado no Capítulo V desta obra, que trata de Estratégias Societárias e Sucessórias no Direito Societário Brasileiro, com exemplos práticos de minutas.

53 Tema que será abordado no Capítulo IV desta obra: Estratégias para Regrar Relações Familiares no Direito Brasileiro (Direito de Família e das Sucessões), com exemplos práticos de minutas.

sócios, testamentos, escrituras de doação, regimento interno de conselho de administração etc.

(i) Da Família

No âmbito da governança da família, o Protocolo pode prever, por exemplo, um Conselho de Família, ou Comitês de Família.

Uma cláusula introduzindo esse capítulo pode ter a seguinte redação: "A família, de comum acordo, estabelece, para dar estrutura à Governança Familiar, a criação de um Conselho de Família deliberativo, que será constituído conforme as regras previstas neste Protocolo, no item Conselho de Família".

(ii) Da Gestão

Optando-se por trabalhar a governança corporativa da empresa familiar no Protocolo, a família deverá definir a criação de um ou mais órgãos em sua estrutura de Governança Corporativa, com composição, competência e regramento distintos: um Conselho Consultivo, um Conselho Deliberativo, um Conselho de Administração, um ou mais Comitês de Gestão etc.

Uma cláusula introduzindo esse capítulo pode, por exemplo, ter a seguinte redação: "A família, de comum acordo, estabelece, para dar estrutura à Governança Corporativa dos seus negócios, a criação de um Conselho Consultivo, não deliberativo, que futuramente, por decisão dos familiares sócios da empresa, poderá transformar-se em um Conselho de Administração, estatutário, deliberativo, com os poderes e responsabilidade definidos em lei e em seu Regimento Interno. Nesse caso, serão tomadas as providências jurídicas no sentido de fazer constar do contrato social da empresa a existência de um Conselho de Administração, bem como seu Regimento Interno de funcionamento"[54].

(iii) Da Propriedade

A família pode também, ainda no âmbito do Protocolo Familiar, discutir questões jurídicas, notadamente de Direito de Família e das Sucessões (testamentos, doações, pactos antenupciais etc.)[55], e de Direito Civil, Societário/Empresarial, tais como instrumentos e estruturas societárias para organização patrimonial e planejamento sucessório (*holdings*), acordos de sócios,

---

[54] Tais órgãos serão mais profundamente tratados no Capítulo III – Governança Corporativa.

[55] Tais órgãos serão mais profundamente tratados no Capítulo IV – Estratégias para Regrar Relações Familiares no Direito Brasileiro (Direito de Família e das Sucessões).

cláusulas específicas para constar em Contratos Sociais (Ltda.) ou Estatutos Sociais (S/A)[56] etc.

Uma cláusula introduzindo esse capítulo pode, exemplificativamente, ter a seguinte redação: "A família, de comum acordo, estabelece, para dar estrutura à sua Governança jurídico-sucessória, a criação de uma *holding* Ltda. de controle das empresas operacionais, a redação de um acordo de cotistas regrando a entrada e a saída de sócios na empresa e o direito de preferência, bem como o registro de contrato de convivência prevendo o regime de separação total de bens dos membros da família que vivem em união estável".

1.8.2.1.2. *Assembleia Familiar*

As Assembleias Familiares, também previstas de forma genérica em Protocolos como Encontros Familiares, em geral não são deliberativas e constituem foros abertos à participação de todos os familiares, sejam sócios ou não da empresa (maridos, esposas, companheiros(as), descendentes menores de idade, podendo haver uma idade mínima convencionada etc.).

Além disso, a Assembleia Familiar deve ser sustentada pelos valores definidos no Protocolo. Sua missão principal, qual seja, proteger e incrementar patrimônio tangível e intangível da família, zelando pelo progresso individual de seus membros e pelo bom relacionamento de todos, pode se dar, por exemplo, a partir de um Programa de Desenvolvimento e de Integração da Família.

Pode o órgão também promover encontros, jornadas técnicas, festas e viagens de final de ano da família, entre outras iniciativas que possibilitem uma eficaz aproximação dos membros familiares.

De qualquer forma, como dito anteriormente, cabe a cada família definir quem no caso concreto deverá compor esse grupo, sempre lembrando que não existe "certo" e "errado", mas sim o que atende melhor às características e desejos da família naquele momento.

Outrossim, para funcionar bem, é importante que a Assembleia Familiar tenha uma regulação formal, escrita, ainda que mínima, prevendo ao menos: as pessoas que participam dela, a agenda de temas a serem debatidos, o financiamento (se for o caso), a periodicidade e o local dos encontros, a forma de condução das reuniões, das atas e seu arquivamento, bem como a forma de comunicação com os membros familiares que não compuserem o órgão.

---

[56] Tais órgãos serão mais profundamente tratados no Capítulo V desta obra, que trata de Estratégias Societárias e Sucessórias no Direito Brasileiro.

Trataremos a seguir do Conselho de Família, ressaltando desde já que, a depender das necessidades e complexidades da família, tudo o que for dito para esse órgão poderá valer também para a Assembleia Familiar.

1.8.2.1.3. *Conselho de Família*

O Conselho de Família, assim como a Assembleia Familiar, integra a estrutura de governança da família e, em geral, tem como foco assegurar o conhecimento do negócio aos familiares que não têm cargos executivos na empresa, promover o alinhamento de propósitos do grupo familiar, bem como a assimilação de seus direitos, deveres e papéis no âmbito da família, além de contribuir para o aprimoramento das relações familiares, para o desenvolvimento e a integração das novas gerações, e, em alguns casos, para dar suporte a novos negócios.

Quando a família é muito grande e, logisticamente, é difícil reunir com regularidade todos os seus membros, ou quando a família precisa de um órgão deliberativo que tenha agilidade para tomar decisões[57], é comum que se crie um Conselho de Família, do qual, em regra, somente fazem parte alguns dos membros da família nuclear (normalmente de cinco a sete pessoas).

Nos casos de famílias com vários troncos familiares, sugerimos que cada grupo eleja um representante da sua linhagem para atuar no Conselho. Ressalte-se que, nesse caso, para que o órgão tenha legitimidade e funcione adequadamente, é importante que todos os membros envolvidos de cada tronco participem da escolha dessa pessoa (ou ao menos tenham conhecimento da forma e razão pela qual foram escolhidos), de modo a sentirem-se devidamente representados.

Da mesma forma que a Assembleia Familiar, o Conselho de Família também pode ter uma estrutura e regulação mais simples ou mais complexa. Outrossim, recomendamos que a sua regulação inicial preveja, no mínimo: a composição do órgão (número de membros, como são escolhidos e destituídos do cargo); suas atribuições e responsabilidades; a duração dos mandatos e a possibilidade ou não de reeleição; o modo de remuneração (se tem ou não); a maneira como o Conselho deve funcionar, se será deliberativo ou apenas fará recomendações; os requisitos para a sua instalação (quórum mínimo, presença

[57] Especialmente desde a pandemia de covid-19, muitas famílias têm optado por fazer reuniões por meio de plataformas digitais, ou ao menos de forma híbrida, o que ajuda também a conciliar agendas, uma das árduas tarefas que enfrentamos atualmente.

de algum de seus membros etc.), bem como o modo pelo qual as deliberações, se for o caso, serão tomadas (maioria, unanimidade, vetos etc.); a periodicidade e o local dos encontros, onde as reuniões devem acontecer; como deverão ser redigidas e arquivadas as atas, além do seu orçamento anual e forma de financiamento, sempre que for o caso (por exemplo, pelos membros ou troncos familiares proporcionalmente, por um percentual dos dividendos distribuídos pela empresa familiar etc.).

1.8.2.1.3.1. *Atribuições e responsabilidades*

O Conselho de Família pode ter uma ou mais atribuições e responsabilidades, dentre as quais citamos:

(i) Ser a interface da família com a empresa, de modo a manter a família informada sobre os negócios familiares e seus resultados;

(ii) Promover a boa comunicação entre os membros da família, tomando as providências necessárias para esse fim (coordenar debates, encontros, festas, viagens etc.);

(iii) Contratar e promover cursos e programas de desenvolvimento das gerações atuais e futuras;

(iv) Apoiar o processo sucessório na gestão da empresa e no patrimônio familiar comum;

(v) Supervisionar a gestão dos serviços prestados à Família, tal como o Family Office;

(vi) Deliberar sobre investimentos comuns, como a compra e venda de imóveis e/ou incorporações imobiliárias;

(vii) Deliberar sobre investimentos de recursos familiares em novos negócios[58] empreendidos pela 2ª ou 3ª geração (*seed money*);

(viii) Cuidar para que não ocorra a confusão das despesas particulares da família com as despesas e o patrimônio das empresas do Grupo etc.

---

[58] A família separa parte dos lucros para financiar novos negócios de sucessores? Como esse valor é determinado? Trata-se de um empréstimo ou de uma compra de participação no negócio? Como novos negócios são avaliados e escolhidos? Sobre novos negócios e *startups*, assista no canal do YouTube GEEF – Grupo de Estudos de Empresas Familiares ao vídeo: Papo Reto 2 - Lei Complementar 182/21 - Marco Legal das Startups no Brasil. Convidado: Luís André Negrelli. Mediação: Roberta Nioac Prado - coordenadora do GEEF. Disponível em: https://youtu.be/cCjUGmkb2K8.

O ideal é que o Conselho de Família, inicialmente, tenha, no máximo, cinco ou seis atribuições. É importante conseguirmos, em um primeiro momento, priorizar o que é mais relevante e urgente, e ter em mente que, conforme a governança vai evoluindo, poderemos incorporar novos temas a partir da cultura familiar que for se solidificando. É fato que, se nos dispomos a fazer muita coisa ao mesmo tempo, perdemos o foco e acabamos por não fazer nada!

Seja como for, assim como tudo o que vem sendo dito nesta obra, qualquer decisão deve ser pensada e adaptada às caracteríticas e necessidades de cada família e empresa familiar. Sempre!

1.8.2.1.3.2. *Composição, mandato e remuneração dos membros*

Para a redação e o adequado funcionamento do órgão, é importante, inicialmente, definir quantos membros irão compor o Conselho de Família e como estes serão escolhidos, por exemplo, um membro por tronco familiar, um membro por cada uma das cinco *holdings* da família, dois membros por sócio da empresa etc., tendo em mente que a composição deve sempre levar em conta a melhor representação, agilidade e desempenho do órgão.

O Protocolo (ou regimento interno do Conselho de Família) deve dispor também sobre o número mínimo e máximo de membros. Em geral, estamos falando de cinco a sete pessoas, que podem ou não ter suplentes (pessoa que substitui o conselheiro nas reuniões eventualmente, quando este não puder comparecer, ou definitivamente, em uma circunstância grave de falecimento, por exemplo). Caso os membros não tenham suplentes ou substitutos pontuais, deve ser definida como, na sua ausência eventual ou impossibilidade definitiva de atuação, será definida a sua substituição, exemplificativamente, pelo mesmo tronco ou *holding* familiar que o indicou.

Podem-se estabelecer, ainda, idade mínima ou máxima para se candidatar ao cargo de membro do conselho (por exemplo, 25 anos, no mínimo, e 85 anos, no máximo, no momento de sua nomeação), algum tipo de formação universitária ou experiência profissional necessária para ser indicado para compor o órgão, se os membros irão receber remuneração ou não (em geral, membros familiares que participam desse órgão não recebem remuneração), se cônjuges ou companheiros podem, ou não, ser membros do Conselho de Família etc.

É possível apontar características pessoais e noções básicas que os indicados devem possuir, tais como: independência, diplomacia, sensatez, iniciativa, equilíbrio, firmeza, conhecimentos jurídicos, familiaridade com as boas práticas de governança etc. Também é legítimo estabelecer restrições para o cargo, por exemplo, que somente membros consanguíneos da família ou em linha direta podem ser membros do Conselho de Família.

O mandato dos conselheiros também deve ser previsto em número de anos, por exemplo, dois anos, bem como se o mandato pode ou não ser renovado por igual período, uma ou mais vezes. Além disso, em regra, prevemos que os membros podem ser substituídos a qualquer momento por aqueles que os indicaram.

Se os membros indicados estiverem representando outros familiares (ou seu tronco), é importante estabelecer que, após as reuniões ocorridas no âmbito do Conselho de Família, cada representante interaja de forma estruturada com seus representados, "colocando todo mundo na mesma página", ou seja, compartilhando tudo o que for significativo e relevante para a família e/ou seus negócios, mantendo sempre todos os interessados informados e envolvidos, e cuidando para que a confidencialidade dos assuntos tratados no âmbito do Conselho de Família seja assegurada sempre que necessário. O fundamental, aqui, é que toda a família se sinta representada e confortável em relação ao Conselho e que tenha acesso às informações relevantes.

Como sempre, todas essas regras devem conversadas, refletidas e ponderadas com a família, lembrando que não existe "certo" e "errado", e sim aquilo que melhor se adequa aos anseios e necessidades concretas de cada grupo familiar.

1.8.2.1.3.3. *Estrutura de funcionamento do Conselho de Família*

Como o Conselho deve funcionar e estar estruturado? Terá um coordenador e um vice-coordenador? Ou um presidente, um vice-presidente e um secretário? Quais são as atribuições desses cargos? Como são escolhidas as pessoas que terão essa atribuição? Caso o Conselho tenha um orçamento muito alto, devemos pensar em um tesoureiro para a gestão de tais recursos (e prestação de contas)?

Determinar quais são as atribuições procedimentais dos conselheiros também é relevante. Por exemplo: deve caber ao presidente do Conselho (ou ao coordenador) preparar e apresentar aos demais conselheiros uma proposta de calendário anual das reuniões ordinárias; organizar as pautas, quando não houver um secretário de governança do Conselho; levantar e encaminhar a todos os membros cópia dos documentos necessários para debate e/ou deliberação com antecedência de, por exemplo, no mínimo, sete dias corridos antes de cada reunião; elaborar a minuta das atas das reuniões etc.

Deve também ficar a cargo do presidente, ou do coordenador, facilitar a comunicação e promover o alinhamento entre todos os conselheiros que compõem o Conselho de Família, conduzir e liderar o processo de decisões e indicar, no início de cada reunião, um secretário que tomará nota do que for discutido e que, ao final, redigirá a ata para posterior assinatura de todos. Sugerimos que a função de secretário, preferencialmente, seja rotativa, entre todos os conselheiros, exceção feita ao presidente. Além de não sobrecarregar nenhum membro, pode ser uma oportunidade de treinamento para futura atuação em outros órgãos colegiados.

Pode-se prever que o vice-presidente substitui o presidente em casos de impedimentos temporários e que, em caso de impedimento definitivo, o substituirá até o final do mandato, ou então até que nova votação seja feita.

1.8.2.1.3.4. *Reuniões do Conselho de Família – convocação, periodicidade e local*

Ainda no que tange às reuniões do Conselho de Família, é importante prever a forma de convocação, periodicidade e local no qual estas devem acontecer.

Como dito, o presidente (ou o coordenador) do Conselho de Família poderá ficar responsável por propor, no início de cada ano, pautas para discussão a partir de uma agenda e cronogramas, para serem validadas por todos os membros.

Costuma ser produtivo definir desde logo o cronograma anual de reuniões ordinárias (assuntos recorrentemente debatidos), ou já haver alguma regra predeterminada, por exemplo: "As datas das reuniões ordinárias de cada exercício são revalidadas no início de cada ano, sendo que a primeira delas, como regra, ocorre na primeira segunda-feira de fevereiro, e as demais nas primeiras segundas-feiras de cada mês (exceto nos meses de julho, dezembro e janeiro), e, em sendo a data um feriado, esta ocorrerá na segunda segunda-feira daquele mês (ou na primeira sexta-feira dos meses de abril, agosto e dezembro etc.), no escritório (local)".

"As reuniões extraordinárias poderão ser convocadas por qualquer conselheiro, com prazo mínimo de duas semanas, por e-mail com confirmação de leitura."

"As reuniões ocorrerão de forma híbrida: presencial, no (local), e os conselheiros poderão também optar por participar pela plataforma digital Zoom, cujo link será encaminhado pelo coordenador, por WhatsApp, até dois dias antes da reunião."

1.8.2.1.3.5. *Instalação e processo decisório*

Quais são os requisitos para a instalação do Conselho? Precisa de um número mínimo de conselheiros? Precisa da presença de alguém? Dos fundadores, por exemplo?

Caso o Conselho de Família seja deliberativo, é importante definir em quais assuntos este delibera, por exemplo: em assuntos vinculados às suas atribuições e ao seu orçamento semestral. Já no que tange a matérias cuja decisão depende da deliberação de outros órgãos (tais como a Assembleia de Sócios ou o Conselho de Administração), o Conselho de Família não pode deliberar, mas pode fazer recomendações.

Também é importante definir como serão votadas as matérias debatidas. Por exemplo, pode-se prever que as decisões do Conselho de Família são aprovadas por maioria, ou por unanimidade, se alguém tem direito a veto, e em quais matérias.

Pode-se, ainda, prever que cada membro tem direito a um voto e que cada voto representa, nas decisões, uma *holding* familiar, ou um tronco de família, independentemente do número de familiares que compuserem o tronco (voto por cabeça, e não por participação na empresa familiar). Que, em caso de empate, um dos membros possui o voto de Minerva, ou o voto de desempate (o presidente, o pai, a mãe etc.). E alguém também pode ter o direito de veto em determinadas (ou todas) deliberações. Normalmente o veto é previsto em famílias em que os pais ainda estão "treinando" seus filhos para atuarem na governança da família.

Seja como for, sugerimos, como boas práticas, que a votação seja sempre precedida de amplo debate e esclarecimento sobre o tema, e que se busque permanentemente o consenso (unanimidade).

Finamente, o Conselho de Família poderá contar com o apoio de Comitês encarregados de atuar como força-tarefa para tratar de assuntos específicos, que poderão ou não ter orçamento próprio e a prerrogativa para contratar profissionais externos para suporte técnico pontual.

1.8.2.1.4. *Comitês de Família – do Conselho de Família*

Os Comitês de Família podem ser formados por membros eleitos pela Assembleia Familiar, pelo Conselho de Família, ou mesmo indicados pelos familiares, de forma mais informal, dependendo da estrutura de governança escolhida por cada família.

Caso contem com estrutura formal, sugerimos, para que tenham agilidade, que se constituam de três a cinco membros, no máximo. Mas aqui, novamente e como sempre, várias exceções são possíveis, e a decisão final deverá considerar as características e as necessidades da família.

Os Comitês de Família podem ser permanentes (por tempo indeterminado) ou ter funções determinadas, com começo, meio e fim. Neste último caso, costumam ter prazo de duração, de dois anos, por exemplo, que pode ou não ser renovado. Os Comitês podem também contar com o suporte do Conselho de Família e, eventualmente, quando necessário, de assessoria externa. Em geral, os membros familiares dos Comitês não têm remuneração, mas, se houver consultores externos, sim. Outrossim, recomendamos que qualquer forma de remuneração seja discutida, aprovada e arcada pelo Conselho de Família, dentro do seu orçamento.

Exemplos de Comitês de Família temporários: (i) Comitê responsável por fazer o livro da família; (ii) Comitê responsável por realizar a festa de 80 anos do fundador; (iii) Comitê responsável por criar um museu da empresa familiar; (iv) ou fazer a festa de 50 anos da empresa etc.

Exemplos de Comitês de Família permanentes: (i) Comitê de Comunicação da família; (ii) Comitê de Sucessão[59]; (iii) Comitê responsável por realizar as festas anuais da empresa (envolvendo os familiares); (iv) Comitê de Governança da família; (v) Comitê de apoio aos jovens; (vi) Comitê de mediação de conflitos familiares[60]; (vii) Comitê de eventos familiares, viagens ou encontros anuais da família etc.

---

[59] Um assunto importante para ser tratado por um Comitê dessa natureza é como endereçar de maneira adequada um processo de sucessão, no que respeita ao sucedido. Sobre o assunto, assista no canal do YouTube GEEF – Grupo de Estudos de Empresas Familiares ao vídeo: Mesa redonda 16 – Fundadores e sucedidos – Como endereçar um processo de sucessão? Convidados: Karime Costalunga, Marcelo Rodrigues e Renata Ferrara. Moderação: Roberta Nioac Prado – coordenadora do GEEF. Disponível em: https://youtu.be/p5b2zcFuJ7I.

[60] Sobre a mediação, *vide* no canal do YouTube GEEF – Grupo de Estudos de Empresas Familiares o vídeo: Mesa redonda 8 – A importância da mediação para as famílias empresárias. Convidadas: Adriana Adler, Ana Luiza Isoldi e Alessandra Fachada Bonilha. Moderação: Roberta Nioac Prado – coordenadora do GEEF. Disponível em: https://www.youtube.com/watch?v=cAunk3T5yx0&t=1538s.

De qualquer maneira, como regra, temos que tudo o que for feito por um Comitê deverá ser, posteriormente, aprovado pelo Conselho de Família.

Exemplos de regramento de Comitês de Família serão apresentados nos anexos deste capítulo.

1.8.2.1.5. *Family Office* Concièrge

O Family Office *Concièrge* é o local em que a família administra sua vida pessoal. Funciona quase como um escritório (ou uma secretária) que pode cuidar do pagamento de contas pessoais dos familiares, fazer cotações para compra de carro, organizar viagens pessoais ou em família, auxiliar na gestão dos funcionários da residência, da fazenda ou da casa de praia, ajudar a selecionar e a contratar jardineiros, motoristas, um "faz-tudo" para pequenas reformas, serviços de entregas, compra de presentes etc.

Pode ter uma estrutura física, com secretária e outros funcionários em tempo integral, ou não.

De qualquer forma, é fundamental que possua um regramento, previsão de como é financiado, quem pode usar o quê e em qual medida, que serviços são divididos entre todos, quais serviços são pessoais e, portanto, pagos pessoalmente etc. Se não estiver muito bem estruturado e "combinado", pode ser uma fonte inesgotável de problemas e discussões familiares. E aí é melhor não o ter!

Alguns Family Offices dessa natureza contratam pontualmente profissionais externos para prestação de serviços para os familiares, pessoas físicas, tais como advogados para declaração de IR, contadores etc.

Outros organizam cursos para o desenvolvimento pessoal e profissional de familiares e sucessores, como cursos de finanças, de governança, treinamentos profissionais de herdeiros, entre outros.

1.8.2.1.6. *Family Office e Multi-Family Office – gestão de investimentos*

Multi Family Office é um serviço especializado de assessoria de investimentos, análise e gestão de patrimônio, planejamento tributário e sucessório, entre outros. Trata-se de um serviço oferecido por alguns bancos que possuem áreas especializadas em *Wealth Management* (gestão de riqueza), tais como UBS, Credit Suisse, Itaú, Santander, BTG Pactual, Citibank, entre outros. É voltado para famílias de alto poder aquisitivo que mantêm recursos aplicados nesses bancos. É uma estrutura que conta com assessores financeiros nacionais e internacionais, jurídicos, contábeis etc.

Além disso, algumas famílias, de altíssimo poder aquisitivo, liquidez e/ou elevado patrimônio privado, móvel e imóvel, podem ter o seu próprio Family Office, um escritório particular criado para gerir profissionalmente seus recursos, que podem abranger desde liquidez, imóveis em diversos locais do Brasil e do mundo, investimentos em empresas, da família ou não, gestão de fundos de investimentos fechados, fundos de investimentos em participações de empresas abertas – FIPs, fundos de investimentos imobiliários – FII, até iates, helicópteros, aviões, carros, obras de arte etc. Pode ser apenas de uma família (single Family Office), ou de duas ou mais famílias (nesse caso, Multi Family Office).

Em geral, contam com profissionais de investimentos nacionais e internacionais, consultores jurídicos, contábeis etc., que viabilizam uma avaliação constante do patrimônio e dos investimentos da família, suas receitas, necessidade de liquidez, com projeções de fluxo de caixa e objetivos no curto, médio e longo prazos.

Tais estruturas, além de gerir a riqueza dessas famílias de forma profissional, avaliando riscos envolvidos na estruturação de projetos, identificando oportunidades de investimentos e sempre visando a manutenção e o crescimento da fortuna de forma sustentável no longo prazo, podem também ter uma área dedicada ao desenvolvimento das novas gerações, ao investimento em novas empresas dos membros da família, à filantropia, entre outras atividades.

Além disso, podem oferecer serviços de contabilidade para os membros familiares e organizar o cumprimento de obrigações fiscais, oferecendo apoio também em assuntos legais pessoais, realizar o pagamento de contas, de faturas e impostos, fazer orçamentos para compra de carros, viagens etc.

O custo dessas estruturas varia muito de acordo com o tamanho da família, a diversificação das atividades e a riqueza gerida, mas, para montar o seu single Family Office, estamos falando de um patrimônio comum em torno de pelo menos US$ 100 milhões. Sim, é para muito poucos...

A seguir, apresentamos exemplos de minutas de documentos que comumente são elaborados no âmbito da Governança de uma Família Empresária.

Anexos

Disclaimer: Ressalvamos que os modelos de documentos apresentados nesta obra visam apenas a ilustrar temas e cláusulas que podem ser úteis em projetos de organização patrimonial, governança corporativa, familiar e/ou planejamento sucessório.

Dessa forma, todas as cláusulas aqui apresentadas apenas ilustram possibilidades, a título de exemplo, e, se e quando usadas, devem ser escolhidas e redigidas à luz das necessidades, possibilidades, intenções e outras características de cada família e empresa, em consideração a cada caso concreto.

Ademais, os exemplos de documentos constantes dos anexos contêm cláusulas aleatoriamente copiadas e coladas de vários documentos e, portanto, podem compreender diferentes situações familiares, patrimoniais e empresariais, nas quais trabalhamos ao longo dos anos na nossa consultoria. Ou seja, nem sempre todas as cláusulas de uma minuta apresentada foram utilizadas ao mesmo tempo, para a mesma família e/ou empresa.

O objetivo de apresentar esses documentos é ajudar a família, ou o profissional, a enxergar nos exemplos oferecidos situações que possam fazer sentido para serem refletidas e adaptadas ao seu caso concreto.

1) Exemplo de Protocolo de Família

Protocolo da Família *Baker* e *Bennet*
Nomes dos signatários
2022

ÍNDICE

Este Protocolo contém e consolida os seguintes tópicos:

Preâmbulo: Breve histórico da Família Baker e Bennet e da Empresa B&B Ltda.

Capítulo I – Signatários, Visão, Missão, Valores e Diretrizes da Família Baker e Bennet

Capítulo II – Governança da Família Baker e Bennet

(i) Da Família

(ii) Da Gestão

(iii) Da Propriedade

Preâmbulo – Breve Histórico da Família e da Empresa
(escrito pela família, com apoio dos consultores)

Capítulo I – Instrumento Particular de Protocolo da Família Baker e Bennet

Por este instrumento Particular, as partes abaixo qualificadas:

Nome (*qualificação completa*), na qualidade de (*patriarca, matriarca, pai, mãe, fundador(a), controlador(a)*) da empresa (*nome da empresa*) e/ou titular do patrimônio (*ações ou cotas de holding, imóveis, investimentos financeiros e fundos fechados etc.*);

Nome (*qualificação completa*), na qualidade de (*filho(a), descendente, neto(a), herdeiro(a), legatário(a)*);

Nome (*qualificação completa*), na qualidade de (*cônjuge, companheiro(a)*);

Nome (*qualificação completa*), na qualidade de (*irmão, irmã, primo(a), tio(a), gestor*);

E,

Considerando que a família concorda em estabelecer mecanismos de boas práticas de governança familiar e criar instrumentos legais de governança jurídico-sucessória, a fim de planejar, facilitar e baratear a sucessão, buscando, ainda, evitar futuras desavenças familiares desnecessárias;

Considerando que a família concorda que tem a necessidade de estabelecer mecanismos de governança familiar, tais como um Conselho de Família e um Comitê de Gestão de Conflitos;

Considerando que a família vem, ao longo dos **últimos** anos, implementando sua governança familiar, bem como organizando e definindo o processo sucessório dos membros da 1ª geração da família;

Considerando que todos os membros da 2ª geração, sócios da empresa familiar (*nomear*), diretamente ou por meio de suas *holdings*, também desejam regrar a governança de seus respectivos troncos familiares, visando ao convívio harmônico de seus sucessores;

Considerando que é objetivo da família assegurar a unidade e a gestão profissional do seu patrimônio tangível e intangível, de forma a atingir, sempre que possível, o consenso, respeitadas as prerrogativas dos sócios e das *holdings* controladoras das empresas da família;

Considerando que há concordância de todos os herdeiros e sucessores em participar ativamente do projeto de organização patrimonial e planejamento sucessório, implementando boas práticas de governança familiar e corporativa na estrutura familiar e empresarial;

Considerando que é da vontade de todos regrar o seu relacionamento, dos seus cônjuges e de seus herdeiros menores de idade;

Considerando que a família deseja assegurar a continuação do processo de profissionalização da empresa, de forma que seu objeto possa ser alcançado com excelência profissional, sejam os cargos da alta gestão ocupados por familiares ou por profissionais externos.

De comum acordo e com fulcro na visão, missão, valores e diretrizes abaixo:

Visão, Missão, Valores

A Missão, a Visão e os Valores da Família Baker e Bennet, a seguir sintetizados, foram desenvolvidos em workshop de Alinhamento Estratégico realizado com a Família em (*local*), (*data*).[61]

Missão

Nossa missão é (descrever).

Visão

Somos uma família (descrever).

Estamos trabalhando para, progressivamente (descrever).

[61] Ver Capítulo I, que trata do Alinhamento Estratégico da Família.

Somos (descrever);

Somos (descrever);

Somos (descrever);

...

Diretrizes da Família

Implementar um Conselho de Família, estruturado, com regimento interno, a fim de assegurar aos familiares o constante aprimoramento das suas relações e decisões, sempre fundadas em princípios e estruturas de boas práticas de governança familiar, conforme detalhado neste Protocolo;

Incentivar e investir continuamente, de forma profissional e estruturada, no crescimento do nosso patrimônio tangível, cuidando sempre das nossas relações e do nosso patrimônio intangível;

Implementar programas de desenvolvimento, educação e inserção das próximas gerações nas boas práticas da governança da família, bem como criar estruturas que possibilitem seu desenvolvimento pessoal e profissional (3G e seguintes);

Implementar um Conselho Consultivo na Empresa B&B Ltda., estruturado, com regimento interno, a fim de pôr em prática boas práticas de governança corporativa, conforme detalhado neste Protocolo;

Discutir instrumentos e órgãos relevantes para o início de um processo de organização patrimonial e planejamento patrimonial sucessório dos fundadores, patriarca e matriarca da família, conforme detalhado neste Protocolo;

A interpretação do disposto no presente Protocolo Familiar deve sempre levar em conta a missão, a visão e os valores e diretrizes acima elencados, e toda e qualquer dúvida deve ser dirimida tendo por base os valores da família, na ordem em que estão enumerados.

Nesse sentido, decidem os signatários estipular os seguintes princípios, regras e condutas que mutuamente outorgam e aceitam em si, a saber:

Capítulo II – Da Estrutura de Governança da Família Baker e Bennet da Empresa B&B Ltda. e da Propriedade

Cláusula 1ª – A Família Baker e Bennet, tendo esse Protocolo como guia, pretende implementar uma estrutura de Governança Familiar, Corporativa e Jurídico-Sucessória, a fim de garantir a longevidade e a sustentabilidade de seus negócios, patrimônio e relações familiares.

Cláusula 2ª - No que respeita à governança familiar, a Família Baker e Bennet criará um Conselho de Família, cujo funcionamento será detalhadamente descrito no Capítulo I deste Protocolo, que tratará Da Família.

Parágrafo 1º - Nas Reuniões do Conselho de Família serão tratados assuntos relacionados às relações familiares que possam de alguma forma impactar o patrimônio comum da família, a gestão e o controle de participações societárias da empresa familiar, a administração e o uso de bens imóveis e de recursos financeiros compartilhados entre seus membros.

Parágrafo 2º - Futuramente, o Conselho de Família poderá deliberar a criação e a estruturação de um Family Office voltado exclusivamente para a gestão do patrimônio financeiro da família (ou do acervo de obras de arte da família, por exemplo).

Cláusula 3ª - No que respeita à Governança das Empresas controladas pela B&B Ltda., a família Baker e Bennet constituirá um Conselho Consultivo para as empresas do Grupo, cujo funcionamento será descrito no Capítulo II, que tratará Da Gestão[62].

Parágrafo 1º - Futuramente, esse Conselho Consultivo, por deliberação da Família, poderá ser transformado em um Conselho de Administração que será incorporado aos contratos sociais das empresas do Grupo, e passará a ter poder deliberativo.

Cláusula 4ª - No que respeita à Governança Jurídico-Sucessória dos fundadores e patriarcas, a família concorda em implementar estruturas e documentos jurídicos, tais como a criação de *holdings* de controle, *holdings* patrimoniais, acordos de sócios, testamentos, doações de nua-propriedade de cotas com reserva de usufruto, a fim de planejar, facilitar e baratear a sucessão, buscando, ainda, evitar eventuais futuras desavenças familiares.[63]

Cláusula 5ª - Para efeitos desse Protocolo, considera-se como "Família Nuclear" o grupo de pessoas formado por (*inserir nomes*).

Cláusula 6ª - Considera-se "Família Estendida" o grupo formado pelos cônjuges e/ou companheiros(as) da família nuclear.

[62] Ver os Regimentos Internos de Conselho no Capítulo III desta obra, que trata da Governança Corporativa.

[63] Ver Capítulos IV e V, que tratam da Governança Jurídico-Sucessória - Direito de Família e das Sucessões e Estruturas de Direito Civil e Societário utilizados em organizações patrimoniais e planejamentos sucessórios.

(i) Da Família

Da Governança da Família

Cláusula 7ª – A governança da família Baker e Bennet terá como órgão principal, para zelar pelos assuntos de interesses gerais da família, o Conselho de Família.

Cláusula 8ª – A família fará um esforço conjunto para, no prazo de até 03 (três) meses contados da assinatura deste Protocolo, formalizar as reuniões do Conselho de Família, bem como seu Regimento Interno, que terá como objetivo tornar claros os papéis, atribuições e responsabilidades de seus membros, no que toca ao tratamento e ao encaminhamento dos assuntos familiares relevantes ao patrimônio, aos negócios e às empresas controladas pela família, nos termos a seguir:

Do Conselho de Família

Cláusula 9ª – O Conselho de Família terá como princípio norteador promover a longevidade da empresa B&B Ltda., articular a harmonia e o equilíbrio nas relações entre a família e seus negócios, fomentar o alinhamento da família com os objetivos e estratégias da empresa, e desta com os interesses dos seus sócios, e impulsionar o modelo de sustentabilidade ambiental e social da empresa.

Papéis e Responsabilidades

Cláusula 10ª – O Conselho de Família será responsável, entre outros assuntos que se mostrem pertinentes, por:

(i) Zelar pelo Protocolo Familiar;

(ii) Discutir e aprovar, junto aos administradores do Family Office da Família, sobre a alocação dos investimentos financeiros da família;

(iii) Administrar, definir regras e procedimentos para a utilização de bens comuns da família, notadamente no que respeita ao Fundo de Liquidez da família e à Fazenda Baker Cattle;

(iv) Aprovar a indicação feita pelo Comitê de Governança de membros da família para o cargo de *trainees*, bem como para integrar a gestão da empresa B&B Ltda., sendo certo que ambas as indicações deverão posteriormente ser submetidas à Reunião de Sócios, ou ao Conselho de Administração (quando implementado), para aprovação final;

(v) Definir regras e procedimentos para a entrada de herdeiros na gestão no patrimônio (e/ou para estágio na empresa familiar, e/ou para seleção para cargo executivo na Empresa B&B etc.);

(vi) Aprovar regras sobre o custeio da educação dos descendentes dos fundadores, proposta pelo Comitê de Comunicação, Educação e Apoio aos Jovens;

(vii) Deliberar sobre o orçamento para os órgãos de governança da família, tais como o encontro anual da família, orçamento para viagens em família e contratação de profissionais para dar suporte à governança da família;

(viii) Deliberar sobre o aporte de investimentos de recursos familiares em novos negócios empreendidos pela 2ª ou 3ª geração (*seed money*);

(ix) Deliberar sobre o investimento na compra e venda de imóveis e/ou incorporações imobiliárias pela família;

(x) Rever e/ou alterar cláusulas do presente instrumento;

(xi) Deliberar sobre outras matérias de interesse da família;

(xii) Manter a família informada sobre os negócios familiares e seus resultados;

(xiii) Cuidar para que não ocorra a confusão das despesas particulares da família com as despesas e o patrimônio das empresas do Grupo *Baker e Bennet*;

(xiv) Discutir a gestão do patrimônio familiar, tendo em vista manter sempre um balanceamento do portfólio dos investimentos, liquidez, imóveis de uso da família e imóveis para locação;

(xv) Apresentar e discutir opções de investimento financeiro, imobiliário e empresarial;

(xvi) Propor, debater e deliberar as regras para o uso de imóveis da família;

xvii) Propor, debater e deliberar sobre formas para estimular a união e desenvolver continuamente a boa comunicação e o relacionamento da família;

(xviii) Debater sobre formas de prevenir, tratar e mediar eventuais conflitos que ocorram no âmbito da família e que possam atingir os negócios e as relações familiares, buscando a solução mais amigável possível. Para tanto, poderá criar um Comitê permantente de Gestão de Relacionamento;

(xix) Propor, debater e deliberar sobre cursos e/ou um programa de formação e capacitação das futuras gerações, a partir dos 12 (doze) anos de idade;

(xx) Propor, debater e deliberar sobre cursos e planos para promover a integração e o desenvolvimento pessoal e qualificação profissional das futuras gerações;

(xxi) Conversar e recomendar regras sobre o planejamento patrimonial e sucessório dos membros da família, tais como regimes de casamento e união estável, testamento, representação de menores nas empresas do grupo, criação de *holdings*;

(xxii) Definir e coordenar serviços de *concièrge*;

(xxiii) Sem prejuízo do rol exemplificativo mencionado na cláusula acima, outras matérias de interesse da família ou da empresa poderão ser sugeridas pelos membros da família e/ou pelos Comitês do Conselho de Família, e trazidas à pauta pelos conselheiros, para deliberação, sempre que pertinente.

Composição, Mandato e Remuneração

Cláusula 11 – O Conselho de Família é composto por, no mínimo, 4 (quatro) e, no máximo, 8 (oito) membros, indicados por cada um dos troncos da família ou das *holdings* familiares a seguir nomeados: (inserir nomes dos troncos ou das *holdings*) atendendo a critérios e processo de sucessão próprios (das *holdings* ou troncos familiares), respeitado o princípio de que os conselheiros deverão ter, no mínimo, 35 (trinta e cinco) anos e, no máximo, 75 (setenta e cinco) anos, no momento da sua indicação.

Parágrafo 1° – Cada membro poderá ter um suplente, indicado pelo mesmo tronco ou *holding* familiar que o elegeu, que substituirá o conselheiro nas reuniões sempre que necessário.

Parágrafo 2° – Somente descendentes diretos e consanguíneos da Família, membros da Família Nuclear, podem ser membros do Conselho de Família. Os suplentes podem ser cônjuges ou companheiros dos membros titulares, ou seus filhos, desde que maiores de 21 (vinte e um) anos.

Parágrafo 3° – O mandato do conselheiro, e de seu respectivo suplente, é de 3 (três) anos, podendo ser renovado.

Parágrafo 4° – Os conselheiros não terão remuneração, mas poderão requerer o reembolso de despesas comprovadamente necessárias ao desempenho de suas funções. Tais despesas devem ser arcadas pelo fundo de liquidez da família.

Estrutura e Financiamento do Conselho de Família

Cláusula 12 – O Conselho de Família tem 1 (um) coordenador, 1 (um) vice-coordenador e 1 (um) tesoureiro, escolhidos entre seus membros, idealmente por unanimidade. Não sendo possível a unanimidade, a escolha se dará por maioria simples. Se mais de dois membros contarem com o mesmo número de votos, a escolha será feita por sorteio (*flip the coin*[64]).

Cláusula 13 – O Conselho de Família poderá, valendo-se do seu Fundo de Liquidez, contratar consultores especializados para desenvolver trabalhos específicos e prestar informações técnicas, a fim de embasar as decisões dos conselheiros. Em nenhuma hipótese tais profissionais participarão do processo decisório: discussão e deliberação formal do assunto.

[64] Ver item 8.2.7 do Capítulo V, que trata desse regra em acordos de sócios.

Comitês

Cláusula 14 - O Conselho de Família oportunamente contará com o apoio de um Comitê de Sucessão na Gestão e na Propriedade, que terá orçamento próprio para desenvolver suas atividades, bem como a prerrogativa para contratar profissionais externos.

Parágrafo 1° - Os Comitês do Conselho de Família poderão ser formados por conselheiros e/ou outros membros da Família, nuclear ou estendida, consanguíneos ou não, conforme as características e necessidades de atuação.

Parágrafo 2° - Os Comitês têm mandato de 2 (dois) anos, podendo ser renovado, e contam com o suporte do Conselho de Família, sempre que necessário.

Instalação e Processo Decisório

Cláusula 14 - A instalação das reuniões do Conselho de Família para qualquer deliberação depende da presença de, no mínimo, 4 (quatro) membros ou seus suplentes, representando cada um deles um dos troncos familiares.

Parágrafo 1° - A presença de (*nomear* a pessoa imprescindível, se houver) é indispensável. Na falta da pessoa indicada neste parágrafo, os presentes podem debater previamente sobre a pauta, mas não haverá deliberação.

Parágrafo 2° - Caberá ao coordenador liderar o processo de decisões no âmbito do Conselho de Família, facilitando as contribuições e promovendo o alinhamento entre todos os conselheiros.

Parágrafo 3° - As decisões do Conselho de Família são aprovadas, após as necessárias discussões, em votação. Cada voto representa, nas decisões, um tronco ou uma *holding* familiar, independentemente do número de familiares que os compuser.

Parágrafo 4° - O consenso e a unanimidade devem ser sempre buscados, mas, não sendo possível, as decisões serão tomadas por maioria dos presentes. Em havendo empate, o voto de Minerva caberá ao coordenador do Conselho.

Parágrafo 5° - O Conselho de Família tem função deliberativa em assuntos vinculados às suas atribuições e seu orçamento, e faz recomendações em assuntos que envolvam decisões compartilhadas com os demais órgãos, por exemplo, da empresa B&B Ltda.

Parágrafo 6° - As reuniões podem contar com um secretário executivo que coordena e facilita sua atuação, e cujo nome é indicado pelo coordenador e validado pelos demais conselheiros.

Parágrafo 7° - No início de cada sessão os presentes nomearão, entre os conselheiros, um secretário para redigir a ata.

Parágrafo 8° - Ao final de cada reunião deverá ser elaborada uma breve ata, consignando, no mínimo: data, local e horário da reunião, presentes, indicação dos temas debatidos (pauta) e as deliberações tomadas. A ata deverá ficar arquivada em pasta específica (em tal local).

Reuniões do Conselho de Família

Cláusula 15 - Caberá aos conselheiros, em conjunto, liderados pelo Presidente, identificar e definir as pautas relevantes para a família, bem como o cronograma anual de reuniões ordinárias do Conselho de Família, disponibilizando-as no início de cada ano para todos os membros do Conselho.

Cláusula 16 - As reuniões ordinárias do Conselho de Família ocorrerão trimestralmente, sempre na primeira sexta-feira dos meses de março, junho, setembro e dezembro, no escritório de qualquer um de seus membros. A convocação será sempre feita pelo coordenador, por e-mail com aviso de recebimento, indicando o local e a hora da reunião.

Cláusula 17 - Em havendo necessidade, o Conselho de Família poderá se reunir extraordinariamente pela solicitação escrita de qualquer de seus membros, preferencialmente por e-mail endereçado a todos os demais membros ou pelo WhatsApp dos membros do Conselho, explicitando o tema a ser debatido, propondo local e hora para a reunião, e com pelo menos uma semana de antecedência.

Cláusula 18 - O Presidente do Conselho de Família deverá manter um relacionamento direto com Presidente do Conselho Consultivo ou CEO da Empresa B&B Ltda. a fim de se informar sobre os negócios e resultados da empresa.

Conselho de Família e Troncos/*Holdings* Familiares

Cláusula 19 - Após as reuniões ocorridas no âmbito do Conselho de Família, cada representante deve interagir de forma estruturada com seus representados, "colocando todos na mesma página", ou seja, compartilhando tudo o que for significativo e relevante para a interação familiar e/ou a administração de seus negócios, visando sempre manter os membros da família informados e envolvidos, e assegurando a confidencialidade dos assuntos tratados no âmbito do Conselho de Família.

Parágrafo 1° - Os conselheiros devem conferir tratamento justo e igualitário a todos os membros de seus núcleos familiares. Ressaltando que atitudes discriminatórias, sob qualquer pretexto, serão inaceitáveis e puníveis com o afastamento definitivo do cargo.

Parágrafo 2° - Devem ainda manter um diálogo sempre aberto para dar e receber *feedback*, e prestar contas de sua atuação da forma prevista em seu núcleo, respondendo integralmente por todos os atos que praticarem no exercício de seu mandato.

(ii) Da Empresa

Da Governança da Empresa

Cláusula 20 - A família Baker e Bennet compromete-se a implementar na estrutura de suas empresas operacionais, em até 6 (seis) meses da assinatura deste Protocolo, um Conselho Consultivo, nos seguintes termos:

Do Conselho Consultivo da Empresa B&B

Cláusula 21 - O Conselho Consultivo da Empresa B&B Ltda. terá como princípio norteador (...).

Papéis e Responsabilidades

Cláusula 22 - O Conselho Consultivo, sem poder deliberativo, terá como principais atribuições, entre outras que se mostrem pertinentes:

(a) Discutir e recomendar a orientação geral dos negócios do Grupo;

(b) Fiscalizar a gestão dos diretores, examinar, a qualquer tempo, os livros e papéis das empresas, solicitar informações sobre contratos e quaisquer outros atos;

(c) Discutir e recomendar sobre a alienação de bens do ativo permanente, bem como sobre investimentos relevantes;

(d) Discutir e recomendar a contratação de auditores independentes;

(e) Discutir e recomendar políticas de RH;

(f) Discutir e recomendar políticas de remuneração fixa e variável de executivos, familiares ou não;

(g) Discutir e recomendar políticas de distribuição de dividendos e de reinvestimento de lucros;

(h) Discutir e recomendar políticas de relacionamento com partes relacionadas;

(i) Encaminhar as recomendações aos sócios para deliberação em Reunião de Sócios, bem como aos executivos da Empresa, conforme suas competências (exemplo: itens a e b, aos sócios, e c, d e f, aos executivos).

Sem prejuízo do rol exemplificativo mencionado na cláusula acima, outras matérias de interesse da empresa poderão ser sugeridas pelo Conselho de Família e/ou pelos executivos da Empresa, e trazidas à pauta pelos conselheiros, para discussão e recomendação.

Composição e Mandato

O Conselho Consultivo é composto por, no mínimo, 5 (cinco) e, no máximo, 7 (sete) membros, sendo 4 (quatro) indicados por cada um dos troncos da família ou das *holdings* familiares a seguir nomeados: (inserir nomes dos troncos ou das *holdings*).

A indicação deverá atender a critérios e processo de sucessão próprios, respeitado o princípio de que os conselheiros deverão ter, no mínimo, 45 (quarenta e cinco) anos e, no máximo, 65 (sessenta e cinco) anos, no momento da sua indicação.

Pelo menos dois conselheiros deverão ser externos e independentes, indicados e votados por maioria simples.

O mandato do conselheiro é de 2 (dois) anos, podendo ser renovado.

Remuneração

Os conselheiros indicados pelos troncos familiares não terão remuneração, mas poderão requerer o reembolso de despesas comprovadamente necessárias ao desempenho de suas funções. Tais despesas devem ser arcadas pela empresa.

Os conselheiros externos ou independentes terão remuneração de mercado.

Não serão permitidos suplentes.

Estrutura do Conselho Consultivo

O Conselho Consultivo tem 1 (um) presidente, que será sempre um conselheiro externo, e 1 (um) vice-presidente, escolhido entre seus membros, idealmente por unanimidade. Não sendo possível a unanimidade, o conselheiro mais votado terá o cargo de vice-presidente.

O vice-presidente substitui o presidente em casos de impedimentos temporários ou em caso de impedimento definitivo, até o final do mandato.

O Conselho Consultivo poderá, a qualquer tempo e dentro do seu orçamento anual, contratar consultores especializados para desenvolver trabalhos específicos e prestar informações técnicas, a fim de embasar as decisões dos conselheiros. Em nenhuma hipótese tais profissionais participarão do processo decisório: discussão e deliberação formal do assunto.

O Conselho Consultivo também poderá contar com o apoio de Comitês para assuntos específicos, tais como Comitê de Sucessão na Gestão dos Executivos, e, sempre que necessário, terão orçamento próprio para desenvolver suas atividades, bem como prerrogativa para contratar profissionais externos.

Os Comitês do Conselho Consultivo deverão ser formados somente por conselheiros, mas, em havendo motivo justo, e desde que autorizados pelo Conselho Consultivo, poderão contar com membros externos e independentes.

Os Comitês têm mandato de dois anos, podendo ser renovado, e contam com o suporte do Conselho Consultivo, sempre que necessário.

Reuniões do Conselho Consultivo

Caberá aos conselheiros, em conjunto, e coordenados pelo presidente, identificar e definir as pautas relevantes para Empresa, bem como o cronograma anual de reuniões ordinárias do Conselho Consultivo, disponibilizando-as no início de cada ano para todos os conselheiros.

As reuniões ordinárias do Conselho Consultivo ocorrerão bimestralmente, sempre na primeira segunda-feira dos meses de fevereiro, abril, junho, agosto, outubro e dezembro, na sede da empresa B&B Ltda., para tratar estritamente de assuntos relacionados à Empresa.

Até 70% (setenta por cento) dos membros podem participar da reunião por Skype ou outro aplicativo equivalente.

As reuniões extraordinárias poderão ocorrer sempre que necessário, podendo ser convocadas por qualquer membro, por e-mail endereçado a todos os conselheiros, com no mínimo 10 (dez) dias de antecedência, explicitando o tema a ser debatido e propondo data e hora para a reunião.

Instalação e Processo Decisório *(nos casos de conselho consultivo que também é deliberativo)*

O Conselho precisa de pelo menos 4 (quatro) membros para ser instalado e a presença de (p. ex., o conselheiro independente) é indispensável. Na falta da pessoa indicada neste parágrafo, os presentes podem debater previamente sobre a pauta, mas não haverá deliberação.

Cada um dos membros desse Conselho conta com um voto na deliberação e aprovação das matérias.

As deliberações são tomadas por maioria simples e, em caso de empate, o voto de Minerva é do conselheiro externo.

Caberá ao presidente coordenar o processo de decisões no âmbito do Conselho Consultivo, facilitando as contribuições e promovendo o alinhamento entre todos os conselheiros.

Ao final de cada reunião, será elaborada uma breve ata contendo: local, data e horário da reunião, presentes, indicação dos temas debatidos (pauta) e um resumo das deliberações tomadas. A ata deverá ficar arquivada na sede da Empresa, em pasta específica (em tal local).

Conselho Consultivo e Conselho de Família

O Conselho Consultivo deverá manter um relacionamento direto com os sócios e executivos da Empresa (inserir nome), bem como com o Conselho de Família, por meio de seu presidente, sempre que necessário, a fim de informar as decisões tomadas em seu âmbito.

(iii) Da Propriedade

Da Governança Jurídico-Sucessória

A Família Baker e Bennet detém em comum (i) recursos financeiros em fundos de investimentos fechados; (ii) 100% (cem por cento) das cotas da *holding* controladora B&B Ltda.; (iii) imóveis comerciais para venda e locação; e (iv) uma casa de praia e uma fazenda para uso compartilhado da família.

A gestão dos ativos comuns da família será feita da seguinte forma:

(i) Ativos financeiros serão administrados em fundos fechados, por gestor profissional, externo e independente da família, eleito pela unanimidade dos cotistas;

(ii) Cotas de controle da *holding* serão regidas quanto aos direitos de preferência, exercício do direito de voto e do poder de controle, bem como cláusulas de liquidez e saída (*tag along, drag along, call, put* etc.), segundo o que prevê o acordo de cotistas firmado entre todos os sócios e arquivado na sede da Empresa B&B[65];

(iii) Os imóveis para venda e locação serão geridos no âmbito da *holding* imobiliária (nome) conforme seu Contrato Social e acordo de cotistas[66]; e

(iv) A casa de praia e a fazenda da família serão geridas e utilizadas conforme regulamento discutido e aprovado pelo Conselho de Família, e assinado por todos os sócios e seus familiares.

Fica ainda acordado entre a família nuclear, subscritora deste Protocolo, no que respeita às estruturas e instrumentos societários da *holding* familiar e demais empresas controladas:

1) Deixar claro que a subscrição do acordo de cotistas ou de acionistas acompanhando o voto do controlador em determinadas matérias é condição para novos sócios adentrarem na sociedade;

---

[65] Ver exemplo de acordo de sócios nos anexos do Capítulo V desta obra.

[66] Ver exemplo de contrato social de *holding* imobiliária nos anexos do Capítulo V desta obra.

2) Estabelecer em contratos e estatutos sociais quóruns prevendo que atos de gestão extraordinários, como avais e compra ou venda de ativos acima do valor (R$ – especificar valor), devem ter quórum mínimo para deliberação em reunião ou assembleia de 65% (sessenta e cinco por cento) do total das cotas/ações das *holdings* de controle.

Deliberam, ainda, por unanimidade, quanto aos lucros distribuídos para *a holding*:

1) Todos os membros da 1ª e 2ª geração da família nuclear receberão o valor fixo de R$ (especificar valor), que será distribuído trimestralmente aos sócios nas proporções de suas participações, e que será futuramente descontado dos dividendos a que façam jus, conforme abaixo;
2) Os resultados de cada empresa do Grupo serão apurados anualmente, no mês de março;
3) Em havendo lucro distribuível, apurar-se-á se a Empresa B&B Ltda. tem em caixa, no mínimo, 60% (sessenta por cento) do valor do mês de maior faturamento bruto do exercício anterior, para capital de giro; Do que exceder esse caixa de 60% (sessenta por cento) mencionado acima, metade, ou seja, 50% (cinquenta por cento) do que exceder, será distribuído aos sócios de acordo com seus percentuais de participação societária na empresa operacional (nome) e desproporcionalmente nas outras empresas da família, conforme deliberação dos sócios controladores, sempre abatendo o que já foi recebido trimestralmente, ou repondo ao caixa o que foi distribuído a mais, no caso de não haver lucro suficiente; Os outros 50% (cinquenta por cento) serão destinados a um fundo ou qualquer outro veículo de investimento financeiro que viabilize economia tributária, refletindo as participações societárias da *holding* controladora. Esse montante somente poderá ser utilizado mediante previa deliberação dos sócios da B&B;
4) A estrutura de governança definida para a empresa B&B Ltda., respeitadas as particularidades de cada empresa, deverá ser replicada, sempre que possível, a todas as empresas do Grupo.

Finalmente, a família acorda que oportunamente tratará, especificamente, nos contratos e estatutos sociais das empresas do Grupo os seguintes temas:

1) Exercício do direito de voto, de veto e do poder de controle, bem como da representação dos sócios e familiares nas reuniões prévias da sociedade;
2) Restrições à transferência de ações e direito de preferência;
3) Sucessão por separação, divórcio, desfazimento de união estável ou por falecimento e forma de apuração e pagamento de haveres dos membros não aprovados por unanimidade para compor os quadros sociais da empresa;
4) Direito de venda conjunta (*tag along*);
5) Obrigação de venda conjunta (*drag along*);

6) Opções de compra e venda de participações societárias (*call* e *put*);
7) Avais, penhora, arresto ou sequestro de ações;
8) Confidencialidade;
9) Garantias e indenizações;
10) Solução de controvérsias, Mediação e Arbitragem[67];
11) Cláusulas de *non compete* e declaração de conflito de interesses;
12) Forma de administração de cada Empresa (órgãos de Administração: Conselho de Administração, Consultivo e Diretoria, quanto à sua composição, eleição, destituição, definição de quóruns, competências e alçadas);
13) Prever a supletividade da Lei das S/A em todas as empresas da família constituídas sob a forma de Ltda.

Este protocolo tem como anexo o Relatório do Alinhamento Estratégico (data).

Porto Alegre, data.

Assinaturas

[67] Sobre arbitragem, assista no canal do YouTube GEEF – Grupo de Estudos de Empresas Familiares ao vídeo: Mesa redonda 17 – Mediação e arbitragem em litígios societários e empresas familiares. Convidados: Amedeo Papa, Ana Lúcia Arduin e Vera Cecília Monteiro de Barros. Moderação: Roberta Nioac Prado – coordenadora do GEEF. Disponível em: https://youtu.be/USCWsZ2y1wc.

2) Exemplo de "Regras para a Família"

Regras para Reuniões da Família Armagnac

Nomes dos signatários

2022

Por este instrumento Particular, as partes abaixo qualificadas:

Nome (*qualificação completa*), na qualidade de (*patriarca, matriarca, pai, mãe, fundador(a), controlador(a)*) da empresa (*nome da empresa*) e/ou titular do patrimônio (*ações ou cotas de holding, imóveis, investimentos financeiros e fundos fechados etc.*);

Nome (*qualificação completa*), na qualidade de (*patriarca, matriarca, pai, mãe, fundador(a), controlador(a)*) da empresa (*nome da empresa*) e/ou titular do patrimônio (*ações ou cotas de holding, imóveis, investimentos financeiros e fundos fechados, etc.*);

Nome (*qualificação completa*), na qualidade de (*filho(a) descendente, neto(a), herdeiro(a), legatário(a) etc.*);

Nome (*qualificação completa*), na qualidade de (*filho(a) descendente, neto(a), herdeiro(a), legatário(a) etc.*);

E,

Considerando que a família concorda em estabelecer mecanismos de boas práticas de governança familiar, e/ou governança corporativa, além de criar instrumentos jurídicos a fim de facilitar, simplificar e baratear a sucessão, buscando evitar futuras desavenças familiares;

Decidem os signatários, de comum acordo, firmar o presente Instrumento, que tem como objetivo regrar as relações da 2ª geração entre si e no que respeita à gestão do patrimônio comum da família, conforme as seguintes regras e condutas que mutuamente outorgam e aceitam entre si, a saber:

Regras de Reuniões da Família

Regras de Funcionamento

As Reuniões da Família Armagnac serão compostas pela família nuclear (inserir nomes dos participantes), ocorrerão trimestralmente (em local definido, fora do ambiente da empresa) e terão duração entre de 2 (duas) e 3 (três) horas.

No início de cada ano, na primeira segunda-feira do mês de fevereiro, ou na segunda segunda-feira, caso a primeira seja feriado, a maioria elegerá um(a) coordenador(a) que presidirá os encontros nos 12 (doze) meses subsequentes.

O(A) coordenador(a) atuará por apenas um mandato, e não poderá ser reeleito(a), devendo haver rodízio na coordenação entre todos os participantes das Reuniões, atualmente 6 (seis) membros.

Caberá ao(à) coordenador(a) propor as pautas para as reuniões ordinárias (fevereiro, maio, agosto e novembro de cada ano), conduzir as reuniões, solicitar reuniões extraordinárias, sempre que necessário ou requerido por algum outro membro, por e-mail, com aviso de recebimento, ou no WhatsApp do Grupo da família.

Os demais membros poderão sugerir a inclusão de outros temas de interesse geral nas pautas, por e-mail ou por qualquer outra forma escrita, com cópia para todos e confirmação de recebimento, com antecedência de, no mínimo, 1 (uma) semana antes da reunião.

O(A) coordenador(a) poderá também, a seu critério, *nomear* um secretário para assessorar a família na formalização das reuniões, bem como organizar documentos, levantar informações e tomar todas as providências necessárias a seu pedido.

As Reuniões da Família têm por objetivo:

(i) Manter a família informada sobre os negócios familiares e seus resultados;

(ii) Cuidar para que não ocorra a confusão das despesas particulares da família com as despesas e o patrimônio das empresas do Grupo;

(iii) Discutir a gestão do patrimônio familiar, tendo em vista manter sempre um balanceamento do portfólio dos investimentos, liquidez, imóveis de uso da família e para aluguel;

(iv) Apresentar e discutir opções de investimento financeiro, imobiliário e empresarial;

(v) Propor, debater e deliberar as regras para o uso de imóveis da família a seguir descritos (elencar imóveis e outros bens de uso comum: embarcações, aeronaves etc.);

(vi) Propor, debater e deliberar sobre formas para estimular a união e desenvolver continuamente a boa comunicação da família;

(vii) Debater sobre formas de prevenir, tratar e mediar eventuais conflitos que ocorram no âmbito da família e que possam atingir os negócios e as relações familiares, buscando a solução mais amigável possível;

(viii) Propor, debater e deliberar sobre cursos e planos para promover a integração e o desenvolvimento pessoal e qualificação profissional das futuras gerações;

(ix) Conversar e recomendar regras sobre o planejamento patrimonial e sucessório dos membros da família, tais como regimes de casamento e união estável, testamentos, representação de menores nas empresas do grupo, criação de *holdings*.

Ao final de cada reunião deverá ser elaborada uma breve ata, consignando, no mínimo: data, local e horário da reunião, presentes, indicação dos temas debatidos (pauta) e as deliberações tomadas. A ata deverá ficar arquivada em pasta específica (em tal local) aos cuidados de (*nomear*).

Após tais reuniões, visando a incentivar a convivência da família nuclear e da família estendida (cônjuges e filhos menores de 16 anos), haverá um jantar na casa dos fundadores.

Petrópolis, data.

Assinaturas

3) Exemplo de Regramento ou Regimento de Conselho e Comitês de Família

Regimento Interno do Conselho da Família Ferrero e Saboya e de seus Comitês

Nomes dos signatários

2022

Este regimento interno tem como objetivo tornar claros os papéis, atribuições e responsabilidades de seus membros, no que toca ao tratamento e ao encaminhamento dos assuntos familiares relevantes ao patrimônio, aos negócios e às empresas controladas pela família.

Princípio Norteador

O princípio norteador deste Conselho é promover a longevidade da empresa Ferreiro e Saboya Distribuidora de Alimentos Ltda., articular a harmonia e o equilíbrio nas relações entre a família e seus negócios, fomentar o alinhamento da família com os objetivos e estratégias da empresa, e desta com os interesses dos seus sócios, e impulsionar o modelo de sustentabilidade ambiental e social da empresa.

Papéis e Responsabilidades

O Conselho de Família será responsável por, entre outros assuntos que se mostrem pertinentes:

(i) Zelar pelo Protocolo Familiar;

(ii) Discutir e aprovar, junto aos administradores do Family Office da família Ferrero e Saboya, sobre a alocação dos investimentos familiares;

(iii) Administrar, definir regras e procedimentos para a utilização de bens comuns da família, notadamente no que respeita ao Fundo de Liquidez da família e à Fazenda Sartori;

(iv) Aprovar a indicação feita pelo Comitê de Jovens da família para o cargo de trainees, bem como para participar da seleção para outros cargos na empresa Ferreiro e Saboya Distribuidora de Alimentos Ltda. Ambas as indicações deverão posteriormente ser submetidas à Reunião de Sócios para aprovação final;

(v) Aprovar regras sobre o custeio da educação dos descendentes dos fundadores, proposta pelo Comitê de Jovens da família.

Sem prejuízo do rol exemplificativo mencionado na cláusula acima, outras matérias de interesse da família ou da empresa poderão ser sugeridas pelos membros da família e/ou pelos Comitês do Conselho de Família, e trazidas à pauta pelos conselheiros, para deliberação, sempre que pertinente.

Composição e Mandato

O Conselho de Família é composto por, no mínimo, 4 (quatro) e, no máximo, 6 (seis) membros, indicados por cada um dos troncos da família ou das *holdings* familiares a seguir nomeados: (*nomear* os troncos ou as *holdings*) atendendo critérios e processo de sucessão próprios, respeitado o princípio de que os conselheiros deverão ter, no mínimo, 25 (vinte e cinco) anos e, no máximo, 70 (setenta) anos, no momento da sua indicação.

Cada membro poderá ter um suplente, indicado pelo mesmo tronco ou *holding* familiar que o elegeu, que poderá substituir o conselheiro nas reuniões, sempre que necessário.

Somente descendentes diretos e consanguíneos da Família podem ser membros ou suplentes do Conselho de Família.

O mandato do conselheiro, e de seu respectivo suplente, é de 3 (três) anos, podendo ser renovado.

Os conselheiros não terão remuneração, mas poderão requerer o reembolso de despesas comprovadamente necessárias ao desempenho de suas funções. Tais despesas devem ser arcadas pelo fundo de liquidez da família.

Estrutura do Conselho de Família e Comitês

O Conselho de Família tem 1 (um) presidente e 1 (um) vice-presidente, escolhidos entre seus membros, idealmente por unanimidade. Não sendo possível a unanimidade, os dois conselheiros mais votados terão os cargos de presidente e vice-presidente, respectivamente.

O vice-presidente substitui o presidente em casos de impedimentos temporários e, em caso de impedimento definitivo, uma nova votação deverá ser realizada.

Comitês

O Conselho de Família também poderá contar com o apoio de comitês para assuntos específicos, tais como Comitê para a realização de festas de final de ano, e terão orçamento próprio para desenvolver suas atividades, bem como prerrogativa para contratar profissionais externos, sempre que necessário.

Os Comitês do Conselho de Família poderão ser formados por conselheiros e/ou outros membros da Família, consanguíneos ou não, conforme as características e necessidades de atuação.

Os Comitês têm mandato de 2 (dois) anos, podendo ser renovado.

Instalação e Processo Decisório

A instalação das reuniões do Conselho de Família para qualquer deliberação depende da presença dos seus 4 (quatro) membros, pessoalmente ou representados pelos respectivos suplentes.

Caberá ao presidente coordenar o processo de decisões no âmbito do Conselho de Família, facilitando as contribuições e promovendo o alinhamento entre todos os conselheiros.

O consenso e a unanimidade devem ser sempre buscados, mas, não sendo possível, as decisões serão tomadas pela maioria dos presentes. Em havendo empate, o voto de Minerva caberá ao fundador (nomear).

O Conselho de Família tem função deliberativa em assuntos vinculados às suas atribuições e seu orçamento e faz recomendações em assuntos que envolvem decisões compartilhadas com os demais, por exemplo, em relação à empresa Ferreiro e Saboya Distribuidora de Alimentos Ltda.

As reuniões podem contar com um secretário executivo, que coordena e facilita sua atuação, cujo nome é indicado pelo presidente e validado pelos demais conselheiros.

Ao final de cada reunião, deverá ser elaborada uma breve ata, consignando, no mínimo: data e local da reunião, presentes, pauta e deliberações tomadas.

Reuniões do Conselho de Família

Caberá ao presidente apontar as pautas relevantes para a família, bem como o cronograma anual de reuniões ordinárias do Conselho de Família, disponibilizando-as no início de cada ano para todos os membros da família.

As reuniões ordinárias do Conselho de Família ocorrerão mensalmente, sempre pela manhã, na primeira sexta-feira de cada mês, na casa do fundador.

As reuniões extraordinárias poderão ocorrer sempre que necessário, podendo ser convocadas por qualquer membro, por e-mail endereçado a todos os conselheiros, com, no mínimo, 1 (uma) semana de antecedência.

Conselho de Família e Conselho de Administração da Empresa

O presidente do Conselho de Família deverá manter comunicação direta com os sócios e com o presidente do Conselho de Administração da Empresa Ferreiro e Saboya Distribuidora de Alimentos Ltda., a fim de obter as informações que deverão ser repassadas ao Conselho de Família.

Regramento do Fundo de Liquidez da Família

O Fundo de Liquidez da família visa a possibilitar a gestão e manutenção (i) dos bens comuns da família, notadamente a Fazenda Sartori; e (ii) da estrutura de governança familiar, do Conselho de Família e seus Comitês.

O Fundo de Liquidez será mantido com a alocação de: (i) 10% (dez por cento) do total dos dividendos recebidos pelos sócios e *holdings* familiares controladoras da empresa Ferreiro e Saboya Distribuidora de Alimentos Ltda.; (ii) receitas oriundas de investimentos do próprio fundo.

Os custos de administração do Fundo de Liquidez serão suportados pelo próprio fundo, que será gerido pelo Family Office da família, dentro dos parâmetros estabelecidos para a gestão do patrimônio familiar, qual seja, investimentos de baixo risco e volatilidade.

Caberá ao Conselho de Família avaliar as demandas e deliberar sobre a utilização do patrimônio da Fundo.

Se o Fundo tiver recursos financeiros em valores acima de R$ (estabelecer valor), o aporte dos 10% (dez por cento) do total dos dividendos recebidos pelos sócios e *holdings* familiares controladoras da empresa será suspenso, até que o total dos recursos financeiros baixe para R$ (estabelecer valor).

Se o fundo utilizar todo os seus recursos, e não dispuser de verbas para exercer suas atribuições, o Conselho de Família poderá recomendar um aporte dos familiares proporcional à sua participação societária, direta ou indireta, nas empresas do Grupo.

Brasília, data.

Assinaturas

4) Exemplo de "Combinados" da Família

"Combinados" da Família *Diaz e Garcia*

Nomes dos signatários

2022

Por este instrumento Particular, as partes abaixo qualificadas:

Nome (*qualificação completa*), na qualidade de (*patriarca, pai, fundador(a), controlador(a)*) da empresa (*nome da empresa*) e/ou titular do patrimônio (*ações ou cotas de holding, imóveis, investimentos financeiros, obras de arte etc.*);

Nome (*qualificação completa*), na qualidade de (*matriarca, mãe, fundadora, controladora*) da empresa (*nome da empresa*) e/ou titular do patrimônio (*ações ou cotas de holding, imóveis, investimentos financeiros, obras de arte etc.*);

Nome (*qualificação completa*), na qualidade de (*filho(a), descendente, neto(a), herdeiro(a), legatário(a) etc.*);

Nome (*qualificação completa*), na qualidade de (*filho(a), descendente, neto(a), herdeiro(a), legatário(a) etc.*);

Nome (*qualificação completa*), na qualidade de (*filho(a), descendente, neto(a), herdeiro(a), legatário(a)*);

E,

Considerando que pais e filhos têm funções executivas de alto escalão de todas as empresas da família;

Considerando que a família quer, desde já, estabelecer a absoluta separação patrimonial entre bens e ativos da empresa de bens e ativos de seus sócios e familiares;

Considerando que os membros da família querem preservar suas empresas de eventuais credores de seus sócios;

Considerando que os membros da família nuclear não desejam sócios em empresas do grupo familiar advindos de eventuais divórcios, dissolução de união estável e sucessão, que não sejam recebidos por unanimidade;

Considerando que (*SEMPRE adaptar todo o texto ao caso concreto*).

Decidem os signatários estipular as seguintes regras e condutas que mutuamente outorgam e aceitam em si, a saber:

1 - Em relação às férias familiares, no sentido de preservar a adequada gestão das empresas da família:

Uma vez que todas as empresas da família têm em seu alto escalão executivo ao menos um dos seis membros da família nuclear (pai, mãe e quatro filhos), fica determinado que as férias em família deverão sempre levar em consideração as necessidades e possibilidades da empresa, não devendo nenhum afastamento da família nuclear completa ser superior a 10 (dez) dias por ano.

Sempre que a família nuclear viajar conjuntamente, pelo menos dois de seus membros, que tiverem cargos executivos na empresa, deverão utilizar meio de locomoção distinto, especialmente avião, helicóptero e carro, tendo como princípio distribuir o risco de acidentes, a fim de preservar a família e as empresas familiares.

2 - Em relação a negócios pessoais dos familiares, separação patrimonial e preservação das empresas da família:

Fica vetado desde já a qualquer dos membros da família nuclear e/ou estendida (cônjuges, companheiros e quaisquer membros não integrantes da família nuclear) o uso de funcionários ou quaisquer outros serviços do Grupo para assuntos pessoais, bem como a utilização de qualquer bem ou ativo da empresa, seja de forma sistemática ou periódica.

Todos os membros da família nuclear comprometem-se a não conceder aval e outras garantias a terceiros, notadamente envolvendo suas participações nas empresas do Grupo, exceto se autorizado por escrito pelos demais sócios, ou se em benefício de quaisquer das empresas do Grupo.

3 - Em relação à sucessão da presidência das Empresas do Grupo:

Fica decidido o seguinte:

Para garantir a continuidade e a sustentabilidade das empresas do Grupo no longo prazo, bem como organizar as relações profissionais da família, o Planejamento Sucessório do Presidente (CEO) será estruturado da seguinte forma:

1) Os 12 (doze) meses contados da assinatura deste Protocolo serão dedicados à capacitação dos 2 (dois) possíveis sucessores à Presidência do Grupo: (*nomear os sucessores*), norteado pelo *assessment* realizado (MEP) e pelo Plano de Desenvolvimento Individual (PDI)[68];

[68] O PDI é uma metodologia que estabelece, acompanha e desenvolve as competências de indivíduos (em geral como profissionais) e pode servir de guia prático para desenvolver suas competências e habilidades pessoais.

2) Nesta etapa, além da execução do PDI desenvolvido para cada um dos possíveis sucessores, (*o sucessor 1*) assumirá o cargo de Diretor na empresa Diaz e Garcia Comércio e Serviços Ltda., e (*o sucessor 2*) permancerá exercendo suas funções de Diretor Comercial na empresa Diaz e Garcia Indústria Textil Ltda. A filha (*nomear*) e o filho (*nomear*) darão início aos seus planos de estudos no exterior, a fim de ampliar suas experiências, conhecimentos e capacitações na área profissional escolhida, qual seja, respectivamente, a medicina e a engenharia;
3) Durante essa etapa, o CEO permanecerá à frente da direção executiva, como presidente de todas as empresas do Grupo.

Em (*data*), o (*filho 1*) assumirá a Vice-Presidência da Empresa (*nomear*) e o (*filho 2*) assumirá a Vice-Presidência da Empresa (*nomear*).

Em (*data*), o (*filho 1*) assume como CEO da empresa (*nomear*) e o (*filho 2*) assume como CEO da Empresa (*nomear*).

Em (*data*), quando a (*filho 3*) retornar do exterior após seus estudos na Universidade Johns Hopkins, estudo esse que será integralmente arcado pelo pai (*nomear*), além de sua atividade profissional, passará a ser membro do Conselho Consultivo do Grupo.

(*Na data*) convoca-se eleição para os cargos de Presidente (CEO) da empresa (*nomear*) e da empresa (*nomear*), observado o rito descrito a seguir:

Os quatro filhos indicarão, por consenso (unanimidade), o sucessor para ocupar o cargo de Presidente das Empresas (*nomear*) e (*nomear*) pelos próximos 5 (cinco) anos.

O nome indicado deverá ser ratificado ou rejeitado pelos fundadores.

Não havendo consenso quanto ao nome do sucessor, a decisão final será dos fundadores, pai e mãe, podendo, a seu critério, ser previamente ouvida uma consultoria.

O futuro Presidente eleito passará por um processo de transição pelo prazo de seis meses como Vice-Presidente.

A transição será conduzida pelo atual Presidente (*o pai - nomear*), que poderá, inclusive a seu critério, ampliar ou reduzir os prazos aqui estabelecidos.

Atuação como Presidente da Empresa Diaz e Garcia (1ª Sucessão):

Após o período de transição, o(s) Vice-Presidente(s) tomará(ão) posse, assumindo efetivamente o cargo de Presidente da Empresa (*nomear*) e da Empresa (*nomear*), respectivamente.

Os mandatos terão duração de 04 (quatro) anos, com possibilidade de reeleição.

Ao final do 4° (quarto) ano de cada mandato, será convocada uma Reunião dos Sócios (família nuclear) para a definição do próximo Presidente.

Caso o Presidente não se reeleja, o novo Presidente deverá passar por um período de transição de 6 (seis) meses na qualidade de Vice-Presidente.

O Presidente e o Vice-Presidente poderão ser destituídos a qualquer momento pelo(s) sócio(s) controladore(s).

Em caso de afastamento ou vacância, assume o Vice-Presidente, e caso não haja ainda o preenchimento deste cargo, convoca-se nova reunião para eleição de novo Presidente, em até 90 (noventa) dias. Nesse ínterim, o Presidente do Conselho assume interinamente a gestão das empresas.

Durante o período da primeira sucessão, em caso de falecimento do patriarca, a sócia majoritária assumirá automaticamente a gestão pelo prazo de 180 (cento e oitenta) dias, período em que estruturará uma nova sucessão, com o auxílio de consultoria externa especializada.

4 - No que respeita à remuneração dos executivos da 2ª geração (2G) e dos Conselheiros da Família Nuclear em Empresas do Grupo Diaz e Garcia, fica acordado desde já, entre a família, o seguinte:

A remuneração e os benefícios dos executivos da 2G serão iguais quando desempenharem cargos iguais em quaisquer empresas do grupo.

Ou seja, o Presidente ou Diretores da Empresa Diaz e o Presidente ou Diretores da Empresa Garcia, sendo este e aquele membros da 2G, receberão a mesma remuneração fixa, a fim de estimular a 2G a abraçar a gestão do Grupo independentemente do porte de cada empresa.

Caso o Presidente escolhido para qualquer das empresas do Grupo Familiar não seja um membro da família nuclear, o Conselho Consultivo será transformado em Conselho de Administração, com previsão estatutária e função deliberativa.

Não é vedado que o Presidente da Empresa Diaz seja também o Presidente da Empresa Garcia, a critério do Conselho Consultivo (ou de Administração).

Os conselheiros que também forem Diretores de empresas do grupo não receberão remuneração para atuar no Conselho Consultivo ou de Administração.

Os conselheiros fundadores da Empresa Diaz e Garcia, para exercerem as funções de Presidente e Vice-Presidente do Conselho, respectivamente, receberão pró-labore mensal equivalente às remunerações vigentes no mercado para os cargos de CEO em empresa do porte da Diaz Textil Ltda. e Diretor em empresa do porte da Garcia Distribuição S/A.

Os conselheiros externos, quando houver, receberão remuneração compatível com o mercado.

Todos os conselheiros, externos ou membros da família, devem observar os seguintes princípios de conduta: (i) ter comportamento ético e cooperativo; (ii) promover o espírito de união e comprometimento; (iii) dar tratamento justo e igualitário a todos os núcleos familiares; (iv) manter o diálogo sempre aberto para dar e receber feedback; (v) prestar contas de sua atuação e responder integralmente por todos os atos que praticarem no exercício de seu mandato; (vi) atender às premissas das demais políticas das empresas Diaz e Garcia.

5 - Recomendações adicionais para empresas do Grupo Diaz e Garcia acordadas entre a família nuclear controladora:

Fica estabelecida a idade limite de 60 (sessenta) anos para todo e qualquer funcionário, que não seja membro da família, do Grupo Diaz e Garcia, inclusive Diretores, para o exercício de suas funções, a partir da assinatura deste Protocolo.

Caso o funcionário já tenha 55 (cinquenta e cinco) anos ou mais quando da assinatura deste Protocolo, ele se encaixará em uma regra de transição, de até 5 (cinco) anos, o que poderá estender seu contrato de trabalho até os 64 (sessenta e quatro) anos de idade, a depender de sua idade atual.

Em qualquer hipótese, o funcionário pode ser demitido se não estiver performando de acordo com suas atribuições.

Não há limite de idade para membros do Conselho, Consultivo ou de Administração, desde que membros da família nuclear.

6 - No que respeita à organização patrimonial e ao planejamento sucessório, em consideração às atuais regras de Direito de Família e das Sucessões[69]:

Todos os signatários concordam em se casar com pacto antenupcial, ou, se viverem em união estável, concordam em registrar em Cartório contrato de convivência, prevendo o regime de separação total de bens, convencional ou obrigatória, neste último caso com o afastamento da Súmula 377 do STF.

Concordam ainda que, no caso de algum membro adotar o regime de comunhão parcial de bens, seja no casamento ou na união estável, este se compromete a fazer constar dos novos títulos aquisitivos de propriedade que eventualmente venha a adquirir, a qualquer título, a sub-rogação, notadamente quando se tratar de participações societárias das empresas do grupo ou da *holding* familiar, recebidas por doação de seus pais com a cláusula de incomunicabilidade, inclusive dos frutos e rendimentos.

---

[69] *Vide* os Capítulos IV e V desta obra.

Comprometem-se, ademais, que, em tendo filhos menores de idade, farão testamento público nomeando como tutor do patrimônio societário a ser herdado por seu(s) filho(s), até os 18 anos, algum membro da família nuclear, notadamente no que respeita ao exercício do direito de voto nas empresas do grupo.

Além disso, farão suas doações, bem como deixarão seus legados e testamentos, sempre com cláusula de incomunicabilidade, extensiva aos frutos e rendimentos, e, ainda, com cláusula de reversão, no caso de doação, especialmente nos casos em que o beneficiário seja casado ou viva em união estável.

A família nuclear tem como premissa que membros não consanguíneos não detenham participações societárias com direito a voto nas *holdings* e/ou empresas do Grupo, adquiridas por meio de eventuais divórcios ou inventários, pelo que fará constar em todos os contratos e/ou estatutos sociais de cada empresa controlada pela família cláusulas específicas de compra de participações pelos sócios remanescentes, prevendo forma clara e justa de avaliação da participação societária para apuração e pagamento de haveres de viúvas e viúvos de descendentes diretos do casal fundador, sem que isso prejudique o fluxo de caixa necessário para a atuação da empresa.

O casal de fundadores irá fazer um testamento público doando 100% (cem por cento) da sua disponível um ao outro.

A família nuclear irá contratar consultoria para avaliar as vantagens e as desvantagens de se criar uma *holding* controladora de todas as empresas operacionais da família, para, em seguida, adiantando a sua sucessão, os pais doarem as cotas desta *holding* a seus três filhos, resguardando o usufruto político e parte do usufruto patrimonial.

Finalmente, a família nuclear entende que, em caso de falecimento de sucessor direto dos fundadores, seus eventuais cônjuges e/ou companheiros(as), notadamente com filhos comuns, devem ter suporte não só emocional como também financeiro da família, assegurada a participação nos lucros das empresas, quando for o caso.

Florianópolis, data.

Assinaturas

5) Exemplos de Regramentos de Comitês de Família

Regimento Interno dos Comitês da Família Brandon e Lenox

(Comunicação e Indicação, Gestão de Conflitos, para elaborar Livro da Família e das Empresas, Comitê Executivo do Conselho Consultivo)

a) Comitê de Comunicação e Indicação do Conselho da Família Brandon e Lenox

O Comitê de Comunicação e Indicação é um órgão de assessoramento vinculado diretamente ao Conselho de Família, de caráter permanente. Os membros desse Comitê não serão remunerados.

O Comitê de Comunicação e Indicação é formado por até 5 (cinco) membros, indicados pelo Conselho de Família, com mandato de 3 (três) anos, renováveis por igual período. Os membros desse Comitê não serão remunerados.

Competência

O Comitê de Governança e Comunicação é responsável pela comunicação fluida, constante e ágil entre as estruturas de governança corporativa e familiar.

Compete, ainda, a este Comitê: (i) selecionar e indicar a entrada de membros das novas gerações para trabalharem como *trainees* ou gerentes nas empresas do grupo familiar; (ii) indicar membros da família para alocação em cargos-chave da empresa familiar ou para a gestão do patrimônio comum no Family Office da Família.

Requisitos para indicação de membros da família para trabalhar nas empresas do Grupo

Em qualquer caso, a indicação deve considerar os seguintes requisitos: (a) a escolha deverá ser sempre baseada em critérios objetivos de competência; (b) deverá seguir as previsões definidas em todo o regramento e governança da empresa (i.e., Contrato Social da Empresa e Acordo de Cotistas).

Requisitos para indicação de membros da família para alocação em cargos-chave da empresa familiar ou para a gestão do patrimônio comum no Family Office da Família

(a) O candidato deve ter potencial para atingir níveis hierárquicos de diretoria; (b) O candidato deve ter preparo acadêmico compatível com o cargo, por exemplo, Graduação Universitária em Universidade reconhecida e pós-graduação em determinada área (*especificar*), sempre que o mercado exigir tal formação para o cargo; (c) O candidato deve ser fluente em inglês e mais outra língua, além da língua nativa; (d) Deve ter experiência bem-sucedida em empresa fora do Grupo Familiar, de no mínimo 4 (quatro) anos; (e) Deve ter bom relacionamento com a família, capacidade de liderança e não pode ter nada que desabone sua conduta pessoal e profissional no mercado de trabalho.

Remuneração dos indicados no âmbito da Empresa

A remuneração seguirá sempre os parâmetros de mercado para o cargo e porte da empresa.

Demissão dos indicados no âmbito da Empresa

A política de demissão de membros da família, qualquer que seja o cargo, é determinada pelo Conselho de Família e aprovada pelo Conselho de Administração da Empresa.

b) Comitê de Gestão de Conflitos do Conselho da Família Brandon e Lenox

O Comitê de Gestão de Conflitos é um órgão de assessoramento vinculado diretamente ao Conselho de Família, de caráter permanente, formado por 3 (três) membros da família nuclear, escolhidos por maioria pela Assembleia Familiar, e com mandato de 2 (dois) anos, renováveis por igual período.

Competência

O Comitê de Gestão de Conflitos é responsável pela guarda de um ambiente familiar harmônico.

Compete a este Comitê: (i) estabelecer formas e fóruns de diálogo franco e amigável entre os familiares; (ii) mediar eventuais conflitos entre os membros familiares, podendo, com a autorização do Conselho de Família (ou da Assembleia de Família), contar com o auxílio de profissionais externos, isentos e reconhecidos por sua capacidade profissional; (iii) emitir recomendações, vinculativas ou não, para deliberação do Conselho de Família.

c) Comitê do Conselho da Família Brandon e Lenox responsável por elaborar o Livro da Família e da Empresa

Competência

O Comitê Responsável pelo Livro e Museu da Família e da Empresa é um órgão vinculado diretamente aos membros familiares da 2ª e 3ª gerações, formado por todos os membros da família nuclear ou expandida interessados em participar dele, e coordenado pelo membro escolhido, por maioria, entre os integrantes.

Esse Comitê deve, idealmente, desenvolver seu trabalho em um prazo de 3 (três) anos. Para tanto, deverá levantar a história familiar, seus valores e princípios, a partir de entrevistas com todos os membros da família, bem como com os funcionários mais antigos da empresa, a fim de levantar dados, documentos, fotografias e outros objetos que tenham sido relevantes na história.

Para esse fim, contam com um orçamento de R$ (*estabelecer o valor*), que deverá ser administrado pelo seu coordenador que, semestralmente, e ao final do trabalho, prestará contas ao Conselho de Família.

d) Comitê Executivo do Conselho Consultivo do Conselho da Família Brandon e Lenox

O Comitê Executivo do Conselho Consultivo da Família é um órgão que tem por objetivo acompanhar e orientar a Diretoria Executiva do Family Office da Família Brandon e Lenox, decidir questões de acordo com suas alçadas, além de dever subsidiar o trabalho do Conselho Consultivo como um todo, notadamente no processo decisório e estratégico relativo à gestão do patrimônio comum financeiro e imobiliário da família.

Composição e Nomeação

O Comitê Executivo é formado por 6 (seis) membros, sendo 4 (quatro) seniores, membros da 2ª geração da família (*nomear*), todos acionistas da empresa (*nomear*) e 2 (dois) juniores, membros da 3ª geração da família (*nomear*), acionistas ou não das empresas, podendo esse número ser alterado a qualquer tempo, por deliberação do Conselho Consultivo.

Os membros juniores devem participar ativamente das discussões do comitê e gozar de liberdade para expor suas opiniões e conhecimentos, podendo, para tanto, acessar todos os documentos e informações necessárias ao bom desempenho de suas funções. Entretanto, não têm direito a voto nem devem participar das deliberações.

A nomeação de todos os membros do Comitê Executivo se dá por deliberação do Conselho Consultivo, observados os critérios abaixo e demais regras constantes deste regimento.

Critérios de Elegibilidade para Membros Juniores

(a) Ser descendente consanguíneo da família Brandon e Lenox;

(b) Ter idade mínima de 25 (vinte e cinco) anos;

(c) Ter conhecimentos e/ou ter participado ou se dispor a participar de fóruns, seminários e cursos sobre governança corporativa e familiar, e notadamente conhecer a governança da família Brandon e Lenox;

(d) Ter formação superior completa, sendo desejável pós-graduação ou especialização;

(e) Ter experiência corporativa de, no mínimo, 3 (três) anos em outras empresas não controladas pela família (*nomear*), excluindo-se estágios.

Subordinação e Papel

Os membros juniores se reportarão aos membros seniores, devendo, diligentemente, executar todas as tarefas que forem por estes designadas em reunião do Comitê.

Mandato

O mandato dos membros juniores será de 1 (um) ano, permitida a reeleição, sendo que, em havendo mais canditados elegíveis, superando o número de cadeiras disponíveis, a preferência será sempre pela rotatividade e oxigenação (novos membros).

Em caso de capacidade e interesse semelhantes entre os postulantes ao cargo, deverá ser dada a preferência à mescla de troncos familiares.

Em casos excepcionais, a indicação poderá ser feita de outra forma, a critério do Conselho Consultivo, justificadamente.

Assiduidade

É fundamental que todos os membros sejam diligentes no que respeita à assiduidade, ou seja, que participem e sejam pontuais em todas as reuniões, somente faltando por motivos justificados e previamente informados ao Comitê.

A falta de assiduidade, assim como outros comportamentos que desrespeitem as regras e princípios da familia, poderá justificar a sua exclusão sumária do órgão.

Exclusão

A exclusão de membro júnior deverá se dar por decisão do Comitê, confirmada pelo Conselho Consultivo e em seguida informada ao Conselho de Família.

Remuneração

Será paga uma remuneração aos membros seniores e juniores, determinada anualmente pelo Conselho Consultivo.

Termo de Sigilo e Responsabilidade

Assim que assumirem sua posição, os membros juniores assinarão um Termo de Sigilo e Responsabilidade por tudo que vierem a tomar conhecimento em razão da sua posição.

Declaração de Atividades Desempenhadas Fora da Família Empresária

Os membros juniores deverão comunicar formalmente ao Conselho Consultivo quaisquer atividades, novas e/ou existentes, remuneradas ou não, que possam de qualquer forma conflitar com os negócios e/ou valores da família.

Observações Adicionais

Os membros juniores não devem participar concomitantemente de outro órgão de governança da família Brandon e Lenox;

Quaisquer membros do Conselho Consultivo não poderão utilizar recursos da empresa para assuntos pessoais;

O comportamento de todos os membros deve obedecer às regras da empresa Brandon e Lenox Incorporação e Venda de Imóveis S/A e suas controladas, deste Regimento, bem como do Protocolo da Família e outros documentos e órgãos de sua governança.

Cargo de Executivo

A família se propõe a atrair talentos familiares para cargos de liderança na empresa Brandon e Lenox Incorporação e Venda de Imóveis S/A e suas controladas.

Para preenchimento desses cargos, o candidato deve comprovar os pré-requisitos, técnicos e comportamentais, necessários ao exercício da função, além dos valores e princípios básicos, a exemplo de, mas não se limitando a, comprometimento, visão de longo prazo e compartilhamento de valores familiares.

Pré-requisitos

Para trabalhar em qualquer empresa da família Brandon e Lenox, o familiar deve ter potencial e aspiração para atingir cargos de liderança e atender aos requisitos técnicos a seguir:

(a) Formação: ter concluído o curso de graduação em uma universidade conceituada;
(b) Ter ao menos um curso de pós-graduação, MBA e/ou especialização na área relacionada aos interesses dos negócios e a sua aspiração de cargo;
(c) Ter fluência em inglês e espanhol;
(d) Ter experiência: preencher os requisitos do perfil exigido pelo cargo almejado;
(e) Ser selecionado por consultoria externa (independente); e
(f) Ser submetido a processo de seleção em igualdade de condições com candidatos externos.

Processo de Contratação de Executivos

A empresa Brandon e Lenox Incorporação e Venda de Imóveis S/A e suas controladas devem ter a necessidade da contratação, isto é, a vaga tem que existir e será aberta a qualquer candidato, seja familiar ou não. Os candidatos deverão ter experiência na área, ficando claro que não necessariamente o familiar será admitido ou terá qualquer tipo de vantagem.

A existência da vaga deverá ser comunicada pelo Conselho de Administração ao Conselho de Família, que divulgará a oportunidade de trabalho, por meio de seus representantes, aos demais membros do seu núcleo familiar.

Os interessados em se candidatar deverão informar ao Comitê de Família o seu interesse em fazer parte do processo de seleção.

O Comitê de Família, em até 30 (trinta) dias, deverá informar, por escrito, os nomes dos interessados ao Conselho Consultivo, o qual dará prosseguimento ao processo de seleção.

O Comitê de Família deve ser comunicado sobre o andamento do Processo de Seleção e, no seu término, prontamente informar a decisão ao(s) candidato(s) escolhido(s) ou não.

Os candidatos que atenderem aos pré-requisitos do cargo pretendido, sejam eles familiares ou não, passarão por um processo de avaliação e *assessment* por uma consultoria independente, escolhida pelo Conselho Consultivo.

Remuneração de Executivos

A remuneração e os benefícios dos executivos, familiares ou não, serão os de mercado, definidos pelo Conselho Consultivo para o cargo.

Avaliação de Desempenho de Executivos

Os executivos das empresas da família Brandon e Lenox, familiares ou não, passarão anualmente por um processo formal de avaliação de acordo com a política estabelecida pelo Conselho Consultivo, que poderá fazer recomendações de melhorias e desenvolvimento do ocupante do cargo.

A avaliação do executivo familiar será feita por um Comitê de Avaliação, que será composto por membros do Comitê Executivo, do Conselho Consultivo e, a depender do cargo, da Diretoria Executiva, excluindo-se os membros do núcleo familiar do avaliado. A avaliação será encaminhada ao Comitê da Família para conhecimento e acompanhamento.

Na hipótese dos executivos familiares que não atingirem o desempenho esperado, o caso será tratado pelo Comitê Executivo. Todo o processo deverá ser acompanhado pelo Conselho Consultivo e pelo Comitê de Família, que passará a informação ao representante do núcleo familiar.

Desenvolvimento de Carreira

A Diretoria e/ou o Comitê Executivo poderão indicar um apoio adicional ou complementar para o executivo, com o intuito de reforçar e/ou acelerar o desenvolvimento da sua carreira.

Comportamento Esperado de Executivos Familiares

(a) Trabalhar em tempo integral;

(b) Tratar respeitosa e profissionalmente os funcionários e colaboradores da família e da empresa, em todos os níveis;

(c) Nunca se prevalecer da condição de familiar;

(d) Manter comportamento ético exemplar dentro e fora da empresa;

(e) Não ter relacionamentos afetivos com funcionários da empresa;

(f) Nunca atuar em conflitos de interesse;

(g) Conhecer e respeitar a estrutura e normas de governança da empresa e da família;

(h) Respeitar o nível hierárquico dentro da empresa;

(i) Nunca utilizar recursos da empresa para assuntos pessoais;

(j) Manter confidencialidade sobre os temas da família, acionistas e negócios;

(k) Evitar conversas sobre assuntos da empresa em locais públicos;

(l) Não aceitar favores ou presentes de valor relevante de terceiros, notadamente de órgãos públicos.

Salvador, data.

Assinaturas

6) Exemplos de Pauta e de Ata

**Pauta de Reunião do Conselho
da Família Brandon e Lenox**

Data:
Horário:
Local:

Presidida por: (*nome e sobrenome da Presidente*)
Participantes: (*nome e sobrenome dos conselheiros*)

Minicronograma da Reunião

10:00 Abertura
10:10 Apresentação da proposta de festa de final de ano das Famílias Brandon e Lenox
10:45 Debates e deliberação
11:30 Apresentação da proposta de avaliação e metodologia de membros familiares candidatos a cargos na empresa Ann Lenox
12:00 Debates e deliberação
13:00 Almoço
14:30 Proposta de Consultoria para desenvolvimento de novas gerações: Legar Governança e Gestão
15:30 Debates e deliberação em sessão exclusiva
16:30 Encerramento

Ata de Reunião do Conselho da Família Brandon e Lenox

DATA, HORÁRIO e LOCAL:
PRESENÇAS: (*nome dos conselheiros*)
CONVIDADOS PRESENTES: (*consultores externos, outros familiares ou executivos da empresa etc.*)

MESA: Presidida por (*nomear*), que convidou a mim (*nomear*), Secretário do Conselho.

ORDEM DO DIA: A Presidente abriu a reunião dando boas-vindas a todos. Na sequência, deu prosseguimento à Agenda (temas, horários e tempo para discussão e deliberação) disponibilizada aos membros, conforme Regimento Interno do Conselho de Família vigente.

1. Relatório de Pendências

Aberta a reunião, a Presidente deu sequência à pauta, disponibilizada previamente, e, conforme rotina adotada para recuperar os assuntos pendentes, passou a atualizar os presentes sobre as pendências (*detalhar pendências*).

Decisão: Os Conselheiros presentes, por unanimidade, aprovaram (*descrever*), reprovaram (*descrever*).

2. Revisão do Regimento Interno do Conselho

O Conselho pontuou uma série de sugestões para alteração do Regimento Interno do Conselho de Família. Foram aprovadas as seguintes: (*especificar*).

Nada mais havendo a tratar, a Presidente encerrou a reunião, lavrando-se a presente ata que vai por ela e pelo Secretário assinada (*caso a ata contenha deliberações destinadas a produzir efeito perante terceiros, devem ser redigidos extratos relativos **às** deliberações pertinentes, que deverão ser arquivados na Junta Comercial competente*).

Vitória, data.

____

Nome por extenso
Presidente

____

Nome por extenso
Secretário

Capítulo III

Governança Corporativa

Em 1992, foi publicado na Inglaterra o Relatório Cadbury. Considerado o primeiro Código formal de boas práticas de Governança Corporativa, objetivou encorajar o papel mais ativo de investidores institucionais nas empresas de capital aberto (grandes corporações com ações negociadas em Bolsas de Valores), fortalecer os canais de comunicação entre acionistas, conselheiros e diretores executivos, e envolver o Governo no mercado, em meio a uma nova era de autorregulamentação. No mesmo ano, foi divulgado o primeiro Código de Governança de que se tem conhecimento, por uma empresa, a General Motors (GM) nos Estados Unidos.

A partir daí, a importância da Governança Corporativa em empresas vem crescentemente tomando vulto, nacional e internacionalmente, na mídia, nas universidades, entre empresários, enfim, na sociedade em geral.

Originalmente relacionada a empresas de capital aberto, mais recentemente, notadamente na década de 2010, a Governança Corporativa passou a interessar, com maior amplitude e profundidade, a profissionais e empresários que atuam no âmbito de empresas familiares de capital fechado[1].

---

1 Para aqueles que se interessam por boas práticas de governança para empresas de capital fechado, sugerimos a leitura do Caderno do IBGC, publicado em 2014, de número 12, do qual fui relatora: *Caderno de Boas Práticas de Governança Corporativa para Empresas de Capital Fechado: um guia para Sociedades Limitadas e Sociedades por Ações Fechadas*. Disponível em: https://conhecimento.ibgc.org.br/Paginas/Publicacao.aspx?PubId=21047. Sobre o caderno, *vide* também no Canal YouTube GEEF – Grupo de Estudos de Empresas Familiares o vídeo: Governança Corporativa II – Empresas Fechadas. Caderno IBGC: https://www.youtube.com/watch?v=fPy4hFIbt94.

1. Definição e conceito de Governança Corporativa

Segundo o Instituto Brasileiro de Governança Corporativa – IBGC[2], Governança Corporativa é "O sistema pelo qual as empresas e demais organizações são dirigidas, monitoradas e incentivadas, envolvendo os relacionamentos entre Sócios, Conselho de Administração, Diretoria e Órgãos de Fiscalização e Controle e demais Partes Interessadas". E prossegue: "As boas práticas[3] de governança corporativa convertem princípios básicos em recomendações objetivas, alinhando interesses com a finalidade de preservar e otimizar o valor econômico de longo prazo da organização, facilitando seu acesso a recursos e contribuindo para a qualidade da gestão da organização, sua longevidade e o bem comum".

De maneira simplificada, o que denominamos de Governança Corporativa nada mais é do que a forma como uma empresa é dirigida por seus executivos, como as contas são prestadas, e como se dá o relacionamento entre sócios, gestores, órgãos ou pessoas que fiscalizam e monitoram a gestão e as demais partes interessadas, todos os sujeitos que se relacionam com a empresa, também chamados de *stakeholders* (funcionários, colaboradores, público-alvo, consumidores, fornecedores, a comunidade e seu entorno, o fisco e a sociedade em geral).

Assim, as estruturas e os instrumentos de Governança Corporativa devem regrar os interesses dos sócios, as ações dos executivos e o relacionamento de todos os envolvidos com a empresa, com regras, processos, mecanismos, estruturas e instrumentos de fiscalização e de prestação de contas, que alinhem e protejam o interesse de todos, com vistas a preservar o valor da empresa, facilitar seu acesso ao capital e contribuir para a sua longevidade. E em observância

---

[2] Fundado em 27 de novembro de 1995, o Instituto Brasileiro de Governança Corporativa (IBGC), organização da sociedade civil, é referência nacional e uma das principais no mundo em governança corporativa. Seu objetivo é gerar e disseminar conhecimento a respeito das melhores práticas em governança corporativa e influenciar os mais diversos agentes em sua adoção, contribuindo para o desempenho sustentável das organizações e, consequentemente, para uma sociedade melhor. A principal publicação do IBGC é o *Código das Melhores Práticas de Governança Corporativa*, lançado em 1999 e atualmente em sua 5ª edição. Disponível em: https://www.ibgc.org.br/.

[3] Boas práticas de governança corporativa devem ser efetivamente praticadas, e não simplesmente constar em documentos. *Vide* PRADO, Roberta Nioac; VILELA, Renato. Teoria e prática na governança corporativa. *In*: FONTES FILHO, Joaquim Rubens; LEAL, Ricardo Pereira Câmara (orgs.). *O futuro da Governança Corporativa* – desafios e novas fronteiras. São Paulo: Saint Paul, 2013. p. 45-59.

a quatro princípios éticos essenciais: transparência, equidade, prestação de contas e responsabilidade corporativa, que serão a seguir tratados.

2. Princípios éticos básicos

Os quatro princípios éticos básicos, que devem estar presentes nas regras, nos processos, mecanismos, estruturas e instrumentos de fiscalização e de prestação de contas da gestão da empresa que pratica boas práticas de governança, são:

(i) Transparência;

(ii) Equidade;

(iii) Prestação de contas;

(iv) Responsabilidade corporativa.

2.1. Transparência

Segundo o IBGC[4], o princípio da transparência "consiste no desejo de disponibilizar para as partes interessadas as informações que sejam de seu interesse e não apenas aquelas impostas por disposições de lei ou regulamentos. Não deve restringir-se ao desempenho econômico-financeiro, contemplando também os demais fatores (inclusive intangíveis) que norteiam a ação gerencial e que conduzem à preservação e à otimização do valor da organização".

Em outras palavras, o princípio da transparência é mais do que cumprir com uma simples obrigação legal de fornecer alguma informação. É, de fato, ter o desejo, o empenho, o interesse, o ânimo de informar, de comunicar, de explicar e esclarecer todos os aspectos relevantes, ordinários e extraordinários, que se apresentam na empresa, e que possam de alguma forma impactar na criação ou na perda de seu valor, visando a gerar um clima de confiança entre todos os interessados.

Ou seja, é a atitude e a prática intencional de informar tudo o que possa ter importância aos sócios, investidores e demais partes interessadas (*stakeholders*)[5].

---

4 Instituto Brasileiro de Governança Corporativa.

5 Obviamente, aqui há uma ressalva quanto a "segredos do negócio", que entram em outra obrigação, qual seja, a de guardar sigilo.

Além disso, toda informação é tanto mais útil quanto mais rápida e precisa. Não basta simplesmente fornecer uma informação quando esta não tem mais relevância, ou transmiti-la de forma confusa, desorganizada e sem clareza[6].

A informação deve, ainda, abranger não apenas o desempenho econômico e financeiro do negócio, mas também os demais fatores tangíveis e intangíveis que possam de alguma maneira impactá-lo. Como exemplo, podemos citar questões relevantes que respeitem o poder de controle da sociedade, o capital humano da empresa como um todo, a propriedade intelectual corporativa e o *know how* dos negócios, metas não alcançadas pela gestão, problemas ambientais não resolvidos etc.

2.2. Equidade

O princípio da equidade, conforme o Código de Melhores Práticas do IBGC[7], "caracteriza-se pelo tratamento justo e isonômico de todos os sócios e demais partes interessadas (*stakeholders*), levando em consideração seus direitos, deveres, necessidades e expectativas".

Ou seja, tal princípio deve permear não só as relações dos gestores com os sócios, mas também com todas as partes interessadas, os *stakeholders*.

Aqui, é importante ressaltar que a equidade se refere a "igualdade de direitos". Ou seja, não se pode, por exemplo, dar maior transparência a um sócio do que a outro porque o primeiro tem um percentual acionário maior ou porque há uma amizade maior entre um gestor e um determinado sócio.

O tratamento dispensado a cada grupo de interesses, os sócios e demais partes interessadas, deve ser isonômico, equitativo, homogêneo, uniforme, equivalente, paritário, justo, imparcial, fundamentado, íntegro. Além de claro e tempestivo.

---

[6] Sobre os usos e limites da governança corporativa, *vide* PRADO, Roberta Nioac. Uses and Limits of Conventional Corporate Governance Instruments: Analysis and Guidance for Reform. Resenha do artigo de Simon C. Y. Wong. (Disponível em: http://papers.ssrn.com/sol3/papers.cfm?abstract_id=1409370). *In*: FONTES FILHO, Joaquim Rubens; LEAL, Ricardo Pereira Câmara (orgs.). *Governança Corporativa* – Internacionalização e convergência – Os novos rumos das práticas de governança. São Paulo: Saint Paul, 2010. p. 69-79.

[7] Disponível em: https://conhecimento.ibgc.org.br/Paginas/Publicacao.aspx?PubId=21138.

2.3. Prestação de contas (*accountability*)

Reza ainda o Código do IBGC[8] que "os agentes de governança devem prestar contas de sua atuação de modo claro, conciso, compreensível e tempestivo, assumindo integralmente as consequências de seus atos e omissões e atuando com diligência e responsabilidade no âmbito dos seus papéis".

A prestação de contas tem fundamento no princípio de que aquele que recebe um mandato para agir em nome de todos os interessados na empresa, notadamente seus sócios e *stakeholders*, tem o dever de prestar contas de seus atos.

De fato, todos os agentes de governança, sócios, administradores e auditores, pessoas que fiscalizam e monitoram e empresa, devem prestar contas de seus atos e assumir integralmente as consequências destes.

Além disso, toda e qualquer organização, de qualquer natureza, que receba contribuições do poder público e/ou da sociedade, tem o dever de prestar contas sobre o uso dos recursos recebidos.

Especificamente em observância à estrutura hierárquica nas empresas, seja uma sociedade limitada (Ltda.), seja uma S/A, a Diretoria ou os sócios gerentes (aqueles que detêm cargo executivo) devem prestar contas ao Conselho de Administração, quando houver esse órgão instalado e em funcionamento, e este à Assembleia Geral ou à Reunião de Sócios, que são os órgãos máximos de uma sociedade (órgãos de decisão final, em última instância).

Outrossim, em observância ao princípio da transparência, os valores pagos a administradores, a qualquer título, devem ser de conhecimento dos sócios[9].

---

[8] Disponível em: https://conhecimento.ibgc.org.br/Paginas/Publicacao.aspx?PubId=21138.

[9] A obrigatoriedade das companhias abertas de divulgar informações sobre a remuneração de seus executivos, por exemplo, o salário anual mínimo, médio e máximo (art. 24 da Instrução CVM n. 480/2009 c/c o item 13.11 do Formulário de Referência), tem gerado uma série de disputas judiciais sob alegações que vão desde o direito à intimidade e à privacidade, até riscos de segurança para os administradores em decorrência da divulgação. O Instituto Brasileiro de Governança Corporativa (IBGC) sempre reiterou seu posicionamento de que, independentemente de disputas judiciais, as boas práticas impõem que as companhias façam a divulgação da remuneração de todos os seus administradores, individualmente. Ou, ao menos, agregada por órgão social ou comitê com indicação da remuneração máxima, mínima, e da média recebida por seus membros, além de divulgar informações sobre as políticas de remuneração e de benefícios. Defende o IBGC que essa prática é essencial para o contínuo desenvolvimento do mercado brasileiro de capitais e para o atendimento às demandas cada vez maiores de investidores, *stakeholders* e reguladores.
Entendo que essa prática é importante também em empresas fechadas familiares, notadamente quando há membros da família em órgãos de gestão, a fim de a gerar um clima de confiança entre todos os interessados.

2.4. Responsabilidade corporativa

Finalmente, quanto ao princípio da responsabilidade corporativa, assim se manifesta o IBGC, em seu Código de Melhores Práticas: "Os agentes de governança devem zelar pela viabilidade econômico-financeira das organizações, reduzir as externalidades negativas de seus negócios e suas operações e aumentar as positivas, levando em consideração, no modelo de negócios, os diversos capitais (financeiro, manufaturado, intelectual, humano, social, ambiental, reputacional etc.) no curto, médio e longo prazos".

Vale dizer, sócios, gestores e demais agentes da governança (pessoas que de alguma forma se relacionam com a empresa) devem ter em conta, em sua estratégia de gestão e de incremento do lucro, propósitos fundamentais em empresas privadas para manterem-se vivas e operantes, uma visão de longo prazo, em conformidade com interesses de ordem social e ambiental, e em atenção aos princípios e às boas práticas de governança corporativa, evitando gerar externalidades negativas[10], como: (i) o desmatamento na atividade pecuária; (ii) a captura acidental de animais ameaçados de extinção na atividade pesqueira; (iii) a poluição do ar, do solo e dos rios na atividade industrial; (iv) a poluição do ar causada pelo transporte aéreo etc.

É no princípio da responsabilidade corporativa que se alicerça o *Triple Bottom Line*, também conhecido como os 3 P's da sustentabilidade: *People, Planet and Profit* (tripé: pessoas, planeta e lucro), e, mais recentemente, a sigla ESG (*Environmental, Social and Governance*)[11].

---

[10] Externalidade negativa, ou "custo externo", é o efeito colateral negativo, a consequência indireta que se impõe a um terceiro que não participou da atividade nem se beneficiou do bem ou serviço, seja durante a produção, seja no consumo (por exemplo, ao transportar pessoas, uma companhia aérea polui o meio ambiente e pode causar danos à saúde das pessoas). A externalidade positiva, por seu turno, é o oposto: beneficia pessoas que não participaram diretamente da atividade, da transação, do bem ou do serviço (por exemplo, ao cultivar abelhas para a produção de mel, o apicultor beneficia as plantações vizinhas com a polinização).

[11] Mais recentemente, nos últimos anos, começou-se a falar muito sobre ESG, sigla em inglês para "*environmental, social and governance*", ou "meio ambiente, social e governança", traduzidos para o português. No âmbito do "meio ambiente", devem ser consideradas políticas e boas práticas envolvendo, por exemplo: a preservação da biodiversidade, o uso de tecnologias e energia limpa, o uso consciente de recursos naturais, estratégias para não poluir o meio ambiente, a diminuição da emissão de carbono, a redução de interferências que gerem mudanças climáticas negativas, logística reversa e descarte adequado do lixo, reciclagem etc. No que toca ao "social", a estratégia corporativa deve prezar pelas boas condições de trabalho, pelos direitos humanos, pela segurança dos colaboradores e dos produtos oferecidos aos consumidores, pela agenda de diversidade e inclusão etc. Finalmente, no âmbito da governança, devem ser levados em conta: a ética nos negócios, as boas práticas, a diversidade em seus conselhos e

Em suma, no que respeita às pessoas, todo gestor deve considerar o capital humano direta ou indiretamente ligado à empresa/atividade produtiva (funcionários, público-alvo – consumidores, fornecedores, a comunidade em seu entorno, o meio ambiente e a sociedade em geral).

Toda atividade empresarial deve buscar impacto social positivo (externalidades positivas, favoráveis): desenvolver ações socialmente sustentáveis, proporcionando um ambiente que estimule a criação de relações de trabalho dignas, legítimas e saudáveis, favorecendo a diversidade, a inclusão, o desenvolvimento pessoal e coletivo dos envolvidos e da comunidade em geral.

Além disso, toda empresa deve ser capaz de produzir, distribuir e oferecer seus produtos ou serviços, respeitando os direitos de seus funcionários e considerando uma relação de competitividade justa com seus concorrentes e com o mercado como um todo.

Em relação ao Planeta, a atividade empresária deve buscar impactar positivamente o meio ambiente, no curto, médio e longo prazo. E sempre em consideração ao equilíbrio dos ecossistemas com os quais interage.

Aqui também não basta cumprir as leis ambientais. É necessário ir além e, por exemplo, empenhar-se em utilizar água e insumos energéticos na sua atividade empresarial de forma racional, reduzir a emissão de gases poluentes além do que determina a legislação etc. A empresa pode também ter atitudes voluntárias, positivas e proativas, tais como promover o reflorestamento de áreas devastadas.

Finalmente, mas não menos importante, o gestor deve buscar o lucro, ou seja, o resultado econômico positivo, a fim de incrementar o valor da empresa e distribuir dividendos aos sócios.

É fundamental que essas três dimensões – social, ambiental e econômica – interajam de maneira holística, num círculo virtuoso.

---

quadros executivos, o combate à corrupção, ao suborno e à lavagem de dinheiro etc. Sobre o tema, assista no canal do YouTube GEEF – Grupo de Estudos de Empresas Familiares aos vídeos: Mesa redonda 15 – ESG e Governança. Convidados: Carlos Eduardo Lessa Brandão, Geraldo Affonso Ferreira e Leonardo Barém Leite. Moderação: Roberta Nioac Prado – coordenadora do GEEF. Disponível em: https://www.youtube.com/watch?v=ONDf5xjVFk4; Mesa redonda 10 – Preconceito, diversidade e inclusão #mulheres #negros #gays. Convidados: Fabio Sant'Anna, Geovana Donella e Robert Junemann. Moderação: Roberta Nioac Prado – coordenadora do GEEF. Disponível em: https://www.youtube.com/watch?v=sTQFRi29QSk&t=15s; e Mesa redonda 18 – Preconceito, diversidade e inclusão #mulheres #negros #gays. Convidados: Angela Donaggio, Silvio Bahia e Viviane Elias Moreira. Moderação: Roberta Nioac Prado – coordenadora do GEEF. Disponível em: https://youtu.be/-Wc_qqgcT6Y.

Essa é uma tendência cada vez mais forte e presente na vida empresarial, nacional e internacionalmente: a cada ano que passa o consumidor se torna mais responsável, passando a exigir conhecer os impactos econômicos, sociais e ambientais dos produtos que consome. Além disso, tendente e crescentemente, as legislações do Brasil e do mundo pressionam as empresas com regras e obrigações de responsabilidade corporativa mais rígidas.

3. Teoria de Agência/Conflito de Agência

Antes de falarmos dos objetivos e benefícios das boas práticas, trataremos brevemente da Teoria da Agência ou do Conflito de Agência, conceitos intimamente relacionados com as boas práticas de governança corporativa.

Essa teoria, surgida no direito norte-americano, tem como pressuposto que em uma empresa existem dois públicos de grande influência em seus interesses: os acionistas, que são denominados de "principais" e/os executivos, e aqueles que administram a empresa, denominados de "agentes".

Nesse contexto, no qual não necessariamente o acionista é o principal executivo da empresa, o que acontece na maioria das sociedades de capital aberto (que contam com ações negociadas em Bolsas de Valores em países como Estados Unidos e Inglaterra), podem surgir desalinhamentos de interesses entre esses dois grupos.

Por exemplo: os executivos tendem a objetivar a maximização da sua remuneração, fixa (salário ou pró-labore mensal, remuneração por participação em comitês etc.), variável (com bônus, participação nos resultados, *stock options*, reunião por participações em reuniões etc.) e/ou indireta (viagens, alimentação, planos de saúde, escola de filhos, moradia, planos de previdência privada, etc.), onerando o orçamento e, muitas vezes, até comprometendo a saúde financeira da empresa, em detrimento dos interesses dos sócios, que tendem a se voltar para o recebimento de lucros e dividendos, para o aumento de valor da companhia no médio e longo prazos e, em regra, especialmente nas empresas familiares, de forma sustentável[12].

---

[12] Essa discussão está sempre muito presente na mídia e nas universidades em momentos de crise. A crise de 2008, por exemplo, escancarou desalinhamentos entre sócios e executivos e enormes distorções nas políticas de remuneração de gestores. Um exemplo clássico e internacionalmente conhecido é do americano Richard Fuld, que presidiu o banco Lehman Brothers por sete anos até ele quebrar. Fuld estava na lista dos executivos mais bem pagos do mercado financeiro, estimando-se que recebia algo em torno de 76

No Brasil, o conflito de agência deve ser adaptado à nossa realidade empresarial, qual seja, a grande maioria das empresas é de capital fechado, e conta com um sócio (ou grupo de sócios) controlador, que também é o principal (ou um dos principais) executivo da empresa.

Nesse contexto, o conflito de agência (conflito de interesses), como regra, se dá entre sócios controladores e sócios minoritários. Ou seja, a estrutura societária de controle concentrado pode possibilitar que os controladores, amparados pelo seu poder de comando e de gestão, por exemplo, utilizem indevidamente ativos da empresa em benefício pessoal e de sua família, em detrimento dos interesses de sócios alheios ao controle. Exemplificando: pagamento de contas e viagens pessoais ou familiares com o cartão corporativo; utilização do carro, avião ou helicóptero para deslocamentos que não dizem respeito aos negócios da empresa etc.

As boas práticas de governança corporativa, fundadas nos princípios da transparência, da equidade, da prestação de contas e da responsabilidade corporativa, e consubstanciadas no conjunto de regras, processos, mecanismos, estruturas e instrumentos de fiscalização e de prestação de contas, políticas, códigos de conduta etc., devem desempenhar o papel de eliminar ou ao menos reduzir tais conflitos de interesses (ou conflitos de agência).

4. Objetivos e benefícios gerais das boas práticas de Governança Corporativa

Como dito anteriormente, vários são os objetivos das boas práticas de Governança Corporativa, dentre os quais destacamos o alinhamento de propósitos da administração da empresa aos interesses de todos os acionistas, notadamente os minoritários alheios à gestão, bem como aos das partes interessadas (*stakeholders*), ou seja: funcionários, colaboradores, fornecedores e consumidores da empresa, assim como a comunidade em seu entorno, o meio ambiente, o fisco e a sociedade em geral.

Uma gestão alinhando os interesses coletivos e difusos das empresas, norteada pelas boas práticas de governança, tende a trazer inúmeros benefícios não apenas à sociedade e ao meio ambiente, mas também ao próprio negócio, tais como: contribuir para uma acertada e tempestiva tomada de

---

milhões de dólares por ano. Enquanto isso, os acionistas, clientes e investidores do banco amargavam prejuízos gigantescos.

decisões; incrementar a competência e a capacidade estratégica da empresa, melhorando seu desempenho operacional e seus resultados; favorecer o recrutamento e a retenção de colaboradores qualificados; reforçar positivamente o valor de sua marca e imagem; facilitar seu acesso ao capital a custos menores; atrair parceiros estratégicos, entre outros, instalando assentada e solidamente um círculo virtuoso de crescimento econômico, aumentando o valor tangível e intangível da empresa e sua condição de sustentabilidade no longo prazo.

5. Quando a implementação de boas práticas se torna imprescindível

5.1. Capitalização da empresa

Toda empresa que "deu certo" precisa, em algum momento, de capital para crescer e se desenvolver. Até certa altura, pode ser que os recursos dos próprios fundadores sejam suficientes para a empresa executar apropriadamente suas atividades e se estabelecer no mercado. Porém, se tudo correr bem, logo demandará novos investimentos e recursos de terceiros.

Nesse sentido, os financiamentos necessários poderão ser obtidos fundamentalmente de três fontes: (i) empréstimos bancários; (ii) sócios estratégicos; e (iii) mercado de capitais.

A grande desvantagem dos empréstimos bancários é o seu custo com juros e outras despesas contratuais e bancárias. Porém, mesmo que, a despeito do custo, o empresário opte por esse tipo de auxílio financeiro para se capitalizar, como regra, as instituições financeiras requerem, além de garantias reais para os empréstimos, que a empresa tenha uma contabilidade "redonda", e algum grau de transparência, o que já configura grandes passos na implementação de boas práticas de governança.

Outra opção para o empresário é buscar recursos via sócios estratégicos, por exemplo, por meio de fundos estrangeiros ou de fundos de *private equity*. Tais fundos podem ter interesse em investir em empresas fechadas (não listadas na bolsa), porém tencionam agregar não apenas recursos financeiros, mas também conhecimento e profissionalização no negócio, a fim de acelerar o crescimento da empresa e, posteriormente, realizar o desinvestimento com ganhos. Costumam exigir participação ativa na sua gestão, ter assento no Conselho de Administração ou Consultivo com poder de voto, e muitas vezes de veto, além de demandar um grande incremento nas boas práticas de governança do negócio:

estabelecer regras de avaliação do negócio, de solução de controvérsias, direitos, deveres, papéis e competências claras dos sócios e administradores, estruturas de sucessão na propriedade e na gestão, regras de direito de preferência e diluição de participação no capital, *non-compete*, *tag along*[13] etc.

Finalmente, a obtenção de recursos e financiamento pode se dar por meio do acesso à poupança pública, ou seja, pelo mercado de capitais no qual a empresa coloca suas ações, por exemplo, Bolsas de Valores. Nesse âmbito, as exigências de boas práticas serão ainda maiores, seja em razão das regras da Comissão de Valores Mobiliários – CVM e do Novo Mercado, dos Níveis 1 e 2 da B3 (antiga Bovespa), seja por imposição do próprio mercado e dos investidores.

5.2. Controle compartilhado, sucessão e *turnaround*

Quanto maior o número de sócios que compartilham o controle da empresa, maior será a necessidade de boas práticas de governança e de implementação de regras claras de solução de conflitos, uma vez que haverá maior número de pessoas e, portanto, de interesses envolvidos. Nesse caso, o alinhamento entre os sócios se faz fundamental, sob pena de desestruturar a gestão e o rumo dos negócios e levá-la à falência.

Por outro lado, se a empresa é gerida por apenas uma pessoa, em geral seu fundador, não serão necessárias tantas regras e boas práticas de governança, pois, no final do dia, todo o poder, decisão, além do risco, estará concentrado apenas em suas mãos. Desde que cumpra a legislação, não precisará prestar grandes contas a terceiros.

Porém, como dito anteriormente, se intencionar aumentar seu empreendimento financiando-se com terceiros, deverá passar a se preocupar em implementar boas práticas de governança ao seu negócio.

Além disso, caso esse(a) fundador(a) ambicione transferir "sua" empresa a seus filhos e sucessores, também será imprescindível a implementação de regras claras de governança e de solução de conflitos.

Exemplificando, imaginemos um chef premiado que tem um único Bistrô e que não pretende crescer. Gosta de comandar tudo sozinho e de atender seus clientes em pequeno número. Se o seu restaurante depende fundamentalmente de sua força de trabalho e competência, e este não possui herdeiros,

[13] Ver Capítulos IV e V desta obra, que tratam, respectivamente, de Estratégias para regrar relações familiares no Direito Brasileiro (Direito de Família e das Sucessões) e de Estratégias societárias e sucessórias no Direito Societário brasileiro, especialmente em seus anexos.

seu restaurante demandará uma estrutura de governança muito diminuta. É esperado que, com o falecimento ou aposentadoria do chef, o restaurante encerre suas atividades.

Por outro lado, se estamos tratando de uma pessoa, ou de família com muitos filhos, que explora uma rede internacional de restaurantes, seguramente a estrutura de governança da empresa (e da família)[14] deverá ser mais parruda, sob pena de o negócio em si, ou a inevitável sucessão do(a) empreendedor(a), inviabilizar a continuidade da empresa.

Ademais, nos casos em que a empresa está passando por problemas de caixa, gestão, solvabilidade etc., e precisar passar por um processo de *turnaround*, a governança também será fundamental para o sucesso de reestruturação[15].

6. Sistema de Governança Corporativa

O sistema de Governança Corporativa engloba os órgãos de direção, os órgãos de execução e os órgãos e funções de controle de uma empresa[16].

7. Principais órgãos de uma empresa - órgãos sociais

7.1. Órgão deliberativo - Assembleia Geral ou Reunião de Sócios

O órgão deliberativo, consubstanciado na Assembleia Geral ou na Reunião dos Sócios, é o órgão supremo, máximo, de qualquer sociedade. É por meio dele que os sócios manifestam sua vontade, sendo órgão obrigatório em qualquer tipo de empresa[17].

---

[14] Ver Capítulos I e II desta obra, que tratam, respectivamente, do Alinhamento estratégico da família e da Governança Familiar.

[15] Sobre o tema, assista no canal do YouTube GEEF - Grupo de Estudos de Empresas Familiares ao vídeo: Mesa redonda 11 - Turnaround - Como repensar e reestruturar a empresa e "dar a volta por cima". Convidados: Guilherme Marcondes Machado, Ricardo Maltz e Telmo Schoeler. Moderação: Roberta Nioac Prado - coordenadora do GEEF. Disponível em: https://www.youtube.com/watch?v=sntA_25bCTM&t=1496s.

[16] *Vide* o nosso PRADO, Roberta Nioac. Governança Corporativa e ordenamento jurídico brasileiro. *In*: MELO, Marcelo; MENEZES, Paulo Lucena de (orgs.). *Acontece nas melhores famílias* - repensando a empresa familiar. São Paulo: Saraiva/Virgília, 2008. p. 181-204.

[17] Nas sociedades limitadas (Ltda.) podem ser denominados de Reunião de Sócios ou de Assembleia Geral, e nas sociedades por ações (S/A), somente de Assembleias Gerais. Suas reuniões ou assembleias podem ser ordinárias ou extraordinárias (ver art. 121 e seguintes

Possui competências privativas, exclusivas, tais como reformar o estatuto (S/A) ou contrato social (Ltda.) e eleger e destituir os administradores da empresa (Conselheiros de Administração, se houver, e Diretoria). É somente esse órgão que tem o poder de decidir sobre todos os negócios relativos ao objeto da companhia e tomar as resoluções que julgar convenientes à sua defesa e ao seu desenvolvimento[18].

No âmbito das boas práticas de governança, é importante que tais órgãos pratiquem seus atos em observância aos princípios da transparência, da equidade, da prestação de contas e da responsabilidade corporativa, indo além do que obriga lei[19].

7.2. Órgãos de Administração e Direção

7.2.1. Conselho de Administração

O Conselho de Administração é um órgão colegiado obrigatório apenas para as sociedades anônimas (S/A) abertas e as de capital autorizado[20].

Porém, uma S/A fechada ou uma sociedade Ltda. que queira incrementar suas boas práticas de governança, embora não seja obrigada por lei, pode ter um Conselho de Administração (ou um Conselho Consultivo). Uma de suas funções importantes será estimular e facilitar análises dos acionistas antes de algumas decisões definitivas serem tomadas e executadas pela Diretoria.

---

da Lei n. 6.404/76 (Lei das S/A), e arts. 1.071 a 1.084 da Lei n. 10.406/2002 (Código Civil), na parte que trata das sociedades limitadas).

18 A Assembleia de Acionistas ou a Reunião de Sócios é o órgão máximo da empresa. Suas competências estão definidas na Lei das S/A – Lei n. 6.404/76 (LSA) – ou no Código Civil, se se tratar de uma sociedade Ltda. Compete a tais órgãos deliberar sobre as matérias de maior importância em uma empresa, por exemplo: (i) eleger o Conselho de Administração, ou a Diretoria, se não houver C.A.; (ii) tomar as contas do exercício social findo e deliberar sobre as demonstrações financeiras; (iii) reformar o estatuto social (ou o contrato social); (iv) deliberar sobre aumentos de capital, cisões, fusões, incorporações, liquidação etc.; (v) aprovar a remuneração dos administradores e a política de distribuição de dividendos. Além disso, uma AGO, AGE ou reunião de sócios deve obedecer a ritos de convocação, realização e divulgação previstos na lei ou no contrato social. *Vide* o art. 122 da Lei das S/A (Lei n. 6.404/76) e o art. 1.071 do Código Civil (para sociedade Ltda.).

19 Sobre o tema, *vide* IBGC. *Caderno 8 – Boas Práticas para Assembleia de Acionistas*, jul. 2010. Disponível em: https://conhecimento.ibgc.org.br/Paginas/Publicacao.aspx?PubId=21048.

20 Algumas companhias podem possuir um capital subscrito inferior ao autorizado pelo estatuto social. Sendo assim, elas não precisam mudar o estatuto para aumentar o capital social, já que ele está previamente estabelecido por uma cláusula específica. A isso chamamos de capital autorizado.

Trata-se de um órgão central que busca proteger os interesses da empresa e de seus acionistas, consubstanciando a principal ferramenta utilizada para o exercício das boas práticas de Governança Corporativa. Segundo o IBGC[21], seu papel é ser o elo entre a propriedade (sócios) e a gestão (executivos) para orientar e supervisionar suas relações com as demais partes interessadas (*stakeholders*).

O Conselho recebe poderes dos sócios e deve prestar contas a eles[22]. Sua competência está prevista no art. 142 da Lei n. 6.404/76[23], e deverá ser composto por, no mínimo, três membros, eleitos pela assembleia geral e por ela destituíveis a qualquer tempo, devendo o estatuto estabelecer: "I – o número de conselheiros, ou o máximo e mínimo permitidos, e o processo de escolha e substituição do presidente do conselho pela assembleia ou pelo próprio conselho; II – o modo de substituição dos conselheiros; III – o prazo de gestão, que não poderá ser superior a 3 (três) anos, permitida a reeleição; IV – as normas sobre convocação, instalação e funcionamento do conselho, que deliberará por maioria de votos, podendo o estatuto estabelecer quórum qualificado para certas deliberações, desde que especifique as matérias" (art. 140 da LSA).

O IBGC possui uma série de publicações excelentes tratando das boas práticas de governança do Conselho de Administração[24].

---

[21] Instituto Brasileiro de Governança Corporativa.

[22] Sobre o tema, *vide* nosso PRADO, Roberta Nioac; VILELA, Renato. Breves apontamentos sobre a evolução do Conselho de Administração no Brasil a partir dos anos 1980. *In*: FONTES FILHO, Joaquim Rubens; LEAL, Ricardo Pereira Câmara (orgs.). *Governança Corporativa* – Discussão sobre os conselhos de empresas no Brasil. São Paulo: Saint Paul, 2012. p. 261-273. *Vide* também: PRADO, Roberta Nioac; OLIVEIRA, Fábio Villares. Investimento na acepção econômica e o dever legal de diligência dos administradores nas tomadas de decisão empresarial de investimento. *In*: LIMA, Maria Lucia Pádua (org.). *Trinta anos de Brasil*: Diálogos entre Direito e Economia. São Paulo: Saraiva, 2012. Coleção GVlaw, t. 3, p. 183-210.

[23] Art. 142 da Lei n. 6.404/76 (Lei das S/A): "Compete ao Conselho de Administração: a) Fixar a orientação geral dos negócios da companhia; b) eleger e destituir os diretores da companhia e fixar-lhe as atribuições, observado o que a respeito dispuser o estatuto; c) fiscalizar a gestão dos diretores, examinar, a qualquer tempo, os livros e papeis da companhia, solicitar informações sobre contratos celebrados ou em via de celebração, e quaisquer outros atos; d) convocar assembleia geral anual, nos quatro primeiro meses seguintes ao termino do exercício social, ou quando julgar conveniente; e) manifestar-se sobre o relatório da administração e as contas da diretoria; f) manifestar-se previamente sobre atos ou contratos, quando o estatuto assim o exigir; g) deliberar, quando autorizado pelo estatuto, sobre a emissão de ações ou de bônus de subscrição; h) autorizar, se o estatuto não dispuser em contrário, a alienação de bens do ativo permanente, a constituição de ônus reais e a prestação de garantias e obrigações de terceiros; i) escolher e destituir os auditores independentes se houver".

[24] Sobre o tema, *vide*, entre outras publicações no site do órgão (https://www.ibgc.org.br/conhecimento): Caderno de Boas Práticas para Reuniões do Conselho de Administração (https://

7.2.2. Conselho Consultivo

Como dito anteriormente, uma empresa de capital fechado (S/A ou Ltda.) não é obrigada por lei a constituir um Conselho Consultivo ou de Administração. No entanto, o Conselho pode pavimentar caminhos para melhoria da gestão e dos resultados da empresa, além de facilitar o acesso a recursos e contribuir para a longevidade e a sustentabilidade do negócio.

É recomendável que toda organização que busque melhorar suas práticas de governança corporativa conte com um Conselho, um órgão colegiado de aconselhamento a sócios, líderes e gestores (Conselho Consultivo), ou deliberativo, estatutário, que determina e vota as estratégias a serem colocadas em prática (Conselho de Administração).

O Conselho Consultivo muitas vezes é o primeiro passo dado por empresas fechadas para fomentar a adoção das melhores práticas de Governança Corporativa[25]. Como regra, não delibera, mas aconselha e propõe diretrizes que podem ou não ser aceitas pelos sócios.

Por outro lado, se o Conselho Consultivo estiver previsto e instalado conforme o Contrato/Estatuto Social, e atuar de forma deliberativa, estará formalmente atuando como um Conselho de Administração, pelo qual assumirá os correspondentes deveres e responsabilidades legais.

A formação e o amadurecimento de um Conselho podem passar por várias fases, até atingir gradualmente a sua configuração final. Outrossim, a experiência demonstra que o Conselho é mais efetivo quando composto, desde o seu início, por ao menos um membro externo e independente (não sócio nem

---

edisciplinas.usp.br/pluginfile.php/2758341/mod_resource/content/1/9.pdf); Modelo de Regimento Interno de Conselho de Administração (https://conhecimento.ibgc.org.br/Paginas/Publicacao.aspx?PubId=22480); Caderno 9: Boas práticas para reuniões do Conselho de Administração (https://conhecimento.ibgc.org.br/Paginas/Publicacao.aspx?PubId=21053); Diversidade do Conselho de Administração e Estrutura de Capital (https://conhecimento.ibgc.org.br/Paginas/Publicacao.aspx?PubId=23992); O pensar estratégico das organizações e o papel de seus órgãos de governança (https://conhecimento.ibgc.org.br/Paginas/Publicacao.aspx?PubId=24514); Monitoramento do Desempenho Empresarial (https://conhecimento.ibgc.org.br/Paginas/Publicacao.aspx?PubId=24515); ESG risco e retorno: a perspectiva do Conselho de Administração (https://conhecimento.ibgc.org.br/Paginas/Publicacao.aspx?PubId=23721; Além do Código de Melhores Práticas de Governança Corporativa (https://www.acquisitions.com.br/pdf/Codigo_Melhores_Praticas_de_GC.pdf).

[25] Sobre o tema, *vide* IBCG. *Caderno de Boas Práticas de Governança Corporativa para Empresas de Capital Fechado. Um guia para sociedades limitas e sociedades por ações fechadas* (especialmente p. 47 e s.). Disponível em: https://conhecimento.ibgc.org.br/Lists/Publicacoes/Attachments/21047/Cad%2012%20-%20Empresas%20de%20Capital%20Fechado.PDF.

gestor), que traga diversidade de formação, de experiências, de visão, de gênero, entre outras.

O estágio inicial voluntário de sua criação, em geral, se dá quando os sócios de uma empresa de capital fechado percebem a necessidade de uma consultoria externa e independente sobre questões relevantes envolvendo interesses da empresa, tais como possíveis oportunidades, desafios e riscos, necessidade de sucessão, entre outros. Nesse sentido, selecionam profissionais no mercado que sejam reconhecidos por atuarem e possuírem experiência e conhecimento nas áreas identificadas como relevantes.

Nesse estágio, é comum que o colegiado seja formado pelos profissionais externos contratados e por gestores internos da empresa. Com o tempo, se o trabalho prosperar, esse grupo acaba por se transformar em uma espécie de comitê informal ou, se mais organizado, em um conselho consultivo propriamente dito que, informalmente, passará a auxiliar os sócios no processo decisório e dar diretrizes para os gestores atuarem em suas funções executivas.

Nessa fase inicial, as reuniões ainda tendem a ser informais, muitas vezes não possuindo pautas claras, registros formais ou mesmo regularidade. Nesse sentido, é importante que o órgão conte com ao menos um profissional externo e independente, pois sua presença e conhecimento vão aos poucos estabelecendo maior formalismo e disciplina às reuniões. Sua participação permite ainda um treinamento prático dos sócios sobre como o Conselho deve funcionar, fundamentalmente sobre questões que merecem especial cuidado nessa fase inicial. Em geral, nessa fase, o Conselho não é deliberativo, apenas aconselha e emite pareceres.

Em um estágio intermediário, que conta com algum amadurecimento, o Conselho já deve contar com certa formalização e um conjunto de regras que preveja a regularidade e o modo de funcionamento das reuniões, bem como o escopo do trabalho do órgão, o registro adequado das reuniões em atas, um calendário com pautas definidas para cada reunião, indicadores de desempenho, orçamento empresarial, além do *compliance*[26] às normas contábeis e a clara separação de recursos da empresa e dos sócios.

Nessa fase, recomendamos, no mínimo, dois conselheiros independentes para garantir maior imparcialidade e reforço de visões distintas à dos sócios.

---

[26] A palavra *compliance* vem do verbo em inglês *to comply*, que significa agir de acordo com um conjunto de regras. No ambiente corporativo, o termo *compliance* está relacionado à conformidade da empresa com relação a legislação (fiscal, trabalhista, ambiental etc.), regras de controles interno e posturas éticas que devem ser observadas e cumpridas atentamente.

É importante que a empresa conte com um planejamento estratégico claro, cuja execução será direcionada, aprovada e monitorada pelo Conselho.

Na fase de consolidação do Conselho, quando todas as práticas mencionadas já estiverem consolidadas, ele estará pronto para atuar como Conselho de Administração, previsto no estatuto ou no contrato social, com funções deliberativas, contando, inclusive, com um Regimento Interno do Conselho[27], sistema de avaliação formal do órgão no seu conjunto e de seus membros individualmente. Pode contar, ainda, com comitês de assessoramento para o aprofundamento das discussões sobre temas específicos, tais como: comitê de auditoria, de recursos humanos, de estratégia, de riscos, de sustentabilidade, entre outros. Nesta fase, a secretaria do Conselho (ou um profissional com dedicação parcial ou integral) deve evoluir para atender todo o Sistema de Governança da Empresa, em especial as instâncias deliberativa (Conselho) e executiva (Diretoria).

7.2.3. Órgãos de execução: Diretoria Executiva

Quando uma empresa não tem um Conselho de Administração, a Diretoria pode acumular algumas funções (por exemplo: convocar a assembleia geral ou reunião de sócios ordinárias, ou extraordinárias, quando julgar conveniente; escolher e destituir os auditores independentes, se for o caso), além de desempenhar sua principal função, que é a gestão executiva da empresa, ou seja, administrar o negócio, executando as diretrizes fixadas pelo Conselho de Administração (se houver) ou pela assembleia geral ou reunião de sócios, prestar-lhe contas, representar a empresa perante terceiros, firmando contratos etc.

No âmbito da Governança Corporativa, deve praticar todos esses atos em observância aos princípios da transparência, da equidade, da prestação de contas e da responsabilidade corporativa, por exemplo: ter políticas claras e adequadas de estratégia e monitoramento de risco da empresa; zelar para que haja adequada informação aos sócios sobre a gestão executiva da empresa, fornecendo informações precisas e em tempo hábil aos sócios; manter adequada política de análise e monitoramento dos indicadores do negócio; agir sempre de forma a manter um ambiente e cultura organizacional pautados na confiança entre todos os envolvidos; ter foco na sustentabilidade e no longo prazo da empresa etc.

---

27 Ver modelo no anexo deste Capítulo III.

7.2.4. Órgãos de controle

Uma empresa pode, ainda, contar com órgãos de controle, sendo os mais conhecidos: (i) a auditoria interna; (ii) a auditoria externa ou independente; e (ii) o conselho fiscal.

Embora cada um desses órgãos tenha características e atribuições próprias, inclusive várias delas previstas em lei, como regra, todos têm como função primordial garantir que os registros e as informações contábeis e não contábeis da empresa sejam confiáveis.

Podem também auxiliar a Diretoria a avaliar e monitorar riscos, controlar o uso eficiente dos recursos da empresa, proteger sua propriedade física e intelectual, cumprir regras de *compliance*, ou seja, estar em conformidade com as leis e as normas de órgãos regulamentadores. Os órgãos de controle podem também ajudar a corrigir e prevenir desvios que possam gerar demandas judiciais para o negócio.

Resumidamente, a auditoria interna, menos ou mais formal, é imprescindível em qualquer empresa: tem uma função contínua, completa e independente, desenvolvida internamente na empresa, por funcionários contratados e exclusivos, ou terceirizados. Tem como funções, por exemplo, avaliar riscos, verificar a existência, o cumprimento, a eficácia e a otimização dos controles internos, da contabilidade e dos processos de governança. Pode atuar com contabilidade, tesouraria, pessoas (RH), estoques. Se a empresa contar com uma auditoria externa, a auditoria interna deve lhe dar apoio. Pode ter, inclusive, como boa prática de governança, um Manual de Boas Práticas, prevendo sua atuação em observância aos princípios da transparência, da equidade, da prestação de contas e da responsabilidade corporativa.

A auditoria externa ou independente é fundamental em uma empresa que queira incrementar suas boas práticas de governança: é ela que testa e atesta a eficiência dos sistemas utilizados pela empresa, e lhe confere um "carimbo de qualidade". Como exemplo das mais conhecidas e relevantes, citamos Deloitte, PWC, Ernst & Young e KPMG. São empresas que trabalham de forma independente, ou seja, os auditores externos não têm vínculo empregatício com a empresa. Assim como a auditoria interna, seu foco principal é garantir a confiabilidade dos registros contábeis e opinar sobre as demonstrações financeiras da empresa.

Em geral, a auditoria externa trabalha em parceria com o auditor interno (ou auditoria interna).

No âmbito da Governança Corporativa, pode ir além de suas funções tradicionais e, por exemplo, monitorar o sistema de gerenciamento de controles internos e *compliance* da empresa, revisando, avaliando e propondo recomendações de melhoria, e supervisionar de forma independente os relatórios financeiros, garantindo e verificando se eles refletem realmente a realidade da empresa quanto aos seus resultados e variações patrimoniais.

8. Por onde começar

É muito comum um empresário, ou família empresária, querer iniciar um processo de implementação das boas práticas de Governança Corporativa e ter dúvidas sobre "Como e por onde começar".

Nas empresas de capital fechado esse movimento é resultado de um processo de amadurecimento. Como tais empresas não estão sujeitas a grande parte das exigências legais comuns às empresas de capital aberto, a busca pelas boas práticas de Governança Corporativa se dá voluntariamente, em antecipação ou resposta aos seus movimentos estratégicos, como a necessidade de sucessão da propriedade ou gestão, necessidades de mudança da estrutura de capital, visando a atrair parceiros e investidores, ou em busca de novos mercados.

Seja qual for o motivo, é importante que fique claro que qualquer processo de implementação das boas práticas de Governança Corporativa deve ser gradual e considerar a realidade de cada organização.

A seguir, citamos quase que na íntegra algumas práticas e atitudes importantes para a implantação de um Sistema de Governança Corporativa, conforme o já mencionado Caderno do IBGC de n. 12[28], do qual fiz parte como membro relatora.

8.1. Caderno de Boas Práticas de Governança Corporativa para Empresas de Capital Fechado: um guia para Sociedades Limitadas e Sociedades por Ações Fechadas[29]

Ressalte-se que se trata apenas de sugestões e não de uma sequência obrigatória de implementação. O importante é que desde o início do processo

[28] Disponível em: https://conhecimento.ibgc.org.br/Paginas/Publicacao.aspx?PubId=21047.

[29] Sobre o caderno, *vide* também no canal do YouTube GEEF – Grupo de Estudos de Empresas Familiares o vídeo: Governança Corporativa II – Empresas fechadas. Disponível em: https://www.youtube.com/watch?v=fPy4hFIbt94.

os tomadores de decisão, sócios e administradores, estejam comprometidos com os princípios da boa Governança Corporativa: transparência, equidade, prestação de contas e responsabilidade corporativa.

I. Mecanismos e Órgãos de Controle

A empresa inicia o processo trabalhando o sentido de manter um sistema de informações e de controles gerenciais fidedignos, processos operacionais e administrativos estruturados e uma comunicação transparente e eficaz. Envidam-se todos os esforços para que a contabilidade passe a refletir a realidade do negócio dos pontos de vista patrimonial, financeiro, fiscal e de resultado econômico. Além disso, a organização trabalha no sentido de estruturar processos e implementação de controles do fluxo de caixa, de estrutura de capital, de contas a receber e a pagar, dos estoques, das vendas e da produção, entre outros, incluindo indicadores não financeiros essenciais à gestão do negócio.

II. Círculo da Propriedade[30]

Os sócios buscam estabelecer, por meio de regras e princípios, um adequado sistema de governança para si e para os familiares, gestores e colaboradores da empresa. Estabelecem regras claras e eficazes para mitigar e, se possível, evitar conflitos entre todos os *stakeholders*, decorrentes das diferentes expectativas individuais, inclusive e fundamentalmente dos familiares, sempre que for o caso.

Essas regras e princípios devem estar refletidos no Contrato/Estatuto Social, no Acordo de Sócios, no Protocolo Familiar, nos Regimentos Internos e/ou no Código de Conduta.

Tais documentos, cada um respeitando suas alçadas, atribuições e limites[31], devem conter, por exemplo, a política de voto dos sócios, regras para admissão e saída destes da empresa, metodologia de avaliação das cotas/ações da empresa e pagamento de haveres, limites das diversas alçadas da gestão, políticas de remuneração dos administradores e do capital, bem como as normas para admissão de familiares e demais partes relacionadas na gestão e no Conselho.

---

[30] Ver Capítulos IV e V desta obra, que tratam, respectivamente, de Estratégias para regrar relações familiares no Direito Brasileiro (Direito de Família e das Sucessões) e de Estratégias societárias e sucessórias no Direito Societário brasileiro, especialmente os exemplos de documentos nos anexos.

[31] Ver os documentos nos anexos dos Capítulos II, III, IV e V desta obra.

III. Conselho Consultivo e Conselho de Administração (Círculo da Gestão)[32]

A empresa inicia seu processo de implementação de boas práticas criando um órgão colegiado com funções de aconselhamento aos sócios (Conselho Consultivo) ou, em um estágio mais avançado de governança, um órgão com funções estratégicas e deliberativas (Conselho de Administração).

É uma boa prática, sobretudo para empresas em estágio inicial de desenvolvimento da Governança Corporativa, a adoção de um Conselho Consultivo que não tenha a prerrogativa de deliberar em nome da empresa, formado, preferencialmente, na sua maioria, por membros independentes que orientem e apoiem a atuação dos sócios. Isso permite que conselheiros independentes com experiência e visão externa agreguem valor para a empresa e melhorem gradualmente sua governança. O papel, as responsabilidades e o âmbito de atuação dos conselheiros consultivos devem ser bem definidos, formalizados e aprovados pelos sócios.

O Conselho deve assumir a responsabilidade de promover elevados padrões de conduta profissional e ética entre todos os colaboradores da empresa, lembrando novamente que cada empresa deve considerar seu estágio de desenvolvimento na implementação ou melhoria do seu Conselho.

IV. Conselho de Família (Círculo da Família)[33]

Empresas de controle familiar podem iniciar estabelecendo mecanismos de Governança Familiar que promovam o entendimento e a coordenação da família sobre os negócios da empresa, e que organizem a relação entre a Governança Familiar e a Governança Corporativa.

A escolha dos processos de Governança Familiar vai depender do porte do negócio, do número de membros da família e do grau de envolvimento de todos.

Devem ser formalizados os objetivos e a visão da família para o negócio e os papéis dos órgãos de Governança Familiar, ademais da sua relação com a empresa. Além disso, a família deve refletir sobre suas políticas-chave, como os critérios para a candidatura de emprego dos seus membros e transferência de ações/cotas.

As instâncias de Governança Familiar (tais como Assembleia Familiar e Conselho de Família) passam a fornecer aos membros da família um foro de

[32] Conforme este Capítulo III: Governança Corporativa.

[33] Ver o Capítulo II desta obra: Governança Familiar.

discussão dos assuntos e negócios a fim de auxiliar no desenvolvimento de uma abordagem coordenada. Deve ser implementada clara distinção entre a Governança Familiar e as estruturas de governança da empresa. Ademais, os papéis do Conselho e das Assembleias, bem como de outros órgãos da Governança Corporativa, devem ser plenamente compreendidos pelos membros da família.

V. Alinhamento Estratégico da Família

Embora essa possibilidade não tenha sido mencionada no Caderno de Boas Práticas de Governança Corporativa para Empresas de Capital Fechado: um guia para Sociedades Limitadas e Sociedades por Ações Fechadas do IBGC, em se tratando de empresas familiares ou de famílias empresárias, nossa recomendação, em regra, é iniciar o processo por meio de um Alinhamento Estratégico da Família[34] e, em seguida, partir para a redação de um Protocolo Familiar[35]. Feito isso, transporta-se todo o conteúdo específico para os documentos adequados (Regimento Interno do Conselho; Direcionamento Estratégico, Sistema e Processos de Informação e Controles Internos da Empresa; Código de Conduta; Estatuto ou Contrato Social; Acordo de Sócios; Testamentos, Doações e outros), inclusive revendo aqueles documentos que já existirem. Um Projeto dessa natureza geralmente leva entre seis meses e um ano, e deve ser constantemente revisitado, na medida das mudanças operadas na família (nascimentos, casamentos, separações, falecimentos) e na empresa (mercado, fase dos negócios etc.).

9. Separação do patrimônio social do patrimônio dos sócios, confusão patrimonial e desvio de finalidade

Para finalizarmos este Capítulo, é importante levantar dois pontos relevantes que envolvem não apenas boas práticas de governança corporativa, mas sobretudo transgressões legais e que, infelizmente, ainda estão presentes em significativo número de empresas no Brasil, embora muitas vezes por desconhecimento e não necessariamente por má-fé, e não necessariamente por má-fé: (i) a separação do patrimônio social do patrimônio pessoal dos sócios e (ii) a confusão patrimonial e o desvio de finalidade. São temas que devem,

[34] Conforme metodologia explicitada no Capítulo I desta obra.

[35] Conforme tratado no Capítulo II desta obra.

necessariamente, ser tratados em um projeto de implementação de boas práticas de governança.

Uma empresa regularmente constituída e registrada na Junta Comercial ou no Cartório competente possui personalidade jurídica própria, ou seja, pode contrair direitos, obrigações e responsabilidades em nome próprio. Além disso, seu patrimônio é distinto do de seus sócios[36].

O capital social de uma empresa divide-se em cotas ou ações, e os sócios são titulares de parcela do capital social, ou seja, das cotas ou ações. Os bens sociais e o patrimônio da empresa (ativos e passivos sociais) são distintos dos bens particulares dos sócios e não podem confundir-se uns com os outros.

Se houver confusão entre bens particulares dos sócios e da empresa em situações específicas, o Poder Judiciário pode decretar a desconsideração da personalidade jurídica da empresa, ou seja, responsabilizar pessoalmente seus sócios por dívidas da sociedade, com base nos conceitos de confusão patrimonial ou desvio de finalidade. O desvio de finalidade se dá quando a empresa é utilizada como fachada ou em desacordo com o que está previsto na lei, em seu Contrato ou Estatuto Social. Já a confusão patrimonial consubstancia-se na confusão entre os bens, ativos e patrimônio da pessoa jurídica e dos sócios e em sua utilização (art. 50 do CC).

Como exemplos práticos de desvio de finalidade e de confusão patrimonial podemos citar alguns dos mais comuns, em gradações das mais leves às mais graves: (i) o pagamento de contas pessoais dos sócios pela empresa (o tal do cartão corporativo que paga jantares, restaurantes, presentes pessoais etc.); (ii) a utilização do serviço de funcionários ou fornecedores da empresa em benefício pessoal, de familiares ou de terceiros, sem a contraprestação de trabalho ou financeira para a empresa; (iii) a aquisição pela empresa de bens e serviços para uso ou benefício pessoal dos sócios e de seus familiares (utilizar-se pessoalmente, por exemplo, de um avião comprado e mantido pela empresa); (iv) a distribuição de dividendos independentemente da apuração de resultados e de lucro líquido distribuível (já vi alguns protocolos ou acordos de sócios estabelecerem, por exemplo, que determinados sócios receberiam uma quantia mensal de x mil reais, que seriam pagos pela empresa independentemente do lucro)[37]; (v) a fuga dos objetivos sociais da pessoa jurídica, dei-

---

[36] Ver capítulo V desta obra, que trata de Estratégias e estruturas no Direito Societário brasileiro.

[37] Muitas vezes de boa-fé e por total desconhecimento da lei, mas essa prática pode, inclusive, configurar crime punível com detenção e multa ("Art. 177. (...) Pena – reclusão, de um a quatro anos, e multa, se o fato não constitui crime contra a economia popular. § 1º Incorrem

xando um rastro de prejuízo, direto ou indireto, para terceiros ou mesmo para outros sócios[38].

Estas e outras práticas podem levar a condenações judiciais em processos cíveis, trabalhistas, tributários, ambientais e do consumidor, entre outros, com a imputação de responsabilidades pessoais aos sócios e aos administradores pelas dívidas da sociedade.

Ou seja, ao desrespeitar a autonomia patrimonial, a responsabilidade direta, que originalmente caberia à sociedade, recai ilimitadamente, não somente sobre os sócios, mas também sobre os administradores.

na mesma pena, se o fato não constitui crime contra a economia popular: (*Vide* Lei n. 1.521, de 1951) VI – o diretor ou o gerente que, na falta de balanço, em desacordo com este, ou mediante balanço falso, distribui lucros ou dividendos fictícios; (...)".

38 Ou em gradação mais grave, e incomuns por falta de conhecimento, empresas "de fachada" e/ou que atuam em desacordo com seu objeto social (empresas que existem burocrática (têm CNPJ) e fisicamente (possuem um espaço físico), mas são utilizadas para a lavagem de dinheiro, por meio da mesclagem das práticas legais com outras atividades ilegais). Nesse caso, os autores incorrem também em crimes punidos com detenção e reclusão, a depender do caso (crimes de lavagem de dinheiro, organização criminosa e contra o sistema financeiro nacional, entre outros).

Anexos

Disclaimer: Ressalvamos que os modelos de documentos apresentados nesta obra visam apenas a ilustrar temas e cláusulas que podem ser úteis em projetos de organização patrimonial, governança corporativa, familiar e/ou planejamento sucessório.

Dessa forma, todas as cláusulas apresentadas apenas enumeram e ilustram possibilidades, a título de exemplo, e devem ser escolhidas e redigidas à luz das necessidades, possibilidades, intenções e outras características de cada família e empresa em consideração a cada caso concreto.

Ademais, os exemplos de documentos constantes dos anexos contêm cláusulas aleatoriamente copiadas e coladas de vários documentos e, portanto, podem compreender diferentes situações familiares, patrimoniais e empresariais, nas quais trabalhamos ao longo dos anos na nossa consultoria. Ou seja, nem sempre todas as cláusulas de uma minuta apresentada foram utilizadas ao mesmo tempo, para a mesma família.

A ideia de apresentar esses documentos é que cada família, ou consultor, consiga enxergar nos exemplos oferecidos situações que possam fazer sentido para serem trabalhadas e refletidas ao seu caso concreto.

1) Exemplo de Minuta de Regimento Interno do Conselho Consultivo

Regimento Interno do Conselho Consultivo da Empresa

Seychelles Empreendimentos Imobiliários Ltda.

O Conselho Consultivo é um órgão colegiado, não deliberativo (*que pode futuramente também ser ou se tornar deliberativo por decisão dos sócios*), instituído para o assessoramento da Diretoria Executiva da empresa Seychelles Empreendimentos Imobiliários Ltda. no que tange aos seus assuntos de caráter estratégico para a execução do seu objeto social.

Composição

O Conselho Consultivo tem a seguinte composição: 4 (quatro) membros indicados pelos 4 (quatro) troncos familiares da 2ª geração (*nomear*), cada tronco indicando 1 (um) membro e mais 2 (dois) membros externos, independentes, indicados e escolhidos em conjunto, por maioria, pelos 4 (quatro) troncos familiares.

Não são admitidos suplentes.

Mandato

Os membros do Conselho Consultivo terão mandato de 2 (dois) anos, admitida recondução por igual período, podendo ser substituídos a qualquer tempo, por quem os indicou.

Remuneração

Aos membros do Conselho Consultivo representantes da família controladora é vedada remuneração, sendo admitido o pagamento de despesas de locomoção e de estadas necessárias ao desempenho de suas funções sempre que comprovadamente necessárias, sem ostentação e prodigalidade.

Para os membros externos e independentes a remuneração levará em conta: (i) a praxe do mercado para empresas de porte semelhante ao da Seychelles Empreendimentos Imobiliários Ltda.; (ii) a experiência do conselheiro; e (iii) o tempo de trabalho dedicado à sua atividade.

Cabe ao Conselho Consultivo fixar a remuneração, que deverá ser aprovada pelos sócios da empresa.

Competência

Compete ao Conselho Consultivo:

I - sugerir à Diretoria Executiva da empresa diretrizes, estratégias e áreas prioritárias de atuação e projetos;

II - elaborar estudos sobre perspectivas no cenário nacional e internacional nas áreas de interesse da empresa, e encaminhá-los com sugestões à Diretoria Executiva;

III - sugerir formas e fontes de captação de recursos destinados à concretização dos seus projetos e consecução do objeto social.

As deliberações de recomendação do Conselho Consultivo serão tomadas por maioria de votos, metade mais um de seus membros presentes, cabendo ao Presidente os votos comum e de desempate.

O Conselho Consultivo da empresa reunir-se-á, ordinariamente, a cada bimestre e, extraordinariamente, quando convocado.

Funcionamento das Reuniões

As reuniões ordinárias e extraordinárias deverão ser convocadas pelo Presidente do Conselho.

Junto com o ato de convocação deve ser enviada aos Conselheiros a pauta da reunião, consignando a ordem do dia, bem como toda a documentação pertinente ao estudo e deliberação.

Em casos excepcionais, reconhecidos pelo Presidente do Conselho, poderão ser incluídos na ordem do dia, *a posteriori*, assuntos para discussão e votação (*caso o Conselho seja deliberativo*).

É permitida a participação dos conselheiros em 80% (oitenta por cento) das reuniões por tele ou videoconferência (zoom etc.). O conselheiro, nessa hipótese, será considerado presente à reunião, sendo seu voto válido para todos os efeitos e devendo ser incorporado à ata sumária da referida reunião.

As reuniões serão dirigidas pelo Presidente, que orientará os debates e a tomada de decisões, cabendo-lhe:

I - abrir, suspender e encerrar os trabalhos;

II - apresentar a pauta;

III - decidir questões de ordem;

IV - autorizar a inclusão e apreciação, em caráter excepcional, de assunto extra pauta;

V - promover a discussão e a votação dos assuntos em pauta;

VI - solicitar as informações e esclarecimentos necessários para a adequada e consciente tomada de decisão;

VII - colocar em votação os assuntos discutidos;

VIII - autorizar o comparecimento de Diretores e outros colaboradores às reuniões, para exposição de assuntos previstos na pauta;

IX - os conselheiros poderão solicitar vista de documentos com a finalidade de fundamentar o seu voto, ficando, neste caso, adiada a deliberação (*caso o Conselho seja deliberativo*).

Compete ao Presidente do Conselho acatar pedido de vista, fixando-lhe prazo para apreciação do assunto.

As declarações de voto e eventuais dissidências em relação aos assuntos deliberados pelo Conselho deverão ser registradas em ata.

Secretaria Executiva

A função da Secretaria Executiva do Conselho Consultivo será exercida pela secretária do Presidente.

Compete à Secretaria Executiva: (*a Secretaria Executiva pode ser importante em empresas ou famílias de estruturas maiores ou mais complexas*)

I - organizar e submeter prévia e tempestivamente ao Conselho a pauta de reunião;

II - disponibilizar para os Conselheiros os conteúdos requeridos e estabelecidos pelo Presidente do Conselho para a devida apreciação ou conhecimento, com antecedência mínima de 15 (quinze) dias da reunião;

III - redigir a ata sumária de cada reunião, para submissão ao Presidente do Conselho e posterior assinatura dos Conselheiros;

IV - providenciar a logística e demais requisitos necessários à realização das reuniões.

Os casos omissos do presente Regimento serão resolvidos por maioria pelo Conselho Consultivo.

2) Exemplo de Minuta de Regimento Interno do Conselho de Administração (*Empresa maior, com governança mais estruturada*)

Regimento Interno do Conselho de Administração da Empresa Maiorca Distribuidora de Bebidas Ltda.

Capítulo I - Introdução, Objetivos e Competência

Artigo 1° - Este Regimento Interno tem por objetivo disciplinar o funcionamento do Conselho de Administração da Maiorca Distribuidora de Bebidas Ltda., dos comitês a ele vinculados, bem como o relacionamento entre o Conselho e a Diretoria Executiva, sendo as suas disposições complementares ou regulamentadoras das disposições do Contrato Social ("Contrato Social") da (empresa) do Acordo de Sócios firmado em (data) ("Acordo de Sócios") e da legislação em vigor.

Artigo 2° - O Conselho tem como objetivo definir diretrizes estratégicas para o negócio e aprovar a estratégia de longo prazo para a Maiorca Distribuidora de Bebidas Ltda.; deliberar sobre questões relevantes para o negócio que não sejam de competência privativa dos sócios nos termos do Código Civil, monitorar, fiscalizar e acompanhar a gestão da Diretoria Executiva.

Artigo 3° - O Conselho deve promover e observar o objeto social da Maiorca Distribuidora de Bebidas Ltda., desempenhando para tanto as seguintes funções:

(a) definir a orientação geral dos negócios da Maiorca Distribuidora de Bebidas Ltda.;

(b) aprovar plano estratégico da Maiorca Distribuidora de Bebidas Ltda., seus ajustes e suas modificações;

(c) avaliar e aprovar ajustes e/ou aprovação do orçamento anual em linha com o planejamento estratégico e fiscalizar sua execução, sem, todavia, interferir em assuntos operacionais;

(d) definir as matérias que serão submetidas à aprovação dos sócios em virtude da Lei, do Contrato Social ou do Acordo de Sócios;

(e) manifestar-se sobre o relatório de contas da administração e submetê-lo à aprovação dos sócios;

(f) estudar, avaliar e aprovar a execução de quaisquer novos investimentos relevantes da Maiorca Distribuidora de Bebidas Ltda. e as vendas ou transferências de bens do ativo permanente cujo valor represente mais de 5% (cinco por cento) do ativo total da empresa;

(g) selecionar e contratar ou destituir os auditores independentes;

(h) adotar uma estrutura de gestão ágil, composta por profissionais qualificados e de reputação ilibada;

(i) prevenir e administrar situações de conflito de interesses ou de divergência de opiniões, de maneira que o interesse da Maiorca Distribuidora de Bebidas Ltda. sempre prevaleça; e

(j) zelar pela longevidade e sustentabilidade da Maiorca Distribuidora de Bebidas Ltda., dentro de uma perspectiva de longo prazo e de sustentabilidade, que incorpore considerações de ordem econômica, social, ambiental e de boa governança corporativa, na definição dos seus negócios e operações.

Parágrafo Único - Quando couber e for relevante para a Maiorca Distribuidora de Bebidas Ltda., as disposições acima deverão contemplar, também, as demais sociedades do grupo, a saber, Minorca Delivery Express Ltda., Morea Armazenamento e Estoque de Bebidas Ltda. e Capri Transporte e Logística Ltda. ("Sociedades").

Capítulo II - Composição, Mandato e Funcionamento

Artigo 4° - O Conselho é composto por um quadro de 5 (cinco) a 7 (sete) membros, sendo, no mínimo, 3 (três) membros externos e independentes, eleitos pelos sócios representando a maioria do capital social, observados os termos do (artigo) do Acordo de Sócios.

§ 1° - O mandato de todos os Conselheiros tem duração de 2 (dois) anos, admitida a reeleição e vedada a indicação de suplência.

§ 2° - A efetivação do mandato do Conselheiro se dá por meio da assinatura de termo de posse, lavrado no Livro de Atas do Conselho, bem como de declaração de desimpedimento feita sob as penas da Lei e em instrumento próprio, que ficará arquivada na sede da Maiorca Distribuidora de Bebidas Ltda.

§ 3° - A falta injustificada de Conselheiro a 3 (três) reuniões consecutivas do Conselho ou a 5 (cinco) alternadas, por ano, acarretará perda de mandato.

§ 4° - Na hipótese de ausência ou impedimento temporário de qualquer membro do Conselho, este deverá funcionar com os demais, desde que respeitado o número mínimo de 3 (três) Conselheiros. Na eventualidade de impedimento temporário que impossibilite o atendimento ao número mínimo de Conselheiros, será imediatamente convocada uma Reunião de Sócios para a eleição de membros que permitam o devido funcionamento do Conselho.

§ 5° - No caso de vacância de cargo de Conselheiro, em decorrência de destituição, renúncia, morte, impedimento comprovado, invalidez ou perda do mandato, o Conselho deverá reunir-se até 15 (quinze) dias contados do evento e promover a eleição do substituto para completar o mandato do substituído.

Artigo 5° - O Conselho tem um Presidente, eleito pela maioria dos Conselheiros na primeira reunião do Conselho, para mandato de 2 (dois) anos, admitida sua reeleição.

§ 1° - Na mesma reunião, será também eleito um Conselheiro que substituirá o Presidente em suas ausências e impedimentos. Em caso de ausência ou impedimento temporário de ambos, os Conselheiros remanescentes indicarão, dentre os demais membros, aquele que exercerá suas funções interinamente.

§ 2° - A recondução ou eleição de novo Presidente e de seu substituto é deliberada pela maioria dos Conselheiros na última reunião que ocorrer antes do encerramento do mandato do atual Presidente.

Capítulo III - Das Atribuições do Presidente, dos Conselheiros e da Secretaria do Conselho

Artigo 6° - Compete ao Presidente do Conselho:

(a) assegurar a eficácia e o bom desempenho do órgão;

(b) assegurar a eficácia do sistema de acompanhamento e avaliação, por parte do Conselho, da Maiorca Distribuidora de Bebidas Ltda., do próprio Conselho, da Diretoria Executiva e, individualmente, dos membros de cada um destes órgãos;

(c) organizar e coordenar a pauta das reuniões, apoiado pela Secretaria do Conselho, ouvidos os outros Conselheiros e, se for o caso, o Diretor Superintendente;

(d) assegurar que os Conselheiros recebam informações completas e tempestivas sobre os itens constantes da pauta das reuniões;

(e) convocar e presidir as reuniões do Conselho, proferindo voto de qualidade em caso de empate;

(f) propor anualmente ao Conselho a nomeação da Secretaria do Conselho;

(g) convidar pessoas, com ou sem vínculo com a Maiorca Distribuidora de Bebidas Ltda., para comparecimento às reuniões do Conselho para prestarem informações e/ou esclarecimentos;

(h) solicitar a emissão de parecer por consultor especializado, quando se tratar de assunto complexo ou controverso. Caso o parecer represente ônus financeiro para a Maiorca Distribuidora de Bebidas Ltda., sua emissão está condicionada à prévia aprovação do Conselho em reunião especialmente convocada para tal (*ou dos sócios em reunião de sócios*);

(i) zelar, em conjunto com os demais membros, pela execução das deliberações do Conselho;

(j) propor, no início de cada exercício, o calendário anual de reuniões ordinárias do Conselho e de eventos corporativos;

(k) submeter ao Conselho proposta de remuneração dos Conselheiros;

(l) propor ao Conselho o orçamento anual do Conselho, inclusive para a contratação de profissionais externos, a ser submetido à deliberação da Reunião de Sócios; e

(m) organizar, em conjunto com o Diretor Superintendente, quando da eleição de um novo membro do Conselho, um programa de integração e treinamento do novo Conselheiro, que lhe permita tomar contato com as atividades e obter informações sobre a organização.

Artigo 7° - Compete a cada Conselheiro cumprir, além do previsto na regulamentação aplicável e no Contrato Social, com os seguintes deveres:

(a) comparecer às reuniões do Conselho previamente preparado, pelo exame dos documentos postos à sua disposição, e delas participar ativa e diligentemente;

(b) manter sigilo sobre toda e qualquer informação a que tiver acesso em razão do exercício do cargo, bem como exigir o mesmo tratamento sigiloso dos profissionais que lhe prestem assessoria, utilizando-a somente para o exercício de suas funções de Conselheiro, sob pena de responder civil e penalmente pelo ato que contribuir para sua indevida divulgação;

(c) abster-se de intervir, isoladamente ou em conjunto com terceiro, em quaisquer negócios com a Maiorca Distribuidora de Bebidas Ltda., seu sócio controlador e pelos administradores e/ou do sócio controlador, assim como outras sociedades que, com qualquer dessas pessoas, integre o mesmo grupo de fato ou de direito, salvo mediante aprovação prévia e específica do Conselho;

(d) declarar, previamente à deliberação, que, por qualquer motivo, tem interesse particular ou conflitante com o da Maiorca Distribuidora de Bebidas Ltda. quanto a determinada matéria submetida à sua apreciação, considerando-se impedido e abstendo-se de participar de sua discussão e voto; e

(e) zelar pela adoção das boas práticas de governança corporativa pela Maiorca Distribuidora de Bebidas Ltda., bem como suas controladas e coligadas.

Artigo 8° - Compete à Secretaria do Conselho, a ser desempenhada por uma ou mais pessoas, indicadas pelo Presidente, a prática de todas as providências administrativas necessárias ao funcionamento do Conselho, tais como:

(a) organizar a pauta dos assuntos a serem tratados, com base em solicitações de Conselheiros e consulta a Diretores, e submetê-la ao Presidente do Conselho para posterior distribuição;

(b) providenciar a convocação para as reuniões do Conselho, dando conhecimento tempestivo aos Conselheiros – e eventuais participantes – do local, data, horário e ordem do dia;

(c) secretariar as reuniões, elaborar e lavrar as respectivas atas e outros documentos no livro próprio e coletar as assinaturas de todos os Conselheiros que dela participaram, além de consignar o comparecimento de eventuais convidados; e

(d) arquivar as atas e deliberações tomadas pelo Conselho nos órgãos competentes.

Parágrafo Único – Aquele(s) que exercer(em) a função de Secretaria do Conselho deve(m) manter sigilo sobre toda e qualquer informação da Maiorca Ltda., sociedades controladas e coligadas a que tiver acesso em razão do exercício do cargo, utilizando-a somente para o exercício de suas funções de secretaria, sob pena de responder civil e criminalmente pelo ato que contribuir para seu indevido uso e/ou divulgação.

Capítulo IV – Das Reuniões

Artigo 9° – O Conselho se reúne, ordinariamente, uma vez por mês, mediante convocação do Presidente para deliberar sobre as matérias de sua competência.

§ 1° – O Conselho reunir-se-á, extraordinariamente, por convocação do Presidente, sempre que este entender necessário.

§ 2° – As reuniões do Conselho serão realizadas, preferencialmente, na sede social da (empresa), ou, excepcionalmente, em local a ser indicado pelo Presidente.

§ 3° – As reuniões do Conselho podem, em caráter excepcional, ser realizadas por via eletrônica, por conferência telefônica, videoconferência ou por qualquer outro meio de comunicação que permita a identificação do Conselheiro e a comunicação simultânea com todas as demais pessoas presentes à reunião, e serão registradas em ata específica, aprovada por todos os Conselheiros participantes da reunião.

Seção I – Da Convocação

Artigo 10 – As convocações para reuniões do Conselho serão feitas por seu Presidente, por mensagem escrita, e-mail ou carta, endereçada a cada um de seus membros, contendo a ordem do dia e observando-se os seguintes prazos:

(a) as reuniões ordinárias, com a antecedência mínima de 10 (dez) dias, devendo o material de suporte correspondente ser disponibilizado, no mínimo, 8 (oito) dias antes de sua realização;

(b) as reuniões extraordinárias, com a antecedência mínima de 5 (cinco) dias, podendo ser reduzida para 1 (um) dia quando se tratar de matéria relevante e urgente, devendo o material de suporte correspondente ser disponibilizado, no mínimo, respectivamente, 3 (três) dias e 1 (um) dia antes de sua realização.

§ 1° - A convocação poderá ser realizada, em caráter excepcional e de forma justificada, por 2/3 (dois terços) dos membros do Conselho.

§ 2° - A convocação deverá, também, convocar os Conselheiros para a reunião em segunda convocação, que necessariamente deverá ser realizada na mesma data, porém, com seu início previsto para trinta minutos após.

§ 3° - Caso seja incluído assunto que não conste da ordem do dia, a matéria será apenas objeto de informação e discussão, só cabendo deliberação sobre ela se estiverem presentes todos os membros do Conselho e nenhum deles se oponha à deliberação sobre a matéria.

Artigo 11 - As reuniões poderão ser realizadas, independentemente de convocação, caso se verifique a presença de todos os Conselheiros.

Seção II - Da Instalação

Artigo 12 - A reunião do Conselho é instalada pelo Presidente ou, na ausência ou impedimento deste, por seu substituto, ou ainda, quando na ausência ou impedimento de ambos, por aquele que for indicado pelos demais membros presentes.

Parágrafo Único - O quórum de instalação para as reuniões do Conselho será o de presença de mais da metade de seus membros com direito a voto.

Seção III - Da Ordem do Dia

Artigo 13 - A ordem do dia da reunião será proposta pelo Presidente do Conselho, levando em conta as solicitações de todos os Conselheiros, devendo ser destacados os assuntos que serão objeto de apresentação para fins de discussão e aqueles que serão objeto de deliberação.

§ 1° - Os Conselheiros que desejarem incluir matéria em pauta deverão comunicar o Presidente, pelos mesmos meios utilizados para a convocação do Conselho, até 10 (dez) dias antes da reunião, ficando a efetiva inclusão a critério do Presidente.

§ 2° - Em casos excepcionais e urgentes, o Presidente poderá incluir na pauta matéria cuja solicitação não tenha observado o prazo mencionado no *caput* deste artigo.

§ 3° - O Presidente deverá incluir na pauta matéria cuja solicitação tenha sido solicitada por pelo menos dois conselheiros, ainda que discorde de sua relevância.

Seção IV - Das Deliberações

Artigo 14 - O Conselho delibera por maioria de votos dos presentes, tendo seu Presidente o voto de qualidade, sendo sempre o último a manifestar o seu voto.

§ 1° - Cada membro do Conselho terá direito a 01 (um) voto, seja pessoalmente ou representado por um de seus pares, mediante apresentação e entrega ao secretário, para arquivamento na sede da (empresa), (i) de procuração específica para a reunião em pauta e (ii) do voto por escrito do membro do Conselho ausente e sua respectiva justificação.

§ 2° - A procuração específica de que trata o parágrafo segundo deste artigo, assim como eventuais instrumentos de voto, quando elaborados em forma de instrumento particular, dispensam reconhecimento de firmas.

§ 3° - Quando identificado um impedimento em relação a alguma matéria, antes da deliberação, o Conselheiro envolvido deve se ausentar do recinto da reunião e este afastamento temporário deve ser registrado em ata.

Artigo 15 - As deliberações sobre as matérias mencionadas a seguir serão tomadas por quórum qualificado, com a aprovação de no mínimo 2/3 (dois terços) dos membros do Conselho:

(a) aprovar o Regimento Interno do Conselho de Administração;

(b) destituir ou nomear, a qualquer tempo, sócios e não sócios aos cargos de Diretoria Executiva, bem como definir e alterar seus salários, observado o disposto na cláusula 4ª do Acordo de Sócios;

(c) autorizar quaisquer negócios ou operações estranhas ao objeto social, por sócios, administradores, funcionários ou procuradores que envolvam as Sociedades, bem como operações entre tais Sociedades e os Sócios;

(d) aprovar o oferecimento ou transferência de cotas a terceiros estranhos ao quadro societário das Sociedades;

(e) aprovar a fusão ou incorporação de qualquer das Sociedades com outras sociedades, ou a venda, oneração ou compra de participação em outros negócios ou sociedades;

(f) promover o aumento ou diminuição do capital social; e

(g) eleger o Presidente do Conselho.

Artigo 16 - Por solicitação da maioria dos Conselheiros, o Presidente poderá adiar a apresentação e/ou a deliberação de determinada matéria pelo prazo necessário para que todos os membros do Conselho tenham acesso às informações e aos documentos relativos a esta matéria.

Seção V - Das Atas

Artigo 17 - De cada reunião será lavrada ata que contenha data, local, composição da Mesa, nome dos Conselheiros e outras pessoas presentes, registros em geral, transcrição das deliberações tomadas e as ações a serem realizadas, se for o caso, bem como eventuais impedimentos. A ata deverá registrar também votos divergentes ou votos com ressalvas, se isso for solicitado pelos seus autores.

§ 1° - As atas serão redigidas com clareza, registrarão todas as decisões tomadas, abstenção de votos por conflitos de interesses, responsabilidades e prazos. Deverão ser assinadas por todos os presentes e objeto de aprovação formal.

§ 2° - Em caso de deliberações ou debates que tenham sido objeto de conflito entre Conselheiros, as atas serão assinadas antes do encerramento das respectivas reuniões.

Artigo 18 - A ata de reunião será elaborada pela Secretaria do Conselho e enviada a todos os Conselheiros presentes para sua aprovação formal.

Artigo 19 - As atas, manifestações de voto e a documentação utilizados nas reuniões serão registradas no Livro de Atas do Conselho e ficarão arquivadas na (empresa).

Parágrafo Único - Quando contiverem deliberações destinadas a produzir efeito perante terceiros, serão redigidos extratos de atas, que serão arquivados na Junta Comercial competente.

Capítulo V - Do Comitê de Auditoria

Artigo 20 - O Conselho contará com o apoio de um Comitê de Auditoria para, dentre outras funções:

(a) analisar as demonstrações financeiras;

(b) promover a supervisão e a responsabilização da área financeira;

(c) zelar para que a Diretoria Executiva desenvolva controles internos confiáveis;

(d) zelar para que a auditoria interna desempenhe a contento o seu papel e que os auditores independentes avaliem, por meio de sua própria revisão, as práticas da Diretoria Executiva e da auditoria interna;

(e) estabelecer com a auditoria independente o plano de trabalho e o acordo de honorários;

(f) recomendar ao Conselho de Administração a contratação, remuneração e substituição da auditoria independente.

Parágrafo Único - O Conselho deverá aprovar o Regimento Interno do Comitê de Auditoria, que disciplinará as regras do seu funcionamento, assim como suas específicas responsabilidades e atribuições.

Artigo 21 - O Comitê de Auditoria será composto por, no mínimo, 03 (três) membros do Conselho, preferencialmente coordenado por um Conselheiro independente, todos com conhecimento básico de finanças e contabilidade, sendo, pelo menos, 01 (um) membro com maior experiência na área contábil, de auditoria e gestão financeira.

Parágrafo Único - Pessoa que desempenhe função executiva na (empresa) não poderá participar do Comitê de Auditoria como membro, mas sim apenas como convidado.

Artigo 22 - O Comitê de Auditoria disporá de orçamento próprio, que lhe assegure funcionamento adequado, aprovado pela Reunião de Sócios por proposta do Conselho.

Parágrafo Único - Para o exercício de suas funções, o Comitê de Auditoria poderá solicitar a contratação de profissionais externos.

Capítulo VI - Das Disposições Gerais e Transitórias

Artigo 23 - Enquanto a profissionalização da Diretoria Executiva da (empresa) estiver incompleta, o Presidente do Conselho ou seu substituto, se for o caso, deverá realizar reuniões ou sessões executivas, ou seja, aquelas em que o Conselho se reúne sem a presença de Conselheiros envolvidos na gestão, a fim de avaliá-lo ou sobre ele comentar, sem constrangimentos.

§ 1° - A realização de sessões executivas deve ser mencionada na convocação da reunião do Conselho em que houver tais sessões, devendo ser endereçada a todos os conselheiros, inclusive àqueles impedidos de participar.

§ 2° - As atas das sessões executivas serão lavradas em apartado e arquivadas como parte integrante da ata de reunião do Conselho.

Artigo 24 - O Conselho da (empresa) terá, incluído no orçamento da (empresa), orçamento anual próprio, aprovado em Reunião de Sócios.

Parágrafo Único - O orçamento anual do Conselho deverá compreender as despesas referentes a consultas a profissionais externos para a obtenção de subsídios especializados em matérias de relevância para a (empresa), bem como as despesas necessárias para o comparecimento de Conselheiros às reuniões da (empresa) e aquelas requeridas para o funcionamento de seus órgãos de assessoramento e secretaria.

Artigo 25 - Os casos omissos deste Regimento Interno serão resolvidos pela Reunião de Sócios na forma da Lei e do Contrato Social.

3) Exemplo de Pauta de Convocação de Reunião do Conselho Consultivo

Pauta de Reunião do Conselho Consultivo da Empresa Seychelles Empreendimentos Imobiliários e Participações Ltda.

Data:

Horário:

Local:

Convocação da Reunião:

Presidida por: (*nome e sobrenome do Presidente*)

Participantes: (*nome e sobrenome dos conselheiros*)

Documentos recebidos: (*elencar*)

Cronograma da reunião:

10:00 Abertura - Presidente

10:10 Temas para Deliberação:

10:10 às 11:40 Relatório de Pendências: (*elencar*) - Apresentação Conselheiro Manuel de Bragança

10:40 às 11:00 Votação

11:00 às 12:00 Revisão do Regimento Interno do Conselho: itens (*elencar*) - Relatório Conselheiro Paula de Albuquerque

12:00 às 12:30 Votação

12:30 às 13:30 Almoço

13:30 às 15:00 Indicadores e resultados - Apresentação Presidente João de Bragança e Albuquerque

4) Exemplo de Ata de Reunião de Conselho de Administração

Maiorca Distribuidora de Bebidas Ltda.
CNPJ nº

Ata de Reunião do Conselho de Administração realizada em (*data*)

DATA, HORÁRIO e LOCAL: na sede da empresa (*nomear*)

PRESENÇAS: (*nome dos conselheiros*)

CONVIDADOS PRESENTES: (*gestores, consultores externos, colaboradores etc.*)

MESA: Presidida por (*nomear*), que convidou a mim (*nomear*), Secretário do Conselho.

ORDEM DO DIA: A Presidente abriu a reunião dando boas-vindas a todos. Na sequência, deu prosseguimento à Agenda (*temas, horários e tempo para discussão e deliberação*) disponibilizada aos membros, conforme Regimento Interno do Conselho de Administração (ou consultivo) vigente.

1. Relatório de Pendências

Aberta a reunião, a Presidente deu sequência à pauta, disponibilizada previamente, e, conforme rotina adotada para recuperar os assuntos pendentes, passou a atualizar os presentes sobre as pendências (*detalhar pendências*).

Decisão: Os Conselheiros presentes, por unanimidade, aprovaram (*descrever*), reprovaram (*descrever*).

2. Revisão do Regimento Interno do Conselho

O Conselho pontuou uma série de sugestões para alteração do Regimento Interno do Conselho de Administração (ou Conselho Consultivo) e o Conselho solicitou que o Diretor Jurídico proceda a tais alterações encaminhando a minuta revisada para todos, pelos meios eletrônicos atualmente disponíveis, para que o Conselho possa deliberar sobre a nova proposta de documento.

3. Indicadores e Resultados

O Diretor financeiro apresentou os indicadores de resultados do Plano Estratégico que, em seguida, foi aprovado por todos os presentes.

O Conselheiro (*nomear*) pediu para constar em ata seu voto/parecer em separado (*explicar*).

4. Comitê de Riscos e de Auditoria

O Coordenador do COAUD, Conselheiro (*nomear*), fez o reporte das últimas atividades do Comitê ao Conselho sem registro de qualquer fato relevante. O Conselho recomendou à Gestão soluções de tratamento e controles mais eficientes no sentido de (*explicar*), tendo como objetivo (*explicar*). Por fim, o Coordenador informou que a Conselheira (*nomear*) solicitou a renúncia ao mandato do COAUD e a substituição se dará por meio eletrônico.

5. Sessão Exclusiva (somente participam os Conselheiros, sem a presença de gestores, convidados, secretário etc.)

Os termos da sessão exclusiva serão mantidos em ata separada e restrita aos atuais Conselheiros, a fim de que sejam resguardados os interesses da empresa.

Nada mais havendo a tratar, a Presidente encerrou a reunião, lavrando-se a presente ata que vai por ela e pelo Secretário assinada (caso a ata contenha deliberações destinadas a produzir efeito perante terceiros, devem ser redigidos extratos relativos às deliberações pertinentes, que deverão ser arquivados na Junta Comercial competente).

São Paulo, (data).

____

Nome por extenso
Presidente

____

Nome por extenso
Secretário

Visto do Advogado:

____

5) Exemplo de Código de Conduta da Empresa (Código de Ética Empresarial) e algumas considerações

Por que uma empresa deve fazer um Código de Conduta?

Muitas vezes, a primeira coisa que vem à cabeça quando pensamos em fazer um Código de Conduta (por alguns denominado de Código de Ética), é promover e impulsionar uma confiável imagem institucional da empresa. De fato, uma empresa que possui um Código de Conduta tende a transmitir ao mercado a imagem de que pratica uma cultura ética e transparente junto a seus integrantes e rede de relações.

Porém, assim como o Protocolo Familiar[39], ou qualquer outro documento consubstanciando condutas e boas práticas de governança, não basta que esteja escrito para que de fato opere mudanças positivas e efetivas a médio e longo prazos.

Em outras palavras, um Código de Conduta "pra inglês ver"[40] não vai servir para muita coisa. Em um primeiro momento, pode até impactar favoravelmente o marketing da empresa, mas, se não for legítimo e efetivamente praticado, não será de grande valia: empresas, e pessoas, conseguem enganar alguns por algum tempo, mas não conseguirão enganar todos todo o tempo. E o mercado está cada vez mais alerta e perspicaz para artimanhas de aventureiros e desavisados!

Por outro lado, um Código de Conduta desenvolvido, confeccionado e implementado em linha com os reais princípios éticos praticados pela empresa pode lhe ser de grande valia, padronizando condutas internas e divulgando de modo mais ágil a cultura organizacional da empresa. Seja em uma família, seja em uma empresa, as pessoas tendem naturalmente a seguir o comportamento de seus superiores. Dessa forma, para o bem e para o mal, a cultura e o jeito de ser e de agir dos fundadores e patriarcas tendem, na prática, a ser passados adiante orgânica e continuamente.

---

39 *Vide* o Capítulo II desta obra, que trata da Governança Familiar, e o respectivo anexo, que contém um Protocolo de Família.

40 "Pra inglês ver" significa fingir que fez algo ou fazer algo malfeito. É uma expressão que surgiu na primeira metade do século 19, quando a Inglaterra queria abolir a escravidão no mundo (embora por interesses econômicos e não por questões éticas). O Brasil, que tinha nos escravos a base de sua economia, era um dos alvos dos ingleses. O Império, então, para enganar os ingleses, colocava navios no litoral com a suposta missão de ir atrás das naus negreiras. Porém, na prática, era só uma encenação "pra inglês ver". Disponível em: https://www.educacao.sp.gov.br/pra-ingles-ver-confira-a-origem-das-principais-expressoes-populares-brasileiras/.

Dessa forma, um Código de Conduta pode ser importante para estabelecer formalmente, de modo claro e cristalino, a atitude, as condutas e o comportamento, aceitos e desejados, pela empresa para todos, desde os principais executivos até os colaboradores da sua base.

O Código de Conduta deve consubstanciar-se em um instrumento hábil a informar, disseminar e potencializar a importância que a empresa dá para a conduta ética, seja na execução de suas atribuições do dia a dia, seja diante de eventuais conflitos.

Nesse sentido, pode proporcionar um ambiente seguro, fundado em relações coletivas de respeito, gentileza e consideração, ajudando a transformar e a consolidar na empresa um local de trabalho onde todos se reconhecem como semelhantes, compartilham de práticas e valores comuns e, naturalmente, afastam aqueles que não comungam dos mesmos valores éticos.

A criação e a disseminação de um Código de Conduta também abrem espaço para uma reflexão compartilhada e estruturada sobre mudanças comportamentais éticas relevantes no ambiente de trabalho, a fim de implementar melhorias internas nas relações e no ambiente empresarial, tanto entre executivos quanto entre seus subordinados e/ou pares.

Pode atuar também como um instrumento que proporciona maior segurança diante de situações de conflito, na medida em que explicita, de maneira imparcial e transparente, princípios que devem reger comportamentos e decisões. Saber o que é esperado pela empresa em termos de comportamento diminui dúvidas e inseguranças no relacionamento interno e para com terceiros, e em diferentes situações.

A partir de regras claras, os líderes poderão atuar, gerenciar eventuais conflitos e o capital humano em geral (um dos ativos mais importantes em uma empresa), de forma mais consistente, justa e assertiva, e em observância aos valores da empresa.

E tudo isso, sem dúvida, irá impactar positivamente na harmonia do ambiente organizacional e na sustentabilidade do negócio.

Ressalte-se que, embora o Código de Conduta seja também um instrumento hábil para diagnosticar e punir condutas indesejáveis, não deve ser visto como um Código Disciplinar Punitivo, devendo focar seus principais objetivos em: (i) guiar as pessoas sobre a forma ética de atuar pessoal e profissionalmente; (ii) melhorar o clima organizacional e o relacionamento de todos; (iii) integrar equipes; (iv) criar senso de pertencimento e adesão à cultura organizacional; (v) atrair, encantar e reter clientes e profissionais com práticas e posturas éticas; (vi) dar suporte para negociações éticas com fornecedores e outros *stakeholders*; (vii) fortalecer e consolidar a cultura da empresa (missão, visão e valores).

Nesse sentido, sugerimos que, sempre que possível, as regras de conduta sejam afirmativas e diretas (fazer, observar, cumprir, praticar etc.), e não negativas (não devem, não podem, é vedado etc.). Uma maior adesão tende a ocorrer quando o Código é visto como algo positivo, bom de ser cumprido, como algo que soa bem aos ouvidos.

Por exemplo:

"Todas as despesas atribuídas à Cozumel Indústria de Alimentos Ltda., tais como viagens, compras, contratação de serviços e outras, devem ser motivadas por interesses da empresa", em vez de "É proibida a geração de despesas para a Cozumel Indústria de Alimentos Ltda. com benefício para si ou para terceiros, referentes a viagens, compras, contratação de serviços e outras, motivadas por interesses alheios aos interesses da empresa".

Ou: "A utilização da logomarca e do nome da Cozumel Indústria de Alimentos Ltda. deve ser sempre utilizada em atividades profissionais a serviço da empresa", em vez de "É proibida a utilização da logomarca e do nome da Cozumel Indústria de Alimentos Ltda. para outras atividades profissionais, quando não a serviço da empresa".

Exemplos de capítulos de um Código de Conduta

O Código de Conduta de uma empresa pode variar enormemente em sua forma (e, claro, em seu conteúdo, a depender da cultura organizacional da empresa).

De modo geral, os seguintes capítulos são os mais usuais:

- (i) Apresentação;
- (ii) Missão, Visão e Valores da Empresa;
- (iii) Capítulo I - Objetivos e Princípios do Código de Conduta da Empresa;
- (iv) Capítulo II - Das Normas de Conduta e sua Abrangência;
- (v) Capítulo III - Composição e Mandatos do Comitê de Conduta;
- (vi) Capítulo IV - Coordenação;
- (vii) Capítulo V - Gestão do Código de Conduta;
- (viii) Capítulo VI - Colegiado de Apoio ao Conselho - Comitê de Conduta;
- (ix) Capítulo VII - Processamento de Denúncias, Procedimento Disciplinar e Recomendações do Comitê de Conduta;
- (x) Capítulo VIII - Conselho de Administração;
- (xi) Capítulo IX - Prestação de Contas;
- (xii) Capítulo X - Apoio Logístico;
- (xiii) Capítulo XI - Adesão;
- (xiv) Capítulo XII - Disposições Finais;

(xv) Integrantes do Comitê de Conduta (Nomes e Funções);

(xvi) Penalidades (Anexo).

A seguir, abordaremos sucintamente cada um desses itens.

Apresentação

Neste capítulo, a empresa se apresenta (normalmente com a Palavra do Presidente do Conselho, se houver, ou do CEO (*chief executive officer*), o principal executivo/gestor da empresa).

Algumas empresas optam por iniciar seu Código de Conduta fazendo considerações amplas e genéricas sobre a importância da Ética Empresarial e de seus desdobramentos, por exemplo:

"A ética é pilar fundamental para a construção de uma sociedade mais justa, igualitária, participativa e democrática."

"Normas e valores éticos são ainda mais necessários em um mundo interconectado, com informações e conhecimento que circulam em velocidade jamais vista, e que impõe uma nova forma de se relacionar. Vivemos em uma era de superexposição e é preciso atuarmos ética e conscientemente de modo a evitar problemas que possam vir a macular indevidamente a imagem da empresa e/ou de seus produtos e colaboradores."

"Grandes corporações devem servir como exemplos na sociedade, incentivando interna e externamente a criação de uma cultura de relacionamentos focada na ética e na responsabilidade de cada um, consigo mesmo e com o seu entorno."

"No cumprimento da sua missão, a Cozumel Indústria e Comércio de Alimentos Ltda. espera de seus profissionais que suas posturas e ações sejam sempre pautadas pelos princípios da ética, muito além do que determina o ordenamento legal."

Em seguida, ainda na Apresentação, a empresa se apresenta: o que produz, comercializa ou faz (por exemplo: industrializa produtos diferenciados por seu design, durabilidade, preço, qualidade, exclusividade, distribuição etc.).

Ademais, explica que seu Código de Conduta é um documento de referência que integra, reforça e dissemina sua missão, visão e valores (por exemplo, seu compromisso com a sustentabilidade, com o desenvolvimento social, com a disseminação de conhecimento etc.).

É importante deixar claro que o documento foi concebido pela própria empresa, em observância a sua filosofia e cultura, e que serve, por exemplo, como ferramenta para a administração de conflitos em toda a sua amplitude, incluindo desde as relações entre seus controladores, demais sócios e *stakeholders*, até no que respeita a tomadas de decisão de questões de natureza social e ambiental;

Que se trata de um documento que dispõe sobre as expectativas de conduta da empresa em relação aos seus executivos e demais colaboradores e *stakeholders* (clientes, fornecedores, parceiros, órgãos governamentais e a comunidade como um todo) em seus relacionamentos internos e externos;

Que reúne as principais regras de comportamento a serem seguidas por todos que compõem a empresa, desde a base dos colaboradores até a alta direção, devendo ser amplamente divulgado, compreendido e servir sempre como um material de apoio e consulta para nortear as práticas e ações esperadas pela empresa;

E, finalmente, recomenda-se que todos os colaboradores participem periodicamente de treinamentos para que possam de fato incorporar a cultura organizacional da empresa, lembrando que, qualquer que seja a atividade empresarial, os recursos humanos figuram sempre entre os principais ativos da empresa.

Missão, Visão e Valores da Empresa

Neste capítulo, a empresa apresenta sua missão, visão e valores.

A *Missão* é o propósito da empresa. Sua razão de existir. A missão da empresa deve responder a perguntas do tipo: Por que o nosso produto ou serviço é importante para o consumidor? O que a nossa empresa agrega para a sociedade? O que a comunidade perderia se a nossa empresa desaparecesse? Quais são os nossos diferenciais (e os diferenciais dos nossos produtos) no mercado?

A *Visão*, por sua vez, é a meta que a empresa quer alcançar, conquistar, atingir, onde ela quer chegar, seu escopo, propósito e finalidade. Deve responder a perguntas como: Onde a empresa pretende estar daqui a dez, vinte ou trinta anos? Como a empresa pretende estar atuando em cinco, dez, quinze ou vinte anos?[41]

---

[41] A seguir, apresentamos alguns exemplos de Missão e de Visão de empresas: Toyota: *Missão*: oferecer aos seus clientes experiências memoráveis em toda sua jornada de mobilidade, de forma segura, eficiente e sustentável; *Visão*: liderar o futuro da mobilidade ao redor do mundo, enriquecendo vidas com formas mais seguras e responsáveis de transportar pessoas; Meta (controladora do Facebook, Instagram, WhatsApp, Messenger etc.): *Missão*: dar às pessoas o poder de criar comunidades e aproximar o mundo; *Visão*: ver aproximadamente 7 bilhões de pessoas com acesso à internet; Google: *Missão*: organizar as informações do mundo para que sejam universalmente acessíveis e úteis para todos; Nestlé (Brasil): *Missão*: oferecer ao consumidor brasileiro produtos reconhecidamente líderes em qualidade e valor nutritivo, que contribuam para uma alimentação mais saudável e agradável, gerando sempre oportunidades de negócios para a empresa e valor compartilhado com a sociedade brasileira; *Visão*: ser o parceiro que ajuda você a crescer através de soluções criativas em alimentos e bebidas, respaldadas por marcas reconhecidas, que permitam inovar e satisfazer

Os *Valores*, por sua vez, são o conjunto de princípios éticos de uma empresa. Eles consubstanciam a filosofia que norteia a forma de atuar da empresa e de todos os seus sócios, executivos, colaboradores e *stakeholders*. É a partir dos seus valores que a missão e a visão da empresa devem ser determinadas[42].

São também os valores que apontam para a maneira pela qual a empresa quer ser vista e reconhecida pelo mercado e pela sociedade. Devem estar presentes em seus produtos e serviços, como forma de agregar identidade e valor a eles.

É a partir dos valores e princípios básicos de conduta e governança que todos os Sócios, Conselheiros de Administração, Diretores, Colaboradores internos e externos e *stakeholders* em geral deverão atuar, como exemplo e disseminadores da ética empresarial.

Ainda neste capítulo, a empresa pode explicitar suas expectativas, por exemplo:

"Todos devem zelar pela boa imagem, bem como pelo patrimônio e interesses da Cozumel Indústria e Comércio de Alimentos Ltda. Temos como princípio o trabalho ético com foco em resultados, na busca da eficiência e da excelência dos processos organizacionais que devem outorgar a maior autonomia possível, revestida de comprometimento com responsabilidade, economicidade, rigor (austeridade) e criatividade no uso de seus recursos financeiros, materiais e humanos da empresa. A utilização dos equipamentos, meios de comunicação e instalações colocados à sua disposição pela empresa devem ser exclusivamente utilizados para a realização de suas atividades profissionais."

---

seus clientes; Natura: *Missão*: nossa razão de ser é criar e comercializar produtos e serviços que promovam o Bem-Estar/Estar Bem. Bem-Estar é a relação harmoniosa, agradável, do indivíduo consigo mesmo, com seu corpo. Estar Bem é a relação empática, bem-sucedida, prazerosa, do indivíduo com o outro, com a natureza da qual faz parte e com o todo; *Visão*: a Natura, por seu comportamento empresarial, pela qualidade das relações que estabelece e por seus produtos e serviços, será uma marca de expressão mundial, identificada com a comunidade das pessoas que se comprometem com a construção de um mundo melhor através da melhor relação consigo mesmas, com o outro, com a natureza da qual fazem parte e com o todo; Kingdom: *Missão*: revolucionar o ensino de inglês com uma metodologia eficiente e moderna, proporcionando fluência e segurança para cada aluno, através de uma imersão cultural, raciocínio individual e uso de técnicas linguísticas inovadoras; *Visão*: liderar o segmento do ensino de idiomas, tornando-o acessível para todos; inspirando alunos, profissionais e colaboradores a atingir seu potencial máximo; promovendo capacitação humana, profissional e cultural; M. Dias Branco: *Missão*: oferecer alimentos de qualidade, inovadores, saudáveis, nutritivos, saborosos e com preços competitivos, proporcionando o bem-estar e a felicidade das pessoas; *Visão*: ser uma grande empresa de alimentos do Brasil, com presença global, atuação diversificada, crescimento sustentável e respeito às nossas origens. Pesquisa realizada no site das empresas em 28 de março de 2022.

[42] Exemplos de Valores (várias empresas): *Com detalhamento*: Simplicidade nas relações e na busca por soluções práticas; Alegria: Nosso bem mais precioso são as pessoas. Mantemos um ambiente alegre e saudável, para que elas desenvolvam seu talento com paixão e

"Esperamos que todos exerçam suas atividades na empresa procedendo de forma ética e com alto padrão de integridade, honestidade, transparência e compromisso com a verdade, emitindo opiniões, recomendações ou tomando medidas somente no que respeita a assuntos sobre os quais tenha domínio do conteúdo e confiança na origem dos dados."

"Este Código de Conduta busca eliminar situações de conflito de interesses que possam gerar desvios em relação ao nosso propósito maior (nossa missão). Queremos preservar nossa integridade pessoal e profissional em um ambiente de trabalho produtivo e saudável. Buscamos avaliar com critério as situações que, de algum modo, possam configurar conflitos de interesses pessoais com os da empresa, dos clientes e de outros públicos envolvidos. Esperamos de nossos colaboradores que mantenham relacionamento com colegas e clientes da empresa de forma estritamente profissional, preservando a isenção necessária ao desempenho de suas funções, e rechaçando quaisquer eventuais pressões e intimidações que tenham por finalidade obter favores ou privilégios indevidos, por meio de ações imorais, antiéticas ou ilícitas, comunicando imediatamente ao seu superior hierárquico qualquer circunstância dessa natureza."

"A Cozumel Indústria e Comércio de Alimentos Ltda. espera de seus executivos e de todos os seus demais colaboradores uma postura positiva e ética na busca de soluções para problemas, na retidão e na coerência entre o falar e o agir e em dar o exemplo com boas práticas. Todo o trabalho deve ser realizado de forma consciente, regido pelos princípios difundidos por este Código de Conduta, encorajando colegas e clientes a atuar pessoal e profissionalmente no mesmo sentido."

"A Cozumel Indústria e Comércio de Alimentos Ltda. valoriza as opiniões recebidas e procura incorporar tudo aquilo que possa fazer a empresa evoluir e prosperar, de maneira sustentável e em observância às boas práticas de governança. Acreditamos que é a partir da diversidade de ideias e de opiniões, em todos os níveis hierárquicos da empresa, que se constroem novos caminhos e oportunidades."

entusiasmo; Capacidade para aceitar grandes desafios e conduzi-los até ao final; Ética: A ética é inegociável; Paixão pelo que fazemos; Respeito absoluto ao ser humano em todas as suas relações internas e externas; comunicação honesta e transparente com todos os nossos *stakeholders* etc. *Sem detalhamento*: Integridade; Honestidade; Atitude crítica; Qualidade e excelência; Confiança; Respeito; Responsabilidade social, Diversidade e inclusão; Criatividade; Equilíbrio; Segurança; Comprometimento; Trabalho em equipe; Liderança participativa, Responsabilidade ambiental etc.

"O sigilo de informações confidenciais e a preservação de informações sigilosas da empresa, ainda não divulgadas ao mercado e público em geral, bem como as informações de pessoas e entidades com as quais nos relacionamos, é vital para os nossos negócios. É obrigação de todas manter o sigilo sobre particularidades da empresa, resguardando as informações ainda não tornadas públicas, sobre seus clientes, prestadores de serviço e fornecedores, das quais tenha conhecimento por sua atuação profissional, não devendo, em nenhuma hipótese nem sob qualquer argumento ou pretexto, utilizá-las em benefício próprio ou de terceiros."

"A Cozumel Indústria e Comércio de Alimentos Ltda. tem como princípio fundamental estimular, propagar e apoiar o uso adequado, racional e sustentável da energia e dos recursos naturais, no âmbito de todas as suas atividades. Devemos buscar constantemente parceiros e fornecedores que atendam aos preceitos deste Código de Conduta, com base em critérios técnicos e profissionais."

Capítulo I - Objetivos e Princípios do Código de Conduta da Empresa

Neste capítulo, a empresa pode explicar que seu Código de Conduta é um conjunto de normas que têm por objetivo administrar conflitos de interesses, dando corpo, no âmbito das atividades da própria empresa, à sua missão, visão e valores.

Como dito, o Código deve ser inspirado por um conjunto de princípios de natureza ética, valores e princípios básicos de governança corporativa da empresa.

Capítulo II - Das Normas de Conduta e sua Abrangência

Este item indica a quem se aplicam as disposições do Código de Conduta. Por exemplo: "(a) a todos os sócios da Cozumel Indústria e Comércio de Alimentos Ltda.; (b) aos seus Conselheiros (de Administração ou Consultivo); (c) à Diretoria Executiva; (d) a todos os seus colaboradores; e (e) aos demais terceiros não integrantes dos grupos precitados, mas que participem ou contribuam de alguma forma para as atividades da Cozumel Indústria e Comércio de Alimentos Ltda. (fornecedores, consumidores, etc.)".

"Os princípios e regras deste Código de Conduta são aplicáveis aos públicos supracitados, que têm o dever de:

a) explicitar sua adesão e concordância às disposições do Código de Conduta, na forma prevista no seu Capítulo XI;

b) manter rigoroso sigilo a respeito de informações oriundas de trabalhos e contribuições prestados à empresa e não as utilizar de nenhuma forma em benefício pessoal, de terceiros, ou em prejuízo dos interesses da empresa;

c) somente se manifestar em nome da Cozumel Indústria e Comércio de Alimentos Ltda. em qualquer ambiente, interno ou externo, se e quando estiver para isso devidamente credenciado, de acordo com a Política de Porta-Vozes aprovada pelo Conselho de Administração.

d) assegurar que transações com partes relacionadas efetuadas no âmbito da Cozumel Indústria e Comércio de Alimentos Ltda. sejam conduzidas com total transparência e equidade e que delas não resultem benefícios pessoais para os próprios envolvidos, seus familiares ou amigos;

e) dar exemplo de aderência às disposições do estatuto social e das demais regras internas da Cozumel Indústria e Comércio de Alimentos Ltda., cabendo-lhes certificar-se, por todos os meios a seu alcance, que tais diretrizes sejam de seu pleno conhecimento e integralmente respeitadas."

"São deveres de todos os Sócios, Conselheiros de Administração e Diretores:

a) trazer ao conhecimento do Comitê de Conduta o envolvimento em atividades de outras empresas de forma a demonstrar a inexistência de conflitos de interesses com a empresa Cozumel Indústria e Comércio de Alimentos Ltda.;

b) manter o Comitê de Conduta informado sobre eventuais atividades político-partidárias que venham a desenvolver e demonstrar a inexistência de conflitos com aquelas que desenvolvem na empresa Cozumel Indústria e Comércio de Alimentos Ltda.;

c) informar ao Comitê de Conduta sobre quaisquer processos e/ou inquéritos administrativos ou judiciais de que façam parte e que, pelo desfecho possível, possam resultar em prejuízo de imagem da empresa. O Comitê de Ética deverá registrar tais informações e encaminhá-las ao Conselho de Administração para o endereçamento adequado."

"São deveres de todos os membros do Conselho de Administração:

a) zelar pela integridade das demonstrações financeiras e das informações divulgadas pela empresa para qualquer público de interesse, não aceitando em nenhuma hipótese a existência de fundos paralelos não reconhecidos contabilmente. Ademais, o Conselho deverá submeter as contas ao crivo de auditoria externa de renome e total independência antes de levá-las à apreciação da assembleia geral;

b) fortalecer o ambiente de controles internos, inclusive sistemas contábeis, para que os objetivos do item acima sejam plenamente viabilizados;

c) assegurar a aderência da Empresa a todas as leis e regulamentos pertinentes, exemplificativamente no âmbito trabalhista, tributário, ambiental e consumerista;

d) manter a Diretoria informada acerca dos assuntos estratégicos, não devendo interferir em assuntos operacionais."

"Os Diretores deverão:

a) cuidar para que sua atuação se dê sempre em conformidade com os princípios desde Código de Conduta;

b) atuar, em suas áreas de influência, como guardiões do cumprimento das disposições do estatuto social e das demais regras internas da Empresa, bem como deste Código de Conduta, denunciando ao Comitê de Conduta quaisquer comportamentos em desconformidade com os princípios desse Código;

c) fazer prevalecer nas relações com funcionários e entre funcionários sempre o clima de respeito, transparência e total ausência de qualquer forma de discriminação;

d) monitorar a disciplina de observância de que todas as informações disponíveis aos funcionários em função de sua relação de emprego com a Empresa são confidenciais e não passíveis de divulgação para terceiros;

e) zelar pela integridade dos bens tangíveis e intangíveis da empresa que estejam sob sua influência;

f) não utilizar em benefício de interesses pessoais, ou para promoção de interesses políticos, ou de terceiros os bens de propriedade física ou intelectual da empresa;

g) aplicam-se aos Diretores, quando cabível, as normas acima estabelecidas para os conselheiros de administração."

"Nas relações da empresa com terceiros:

tanto administradores quanto funcionários da Empresa procurarão fazer com que terceiros, não capitulados nos itens antecedentes, mas que se relacionem a qualquer título com a Empresa, como, por exemplo, fornecedores de materiais ou serviços, conheçam e observem as disposições deste Código."

Capítulo III - Composição e Mandatos do Comitê de Conduta

Exemplos de cláusulas:

"O Comitê de Conduta será composto por, no mínimo, 4 (quatro) e, no máximo, 6 (seis) membros, escolhidos pelo Conselho de Administração, devendo ter em sua composição, no mínimo, 1 (um) sócio, 1 (um) Diretor, 1 (um) gerente e 1 (um) colaborador interno representante dos funcionários da empresa."

"Conselheiros de administração não farão parte do Comitê de Conduta."

"O Comitê poderá requisitar a participação temporária de convidados para desenvolver alguma atividade especial, para analisar assunto técnico ou fato que requeira conhecimentos específicos. Tal participação não implicará, em nenhuma hipótese, competência para votar ou deliberar junto ao Comitê."

"O Conselho de Administração escolherá, no curso de um mandato, substitutos em caso de vacância no Comitê de Conduta. Entre os casos de vacância, inserem-se: renúncia, impedimento definitivo ou ausências na metade das reuniões realizadas no período de 12 (doze) meses."

"Sócios, executivos ou colaboradores que tenham recebido recomendações restritivas por parte do Comitê de Conduta, pendentes de decisão do Conselho de Administração, e/ou aplicação de qualquer penalidade não poderão integrar o Comitê de Conduta."

"O mandato do representante dos funcionários terá o prazo máximo de 24 (vinte e quatro) meses, não sendo permitida a renovação do mandato, e tampouco motivar qualquer tipo de estabilidade ou benefício empregatício."

"O mandato de cada membro é de 2 (dois) anos, com a possibilidade de 1 (uma) reeleição desde que, a cada 2 (dois) anos, pelo menos 1 (um) novo membro do quadro do Comitê de Conduta seja renovado, em substituição aos membros que encerram seu mandato."

"Fica a critério do conselho de administração, excepcionalmente, prorrogar o segundo mandato de 1 (um) ou 2 (dois) membros, por 1 (um) ou 2 (dois) anos, dentro dos limites acima fixados."

"As reuniões do Comitê de Conduta, ordinárias e extraordinárias, regularmente convocadas, somente se instalarão com a presença de, no mínimo, metade mais 1 (um) de seus membros. Caso esse quórum não seja alcançado, será convocada nova reunião."

"O Comitê de Conduta se reunirá com a presença de, no mínimo, 3 (três) de seus membros, sendo que, em caso de empate nas votações, o Presidente terá o voto de qualidade."

Capítulo IV – Coordenação

Exemplos de cláusulas para este Capítulo:

"Os membros do Comitê de Conduta escolherão entre si um coordenador, cuja função será rotativa, com mandato de um ano, sendo substituído na primeira reunião de cada ano por consenso dos demais."

"Caberá ao coordenador, já na primeira reunião do Comitê de Conduta em que assumir a sua função: (i) fixar as datas das quatro reuniões ordinárias do Comitê de Conduta no ano; (ii) convocar por e-mail ou fac-símile (com aviso de recebimento) as reuniões extraordinárias; (iii) coordenar os processos do Comitê, desde a denúncia até a recomendação final ao Conselho de Administração, devendo redigir os relatórios e colher as assinaturas de todos sempre que necessário. Caso entenda conveniente, o coordenador poderá indicar um secretário para auxiliá-lo, que poderá, ou não, ser funcionário da Empresa."

Capítulo V - Gestão do Código de Conduta

Em geral, e como regra, a interpretação e a aplicação das normas do Código de Conduta são atribuídas ao Comitê de Conduta e ao Conselho de Administração, cabendo também ao Comitê de Conduta monitorar a tarefa de divulgação e disseminação do Código, e propor ao Conselho a sua atualização, sempre que necessário, ou conveniente, cabendo a aprovação final ao Conselho de Administração.

Capítulo VI - Colegiado de Apoio ao Conselho - Comitê de Conduta

Como exemplos de disposições para este Capítulo, citamos:

"A gestão do Código de Conduta será exercida pelo Comitê de Conduta e pelo Conselho de Administração da Empresa Cozumel Indústria e Comércio de Alimentos Ltda., competindo a ambos estimular a sua divulgação."

"Compete ao Comitê de Conduta avaliar permanentemente a atualidade e a pertinência deste Código, bem como determinar as ações necessárias para a divulgação e a disseminação dos mais elevados padrões de ética dentro da Cozumel Indústria de Alimentos Ltda."

"A repetição de denúncias sobre casos ainda não previstos no Código de Conduta deverá ser considerada na primeira atualização que deste se fizer."

"Cabe ao Comitê de Conduta promover a atualização periódica do Código, submetendo-a à aprovação do Conselho de Administração."

"Cabe ao Comitê de Conduta esclarecer eventuais dúvidas de interpretação das suas normas, bem como analisar as denúncias e violações, além de conduzir todas as fases do procedimento disciplinar."

"O Comitê de Conduta não tem autoridade administrativa para aplicar penalidades, mas sua opinião deverá ser muito clara no sentido de se houve ou não, em cada denúncia recebida e no âmbito do procedimento disciplinar, violação das normas do Código, bem como de recomendar ao Conselho de Administração eventual aplicação de penalidade."

"Aquele que não for independente da matéria em discussão deverá manifestar, tempestivamente, seu conflito de interesses ou interesse particular, podendo outra pessoa manifestá-lo, caso ele próprio não o faça."

"As deliberações deverão ser tomadas preferencialmente por consenso. Caso o consenso não seja obtido, as deliberações serão tomadas por maioria de votos, excluídos os votos de eventuais membros com interesses conflitantes com o da matéria em discussão, sendo que o membro conflitado deverá assim declarar-se antes da votação, e sua manifestação constará das respectivas atas. Em caso de empate, o coordenador do Comitê de Conduta terá o voto de qualidade."

"Embora os membros do Comitê de Conduta sejam designados pelo Conselho de Administração, o Comitê deve manter total autonomia e independência com relação ao primeiro, sem nenhuma forma de subordinação hierárquica, tendo em vista que o próprio Conselho de Administração está sujeito às normas e penalidades do Código de Conduta."

Capítulo VII – Processamento de Denúncias, Procedimento Disciplinar e Recomendações do Comitê de Conduta

Este Capítulo deve dispor de regras procedimentais, tais como:

"Havendo indícios da não observância dos valores, do descumprimento dos princípios e das normas consagrados pela empresa, em especial do seu Estatuto Social (Contrato Social) e/ou deste Código, a partir de fato notório, denúncia, solicitação do Conselho de Administração ou por inciativa do próprio Comitê de Conduta, a maioria dos seus membros, reunida para essa finalidade, excluídos os membros conflitados, deverá decidir pela instauração do procedimento disciplinar em face do denunciado. O procedimento disciplinar poderá resultar em aplicação de penalidade pelo Conselho de Administração ou, no caso de funcionários e terceiros, de medidas aplicáveis pela Diretoria."

"Incumbe ao relator tomar os depoimentos das partes envolvidas (sempre acompanhado de mais um membro do Comitê de Conduta), examinar a documentação que estas lhe ofereçam, ouvir testemunhas, que poderão ter a sua identidade preservada caso haja risco de represália por parte do denunciado, e, no prazo de até 90 (noventa) dias da denúncia, prorrogáveis pelo coordenador justificadamente por mais 60 (sessenta) dias, enviar seu relatório, com seu parecer, para o coordenador, a quem caberá submeter o assunto à votação do pleno do Comitê de Conduta na subsequente reunião ordinária. Ou, ainda, a seu exclusivo critério, em reunião extraordinária expressamente convocada para essa finalidade, em prazo menor."

"Dentro deste prazo, o Comitê de Conduta poderá solicitar informações adicionais ao relator sobre o processo."

"O denunciado terá sempre a oportunidade de acompanhar o procedimento, de se manifestar, inclusive por meio de sustentação oral, em reunião ordinária ou extraordinária, e de produzir provas, antes de o assunto ser submetido à votação do pleno do Comitê de Conduta."

"Quaisquer denúncias, quer sejam escritas, por internet ou recebidas pela ouvidoria, deverão ser encaminhadas ao coordenador do Comitê de Conduta, cujo nome e endereço eletrônico serão divulgados no website da Empresa."

"Denúncias, anônimas ou não, só serão processadas pelo Comitê de Conduta se forem verificados elementos de relevância que possibilitem a continuidade do caso."

"As denúncias deverão ser formalizadas mediante documento assinado. Denúncias anônimas não serão aceitas e apreciadas pelo Comitê de Conduta."

"Poderá também o Comitê de Conduta dar voluntariamente início a um processo, independentemente de qualquer denúncia, quando houver fato notório que, no seu entender, exija esclarecimentos."

"Todas as denúncias serão processadas pelo Comitê de Conduta em absoluto sigilo, que deverá ser observado também por todos os envolvidos que de qualquer forma tomem conhecimento do caso, sendo que a divulgação da decisão do Conselho de Administração poderá ocorrer na hipótese de casos notórios e/ou em que os fatos apurados sejam, tornem-se ou estejam, de modo geral, disponíveis ao público e desde que autorizado por, pelo menos, a maioria dos membros Conselho de Administração."

"Em face de denúncia, fato notório ou solicitação do conselho de administração, caberá ao coordenador e, em casos especiais, a critério do coordenador, por decisão da maioria do Comitê de Conduta, avaliar seu cabimento e requisitos formais e, se procedente, distribuí-la, em rodízio, a um relator."

"Na instauração do procedimento disciplinar deverá haver expressa indicação do fato considerado irregular e sua correspondente infringência aos dispositivos deste Código e/ou do Estatuto Social (contrato Social) da empresa, assim como a existência ou não de ameaças à reputação da empresa, do suposto autor ou autores da infração e das penalidades passíveis de aplicação pelo conselho de administração, conforme Anexo I."

"Após a nomeação do relator, o denunciado deve ser imediatamente notificado por escrito e convidado a se manifestar para apresentação de sua defesa, instruindo o processo com os documentos que julgar necessários, no prazo de 20 (vinte) dias contados do recebimento da notificação, podendo o relator do procedimento, por solicitação expressa do denunciado, conceder prazo adicional de até 30 (trinta) dias."

"O prazo total para a finalização do procedimento, desde o recebimento da denúncia pelo Comitê de Conduta até o pronunciamento da sua decisão, não deverá ultrapassar 180 (cento e oitenta) dias."

"Se rejeitada a denúncia pelo coordenador, todos os membros do Comitê de Conduta deverão ser informados por escrito, sendo que tal decisão poderá ser reformada pelo seu pleno."

"Em caso de o pleno do Comitê de Conduta confirmar a rejeição da denúncia, o Conselho de Administração deverá ser informado, por escrito, da decisão e das razões que a embasaram."

"Uma vez feita a recomendação de arquivamento pelo Comitê de Conduta, o processo só poderá ser reaberto em casos excepcionais, se forem apresentados comprovadamente fatos novos, e a critério exclusivo e discricionário do próprio Comitê de Conduta."

"O relator indicado poderá declarar-se impedido, por razões de foro íntimo."

"A deliberação do pleno do Comitê de Conduta deverá ser no sentido de declarar se houve ou não violação do Código e/ou do Estatuto Social (Contrato Social) da Empresa, e de expressar sua recomendação quanto à eventual aplicação de penalidade, bem como se entende ter havido ou não ameaça à reputação da Empresa, sendo o processo, em seguida, encaminhado ao Conselho de Administração, ou à Diretoria, conforme aplicável."

"A qualquer momento durante o decurso de um procedimento disciplinar, o Comitê de Conduta poderá recomendar ao Conselho de Administração a aplicação de medidas cautelares de caráter provisório, em face do denunciado, que sejam necessárias para assegurar o andamento do procedimento disciplinar, bem como para preservar a imagem e a reputação da Empresa."

"O Comitê de Conduta encaminhará suas propostas, pareceres e recomendações registrados por escrito, em Ata, ao Conselho de Administração da Cozumel Indústria de Alimentos Ltda., para apreciação, aprovação e encaminhamento, e manterá em arquivo documentos e registros dos procedimentos adotados em cada caso."

"Quando a denúncia envolver funcionários da empresa, a opinião do Comitê de Conduta será apresentada à diretoria, à qual caberá adotar as medidas adequadas e informar o assunto ao Conselho de Administração."

"A confidencialidade das denúncias, bem como das decisões tomadas no âmbito do Comitê de Conduta, deverá ser assegurada por seus membros em toda e qualquer circunstância, salvo se necessária para instruir defesa em ações judiciais."

"Todos os prazos mencionados acima se referem a dias corridos, contados da aceitação da denúncia pelo Comitê de Conduta."

Capítulo VIII – Conselho de Administração

Se houver um capítulo ou item específico para falar exclusivamente da competência do Conselho de Administração, enquanto órgão competente para a tomada final de decisão, seguem exemplos de cláusulas:

"O Comitê de Conduta somente propõe ao Conselho de Administração as providências que julgar cabíveis, não podendo tomar nenhuma decisão sobre o caso. Caberá ao Conselho de Administração da Cozumel Indústria de Alimentos Ltda., após análise do parecer conclusivo do Comitê de Conduta, aprovar, ou não, o relatório e determinar as providências junto à empresa para execução e posterior retorno com prestação de contas."

"A decisão final deverá ser tomada pelo Conselho de Administração no prazo de até 90 (noventa) dias da recomendação do Comitê de Conduta e deverá ser comunicada formalmente, por escrito, ao coordenador do Comitê."

"Caso o Conselho de Administração da Cozumel Indústria de Alimentos Ltda. não aprove o relatório e a recomendação do Comitê de Conduta, deverá deliberar, por maioria simples, pelo seu arquivamento ou pelo retorno do referido relatório à Comissão de Conduta, para providências que se fizerem necessárias."

"Em caso de reforma da recomendação feita pelo Comitê de Conduta, a decisão do Conselho de Administração deverá ser acompanhada das razões que levaram a essa decisão."

"O Conselho de Administração, os membros do Comitê de Conduta e os denunciados terão acesso a todo o material do processo, desde que sem prejuízo ao bom andamento do procedimento disciplinar."

Capítulo IX – Prestação de Contas

Este Capítulo deve dispor sobre a forma pela qual o Comitê de Conduta presta informações de sua atuação ao Conselho de Administração. Por exemplo:

"Semestralmente, o coordenador do Comitê de Conduta enviará ao Conselho de Administração um relatório das atividades do Comitê de Conduta."

"Ao final de cada exercício, o coordenador do Comitê de Conduta enviará à Diretoria um relatório das atividades do Comitê de Conduta durante o exercício, e essa comunicação deverá integrar o relatório anual da empresa apenas como indicação estatística de reuniões realizadas, denúncias recebidas, procedimentos disciplinares instaurados, pedidos de esclarecimentos respondidos, iniciativas na área de divulgação do Código etc."

Capítulo X - Apoio Logístico

A depender do tamanho da empresa e da quantidade de atividades do Comitê de Conduta, pode ser interessante que o Comitê receba da Diretoria todo o apoio materialmente necessário para seu funcionamento, tal como designação de espaço para as reuniões, guarda segura de atas, processos, documentos referentes às investigações e denúncias, entre outros, devendo essa colaboração resultar de entendimentos diretos entre o Diretor-Geral e o Coordenador do Comitê de Conduta em exercício.

O arquivo contendo as pastas físicas dos processos deverá ter acesso limitado, previsto em procedimentos que incluam o registro de quando foram consultados e por quem.

Capítulo XI - Adesão

A fim de dar amplo conhecimento do Código de Conduta, é importante que os sócios, conselheiros, diretores, gestores, funcionários, colaboradores, fornecedores e partes interessadas manifestem-se em documento próprio que lhes será entregue juntamente com exemplares (atualizados) do Código de Conduta, sua concordância e sua disposição de observar suas regras e princípios.

Devem, ainda, declarar expressamente que se comprometem a manter-se atualizados sobre seus termos e alterações, mediante acesso aos meios de comunicação institucional disponibilizados pela empresa.

Devem também tomar ciência de que alegar desconhecimento do Código não será admitido como desculpa para o não cumprimento das suas disposições.

Capítulo XII - Disposições Finais

Neste capítulo pode haver previsões amplas, tais como: "A reflexão sobre a ética no âmbito da Cozumel Indústria de Alimentos Ltda. deve ser uma prática permanente, a fim de assegurar que as ações, comportamentos e atitudes de seus executivos, colaboradores e demais *stakeholders* sejam coerentes com sua missão, visão e valores, além de estarem de acordo com este Código de Conduta."

Sempre que necessário, os prazos estabelecidos neste Código de Conduta poderão ser ampliados, por deliberação do Conselho de Administração, a partir de solicitação fundamentada do Comitê de Conduta.

Ou, ainda, previsões sobre pontos específicos procedimentais, tais como: "Os prazos estabelecidos neste Código de Conduta, quando necessário, poderão ser modificados pela maioria do Conselho de Administração, a partir de solicitação fundamentada do Comitê de Conduta".

E a disposição final sobre a entrada em vigor do Código: "Este Código de Conduta entrará em vigor na data de sua publicação".

Finalmente, como em qualquer documento, insere-se a data e o local. No caso do Código de Conduta, costumamos finalizar com os nomes das pessoas que participaram de sua elaboração e da composição inicial do Comitê.

Local e data

Nomes, funções e assinaturas dos Integrantes do Comitê de Conduta.

Penalidades (Anexo)

Em geral, as penalidades constam de um anexo. A seguir demonstramos uma possibilidade.

Anexo I - Penalidades

Assegurados os direitos da ampla defesa e do contraditório, através de regular processamento interno no Colegiado de Apoio ao Conselho - o Comitê de Conduta, a depender da gravidade da eventual violação apurada em relação ao Código de Conduta da Empresa, ficam instituídas as seguintes sanções:

1. advertência privada escrita, por carta;
2. suspensão por até 10 (dez) dias do cargo ou função exercida;
3. em casos de extrema gravidade, ou reincidência, o infrator poderá ser afastado de seu cargo ou função e/ou demitido por justa causa[43].

[43] Lembrando que a demissão por justa causa de empregados está prevista na Consolidação das Leis Trabalhistas (CLT), ou seja, um Código de Conduta não tem competência para estabelecer novas previsões, sob pena de ser desconsiderado em Juízo:
"Art. 482. Constituem justa causa para rescisão do contrato de trabalho pelo empregador: a) ato de improbidade [*quando o trabalhador age de forma desonesta com o empregador, por exemplo, falta ao trabalho para prestar serviço a terceiros e apresenta atestado médico falso, bate o ponto de outro colega, furta um produto da empresa*]; b) incontinência de conduta ou mau procedimento [*usar suas redes sociais para manchar a imagem da empresa, praticar assédio sexual ou moral de outro funcionário, disseminar pornografia na empresa pelo e-mail corporativo etc.*]; c) negociação habitual por conta própria ou alheia sem permissão do empregador, e quando constituir ato de concorrência à empresa para a qual trabalha o empregado, ou for prejudicial ao serviço [*vender produtos dentro da empresa, entregar cartões profissionais pessoais para clientes da empresa etc.*]; d) condenação criminal do empregado, passada em julgado, caso não tenha havido suspensão da execução da pena; e) desídia no desempenho das respectivas funções [*o funcionário comete uma série de erros seguidamente, demonstra claro desinteresse pelo seu trabalho, chega atrasado e falta constantemente e sem justificativa etc.*]; f) embriaguez habitual ou em serviço; g) violação de segredo da empresa [*ex.: divulgar uma receita de uma empresa de alimentos, divulgar um projeto patenteado, uma ação estratégica da empresa*]; h) ato de indisciplina ou de insubordinação [*não acatar ordem de seus superiores, não cumprir tarefas ou prazos etc.*]; i) abandono de emprego [*"sumir" do trabalho por 30 dias, de forma voluntária.*

A comunicação das penalidades seguirá os seguintes procedimentos: (i) devidamente registrada em ata assinada e arquivada no arquivo do Comitê de Conduta; (ii) transmitida pela presidência do Conselho de Administração, acompanhada por um conselheiro, ou por dois conselheiros, facultada a presença do Diretor Executivo da empresa, no caso de o sancionado ser um conselheiro de administração; (iii) transmitida pela Diretoria responsável pelo funcionário, acompanhada por outro diretor, nos demais casos.

"Dicas" para elaborar um Código de Conduta

Inicialmente, é necessário selecionar na empresa quem serão as pessoas que farão parte da equipe. Recomendamos um grupo diverso que represente a empresa como um todo, por exemplo, colaboradores de diferentes níveis hierárquicos, representantes de áreas de atuação relevantes no negócio e pessoas com experiências e conhecimentos distintos da empresa.

É fundamental que todos os envolvidos sejam, de fato, pessoas comprometidas com a missão, a visão e os valores da empresa.

Dependendo do tamanho da empresa, e do número de envolvidos, pode ser interessante a participação de uma consultoria ou profissional especializado no assunto. Além de esse profissional oferecer uma visão imparcial, sua experiência pode ajudar, e muito, na condução do processo e na sua formulação técnica.

Não pode ter sido atropelado e estar em coma, por exemplo]; j) ato lesivo da honra ou da boa fama praticado no serviço contra qualquer pessoa, ou ofensas físicas, nas mesmas condições, salvo em caso de legítima defesa, própria ou de outrem; k) ato lesivo da honra ou da boa fama ou ofensas físicas praticadas contra o empregador e superiores hierárquicos, salvo em caso de legítima defesa, própria ou de outrem; l) prática constante de jogos de azar [*vender rifas dentro da empresa em horário de expediente, promover torneios de poker na empresa etc.*]; m) perda da habilitação ou dos requisitos estabelecidos em lei para o exercício da profissão, em decorrência de conduta dolosa do empregado. (Incluído pela Lei n. 13.467, de 2017) Parágrafo único. Constitui igualmente justa causa para dispensa de empregado a prática, devidamente comprovada em inquérito administrativo, de atos atentatórios à segurança nacional. (Incluído pelo Decreto-lei n. 3, de 27-1-1966) [*por exemplo, um médico que tenha a sua habilitação da profissão caçada e que, portanto, não tem mais condições de trabalhar em um hospital. Um motorista de ônibus tem sua carteira suspensa em razão de pontos (ou perdeu sua habilitação)*]". É importante ressaltar que a demissão por justa causa deve ser cabalmente provada na Justiça do Trabalho, para que o empregador não sofra punições. Ou seja, o trabalhador tem que ter cometido de fato, e com provas, um ato grave contra a empresa, já que essa é a maior punição que pode existir no âmbito trabalhista. Lembrando, ademais, que, se passar muito tempo entre o fato e a demissão, a Justiça pode entender que houve perdão tácito. Por outro lado, como dissemos no início, acreditamos que o Código de Conduta da empresa seja fundamentalmente um documento que dá suporte para elevar os padrões de conduta de todos os envolvidos com a empresa (desde os sócios, até todos os *stakeholders*), e não que seja fundamentalmente utilizado como um "código de punição disciplinar").

Uma vez formada a equipe, é importante definir o material necessário para a redação do Código, que abrange desde documentos, entrevistas, até um relatório do planejamento estratégico (que pode/deve ser um primeiro passo).

Códigos de Conduta de outras empresas podem ser examinados, especialmente no que respeita à sua forma, mas é importante ter em mente que o conteúdo deve ser desenvolvido pelo grupo, representando toda a empresa, pois cada entidade tem seus valores e características próprios. Assim, o conteúdo do Código de Conduta vai variar muito de acordo com as características de cada empresa.

Depois de realizado um levantamento dos documentos que a empresa possui, e realizadas as entrevistas (estruturadas), é importante que a equipe discuta e refita profundamente sobre os pontos levantados, os diversos fatores e características da empresa, padrões de comportamento, expectativas etc. Tudo o que a empresa faz e acredita deve ser considerado, pois é de extrema importância que o Código de Conduta reflita o que a companhia é, faz e defende.

Antes de publicar o Código em sua redação final, é importante que se faça uma revisão de forma e de conteúdo, que deverá ser aprovada por outro órgão da companhia (por exemplo, o Conselho de Administração ou Consultivo, ou a assembleia ou reunião de sócios).

Feito isso, a publicação pode ser feita na Intranet (rede de comunicação interna da empresa) ou em outro local de fácil acesso a todos colaboradores, sendo organizada, em seguida, a divulgação por algum dos porta-vozes da empresa, convidando todos a participar dos treinamentos etc. É importante que cópias impressas sejam disponibilizadas e que se oriente todos sobre a forma de assinar o termo de adesão.

É importante também considerar que o Código de Conduta deve ultrapassar os limites do ambiente interno da empresa, ao qual só os funcionários têm acesso. Ou seja, os *stakeholders* devem ter acesso a ele, de forma a conhecerem a maneira como a empresa atua, a fim de tornar o relacionamento negocial mais sólido e confiável. Dessa forma, recomendamos que fornecedores, parceiros e demais envolvidos com as atividades da empresa tomem ciência aderindo ao Código (conforme o capítulo que trata da "Adesão").

Capítulo IV

Estratégias para Regrar Relações Familiares no Direito Brasileiro (Direito de Família e das Sucessões)

Neste capítulo, adentramos na primeira esfera propriamente jurídica tratada nesta obra, que diz diretamente com o tema da organização patrimonial e do planejamento sucessório de uma família empresária, ou de uma empresa familiar no Brasil, qual seja: o Direito Brasileiro de Família e das Sucessões, fundamentalmente regrado no Código Civil brasileiro, no que respeita às principais estratégias para regular relações familiares relativas a casamentos, uniões estáveis e sucessão.

Cumpre ressaltar que nosso objetivo aqui não é tratar de situações complexas que envolvam doutrina e jurisprudência controversas, ou mesmo de circunstâncias muito particulares, e excepcionais, tais como o regime de bens, no casamento ou na união estável, da "participação final dos aquestos", ou se é possível ou não haver uma união estável em paralelo ao casamento, e em quais circunstâncias, ou, ainda, se o "poliamor", ou seja, três ou mais pessoas unidas por laços afetivos, deve ter abrigo no mundo jurídico do Direito de Família e das Sucessões[1].

---

[1] A título de curiosidade, em 2018, o Conselho Nacional de Justiça (CNJ) decidiu proibir o registro de "poliamor", "união poliafetiva" e "trisal". O pedido inicial foi contra dois cartórios: um em São Vicente e outro em Tupã (em 2016 havia três registros: um homem e duas mulheres; três homens e duas mulheres; e três mulheres). O tema é bastante controverso. Além do posicionamento do CNJ, no qual oito conselheiros votaram NÃO, cinco votaram SIM, e houve duas abstenções, alguns juristas são a favor (por exemplo, Dr. Rodrigo da Cunha Pereira do IBDFAM), afirmando ser tal discussão um retrocesso democrático

Nosso objetivo é apresentar, de forma sistemática, e tentando ser o mais simples, clara e objetiva possível, regras jurídicas de Direito de Família e das Sucessões, atualmente vigentes no Brasil, e que dizem respeito a um universo muito grande de pessoas e famílias que detêm algum tipo de patrimônio.

1. Regras "cogentes" - direitos inegociáveis

Inicialmente, é importante frisar que tanto o Direito de Família como o Direito das Sucessões contêm diversas normas que são denominadas, no jargão jurídico, de "cogentes", de "ordem pública", ou inderrogáveis, ou seja, que são inegociáveis, de observância obrigatória, não importa se a pessoa concorda ou não com elas.

Trata-se de matérias que o Estado, com base nos Direitos Individuais Fundamentais, previstos na Constituição Federal,[2] entende que deve tutelar e regrar a fim de proteger seus cidadãos e, por meio de leis, determina os direitos inegociáveis das pessoas incapazes e dos menores de idade, as obrigações dos pais com os filhos, entre outras matérias.

Dentre essas regras, podemos citar, por exemplo, e de extremo interesse ao tema em questão, sobre como a lei dispõe acerca da ordem de vocação hereditária na sucessão, ou seja, quando alguém falece, quem serão os herdeiros necessários, obrigatórios, titulares de pelo menos 50% do patrimônio total do falecido: seus ascendentes; seus ascendentes, na falta de descendentes; e seu cônjuge ou companheiro, com ou sem filhos comuns, sempre a depender do regime de bens e dos outros herdeiros com quem concorre (se ascendentes ou descendentes).

---

muito grande e que o Estado não tem que entrar nessa seara, na economia do desejo das pessoas. Que essas uniões existem, queiram ou não. E que não é uma escritura que cria de fato uma união poliafetiva. Essas relações existem, sua negação é um "incentivo à intolerância" e uma "moral hipócrita". Em contrário, a Dra. Regina Beatriz Tavares da Silva, da ADFAS, entende "tratar-se de uma 'involução' (...) que 'povos que permitem a poligamia têm os piores índices de desenvolvimento humano, onde prevalece a inferioridade feminina, a violência doméstica, o descuido com filhos'". Além do fato de que o registro em Cartório é um documento público e, portanto, implica reconhecimento de direitos a receber herança, pensão, previdência. Tal realidade pode trazer inúmeros problemas econômicos relativos a benefícios previdenciários, planos de saúde etc. Concluindo, muita água ainda vai rolar...

2 Art. 5º da CF, seus incisos, alíneas e parágrafos, c/c art. 226 da CF: "A família, base da sociedade, tem especial proteção do Estado".

Outrossim, como veremos neste capítulo, na prática, a despeito das várias normas cogentes, obrigatórias, previstas na lei, que sem dúvida reduzem os espaços de negociação privada, existe um espaço discricionário, de "autonomia privada", ou seja, um espaço livre para que cada indivíduo, ou família, decida como prefere regrar suas relações.

Por exemplo, na maioria dos casos o casal pode escolher livremente sob qual regime de bens quer se casar ou viver em união estável, em pacto antenupcial ou em contrato de convivência[3], respectivamente. Além disso, o sujeito pode determinar como e para quem quer direcionar 50% do seu patrimônio, denominado de "disponível", seja doando-o em vida[4] ou dispondo sobre ele em testamento[5] etc.

Nesse sentido, pode ser oportuno que cada um faça o seu planejamento sucessório, a fim de melhor regrar seus interesses e os de sua família.

Neste capítulo, trataremos, em quatro grandes blocos, de regras cogentes e de espaços para o exercício da autonomia privada, sempre ressaltando onde tal espaço, ou seja, a vontade do indivíduo, pode coexistir com a norma jurídica cogente. Nessa linha, são os seguintes os tópicos que serão abordados:

(i) As características e implicações legais do casamento, da união estável e do namoro;

(ii) Os principais regimes de bens (comunhão parcial, comunhão total, separação total como opção, separação total obrigatória e regime híbrido) no casamento e na união estável, e seus respectivos impactos no divórcio;

(iii) Os principais regimes de bens no casamento e na união estável, e seus concernentes impactos na sucessão; e

(iv) O patrimônio "legítimo" dos herdeiros necessários e o patrimônio disponível, em doações e testamentos.

---

3 Ao final deste capítulo, apresentaremos algumas cláusulas possíveis em pactos antenupciais, que devem ser feitos antes do casamento, bem como em contratos de convivência, a fim de regrar a união estável.

4 Lembrando que o doador precisa reservar parte, ou renda suficiente, para a sua subsistência, sob pena de nulidade da doação (art. 548 do CC).

5 Ao final deste capítulo, apresentaremos algumas cláusulas possíveis em escrituras públicas de doação, bem como em testamentos públicos, que devem ser feitas em Cartórios (Tabelionato de Notas).

2. Casamento, união estável e contrato de namoro[6] (casais hetero ou homoafetivos)

2.1. Casamento civil

O casamento civil é um ato formal submetido a diversos requisitos previstos em lei. É realizado em Cartório de Registro Civil, e o processo se inicia com a habilitação do casal por meio de análise documental e publicação dos proclamas do casamento na imprensa local ou em mural do cartório. A oficialização da união deve ser realizada por juiz de paz, na presença de, no mínimo, duas testemunhas. Uma vez realizada a cerimônia, é emitida uma Certidão de Casamento.

Assim como na união estável, se não houver escolha pelo regime de bens, vigorará o regime da comunhão parcial.

2.2. Pacto antenupcial

Caso o casal deseje escolher outro regime que não o da comunhão parcial de bens[7], ou regrar de forma específica algumas matérias, deverá fazer um pacto antenupcial, que é um contrato firmado antes do casamento, no qual os noivos estabelecem as regras quanto a seus bens, que vigorarão durante a constância da união, bem como as repercussões patrimoniais caso ocorra o término do relacionamento (conforme art. 1.639 do CC)[8].

O pacto antenupcial, assim como o casamento, é um ato formal, que deve necessariamente ser feito por escritura pública, em um Tabelionato de Notas, e, posteriormente, ser levado a registro no Cartório de Registro Civil de Pessoas Naturais onde o casamento for realizado. Após o casamento, para que produza efeitos perante terceiros, o pacto antenupcial deverá ser registrado no Cartório de Registro de Imóveis do primeiro domicílio do casal e

---

[6] Sobre o tema, *vide* no canal do YouTube GEEF – Grupo de Estudos de Empresas Familiares o vídeo: Casamento, União Estável e Contrato de Namoro. Disponível em: https://www.youtube.com/watch?v=WcBP_TsVXzE.

[7] Não é necessário fazer pacto antenupcial nos casos de separação obrigatória de bens, visto se tratar de uma imposição legal. Os regimes de bens serão mais profundamente abordados no decorrer deste capítulo.

[8] Os regimes de bens atualmente vigentes no Brasil serão vistos em item específico, que trata também de seus reflexos no divórcio.

ser averbado na matrícula dos bens imóveis do casal (conforme arts. 1.653 e 1657 do CC).

O pacto antenupcial também deve observar os requisitos jurídicos essenciais para ser considerado válido, ou seja, para não ser anulado no futuro: (i) agentes capazes e legítimos para praticar o ato; (ii) a forma deve ser adequada, prevista ou não proibida por lei; (iii) a vontade dos agentes deve estar livre de vícios, coação, indução etc.; (iv) e o objeto deve ser lícito e possível, não contrário à lei e aos bons costumes.

2.3. Vantagens de se fazer um pacto antenupcial

Inicialmente, é importante ter presente que o pacto antenupcial não é uma opção apenas para casais com grande poder aquisitivo. Por exemplo, se um dos noivos é um pequeno empresário, mas essa condição lhe exige liberdade de gestão de patrimônio, esse tipo de contrato poderá facilitar seu dia a dia na atividade empresarial, na medida em que um pacto antenupcial pode, por exemplo, conter uma cláusula que dispense a anuência do cônjuge no curso das transações rotineiras da empresa.

Para qualquer casal, seja qual for seu patrimônio, o pacto antenupcial é um espaço importante de exercício da autonomia privada e pode oferecer uma série de vantagens, tais como esclarecer e regrar interesses entre os parceiros, ajustados às suas peculiaridades, desde o início da relação, evitando, em um eventual divórcio, algumas discussões e reduzindo o litígio, seu custo financeiro e emocional.

Como é sabido, um casal em processo de divórcio, em geral, está influenciado por diversas variáveis afetivas que tendem a interferir negativamente no processo de negociação da separação.

Quando se opta por tratar de questões patrimoniais e extrapatrimoniais sensíveis antes do casamento, quando os cônjuges estão em harmonia, a negociação tende a ser mais cooperativa e racional, possibilitando acordos muito mais eficazes e menos sofridos.

Sempre será mais propício regular direitos e deveres quando a relação está amorosa e sensata, do que pedir a um Juiz que decida brigas e rancores de um casal em processo de separação, valendo aqui também a máxima de que "o combinado não sai caro".

3. Regimes de bens

A previsão do regime de bens no pacto antenupcial costuma ser o principal motivo pelo qual os casais optam por fazê-lo. Isso porque, como dito, não o fazendo, o regime de bens que irá vigorar será o da comunhão parcial de bens.

Atualmente, temos cinco regimes de bens vigendo no Brasil, que, como dito, valem tanto para o casamento quanto para a união estável, de casais hetero ou homoafetivos:

3.1. Regime da comunhão parcial de bens

É o regime legal, ou seja, é aquele que irá vigorar se o casal não escolher outro regime em pacto antenupcial antes do casamento ou no caso de união estável, em contrato de convivência.

3.2. Regime da comunhão total de bens

É um regime convencional. Esse regime tem que ser escolhido pelo casal em pacto antenupcial antes do casamento ou em contrato de convivência, no caso de união estável.

3.3. Regime da separação total de bens

É um regime convencional. Esse regime o casal também tem que escolher em pacto antenupcial antes do casamento ou em contrato de convivência, no caso de união estável.

3.4. Regime da separação obrigatória de bens

É um regime imposto pela lei, em casos específicos. O mais comum e conhecido é quando um dos dois membros do casal, ou os dois, tem mais de 70 anos de idade. Não é necessário fazer pacto antenupcial ou contrato de convivência, uma vez que a lei determina, como regra cogente, que, nesses casos, esse seja o regime (art. 1.641 do CC).

3.5. Regime da participação final dos aquestos

É um regime convencional, que tem que ser escolhido pelo casal em pacto antenupcial antes do casamento ou em contrato de convivência, no caso de união estável. Esse regime, por ser muito específico e de raro interesse, em termos numéricos, não será aqui abordado.

4. Regime de bens híbrido

Além de permitir a escolha de outro regime de bens, que não a comunhão parcial, como a separação total de bens ou a comunhão total de bens, o pacto pode ter algumas especificidades em conformidade com o desejo de cada casal, ou seja, prever uma "mescla" dos regimes legais, também denominado de regime de bens híbrido.

Assim, o casal pode, por exemplo, escolher o regime da separação total de bens, deixando de fora a casa onde vai residir, ou a casa de praia, ou de campo, que seguiriam o regime de comunhão total de bens. Ou, em outro exemplo, escolher a comunhão total de bens, excluindo a empresa de um dos membros do casal, que seria regida pela separação total de bens[9].

5. Pacto antenupcial - outras disposições patrimoniais e extrapatrimoniais

A previsão de disposição acerca de aspectos patrimoniais quanto aos bens do casal no pacto antenupcial é prevista no art. 1.639 do Código Civil. Mas será que há autonomia privada, ou seja, pode prevalecer a vontade das partes em relação a outras matérias patrimoniais ou extrapatrimoniais? Entendo que sim, desde que observadas as normas cogentes, os direitos fundamentais e de personalidade, a dignidade da pessoa humana e a isonomia, ou igualdade de direitos, entre os cônjuges.

Vejamos alguns exemplos.

5.1. Futura eventual partilha de bens

Um pacto antenupcial pode prever regras quanto a futura e eventual partilha de bens, por exemplo: que a companheira ficará, preferencialmente, com

[9] Importante ressaltar que a transferência da metade de um bem (meação de um bem), móvel ou imóvel, para o cônjuge, em decorrência do regime de bens escolhido, se dá sem a necessidade de pagamento de Imposto de Transmissão *Causa Mortis* e Doação (ITCMD). Esse é um imposto estadual que varia de 4 a 8%, a depender do Estado.

a casa de residência do casal e com os ativos financeiros líquidos, e o companheiro ficará, preferencialmente, com as cotas ou ações da empresa e com a casa de campo. Se as disposições couberem nas respectivas meações, perfeito. Caso contrário, o que receber maior percentual de patrimônio deverá doar ao outro a parcela a maior e recolher o Imposto de Transmissão *Causa Mortis* e Doação (ITCMD)[10] a fim de que a divisão dos bens (meação) ao final seja igualitária.

5.2. Cláusulas prevendo doações e outras formas de transmissão de bens entre o casal e para com terceiros

No pacto antenupcial, o casal também pode pactuar cláusulas atinentes a obrigações pecuniárias, tais como: o compromisso de um doar ao outro um imóvel específico que será adquirido, ou de ambos doarem aos futuros filhos algum bem, ou, ainda, a compra e venda ou promessa, cessão de direitos, permutas, usufruto, comodato, uso e destinação de frutos decorrentes da aquisição de bens ou daqueles já existentes[11].

5.3. Tutor para filhos menores em caso de falecimento de ambos os pais

Indicar em pacto antenupcial um tutor para futuros filhos menores do casal, na hipótese de ambos falecerem, também é possível. O ideal, nesse caso, seria que, após o nascimento do filho, a indicação fosse reforçada por testamento.

---

[10] Se um dos ex-cônjuges fica com parcela maior de meação de patrimônio na separação, o Fisco entende que houve uma doação desse valor a maior de um para o outro. Assim, deve incidir o ITCMD como se fosse uma doação. *Vide*, nos anexos a este capítulo, uma escritura de confissão de dívida para ajustes futuros de meação, sem a necessidade de recolhimento de ITCMD. Sobre os principais impostos incidentes em planejamentos patrimoniais e organizações sucessórias, *vide* no nosso canal do YouTube: Principais Tributos Incidentes em Planejamentos Sucessórios e Organizações Patrimoniais. Convidado: Daniel Zugman. Moderação: Roberta Nioac Prado – coordenadora do GEEF. Disponível em: https://www.youtube.com/watch?v=2VBKFhD3SP4&t=2906s.

[11] Nesse sentido, ver acórdão do STJ reconhecendo a validade da cláusula em pacto antenupcial pactuando a promessa de doação de nua-propriedade de imóvel. Disponível em: https://jus.com.br/jurisprudencia/60834/stj-reconhece-novamente-a-exigibilidade-da-promessa-de-doacao-de-imoveis-efetivada-de-forma-livre-e-licita-em-processos-de-separacao-ou-divorcio.

5.4. Tutela e custeio de animais de estimação

Atualmente, não se pode desconsiderar o fato de que os animais de estimação estão cada vez mais presentes no ambiente familiar, muitas vezes com o *status* de "filhos" do casal[12].

No Brasil, já tivemos algumas ações judiciais nas quais um dos ex-cônjuges pleiteia a guarda e a regulamentação de visitas, assim como o dever do outro de contribuir com as despesas de manutenção do animal de estimação.

Um pacto antenupcial pode antecipar tais situações, caso o casal tenha a intenção de ter animais de estimação, ou mesmo já os possua antes do casamento.

5.5. Responsabilidades mútuas e rotinas domésticas

Em princípio, pode-se também prever algumas responsabilidades mútuas ou divisão de rotinas domésticas, tais como, exemplificativamente: a mulher paga as despesas da casa, o marido paga a escola, o seguro de saúde e aulas extracurriculares dos filhos que tiverem em comum; o marido leva os filhos na escola e a mulher faz o supermercado; a mulher cozinha e o marido lava a louça, e por aí vai.

Pode-se também prever algumas proibições, como: ambos estão proibidos de espalhar roupas sujas pela casa ou de fumar dentro do lar. Embora pareça meio estranho uma regulamentação tão detalhada entre o casal, esse tipo de previsão, em princípio, não viola garantias fundamentais nem disposição expressa de Lei, logo, se for da vontade das partes, não há qualquer impedimento.

5.6. Indenização por traição

Tem-se falado bastante, a exemplo do que ocorre entre alguns casais famosos de Hollywood[13], sobre a possibilidade de se estabelecer cláusula penal

---

12 Essa "transferência de afeto" acabou levando à tutela de direitos, embora, ressalte-se, os animais de estimação não são equiparados a filhos, nem pela lei nem pela jurisprudência.

13 Volta e meia surgem na "imprensa cor-de-rosa" supostos detalhes sobre acordos pré-nupciais estabelecidos por celebridades, por exemplo: (i) a atriz Catherine Zeta-Jones teria direito a receber US$ 2,8 milhões por cada ano ao lado do marido, o ator Michael Douglas, e uma indenização de US$ 5 milhões cada vez que ele fosse infiel; (ii) Brad Pitt e Angelina Jolie estabeleceram que, caso ele traísse a mulher, eles se separariam e a guarda de todas as crianças ficaria com Angelina Jolie. Além disso, em caso de divórcio, cada qual ficaria com a quantia que já tinha antes do casamento, aproximadamente US$ 240 milhões de Brad Pitt e US$ 185 de Angelina. O patrimônio acumulado durante a união seria dividido entre seus seis filhos; (iii) Tom Cruise e Katie Holmes, que se separaram em 2012, aparentemente tinham um contrato matrimonial segundo o qual a fortuna do ator, estimada em US$ 250 milhões, ficaria protegida de qualquer

específica em contrato de convivência, ou pacto antenupcial, prevendo indenização pecuniária por infidelidade ou pelo término da união.

Trata-se de matéria controversa na doutrina brasileira, ressaltando-se que não há no Brasil proibição legal expressa nesse sentido. Ademais, essa teoria poderia se amparar no dever de fidelidade recíproca entre os cônjuges ou companheiros.

5.7. Renúncia ao dever de fidelidade recíproca

O art. 1.566 do CC dispõe sobre os deveres conjugais, quais sejam: fidelidade recíproca, vida em comum no domicílio do casal, mútua assistência, sustento, guarda e educação dos filhos, além de respeito e consideração mútuos.

Atualmente, é consenso que o dever de vida em comum no domicílio conjugal não é imprescindível nem no casamento nem na união estável. Muitos são os casais que optam por ter casas separadas, a despeito de terem uma vida em comum, relacionamento pautado na fidelidade recíproca, muitas vezes, inclusive, com filhos em comum.

Em relação ao dever conjugal de fidelidade, de fato há casais que optam por "casamentos abertos", especialmente no que respeita ao consentimento consciente de que ambos tenham liberdade para ter relações sexuais com outras pessoas.

Se isso é verdade, creio que seja importante que o Direito acompanhe e se adapte a novos costumes sociais, a fim de não restar obsoleto e ineficaz. Desde que estejam concordes, parece-me que a questão sexual seja de foro privado e que, portanto, a Lei não deve interferir nesse particular da vida privada do casal a ponto de obrigá-los a serem fiéis.

5.8. Educação religiosa dos filhos

Estabelecer em pacto antenupcial ou contrato de convivência qual será a educação religiosa de filhos futuros, concebidos ou já nascidos, quando o

---

divisão. Por outro lado, Tom Cruise teria que pagar US$ 400 mil a Katie Holmes por ano que eles ficassem juntos, mais uma pensão de cerca de US$ 33 mil por mês para a filha deles, Suri, até que a menina completasse 18 anos; (iv) Justin Timberlake e Jessica Biel teriam assinado um acordo pré-nupcial prevendo que, no caso de o ator trair a mulher, ele teria que lhe pagar uma indenização no valor de US$ 500 mil. Além disso, Jessica poderia se negar a ter filhos enquanto não estivesse completamente segura da lealdade dele. Imprensa rosa ou Imprensa cor-de-rosa é a designação dada à imprensa especializada em assuntos cotidianos ou hábitos de comportamento de celebridades. É geralmente associada com conteúdo rentável e propagandístico com grande alcance das massas. Disponível em: https://pt.wikipedia.org/wiki/Imprensa_rosa.

casal tiver religiões distintas, é tema controverso. O principal argumento contra diz respeito ao direito da criança e do adolescente ser ouvido e ter sua vontade considerada (art. 28, § 1º, do ECA). Além disso, tal determinação poderia interferir na esfera íntima e personalíssima do filho, que, apesar de estar sob responsabilidade dos pais, tem direito à dignidade, à personalidade e à livre-iniciativa, como qualquer cidadão brasileiro (art. 1º, III, da CF c/c art. 2º do CC).

Por outro lado, é possível que um casal com religiões distintas firme um acordo de como será a educação religiosa de seus filhos em comum, notadamente na primeira infância (até os sete anos de idade). Conheci um casal que acordou que, na primeira infância, os filhos homens seguiriam a religião do pai e as filhas mulheres a religião da mãe. E funcionou bem. Se estiverem de acordo até que a criança possa se manifestar conscientemente e escolher por si só o que pretende seguir, não há problema.

6. Pacto antenupcial – disposições vedadas

6.1. Dispensa de mútua assistência

Creio que, nesse particular, não há autonomia privada dos cônjuges (ou seja, não prevalece a previsão contratual). Além de ser uma violação ao art. 1.566 do Código Civil, um casamento não pode prescindir de mútuo amparo e acolhimento. O próprio conceito de casamento dado pelo Código Civil prevê a comunhão de vida e a condição de companheiros dos cônjuges: "O casamento estabelece comunhão plena de vida, com base na igualdade de direitos e deveres dos cônjuges" (art. 1.511 do CC); "Pelo casamento, homem e mulher assumem mutuamente a condição de consortes, companheiros e responsáveis pelos encargos da família" (art. 1.565 do CC). Duas pessoas que não queiram se dar mútua assistência, em princípio, não deveriam se casar.

6.2. Renúncia a eventual e futuro direito a pensão alimentícia

Dispõe o art. 1.707 do Código Civil que é vedado ao credor (no caso, o ex-cônjuge que venha a ter direito a pensão alimentícia) renunciar o direito a alimentos, sendo o respectivo crédito insuscetível de cessão, compensação ou penhora.

Mesmo que algum cartório aceite registrar um pacto antenupcial com renúncia de eventual e futuro direito a alimentos, segundo o entendimento de que a irrenunciabilidade dos alimentos do art. 1.707 do Código Civil se aplica apenas quanto aos parentes do alimentante, não se estendendo aos cônjuges, tal determinação poderá ser questionada no futuro, especialmente se houver significativa mudança na situação econômica de algum dos consortes: por exemplo, se um deles ficou doente e inválido, se perdeu todo o patrimônio em uma falência etc.[14].

Várias são as decisões judiciais no sentido de que não se pode afastar em contrato o direito à pensão alimentícia, uma vez que os alimentos entre cônjuges e companheiros têm base jurídica no dever de mútua assistência, que, cessada a convivência, transmuda-se em alimentos. Nesse sentido, por exemplo, o Superior Tribunal de Justiça determinou que a escritura pública em que o casal renunciou à prestação de alimentos quando ainda convivia em união estável não persiste em situação de necessidade de um dos companheiros.

6.3. Alteração da ordem de habilitação à sucessão legítima

Não há possibilidade de alteração da ordem ou da exclusão dos herdeiros necessários da sucessão legítima em sede de pacto antenupcial (nem por meio de qualquer outro contrato ou documento).

Será nula, por exemplo, disposição acerca da impossibilidade de o cônjuge herdar, uma vez que viola diretamente artigos cogentes a respeito da sucessão legítima do Código Civil (arts. 1.789 e 1.845).

Além disso, a impossibilidade decorre também do art. 426 do Código Civil, que proíbe qualquer convenção sobre a herança de pessoa viva, os contratos denominados de "pacta corvina".

Sendo assim, um pacto antenupcial prevendo, por exemplo, o regime de separação de bens, embora afaste a meação dos cônjuges em caso de divórcio, não poderia impedir que o viúvo ou a viúva herdasse seu quinhão sobre os bens particulares do falecido, quando concorresse na herança com descendentes ou ascendentes do falecido, salvo no regime obrigatório da separação de bens (art. 1.641 do CC)[15].

6.4. Renúncia ao poder de guarda ou de alimentos dos filhos

São vedadas quaisquer cláusulas ou contratos nos quais um dos pais renuncie ao dever de guarda ou ao direito a alimentos dos filhos, concebidos,

[14] Esse tema será mais especificamente abordado adiante, nesse mesmo capítulo, quando trataremos especificamente da pensão alimentícia.

[15] Esse assunto será melhor tratado adiante, ainda neste capítulo.

nascidos ou futuros, ou que retirem o poder familiar da mãe ou do pai, ou seja, o conjunto de direitos e deveres que os pais têm, no tocante à pessoa e aos bens dos filhos menores. Nesse sentido, *vide* o art. 229 da Constituição Federal: "Os pais têm o dever de assistir, criar e educar os filhos menores", e o art. 1.696 do Código Civil: "O direito à prestação de alimentos é recíproco entre pais e filhos, e extensivo a todos os ascendentes, recaindo a obrigação nos mais próximos em grau, uns em falta de outros".

7. Casamento religioso

Temos, ainda, o casamento religioso, que é celebrado de acordo com o rito de cada crença/religião perante autoridade religiosa. Segundo a Lei n. 1.110, de 23 de maio de 1950 c/c art. 163, §§ 1º e 2º combinados com a Constituição Federal, o casamento religioso equivalerá ao civil, se observadas as prescrições da lei.

Em resumo, para que um casamento religioso tenha efeito civil, o casal deverá apresentar, após a celebração religiosa, em um prazo de até 90 dias, o termo de casamento emitido e assinado pela autoridade religiosa para que seja feita a formalização perante o registro civil. Também será necessária a "habilitação" das partes em cartório (análise documental), assim como ocorre no casamento civil. Finalmente, se não for feito o registro em cartório, a união não será legalmente formalizada e o casal permanecerá juridicamente com o estado civil de solteiro.

Dito isso, podemos afirmar que ninguém acorda um dia e, "sem se dar conta", está "casado", no sentido jurídico e formal da palavra.

8. União estável

Por outro lado, quando estamos tratando da união estável, veremos que a situação é bastante distinta.

Conforme o art. 1.723 do Código Civil: "É reconhecida como entidade familiar a união estável entre o homem e a mulher, configurada na convivência pública, contínua e duradoura e estabelecida com o objetivo de constituição de família".

8.1. Configuração da união estável - subjetividade dos pressupostos

Voltando à simples leitura do dispositivo que trata da união estável, notamos que ele só oferece critérios subjetivos, ou seja, que várias dúvidas podem surgir, por exemplo: O que é convivência pública? Seria a convivência do casal no seu meio social, familiar e/ou profissional? Ou necessariamente em todos eles? Uma declaração no Facebook, ou em outras redes sociais, de que a pessoa está "casada", ou vivendo um "relacionamento sério", seria suficiente para configurar a união estável?

E o que significa convivência contínua? Seria uma convivência sem interrupções longas? Mas o que é uma interrupção longa? Seis meses? Um ano? Mais tempo? E convivência duradoura? Quantos meses ou anos de convívio assumidos "como se casados fossem" seriam necessários para configurar uma união estável? Ademais, o que é "objetivo de formar família"? É ter filhos? É morar junto? Passar o Natal com a família do "namorado" ou "companheiro"? Dividir a vida, em todos os aspectos, pessoais, familiares e profissionais?

Diversas decisões judiciais, e inclusive posicionamentos do Supremo Tribunal Federal, já declararam que, para se configurar união estável, não é preciso ter filhos, morar junto, o casal ser formado por um homem e uma mulher. Além disso, a Lei n. 9.278/76 afastou o prazo mínimo de cinco anos, passando a ser critério do juiz analisar se há ou não elementos para a caracterização de uma relação de união estável.

Ou seja, na verdade, não temos descrições concretas e objetivas na lei, portanto, dependemos da análise e do bom senso dos juízes para sabermos se estamos ou não vivendo em união estável? Sim e não. Vejamos:

Antes de responder a essa questão, é imprescindível ressaltar que, como dito, tanto no casamento quanto na configuração de fato da união estável, se o casal não houver escolhido o regime de bens que irá regular a relação, ou seja, na falta de contrato escrito (pacto antenupcial no casamento e contrato de convivência na união estável), vige o regime da comunhão parcial.

Mais adiante trataremos com detalhes sobre esse regime, mas, por ora, podemos ressaltar que, se você vive um relacionamento que acredita ser um simples namoro, mas que em algum momento pode se configurar como união estável, e você, por exemplo, comprou um carro ou um apartamento na constância dessa convivência, caso vocês se separem, independentemente da razão da separação ou da "culpa" por ela, 50% desse bem terá que ser dividido com seu ex-companheiro ou sua ex-companheira. Ou seja, você pode estar sujeito a uma situação de fato que pode te surpreender negativamente e se mostrar bastante inconveniente, para dizer o mínimo.

9. Contrato de convivência - escolha do regime de bens e outras disposições

Daí ressaltarmos a importância de, em havendo dúvida, reconhecer formalmente a união, seja em documento particular, assinado pelo casal na presença de duas testemunhas, seja em documento público (escritura pública), assinado em Cartório, o que é, inclusive, mais recomendável para que no futuro não se aleguem vícios de consentimento (erro, dolo, coação).

O contrato de convivência na união estável equivale ao pacto antenupcial no casamento. É por meio dele que o casal pode escolher outro regime de bens que não o da comunhão parcial. Além disso, tudo o que foi dito anteriormente em relação ao conteúdo do pacto antenupcial, vale para o contrato de convivência: as vantagens de se fazer, a possibilidade da escolha de outros regimes de bens, inclusive na modalidade híbrida, a possibilidade de se regrar futura eventual partilha de bens, a viabilidade de se prever disposições extrapatrimoniais, tais como responsabilidades mútuas e rotinas domésticas, a guarda e custeio de animais de estimação etc.

Porém, diferentemente do pacto antenupcial, que deve ser necessariamente firmado antes da realização do casamento, o contrato de convivência pode ser feito a qualquer momento, no começo ou durante a união.

Ademais, o reconhecimento formal da união estável pode documentar a data do início da relação, ou seja, há a possiblidade de se estender o regime escolhido ao período em que viverem juntos sem contrato[16], que, entretanto, deve corresponder à realidade.

Ou seja, um contrato de convivência traz maior segurança jurídica, evita o inconveniente de uma Ação Judicial de Reconhecimento de Fato de União Estável, envolvendo testemunhas, apresentação de documentos, burocracias, custas do processo judicial, custos emocionais e, possivelmente, muitos desentendimentos[17]. Além de, com o contrato assinado, ser muito mais simples de obter benefícios previdenciários, direito à dependência em planos de saúde, clubes, seguros de vida etc.

---

[16] Disponível em: https://ibdfam.org.br/assets/img/upload/files/ac%c3%b3rd%c3%a3o%20uni%c3%a3o%20est%c3%a1vel%20contrato%20regime%20bens%20retroatividade%20irretroatividade(1).pdf.

[17] Importante mencionar que, não havendo contrato de convivência regulando a relação do casal, a ação para reconhecimento de fato de união estável pode ser proposta tanto em vida quanto após a morte de um dos membros do casal. Se for reconhecida, valerá o regime da comunhão parcial de bens para fins de sucessão.

Se a opção for por Instrumento Particular, como dito, são necessárias, no mínimo, duas testemunhas, podendo tal contrato posteriormente ser registrado em Cartório de Notas, Títulos e Documentos[18].

Se a opção for por Instrumento Público, o casal deve comparecer, com duas testemunhas, a um Cartório/Tabelionato de Notas, munidos de seus documentos. Ressaltando que somente se o contrato for público terá efeitos perante terceiros.

Em geral, recomendamos que seja feito por instrumento público, seja pela orientação realizada pelo notário/tabelião de forma imparcial, esclarecendo o conteúdo dos contratos, seja porque o ato praticado por tabelião possui presunção relativa de veracidade, ou seja, há uma maior garantia quanto à segurança jurídica do negócio realizado.

Importante também ressaltar que todos os direitos cabíveis às pessoas casadas são também assegurados às pessoas que convivem em união estável, tais como: inclusão do sobrenome no nome do(a) companheiro(a), desde que a união conste em escritura pública ou tenha sido decretada em sentença judicial e haja concordância de ambos, reconhecimento judicial e extrajudicial da vida em comum, com as recíprocas obrigações de mútua assistência moral e material, respeito e fidelidade recíprocos, a guarda e a convivência com os filhos, mesmo após dissolução da união, a partilha de bens por meação, após dissolução da união (a depender do regime de bens escolhido), o direito à meação ou à herança, também dependendo do regime de bens escolhido, a pensão alimentícia entre companheiros, após dissolução da união, entre outros.

O essencial, seja no casamento, seja na união estável, é combinar, pois, como diz o ditado: "o combinado não sai caro". Além disso, em uma separação com brigas, o equilíbrio emocional dos envolvidos tende a ficar bastante comprometido, dificultando ainda mais acordos e decisões práticas, racionais e justas. Todos sabemos que o emocional costuma ser um péssimo conselheiro!

Mas e se você tiver dúvidas e pender a acreditar que sua relação se trata somente de um namoro? Será possível fazer um contrato de namoro?

10. Contrato de namoro

No mundo de hoje, não são somente as relações comerciais ou profissionais que se tornaram mais complexas, também as relações sociais e afetivas

[18] Ao final deste capítulo, apresentaremos algumas cláusulas possíveis em pactos antenupciais, que devem ser feitos antes do casamento, bem como em contratos de convivência, públicos ou particulares, a fim de regrar a união estável.

vêm sofrendo constantes mudanças e transformações no que respeita às suas interações.

Nesse sentido, o Direito deve se mostrar instrumento de pacificação social, bem como se adaptar aos novos contornos e dinâmicas sociais e relacionais que se apresentem na realidade das pessoas.

Historicamente, no Brasil e em grande parte do mundo, somente as relações matrimoniais (regidas no âmbito do casamento) implicavam consequências jurídicas e, portanto, regras patrimoniais e cogentes.

Em 1988, com a promulgação da nossa atual Constituição Federal, foram expressamente retiradas da marginalidade e dos estigmas sociais as relações afetivas existentes, na medida em que nossa lei máxima reconheceu a união estável como entidade familiar e outorgou a ela regulamentação e proteção jurídica especial, assim como já havia feito em relação ao casamento. E isso foi bom!

Por outro lado, não é possível desconsiderar alguns fatos presentes na vida de todos:

(i) Como vimos, a caracterização da união estável se cerca de insegurança jurídica, seja pela sua caracterização se dar por conceitos subjetivos abertos a interpretações diversas, seja pelo fato de haver enorme pluralidade de entendimento acerca das normas de Direito de Família e das Sucessões, no âmbito tanto da doutrina quanto das decisões dos Tribunais Superiores;

(ii) Convivemos no Brasil com uma conhecida demora das decisões judiciais em litígios que se alongam por anos e, por vezes, décadas, implicando alto custo financeiro e emocional na vida de um cidadão que, muitas vezes, age de boa-fé por desconhecimento das complexidades anteriormente citadas, que envolvem leis e posicionamentos doutrinários e jurisprudenciais;

(iii) Decorre daí um justo receio e insegurança de casais que querem viver um relacionamento afetivo mais significativo e próximo, sem, entretanto, assinarem quase que "em branco" obrigações pecuniárias futuras, e correrem o risco de assumir responsabilidades relacionais e patrimoniais descabidas no âmbito de suas relações.

E é nesse contexto que, depois de muita discussão, a doutrina majoritária passa a se posicionar no sentido de ser juridicamente possível e aceitável o contrato de namoro, com fulcro na autonomia de vontade (autonomia privada) das partes, desde que firmado por pessoas capazes, aptas a contratar e a esclarecer formalmente suas intenções.

Trata-se de um contrato bilateral (envolvendo duas partes, no caso, duas pessoas) atípico, ou seja, que não tem previsão legal.

Importante aqui ressaltar que a aceitação do contrato de namoro não está pacificada, embora, como dissemos, a doutrina majoritária o admita. Ademais, entendemos que, em regra, no caso concreto, a sua acolhida judicial dependerá, em grande medida, da "realidade" fática e da boa-fé do casal.

Ou seja, atualmente, a declaração de namoro em contrato, em princípio, tenderá a ser juridicamente válida, desde que retrate a realidade vivida pelo casal, qual seja, uma realidade de namoro, vale dizer, uma relação fundamentalmente afetiva, porém, a princípio, não patrimonial.

Por outro lado, como "dica técnica", caso o casal queira afastar uma interpretação judicial de que seu relacionamento se configura como união estável, com ou sem contrato de namoro assinado, seguem algumas sugestões:

(i) Apresentarem-se socialmente sempre como "meu namorado" e "minha namorada", inclusive, e especialmente, em redes sociais. Evitar postar fotos no Facebook, Instagram etc. com legendas do tipo: eu e meu marido em lua de mel. Essas postagens podem ser usadas como provas materiais em processos judiciais. Nunca é demais repetir que hoje em dia é fundamental ter cuidado e bom senso com postagens em redes sociais;

(ii) É importante não ter conta conjunta, não pagar "contas" ordinárias um do outro com regularidade, por exemplo, condomínio, seguro de saúde, luz, gás etc., demonstrando uma relação de dependência de vida. É claro que jantares, viagens e presentes são permitidos, desde que não seja, por exemplo, postado em alguma rede social: "saindo em lua de mel com minha mulher" ou "aliança de família que ganhei em jantar romântico com meu companheiro";

(iii) Não ser dependente em cartões de crédito, seguros de vida, previdência, clubes etc. É recomendado não morar junto, ou ao menos ter dois endereços, ou justificativa econômica, disposta em cláusula do contrato, para morar junto (exemplos: veio estudar na capital e ainda não tem onde morar (situação provisória); decidiram passar a quarentena da covid-19 na mesma casa, mas sem intenção de formar família, ou, ainda, moram juntos para dividir despesas e baratear o custo de vida, mas seguem como namorados);

(iv) Frequentar a família um do outro apenas de forma episódica, e tratar os familiares do(a) namorado(a) como "a mãe e o irmão do(a) meu(minha) namorado(a)", e não como minha "sogra" e meu "cunhado".

Claro que uma ou outra característica de "união estável" pode estar presente na relação, lembrando que a realidade e o Direito não são uma ciência exata, e que nada persiste de forma absoluta e eterna.

Vale dizer, grande parte das relações afetivas pode ser híbrida: um namoro com atributos de união estável ou de casamento, e vice-versa. Mas, para a configuração em Juízo, em princípio, irá(ão) prevalecer a(s) característica(s) que se sobrepuser(em).

Por exemplo, entendemos que deve ser configurada como namoro uma relação pública, contínua e duradoura, na qual o casal não tem intenção de formar família e ter vida em comum, ou seja, cada um assume suas contas pessoais, não moram juntos, fazem várias viagens separados e apresentam-se socialmente e nas redes sociais como namorados.

Por outro lado, um casal que tem uma relação pública, contínua, duradoura, com filhos, mora em casas separadas, mas está sempre junto no dia a dia e em viagens, será um casal que vive em união estável.

Já um casal de estudantes que mora junto, inclusive com outros amigos, em uma espécie de "república", dividindo as despesas, embora tenha uma relação pública, contínua e duradoura, deverá ser caracterizado, em princípio, como um casal de namorados.

O contrato de namoro, assim como o contrato de convivência na união estável, pode ser feito por instrumento público (escritura pública lavrada perante um Tabelionato de Notas) ou por instrumento particular (documento elaborado pelas próprias pessoas envolvidas na presença de ao menos duas testemunhas).

Se a opção for por instrumento particular, como dito, são necessárias, no mínimo, duas testemunhas, podendo tal contrato posteriormente ser registrado em Cartório de Notas, Títulos e Documentos.

Se a opção for por instrumento público, o casal deve comparecer, com duas testemunhas, a um Cartório/Tabelionato de Notas, munidos de seus documentos. Ressaltando que somente se o contrato for público terá efeitos perante terceiros.

Deve constar no contrato a descrição não caracterizadora da união estável, por exemplo, que o casal de namorados não tem intenção de constituir família (*affectio maritalis* com *intuito familiae*), ao menos no momento, porque, por exemplo, ambos são livres para viajar, pensar em seu futuro independentemente do outro, mudar de país para estudar ou trabalhar e, principalmente, que são responsáveis por suas contas pessoais, embora a relação seja pública e contínua, ou estejam vivendo na mesma casa em razão da pandemia, ou para dividir despesas enquanto cursam faculdade no interior etc. Que podem pensar no futuro em se casar, mas que, no momento, não vivem como marido e mulher e, portanto, não querem que haja qualquer tipo de comunicação de bens. E que, se porventura vierem a adquirir qualquer bem em condomínio, este figurará em nome dos dois, na proporção do que cada um contribuir[19].

Ademais, o contrato de namoro pode ser híbrido, vale dizer, há a possibilidade de se prever uma cláusula condicional[20] dispondo que, se a realidade fática do casal de namorados evoluir no sentido de configurar união estável, desde já ambos, de comum acordo, escolhem o regime de separação total de bens (ou outro que entendam conveniente).

De qualquer forma, sempre será mais seguro, quando for o caso, refazer o contrato, com a denominação de contrato de convivência, com previsão de regime de bens e outros regramentos, pois sempre haverá juristas a entender que um contrato de namoro não se converte automaticamente em um contrato de união estável, então o regime passou a ser de comunhão parcial etc.

O contrato de namoro não deve prever regime de bens, pois namorados não se submetem a obrigações e responsabilidades patrimoniais em casos de separação e falecimento.

Finalmente, tal contrato deve ser revisto periodicamente, a fim de identificar se permanece refletindo a realidade de namoro, ou se a relação do casal evoluiu e se transformou em uma união estável.

Em resumo, embora possa ser um documento útil para demonstrar a vontade das partes, se e quando houver provas fáticas de existência de união estável, o contrato perde sua capacidade de produzir efeitos jurídicos, uma vez que, como dito, a união estável é regulada por normas de ordem pública – cogentes – e que, portanto, não podem ser negociadas entre as partes, por se tratar de direitos e deveres indisponíveis.

Assim como tudo que não é matéria exata, notadamente em Direito de Família e das Sucessões o contrato de namoro não tem 100% de eficácia garantida e "cada caso é um caso"! Sempre haverá um espaço para a relativização, especialmente se de fato a relação se transformou em união estável. Daí a importância das revisões periódicas do documento.

---

[19] No final deste capítulo apresentaremos um exemplo de contrato de namoro.

[20] Nesse sentido, o art. 121 do Código Civil: "Considera-se condição a cláusula que, derivando exclusivamente da vontade das partes, subordina o efeito do negócio jurídico a evento futuro e incerto".

11. Pensão alimentícia

A obrigatoriedade de pagar, ou o direito de receber pensão alimentícia, também costuma gerar dúvidas e preocupação em casais que não têm certeza se vivem em união estável ou não.

Inicialmente, temos que pais serão sempre responsáveis pela educação e sustento de seus filhos menores, estando casados, vivendo em união estável, separados ou em qualquer outro estado civil. Esse é um direito inegociável e, portanto, não adianta fazer uma declaração, de papel passado e firma reconhecida, dizendo, por exemplo: "vou ter um filho com fulano de tal, mas ele não terá responsabilidade nenhuma pela criança". Se algum dia a pessoa mudar de ideia e decidir entrar com um pedido de pensão alimentícia para a criança, o pai seguramente terá que arcar com a responsabilidade.

Da mesma forma, pessoas que foram casadas ou viveram em união estável têm, em princípio, o direito de pedir pensão ao seu ex-cônjuge ou companheiro. Isso não se aplica a simples namorados, uma vez que, como dito, a relação de namoro, tenho ela durado um mês, dois anos ou uma década, não tem consequências jurídicas patrimoniais.

Vejamos, então, de forma um pouco mais específica, como são determinados a obrigação e o respectivo direito, bem como definido o valor da pensão alimentícia devida.

Inicialmente, é necessário comprovar o vínculo: filho menor, filho incapaz, ex-cônjuge ou ex-companheiro.

Feito isso, temos que a pensão alimentícia é norteada sempre pelo binômio necessidade/capacidade. Ou seja, a pensão deve ser calculada usando como base a necessidade de quem pede o auxílio e a capacidade de arcar com tais despesas do eventual responsável.

Desse modo, respeitando um critério de proporcionalidade, o valor deve ser suficiente para ambos viverem de acordo com a sua condição social durante o casamento ou união estável. Por outro lado, ela deve ser proporcional ao valor do salário e da renda de quem paga (e não do patrimônio).

Cada caso deve ser analisado de forma individual, uma vez que a legislação brasileira não estabelece um valor, ou porcentagem, como padrão. Ainda assim, doutrina e jurisprudência já se manifestaram no sentido de que o valor da pensão para um filho deve ser equivalente a algo em torno de 20 a 30% dos rendimentos mensais do responsável. Entretanto, trata-se de uma interpretação que comporta inúmeras exceções.

A seguir, trechos de algumas jurisprudências exemplificando concretamente alguns entendimentos (grifos nossos):

> ALIMENTOS DEVIDOS A EX-COMPANHEIRA. CABIMENTO. Cabível a fixação de alimentos em prol da ex-companheira baseado no dever de mútua assistência, consoante arts. 1.694, *caput*, e 1.566, inciso III, ambos do CC. *Para concessão de alimentos é indispensável a demonstração de que a alimentanda não é autossuficiente no seu sustento ou que o exercício de sua atividade não traduza rendimento compatível com a manutenção do seu status ao tempo da vida em comum.* Alimentos fixados em atenção ao binômio possibilidade-necessidade. Apelações parcialmente providas (TJRS, Apelação Cível 70058750944, 7ª Câmara Cível, rel. Jorge Luís Dall'Agnol, j. 28-5-2014, *DJ* 2-6-2014).
>
> APELAÇÃO. CÍVEL. RECONHECIMENTO E DISSOLUÇÃO DE UNIÃO ESTÁVEL C/C ALIMENTOS. PRETENSÃO DE FIXAÇÃO DO PENSIONAMENTO ALIMENTAR EM PROL DA EX-COMPANHEIRA. POSSIBILIDADE. *Necessidade dos alimentos evidenciada. Demonstrada a incapacidade da agravante para promover o próprio sustento.* Imperiosa a fixação do pensionamento. Observância ao binômio necessidade/possibilidade. Fixação devida. Sentença reformada em parte. Recurso parcialmente provido (TJPR, Apelação Cível 0816210-9, 12ª Câmara Cível, rel. Clayton Camargo, j. 14-12-2011, unânime, *DJe* 17-1-2012).
>
> PROCESSUAL CIVIL. APELAÇÃO. AÇÃO DE RECONHECIMENTO E DISSOLUÇÃO DE UNIÃO ESTÁVEL C/C ALIMENTOS À EX-COMPANHEIRA. MÚTUA ASSISTÊNCIA. NECESSIDADE E POSSIBILIDADE. *FIXAÇÃO DE ALIMENTOS DURANTE TEMPO DETERMINADO. INSERÇÃO NO MERCADO DE TRABALHO. 1- Reconhecida a união estável, os alimentos devidos pelo ex-companheiro se justificam no dever de "mútua assistência", que se prolonga para além do rompimento do vínculo* outrora existente entre as partes, desde que haja fundada necessidade de quem os pleiteia. 2- *Possuindo o ex-companheiro condições financeiras, deve suportar o encargo de alimentos à ex-companheira durante tempo determinado, evitando-se que a obrigação legal se transforme em estímulo a ociosidade e ao parasitismo.* 3- Sentença que se reforma, estabelecendo-se ao apelado a obrigação de pagar, *durante 12 (doze) meses*, 1 (um) salário mínimo à ex-companheira, a título de alimentos transitórios, até que esta volte ao mercado de trabalho. 4- Recurso parcialmente provido (TJMA, AC 16679/2014 (150090/2014), rel. Des. Lourival de Jesus Serejo Sousa, *DJe* 23-7-2014, p. 148).
>
> ALIMENTOS. Recurso contra sentença que de parcial procedência em ação de reconhecimento e dissolução de união estável, que lhes negou cabimento Transcorridos quase três anos desde a separação. *Requerente saudável, beneficiária ainda de pensão previdenciária do INSS. Mulher não é parente do marido, após a separação deve trabalhar, prover a si própria.* Apelo improvido (TJSP, 0002211-15.2011.8.26.0037, 8ª Câmara de Direito Privado, rel. Luiz Ambra, 8ª Câmara de Direito Privado, *DJe* 6-12-2013).

12. Renúncia a alimentos em contrato

Como dito anteriormente, a renúncia de cônjuges ou companheiros a futuro e eventual direito a alimentos em pacto antenupcial ou em contrato de convivência ainda é tema controverso. Para filhos menores, como já dito, não é possível.

Na jurisprudência, a tendência atual na determinação de alimentos para ex-cônjuges e companheiros é no sentido de que os alimentos devidos sejam provisórios e transitórios, até a pessoa poder se recolocar no mercado. É um entendimento moderno, fundado no fato de que, atualmente, a dependência econômica de um casal, quando ambos são formados, saudáveis etc., é diferente dos típicos casais de antigamente, em que, como regra, a mulher não estudava nem trabalhava, dedicava sua vida exclusivamente à família - marido e filhos -, e depois de quarenta anos de casamento o marido, por exemplo, se separava para se casar com outra pessoa.

De qualquer forma, como sempre em Direito, cada caso deve ser analisado segundo suas características específicas.

13. Regime de bens no casamento e na união estável - impactos no divórcio[21] (casais hetero ou homoafetivos)

Como dito anteriormente, atualmente temos cinco regimes de bens, além do híbrido, vigendo no Brasil, que valem tanto para o casamento quanto para a união estável de casais hetero ou homoafetivos:

1) Regime da comunhão parcial de bens: é o regime legal, ou seja, é aquele que irá vigorar se o casal não escolher outro regime em pacto antenupcial antes do casamento ou, no caso de união estável, em contrato de convivência.

2) Regime da comunhão total de bens: regime convencional. Esse regime tem que ser escolhido pelo casal em pacto antenupcial antes do casamento ou em contrato de convivência, no caso de união estável.

3) Regime da separação total de bens: regime convencional. Nesse caso, o casal também tem que escolher em pacto antenupcial antes do casamento ou em contrato de convivência, no caso de união estável.

---

[21] Sobre o tema, *vide* no canal do YouTube GEEF - Grupo de Estudos de Empresas Familiares o vídeo: Regime de bens: casamento e união estável - impactos no divórcio. Disponível em: https://www.youtube.com/watch?v=IJj5PEzoaDY.

4) Regime da separação obrigatória de bens: é um regime imposto pela lei, em casos específicos. O mais comum e conhecido é quando um dos membros do casal, ou os dois, tem mais de 70 anos de idade. Não é necessário fazer pacto antenupcial ou contrato de convivência, uma vez que a lei determina, como regra cogente, que, nesses casos, esse seja o regime (art. 1.641 do CC).

5) Regime da participação final dos aquestos: é um regime convencional, que tem que ser escolhido pelo casal em pacto antenupcial antes do casamento ou em contrato de convivência, no caso de união estável. Esse regime, por ser muito específico e raro, em termos numéricos, não será aqui abordado.

6) Regime híbrido: é um regime convencional que mescla características de dois regimes, e que também deve ser previsto e detalhado em pactos antenupciais ou em contratos de convivência. Por exemplo: o casal escolhe a separação total de bens, deixando de fora algum bem para ser dividido: a casa onde o casal reside, ou a casa de praia, ou de campo; ou então escolhe a comunhão total de bens, excluindo a empresa de um dos membros do casal etc. Em algumas situações, pode ser interessante incluir algum bem na comunicação, pois, do contrário, para dividir o bem com o outro seria necessário fazer uma doação e, portanto, recolher o ITCMD[22].

O mais importante agora é fixarmos que cada regime tem consequências patrimoniais específicas, nos casos de divórcio e dissolução de união estável, e consequências diversas, no caso de falecimento de um dos membros do casal.

Então, a primeira pergunta que surge é: Qual é o melhor regime de bens? E quase como sempre em matéria jurídica, portanto não exata, a resposta é: Depende!

O regime de bens é a consequência jurídico-patrimonial do casamento e da união estável. É o que vai disciplinar os interesses econômicos do casal, e do casal com terceiros, desde o início da relação até a sua dissolução, seja pela separação de fato, divórcio, dissolução de união estável ou morte.

É ele que marcará o início e o final da relação, para a determinação da partilha de bens.

O divórcio pode ser realizado em Juízo ou extrajudicialmente, em Tabelionato/Cartório de Notas. Deverá ser judicial sempre que houver filhos menores,

[22] Imposto sobre Transmissão *Causa Mortis* e Doação (deve ser pago em inventários e em doação).

pois cabe ao Juiz e ao Ministério Público assegurar que os direitos dos menores estejam sendo atendidos. Além disso, quando houver litígio, briga, impedindo o acordo entre as partes, também caberá ao Juiz decidir em ação judicial entre as partes (o que, em geral, não é o ideal). Conforme já ressaltamos, é importante criar regras antes de o problema acontecer de fato, quando está tudo bem e a racionalidade pode prevalecer.

Quando não há filhos menores e existe acordo, consenso entre as partes, quanto aos termos da separação (divisão de bens e pensão, por exemplo), o divórcio, assim como o inventário, poderá ser feito extrajudicialmente. Se houver testamento, decidiu a 4ª Turma do STJ que é possível o inventário extrajudicial se os interessados forem maiores, capazes, estiverem de acordo com os termos da partilha e assistidos por advogado, desde que o testamento seja previamente registrado judicialmente ou haja a expressa autorização do juízo competente.

Já a união estável sem contrato de convivência, bem como a separação de fato[23] dependem de prova em Juízo: documentos, testemunhas etc.

Conforme já afirmamos, o casamento e o divórcio são atos formais, ou seja, é fácil saber quando foi o início e o final da relação jurídica, diferentemente da união estável.

Antes de tratar especificamente de cada regime de bens, é fundamental relembrar que qualquer dos cinco regimes, além do híbrido, tem os mesmos efeitos no casamento e na união estável em situações de divórcio (casamento) e dissolução de união estável (união estável), tanto para casais hetero quanto para casais homoafetivos.

Já no que respeita aos efeitos de cada um dos regimes na sucessão (falecimento de um dos membros do casal), já houve discussão acirrada na doutrina sobre serem os companheiros (na união estável) herdeiros necessários um do outro, assim como são os cônjuges (no casamento), tanto no regime de separação total convencional quanto no que respeita aos bens particulares do falecido, no regime da comunhão parcial[24].

---

[23] A separação de fato é a separação física do casal. É importante que se precise uma data, um marco temporário, pois é nessa data que se considera, para efeitos jurídicos, que o vínculo foi rompido e cessaram os efeitos patrimoniais. Assim, mesmo que casados na comunhão total de bens, se um deles comprar um carro ou uma casa, o bem não comunicará, não deverá ser meado, dividido com o outro.

[24] Esse ponto será mais profundamente abordado a seguir, no item que trata dos regimes de casamento e impactos na sucessão.

Tal discussão doutrinária foi decidida pelo Supremo Tribunal Federal, que equiparou expressamente a união estável ao casamento, ou seja, determinou que companheiros e cônjuges gozam dos mesmos direitos e prerrogativas[25].

13.1. Regime da comunhão parcial de bens no casamento ou na união estável (casais hetero ou homoafetivos)

Conforme afirmado anteriormente, o regime da comunhão parcial de bens atualmente (desde 1977, com a entrada em vigor da Lei do Divórcio) é o regime supletivo legal, ou seja, é esse regime que vigora no casamento e na união estável sempre que não houver expressa opção, em pacto ou contrato, por outro regime.

O princípio central desse regime é a presunção do esforço comum do casal, o pressuposto de que durante o casamento ou a união estável os dois contribuem para a aquisição e manutenção dos bens.

Dessa forma, tudo o que é adquirido onerosamente (com ônus, encargo, pagamento) durante a união, é considerado PATRIMÔNIO COMUM (bem comum), independentemente de quem foi o responsável pelo pagamento, ou no nome de quem está registrado (a titularidade) ou declarado no Imposto de Renda. A propriedade é 50% de cada um. A titularidade pode estar apenas no nome de um, não importa. Em eventual separação ou falecimento, a meação deverá ser feita[26].

Nesse regime de comunhão parcial de bens, podem conviver três tipos de patrimônio: o PATRIMÔNIO PESSOAL (bens pessoais) de um dos cônjuges ou companheiros, o PATRIMÔNIO PESSOAL (bens pessoais) do outro cônjuge ou companheiro e o PATRIMÔNIO COMUM (bens comuns), no qual cada cônjuge ou companheiro detém 50% da propriedade.

---

[25] "É inconstitucional a distinção de regimes sucessórios entre cônjuges e companheiros prevista no art. 1.790 do CC/2002, devendo ser aplicado, tanto nas hipóteses de casamento quanto nas de união estável, o regime do art. 1.829 do CC/2002" (STF, REs 878.694/MG e 646.721/RS, Tribunal Pleno, rel. Min. Luís Roberto Barroso, j. 10-5-2017). O tema da sucessão e todos esses conceitos serão abordados no próximo item, que trata dos regimes de bens e seus impactos na sucessão.

[26] Qualquer divisão diferente ensejará o pagamento de ITCMD e pode configurar, inclusive, fraude à meação. Sobre o tema, *vide* nosso artigo: PRADO, Roberta Nioac. Direito e deveres patrimoniais de cônjuges/companheiros, fraude à meação. *In*: PRADO, Roberta Nioac; PEIXOTO, Daniel Monteiro; SANTI, Eurico Marcos Diniz de (coord.). *Estratégias societárias, planejamento tributário e sucessório*. São Paulo: Saraiva, 2009. p. 383-409.

13.1.1. Patrimônio particular - bens particulares

Os bens particulares, ou patrimônio pessoal, ou privado, de cada um dos cônjuges ou companheiros, no regime de comunhão parcial de bens, estão dispostos no art. 1.659 do Código Civil. São eles:

1) os bens (móveis e imóveis) possuídos por cada cônjuge ou companheiro *antes da união*;
2) os bens (móveis e imóveis) que cada cônjuge ou companheiro receber na constância da união, por *doação ou herança*;
3) os bens (móveis e imóveis) adquiridos com o produto da venda dos bens supracitados (adquiridos antes da união ou recebidos por doação ou herança), ou com valores pertencentes exclusivamente a um dos cônjuges por "sub-rogação" (por exemplo, eu vendo um imóvel que recebi do meu pai por herança (bem particular), para comprar um outro com esse mesmo dinheiro). Embora o imóvel novo seja adquirido durante o casamento ou união estável, e de forma onerosa, ou seja, comprado, ele permanece sendo um bem particular meu, pois a incomunicabilidade foi "sub-rogada" no novo.

   Obs.: A sub-rogação deve ser cabalmente comprovada por quem a alega em Juízo – preferencialmente com cláusula de sub-rogação na escritura pública do bem imóvel adquirido com o produto da venda de bem particular;
4) rendimentos do trabalho pessoal de cada cônjuge (Obs.: O salário não se comunica, mas os bens, móveis e imóveis, adquiridos com o excedente do salário, aquilo que não foi consumido pelo casal, isto, sim, se comunica (por exemplo: aplicações financeiras, imóveis, obras de arte, carros, aviões, embarcações etc.);
5) bens de uso pessoal (roupas, recordações de família, joias de família etc.);
6) *as obrigações provenientes de atos ilícitos, salvo reversão em proveito do casal (por exemplo: "A" comprou uma casa com dinheiro oriundo de estelionato, para morar com a família. A parte (50%) que caberia ao cônjuge ou companheiro também poderia ser utilizada para cumprir obrigação, por exemplo, pagar uma dívida, do outro, no que diz respeito ao ressarcimento da conduta ilícita);*

7) *obrigações anteriores ao casamento (por exemplo, dívida de cartão de crédito), desde que não tenham sido adquiridas em benefício do casal (por exemplo, festa de casamento, viagem de lua de mel);*
8) *pensões (valores pagos por determinação legal visando manter a subsistência da pessoa); meios-soldos (valores pagos a militares reformados); montepios (valores pagos a herdeiros de funcionários públicos falecidos)*[27].

13.1.2. Patrimônio comum - bens comuns

Já os bens comuns, ou o patrimônio comum dos cônjuges ou companheiros, no regime de comunhão parcial de bens, está disposto no art. 1.660 do Código Civil. São eles:

(1) Bens móveis e imóveis adquiridos na constância do casamento ou da união estável a título oneroso ($$$), ainda que só em nome de um dos cônjuges ou companheiros;

(2) Bens móveis e imóveis adquiridos na constância do casamento ou da união estável por fato eventual, com ou sem concurso de trabalho ou despesa anterior (por exemplo, prêmios de loteria, sorteios, rifas etc., independentemente de quem comprou o bilhete);

(3) Benfeitorias em bens particulares de cada cônjuge ou companheiro.

Essa previsão legal pode gerar bastante confusão em uma disputa judicial. Imaginemos um imóvel recebido por herança (bem particular), que foi todo reformado na constância do casamento ou da união estável com o produto de rendimentos de aluguel. O imóvel em si não se comunica, não se torna um bem comum. Por outro lado, todo o valor que a reforma trouxe para o imóvel, não apenas o custo do material de construção e da execução, mas o valor que a obra agregou no imóvel como um todo (incrementando seu valor de mercado), se comunica e deve ser dividido entre ambos em um divórcio ou união estável. Parece complexo demonstrar tais valores em Juízo em meio a uma briga!;

(4) Os frutos dos bens comuns, e dos particulares (por exemplo, aluguéis e rendimentos financeiros) de cada cônjuge ou companheiro, recebidos na constância do casamento da união estável ou pendentes ao tempo de cessar a comunhão.

---

[27] Os itens 6, 7 e 8 receberam itálico pois são menos frequentes.

Essa é outra disposição que também pode provocar discussões infindáveis. Imaginemos outro imóvel recebido por herança (bem particular), novo, e que ficou alugado durante todo o tempo de casamento ou união estável. Com o produto dos aluguéis, o cônjuge ou companheiro fez aplicações financeiras e ganhou dinheiro. O imóvel em si não se comunica, não se torna um bem comum. Por outro lado, todos os aluguéis, aplicações financeiras e rendimentos se comunicam e devem ser divididos entre ambos em um divórcio ou união estável. Se em algum momento essa pessoa recebeu uma doação de sua mãe em dinheiro, e juntou tudo nas aplicações, a prova do que é particular e do que é comum não será simples. E tal situação pode resultar ainda em outra discussão: a valorização de um bem particular se comunica ou não (se deve ser meada no divórcio) com o cônjuge ou companheiro (o exemplo clássico é um fusca velho que virou "vintage" e passou a valer uma fortuna)?

(5) Os bens móveis e imóveis adquiridos por doação, herança ou legado, em favor de ambos os cônjuges ou companheiros. Por exemplo, o pai de um deles doa um imóvel em favor de ambos, faz a doação para "o casal". Mesmo que esse imóvel fique registrado somente no nome de um deles, terá que ser dividido em um divórcio.

Resumindo: Assim como nos outros regimes, o importante, seja no divórcio, seja na dissolução de união estável, é entender e saber identificar quais são os bens comuns e quais são os bens particulares. Em um divórcio, os bens comuns serão divididos na proporção de 50% para cada um, e os bens particulares permanecerão com seus respectivos titulares.

A seguir, apresento uma visualização gráfica dos bens comuns e particulares e a meação em divórcios.

Visualização Gráfica dos Bens Particulares e Comuns e a Meação em Divórcio

Regime de bens - **Comunhão Parcial** - Casamento e União Estável

Não são divididos no caso de divórcio

Bens Particulares (art. 1.659 do CC)

- Bens (móveis e imóveis) possuídos por cada cônjuge/COMPANHEIRO ANTES DA UNIÃO
- Bens (móveis e imóveis) que cada cônjuge/ COMPANHEIRO receber na constância da união, por DOAÇÃO OU HERANÇA
- Bens (móveis e imóveis) adquiridos com o produto da venda dos bens supracitados, ou com valores pertencentes exclusivamente a um dos cônjuges/companheiros ***sub-rogação*** (A sub-rogação deve ser cabalmente comprovada por quem a alega em Juízo - preferencialmente com cláusula de sub-rogação na escritura pública do bem imóvel)
- Rendimentos do trabalho pessoal de cada cônjuge (ex.: o salário/*pro labore* não se comunica, mas os bens, móveis e imóveis, adquiridos com ele, sim - ex.: aplicações financeiras, obras de arte, carros, aviões, helicópteros etc.)
- Bens de uso pessoal (roupas, recordações de família, joias etc.)
- As obrigações provenientes de atos ilícitos, salvo reversão em proveito do casal (ex.: A comprou casa com dinheiro oriundo de estelionato, para morar com a família. A parte que caberia ao cônjuge/ COMPANHEIRO B também pode ser utilizada para cumprir obrigação de A, no que diz respeito ao ressarcimento da conduta ilícita)
- Obrigações anteriores ao casamento (ex.: dívida de cartão de crédito), DESDE QUE não tenham sido adquiridas em benefício do casal (ex.: festa de casamento, viagem de lua de mel)
- As pensões (valor pago por determinação legal visando a manter a subsistência da pessoa); meios-soldos (valor pago a militares reformados); montepios (pensão paga a herdeiros de funcionários públicos falecidos)

São divididos 50%/50% em caso de divórcio

Bens Comuns

- Bens móveis e imóveis adquiridos na constância do casamento a título oneroso ($$$), mesmo que adquiridos somente em nome de um dos cônjuges/ companheiros
- Bens móveis e imóveis adquiridos na constância do casamento por FATO EVENTUAL, com ou sem concurso de trabalho ou despesa anterior - ex.: loteria, sorteios, rifas etc.
- Bens móveis e imóveis adquiridos por doação, herança ou legado, EM FAVOR DE AMBOS os cônjuges/companheiros
- BENFEITORIAS em bens particulares de cada cônjuge/companheiro
- OS FRUTOS DOS BENS COMUNS, E DOS PARTICULARES de cada cônjuge/companheiro, recebidos na constância do casamento ou pendentes ao tempo de cessar a comunhão (ex.: aluguéis de imóveis)
- "Presunção de esforço comum" ALEGAÇÕES EM CONTRÁRIO DEPENDEM de PROVA!

13.2. Regime da comunhão universal de bens no casamento ou na união estável (casais hetero ou homoafetivos)

Este era o regime legal que prevalecia, até 1977, caso outro regime não fosse escolhido em pacto antenupcial ou em contrato de convivência. Com a entrada em vigor da Lei n. 6.515/77, conhecida como Lei do Divórcio, o regime legal passou a ser o da comunhão parcial de bens.

A comunhão universal de bens ainda é o regime de todos os que se casaram *antes* de 26 de dezembro de 1977 e não optaram por outro regime por meio de pacto antenupcial ou contrato de convivência.

Atualmente, esse é um dos regimes que dependem de pacto antenupcial (escritura pública em Cartório) ou adesão do regime em contrato de convivência (público ou particular), mas não costuma ser o regime comumente escolhido.

Nesse regime, a regra é a de que todo patrimônio é comum, ou seja, forma uma massa patrimonial única do casal: "O que é meu é nosso. O que é seu é nosso também". Em regra, não há bens individuais ou pessoais, independente de quem adquiriu o bem, da forma de aquisição, onerosa ou gratuita, ou se foi antes ou depois da união.

Nessa massa patrimonial incluem-se também dívidas e créditos: o elemento central desse regime é a unificação do patrimônio.

Por outro lado, e apenas por previsão legal, ou se previsto em pacto antenupcial ou contrato de convivência, cada membro do casal pode ter bens particulares. Vejamos:

13.2.1. Patrimônio comum - bens comuns - regra

É a regra. Todos os bens são "meados", divididos na proporção de 50% para cada um em caso de divórcio. Não importa a titularidade - no nome de quem está registrado um imóvel, por exemplo –, a propriedade é comum, metade de cada um.

13.2.2. Patrimônio particular - bens particulares (art. 1.668 do CC)

Há, entretanto, algumas exceções, ou seja, bens que não se comunicam. São eles:

1) doações e heranças recebidas em testamento com cláusula de incomunicabilidade, assim como os bens comprados com valores recebidos pela venda deles (sub-rogação);
2) dívidas anteriores ao casamento, a não ser que revertam em proveito comum (por exemplo, dívidas assumidas para pagar a festa de casamento, a lua de mel do casal, a decoração e/ou manutenção da residência do casal etc.);

3) doações feitas por um dos cônjuges ao outro, antes do casamento, com cláusula de incomunicabilidade;
4) bens de uso pessoal, livros e instrumentos de profissão;
5) rendimentos do trabalho de cada cônjuge/companheiro;
6) pensões, meio-soldos, montepios e outras rendas semelhantes.

Visualização Gráfica dos Bens Particulares e Comuns e a Meação em Divórcio

Regime de bens - **Comunhão Universal** - Casamento e União Estável

Não são divididos no caso de divórcio	São divididos 50%/50% em caso de divórcio
Bens Particulares (art. 1.668 do CC)	**Bens Comuns**
Exceções: (art. 1.668 do CC) SOMENTE POR PREVISÃO LEGAL • Doações e heranças (testamento) recebidas com cláusula de INCOMUNICABILIDADE e os comprados com valores recebidos pela venda deles (SUB-ROGAÇÃO) • Dívidas anteriores ao casamento, a não ser que revertam em proveito comum do casal • Doações feitas por um dos cônjuges ao outro, antes do casamento, com cláusula de incomunicabilidade • Bens de uso pessoal, livros e instrumentos de profissão • Rendimentos do trabalho de cada cônjuge/companheiro • Pensões, meio-soldos, montepios e outras rendas semelhantes	• Regra: todos os bens são comuns • TODOS OS BENS MÓVEIS E IMÓVEIS ADQUIRIDOS, ANTES OU DEPOIS DA UNIÃO

13.3. Regime da separação total convencional de bens no casamento ou na união estável (casais hetero ou homoafetivos)

13.3.1. Patrimônio particular - bens particulares - regra

Ao contrário da comunhão total de bens, esse regime tem como regra que todos os bens são particulares.

Ou seja, como regra, não haverá comunhão/comunicação/meação de qualquer bem ou dívida, anterior ou posterior ao casamento, adquirido a título oneroso ou gratuito, valendo a máxima: "o que é meu é meu; o que é seu é seu".

É o regime usualmente escolhido por famílias de alto poder aquisitivo, ou por casais que já constituíram patrimônio antes do casamento ou da união estável e/ou têm filhos de outros casamentos ou uniões estáveis e querem evitar a comunicação dos bens (ao menos em vida).

É também o preferido por casais que exercem profissão com riscos financeiros.

Ademais, o elemento central do regime de separação total de bens é de que cada cônjuge ou companheiro tem absoluta liberdade para administrar seu patrimônio ou suas dívidas[28].

13.3.2. Bens em condomínio

Importante ressaltar que o casal pode adquirir bens conjuntamente, em condomínio, inclusive com percentuais distintos, por exemplo: 70% para a esposa e 30% para o marido; 20% para a esposa e 80% para o marido; 50% para cada um etc., ressaltando que, nesses casos, trata-se de um condomínio, e não de uma comunhão (meação adquirida por regime de casamento ou união estável, sem onerosidade).

Algumas observações:

1) Caso um bem seja adquirido somente em nome de um dos cônjuges ou companheiros, mas seja resultado do esforço comum dos dois, aquele que não tiver o bem em seu nome poderá requerer indenização do outro em Juízo. Por exemplo, se um dos consortes auxiliou em uma reforma de monta no bem particular do outro, pode ser cabível que se indenizem os gastos, evitando o enriquecimento sem causa do titular. Porém, dependerá da prova em juízo (notas fiscais, testemunhas de que foi o responsável pela reforma etc.);
2) Conforme o art. 1.688 do Código Civil, com base no princípio da solidariedade que deve haver nas famílias, "ambos os cônjuges são obrigados a contribuir para as despesas do casal na proporção dos seus rendimentos e de seus bens, salvo estipulação em contrário no pacto antenupcial", independentemente do regime de bens escolhido;
3) Os custos para a manutenção da família, como sustento e educação dos filhos, alimentação, lazer, vestuário, conservação e ampliação

---

[28] A outorga uxória ou marital (da mulher ou do marido) é a autorização dada por um dos cônjuges ao outro, para a prática de determinados atos, sem a qual estes não teriam validade. O Código Civil prevê que, qualquer que seja o regime de bens, salvo o da separação total, é obrigatória a outorga uxória ou marital para que, entre outras hipóteses, um dos cônjuges venda ou grave de ônus real um imóvel. Na prática, temos que, atualmente, os compradores de imóveis, em regra e por precaução, exigem a assinatura do cônjuge ou companheiro, independentemente do regime de bens.

da moradia do casal ou da casa de praia ou de campo e do seu respectivo mobiliário, empregados, carros, água, luz etc., devem ser assumidos na proporção de seus rendimentos ou bens.

Visualização Gráfica dos Bens Particulares e Comuns e a Meação em Divórcio

Regime de bens - **Separação Total Convencional** - Casamento e União Estável

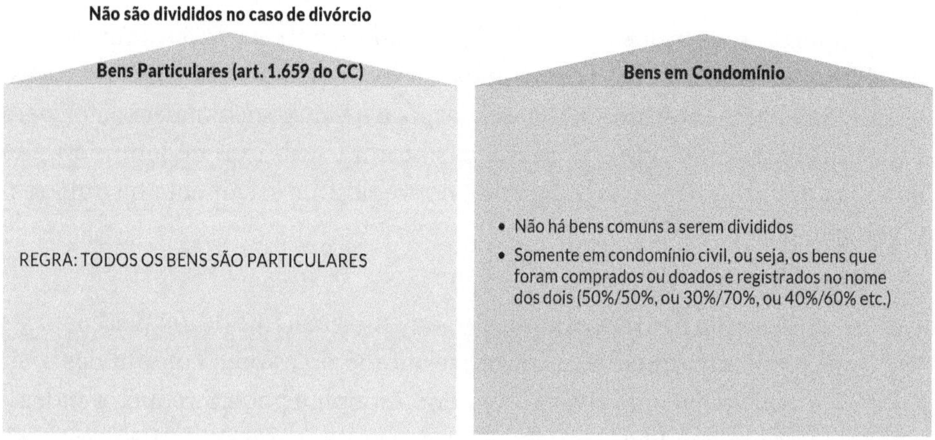

13.4. Regime da separação obrigatória de bens no casamento e união estável (casais hetero ou homoafetivos)

Trata-se de um regime imposto por lei (art. 1.641 do CC), tanto no casamento quanto na união estável.

A situação mais comum é quando um dos noivos, ou os dois, tem mais de 70 anos. Ressaltando que, até o ano de 2010, a idade considerada era 60 anos.

13.4.1. Patrimônio comum - bens comuns - Súmula 377 do STF

Essa obrigatoriedade de regime de bens, por conta da idade, já foi muito criticada, sob o argumento de que, em tese, a idade avançada, por si só, não é causa de incapacidade. Ou seja, um(a) empresário(a) muito inteligente e sem sinais de senilidade de 80 anos pode ser muito mais capaz do que, por exemplo, alguém que nunca estudou, mal sabe escrever e conta com apenas 20 anos de idade.

Uma discussão judicial nesse sentido, proposta por um senhor que não se conformava com tal obrigatoriedade, deu origem à famosa Súmula 377 do

STF, que dispõe que, "No regime de separação legal de bens, comunicam-se os bens adquiridos na constância do casamento".

Ainda assim, resta uma divergência entre alguns Tribunais, que entendem ser preciso demonstrar o esforço comum para que haja a comunicação e, portanto, a meação.

Essa súmula também recebe críticas na medida em que faz com que o regime de separação obrigatória de bens guarde mais similaridade com o regime de comunhão parcial de bens do que com a separação convencional de bens.

13.4.2. Afastamento da Súmula 377 do STF

Outrossim, na hipótese do regime da separação legal ou obrigatória de bens, os nubentes podem afastar a incidência da Súmula 377 do STF por meio de pacto antenupcial ou contrato de convivência. Na verdade, esse afastamento amplia os efeitos do regime da separação obrigatória, passando a ser uma verdadeira separação absoluta, em que nada se comunica.

Nesse sentido, *vide*:

> REGISTRO CIVIL DE PESSOAS NATURAIS. CASAMENTO. PACTO ANTENUPCIAL. SEPARAÇÃO OBRIGATÓRIA. ESTIPULAÇÃO DE AFASTAMENTO DA SÚMULA 377 DO STF. POSSIBILIDADE. Nas hipóteses em que se impõe o regime de separação obrigatória de bens (art. 1641 do CC), é dado aos nubentes, por pacto antenupcial, prever a incomunicabilidade absoluta dos aquestos, afastando a incidência da Súmula 377 do Excelso Pretório, desde que mantidas todas as demais regras do regime de separação obrigatória. Situação que não se confunde com a pactuação para alteração do regime de separação obrigatória, para o de separação convencional de bens, que se mostra inadmissível (TJSP, Recurso Administrativo 1065469-74.2017.8.26.0100 (412/2017-E)).

A principal diferença que permanece em relação ao regime de separação total convencional de bens é que, no caso de falecimento de qualquer um dos cônjuges, em regime de separação obrigatória de bens, caso haja descendentes, o cônjuge sobrevivente não será considerado herdeiro. Porém, caso o falecido deixe apenas ascendentes, o cônjuge sobrevivente terá direito à herança, na mesma proporção que os ascendentes, pai e mãe do falecido.

Outras hipóteses em que a lei impõe a separação obrigatória de bens (art. 1.641 do CC):

1) Quando o casal precisa de autorização dos pais ou suprimento judicial para se casar (menores de idade – entre 16 e 18 anos);

2) Para o viúvo ou viúva, com filho do falecido, enquanto não fizer o inventário de bens do casal e der partilha aos herdeiros;
3) No caso de viúva ou viúvo cujo casamento se desfez por ser nulo, ou ter sido anulado até dez meses depois do começo da viuvez ou da dissolução da sociedade conjugal;
4) Para os divorciados, enquanto não tiver sido homologada a partilha dos bens do ex-casal;
5) Para o tutor ou curador e seus descendentes, ascendentes, irmãos, cunhados ou sobrinhos, com a pessoa tutelada ou curatelada, enquanto não terminar a tutela ou curatela, e não estiverem saldadas as respectivas contas.

Visualização Gráfica dos Bens Particulares e Comuns e a Meação em Divórcio

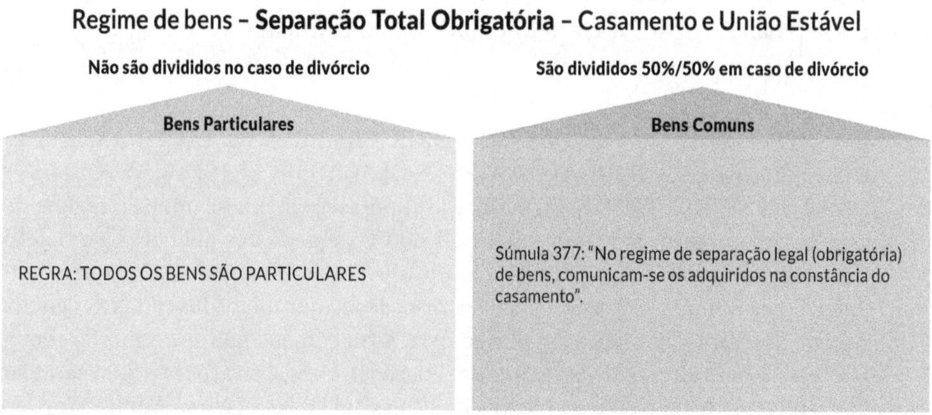

14. Regime de bens no casamento e na união estável – impactos na sucessão[29] (casais hetero ou homoafetivos)

Antes de tratar dos regimes de bens e seus impactos na sucessão (no falecimento de um dos cônjuges ou companheiros), é importante falar sobre um conceito fundamental no tema sucessão, que é a legítima e a disponível dos herdeiros necessários.

[29] Sobre o tema, *vide* no canal do YouTube GEEF – Grupo de Estudos de Empresas Familiares o vídeo: Regime de bens: casamento e união estável – impactos na sucessão. Disponível em: https://www.youtube.com/watch?v=cyNoj2L4C94&feature=youtu.be.

14.1. Legítima, herdeiros necessários, disponível, testamento e doação

14.1.1. Legítima (arts. 1.788 e 1.846 do CC)

A parte legítima a ser considerada em uma sucessão (ou em uma doação em vida) é o equivalente a 50% do patrimônio de qualquer pessoa que tenha herdeiros necessários (aqueles que não podem ser excluídos da sucessão). Ressalte-se que o valor da legítima (a metade do patrimônio) deve ser calculado na data da abertura da sucessão, ou seja, no momento em que a pessoa falece[30].

14.1.2. Herdeiros necessários

Os herdeiros necessários são aqueles que têm direito a parte legítima da herança. Atualmente, conforme o Código Civil, são eles: (i) os descendentes (filhos, netos, bisnetos, sendo que os mais próximos excluem os mais distantes, por exemplo, se eu tenho filhos, os netos não herdam - exceto se houver neto(s) de filho(s) falecido(s) antes dos pais); (ii) se não houver descendentes, os ascendentes são herdeiros necessários (pai e mãe, avós, bisavós, sendo que, também nesse caso, os mais próximos excluem os mais distantes (por exemplo, se houver pai ou mãe vivos, os avós não herdam); e, finalmente, (iii) o cônjuge que, após 2002, passou a ser herdeiro necessário em qualquer hipótese: com ou sem descendentes ou ascendentes (a depender do regime de bens).

14.1.3. Disponível

A parte disponível equivale a 50% do patrimônio de qualquer pessoa que tenha herdeiros necessários. É esse o percentual do patrimônio que pode ser livremente doado em vida, ou deixado em testamento para qualquer pessoa, inclusive para um dos herdeiros necessários.

15. Testamento - sucessão testamentária

O testamento é um ato solene (formal), unilateral (feito por uma única pessoa), personalíssimo e revogável (pode ser desfeito, nesse caso, por quem o fez, a qualquer momento). Normalmente são públicos (o mais recomendado

---

30 *Vide* art. 1.847 do Código Civil. Também na doação, a legítima deve ser calculada no momento da doação (arts. 544 e 549, ambos do Código Civil).

para evitar discussões futuras sobre a sua validade) ou particulares, nesse caso, devendo contar com três testemunhas.

Reza o art. 1.857 do Código Civil que "a legítima não pode ser incluída no testamento". Significa dizer que eu não posso testar minha legítima para terceiros que não sejam herdeiros necessários.

Outrossim, posso priorizar a individualização de bens evitando condomínio imobiliário, fazer legados, sugerir formas de partilha, desde que em respeito à legítima. Transformando uma disposição dessa natureza em uma cláusula, seria algo como: "disponho que da minha parte indisponível (legítima) o quinhão do meu filho Marc seja composto preferencialmente por cotas da empresa L&V Ltda. Para meu filho Andrew, determino que a sua parte legítima seja preferencialmente composta pela Fazenda Apicultura Brancatti. Para minha filha Heloise, disponho que a sua parte legítima seja preferencialmente composta pelos meus três imóveis em São Paulo (descrever) e pela nossa casa de praia (descrever). (...) Estabeleço, ainda, que o que não couber no quinhão de cada um seja completado com a minha disponível, e o que sobrar, depois de observadas essas disposições, seja igualmente dividido entre meus três herdeiros necessários"[31].

Caso o testamento não esteja claro em algum sentido, sua interpretação deve sempre buscar a vontade do testador[32]. Daí a importância de explicar, da forma mais detalhada possível no testamento, qual a intenção do testador (evitar o condomínio imobiliário, garantir que filhos menores não sejam representados na empresa familiar por pessoa não sócia etc.).

16. Doação

A doação é um ato voluntário que transfere bens ou direitos de uma pessoa para outra. É ato bilateral, que envolve o doador (aquele que doa) e o donatário (aquele que recebe o bem). Também nesses casos, aquele que faz a doação deve observar as regras cogentes referentes à parte legítima dos herdeiros necessários[33].

---

[31] Nesse caso, o melhor seria fazer isso em vida via três *holdings* (uma para cada ativo e filho) e doando a nua-propriedade das cotas dessas *holdings*, reservando para si o usufruto vitalício. Esse tema será mais bem abordado no Capítulo V desta obra.

[32] Art. 1.899 do Código Civil.

[33] Importante também lembrar que, nos termos do art. 496 do Código Civil, a compra e venda de ascendente a descendente é anulável, salvo se os outros descendentes e o cônjuge do

Ressaltando-se que a legítima é calculada no momento da liberalidade (no momento em que se faz a doação)[34]. Caso contrário, a doação pode ser considerada inoficiosa (doar mais do que posso no momento da doação) e ser anulada[35].

16.1. Cláusulas restritivas de direitos (doação e testamento)

Cláusulas restritivas são aquelas que, de alguma forma, restringem direitos sobre a propriedade. Como exemplo, temos as cláusulas de incomunicabilidade, de impenhorabilidade e de inalienabilidade.

16.2. Incomunicabilidade (doação e testamento)

A cláusula de incomunicabilidade dispõe que o bem (ou o direito) recebido em doação, herança ou legado em testamento não se comunica com os cônjuges ou companheiros, por conta de regimes de casamento. Ou seja, mesmo que a pessoa se case no regime de comunhão total de bens, tendo em vista tal cláusula, esse bem específico não irá se comunicar (ser meado) com seu cônjuge ou companheiro. Essa cláusula é muito utilizada e recomendada em planejamentos sucessórios e em organizações patrimoniais.

16.3. Incomunicabilidade dos frutos e rendimentos (doação e testamento)

Como visto anteriormente, no regime da comunhão parcial de bens, a incomunicabilidade dos bens não se estende aos frutos e rendimentos auferidos durante o casamento (ou união estável)[36]. Por outro lado, um testamento ou uma escritura de doação pode estabelecer a incomunicabilidade do bem, extensiva aos frutos e rendimentos. Nesse sentido, já decidiu a 3ª Turma do STJ – RE 1.164.887/RS (agosto de 2014).

Segundo esse entendimento, os frutos decorrentes de patrimônio pessoal de um dos cônjuges (ou companheiros), originários de doação ocorrida antes

alienante expressamente houverem consentido. Em ambos os casos, dispensa-se o consentimento do cônjuge se o regime de bens for o da separação obrigatória.

[34] Código Civil: "Art. 549. Nula é também a doação quanto à parte que exceder à de que o doador, no momento da liberalidade, poderia dispor em testamento".

[35] Não há anulação completa da doação, mas somente do que foi "doado a mais". E, segundo o STJ, o interessado (herdeiro necessário) terá prazo prescricional de 20 anos após a doação para adentrar com a ação de anulação.

[36] Art. 1.669 do Código Civil.

do casamento, podem ser protegidos por cláusula expressa de incomunicabilidade e ser excluídos da partilha de bens do casal (da meação).

Nesse sentido, a sentença em 1º grau, confirmada pelo TJRS, afirmou que as cotas das empresas pertencentes à ex-esposa deveriam ser excluídas da partilha de bens do casal por terem sido doadas antes do casamento, com cláusula de incomunicabilidade absoluta estendida às futuras bonificações, bem como às ações distribuídas em decorrência da capitalização de lucros ou reservas. Ou seja, nesse caso, a incomunicabilidade das ações doadas atingiu não apenas o principal, mas também os frutos.

De acordo com o Ministro Villas Bôas Cueva, que foi o relator do caso, os bens transferidos a um dos cônjuges por ato de liberalidade de terceiro, por doação ou sucessão hereditária, não se comunicam quando gravados com cláusula de incomunicabilidade, desde que expressa. Outrossim, a incomunicabilidade pode ser estendida aos frutos de bem doado ou testado, se assim estipular o doador ou testador, em benefício exclusivo do cônjuge favorecido, uma vez que não existe na lei vedação nesse sentido[37].

16.4. Impenhorabilidade (doação e testamento)

A cláusula de impenhorabilidade impede que o bem recebido por doação ou testamento seja oferecido à penhora para pagar uma dívida ou hipoteca do donatário (aquele que recebe o bem em doação).

16.5. Inalienabilidade (doação e testamento)

A cláusula de inalienabilidade impede a alienação, a qualquer título, do bem gravado, ou seja, aquele que recebeu a doação com tal cláusula não pode vender, doar, permutar ou dar tal bem em pagamento. A inalienabilidade pode ser temporária ou vitalícia, pode perdurar por um tempo (x anos, por exemplo) ou durar por toda a vida daquele que recebeu o bem por doação ou testamento.

Ressalte-se que a inalienabilidade pode ser altamente prejudicial ao proprietário que esteja com sua renda comprometida. Não são incomuns situações nas quais alguém que recebeu um apartamento de valor muito alto com cláusula de inalienabilidade não tem condições de arcar com os custos do

---

[37] O número do processo não é divulgado em razão de segredo judicial. *Vide* precedentes julgados no STJ nesse mesmo sentido: AgIn 1.185.068, rel. Min. Sidnei Beneti; REsp 1.173.931, Min. Paulo de Tarso Sanseverino; e REsp 1.377.084, Min. Nancy Andrighi.

condomínio e IPTU, e tenha grandes dificuldades de conseguir autorização em juízo para vender o bem e comprar outros três (fazendo a transferência do vínculo da inalienabilidade), por exemplo, para passar a ter alguma renda. Não recomendamos essa cláusula, exceto em casos especiais e por um determinado período.

Ressalte-se que o ordenamento jurídico não admite que se estabeleça esse tipo de disposição sobre bens próprios. Assim, é necessário que os bens sejam gravados em instrumentos de doação ou testamento, e que tais cláusulas sejam determinadas de forma expressa (escrita) pelo testador ou doador.

16.6. Cláusula de reversão (doação)

É muito comum, em planejamentos sucessórios, inserir no instrumento de doação uma cláusula de reversão, que é aquela que estipula que o bem doado retorne ao patrimônio do doador em caso de falecimento precoce do donatário[38]. Acontecendo essa situação (tão indesejável), o patrimônio doado, por exemplo, ao filho retorna ao pai doador, que pode dispor dele novamente.

16.7. Cláusula de usufruto (doação)

O direito de propriedade, conforme o art. 1.228 do Código Civil, conta com quatro atributos, quais sejam: (a) gozar ou fruir do bem; (b) reaver ou buscar em Juízo a coisa de quem injustamente o possua ou detenha; (c) usar ou utilizar o bem; e (d) dispor dele ou aliená-lo.

Todos esses atributos (direitos) podem estar concentrados nas mãos de um único proprietário, ou cindidos nas mãos de duas ou mais pessoas, como é o caso de um bem no qual uma pessoa detém o usufruto e a outra, a nua-propriedade.

Segundo o art. 1.394, também do Código Civil, o usufrutuário tem direito a posse, uso, administração e percepção dos frutos. Assim, no caso, por exemplo, de um pai doar a nua-propriedade de uma casa ao filho e reservar para si o usufruto, o pai poderá morar, alugar, dar em comodato etc. referido imóvel, entretanto, para vendê-lo, precisará da anuência do filho (uma vez que a doação é ato bilateral, que depende da anuência de duas pessoas).

Essa modalidade de doação, com reserva de usufruto, tem uma série de vantagens em planejamentos sucessórios, tais como: (i) antecipar a sucessão

[38] Art. 547 do Código Civil.

hereditária com a manutenção, pelo usufrutuário, da gestão e fruição do patrimônio doado; (ii) substituir o testamento e evitar o inventário, uma vez que, nos termos do art. 1.410, I, do Código Civil, com a morte do usufrutuário, o usufruto se extingue[39]; (iii) antecipar o pagamento de custas e despesas processuais (em um processo de inventário), inclusive com advogados, desonerando os herdeiros e garantindo a alíquota da época da doação (Imposto de Transmissão *Causa Mortis* e Sucessão – ITCMD); e (iv) mitigar eventuais brigas entre herdeiros, uma vez que no falecimento do doador usufrutuário os bens já estarão divididos. Por exemplo, na hipótese de o pai doar a nua-propriedade de um imóvel residencial para um dos filhos e a casa de praia para outro, imaginando-se que os imóveis tenham valores semelhantes e tal doação não fira o direito de legítima de nenhum dos herdeiros necessários; (v) além disso, em muitos casos, em se tratando de empresas familiares, pode permitir uma transição mais gradual entre gerações, por meio da inserção paulatina dos herdeiros e legatários na realidade patrimonial do(s) doador(es).

Porém, tem a desvantagem de o donatário, por exemplo, o pai, perder a prerrogativa de alienar o bem sem a anuência expressa do nu-proprietário, o filho[40]. Isso porque, como dito, a doação é ato bilateral, diferentemente do testamento, que, sendo ato unilateral do testador, pode ser por ele revogado a qualquer tempo e sem a necessidade de justificativas e anuências.

Ou seja, diferentemente do testamento, a doação só pode ser revogada nas hipóteses taxativamente previstas no Código Civil, quais sejam: "Art. 555. A doação pode ser revogada por ingratidão do donatário, ou por inexecução do encargo"; "Art. 557. Podem ser revogadas por ingratidão as doações: I – se o donatário atentou contra a vida do doador ou cometeu crime de homicídio doloso contra ele; II – se cometeu contra ele ofensa física; III – se o injuriou gravemente ou o caluniou; IV – se, podendo ministrá-los, recusou ao doador os alimentos de que este necessitava".

Além disso, por ser a revogação uma medida "excepcional", tem que ser requisitada judicialmente e deve ser cabalmente provada: o que pode ser difícil (inclusive emocionalmente), caro e demorado.

---

[39] Código Civil: "Art. 1.410. O usufruto extingue-se (...) I – pela renúncia ou morte do usufrutuário; (sucessão sem inventário) II – pelo termo de sua duração; III – pela extinção da pessoa jurídica, em favor de quem o usufruto foi constituído, ou, se ela perdurar, pelo decurso de trinta anos da data em que se começou a exercer; IV – pela cessação do motivo de que se origina; V – pela destruição da coisa (...)".

[40] Ver o Capítulo V na parte que trata da doação de ações ou cotas de *holdings* a fim de contornar esse problema.

16.8. Cláusulas restritivas impostas na legítima (doação e testamento)

Segundo o art. 1.848 do Código Civil, salvo se houver justa causa, declarada no testamento, não pode o testador estabelecer cláusula de inalienabilidade, de impenhorabilidade e de incomunicabilidade sobre os bens que compõem a legítima.

Em razão desse preceito legal, há entendimento no sentido de que clausular a legítima, impondo-lhe um ônus de inalienabilidade, por exemplo, só é possível se feito de modo expresso e circunstancial (por exemplo, a determinação fundar-se em fato grave e descrito com minúcia: um filho dependente químico com laudo de médico especialista, um marido condenado por crime de estelionato etc.), sob pena de nulidade.

Outros entendem – é o meu caso – que uma simples justificativa genérica é suficiente, tal como: "a testadora determina que a parte legítima de sua herança seja paga aos seus herdeiros necessários na forma do Código Civil com as cláusulas de incomunicabilidade e impenhorabilidade vitalícias, inclusive de frutos e rendimentos. Justifica a testadora que tal vínculo seja instituído a fim de que o patrimônio herdado por seus filhos seja preservado pelo maior tempo possível por seus descendentes consanguíneos, não ficando sujeito a interferência e/ou participação indesejada de terceiros. Tais cláusulas justificam-se ainda por ser vontade da testadora saber que seus bens, amealhados e mantidos com sacrifício, por toda uma vida, não serão atingidos por qualquer forma de meação, ônus ou constrições decorrentes de dívidas, garantias, débitos e encargos não constituídos pela testadora".

De qualquer forma, o XIX Congresso Notarial Brasileiro, realizado entre os dias 14 e 18 de maio de 2014 na Praia do Imbassaí, Salvador/BA, que teve como tema "O papel do notariado no Direito da Família", instituiu o seguinte Enunciado 2: "Nas escrituras de doação não é necessário justificar a imposição de cláusulas restritivas sobre a legítima. A necessidade de indicação de justa causa (CC art. 1.848) limita-se ao testamento, não se estendendo às doações. Isso porque há aceitação nas doações".

17. Adiantamento de legítima, colação e dispensa de colação

Uma doação para um herdeiro necessário pode ser feita a título de "adiantamento de legítima". Isso significa que o donatário desse bem (o filho ou o cônjuge, por exemplo) deverá relacioná-lo no processo de inventário do doador falecido (pai, mãe ou cônjuge/companheiro), como já recebido a título de antecipação de legítima. Esse ato é denominado de colação.

A colação é, assim, o ato por meio do qual o herdeiro necessário informa, no inventário daquele que lhe fez a doação, o recebimento de determinado bem em vida, antecipado pelo autor da herança (falecido) como parcela de sua disponível. Esse valor deverá ser subtraído do quinhão ao qual aquele donatário fizer jus.

Por outro lado, nos termos do art. 2.005 do Código Civil, são dispensadas da colação as doações que o doador determinar que saiam da parcela disponível do seu patrimônio, contanto que não a excedam, computado o seu valor ao tempo da doação. E no parágrafo único: "Presume-se imputada na parte disponível a liberalidade feita a descendente que, ao tempo do ato, não seria chamado à sucessão na qualidade de herdeiro necessário" (um neto com filho não falecido, por exemplo)[41].

Finalmente, o art. 1.847 do Código Civil determina que: "Calcula-se a legítima sobre o valor dos bens existentes na abertura da sucessão, abatidas as dívidas e as despesas do funeral, adicionando-se, em seguida, o valor dos bens sujeitos a colação".

18. Partilha em vida

Um tema que vem ganhando espaço crescentemente quando tratamos de organização patrimonial e planejamento sucessório diz respeito à partilha em vida.

O planejamento sucessório nada mais é do que quando, ainda em vida, o autor de uma herança (titular de um patrimônio) já nomeia seus herdeiros (em testamento, por exemplo) indicando o patrimônio e a forma como ele deverá ser dividido e administrado, quando vier a falecer.

---

[41] No que respeita a doações sucessivas ao mesmo herdeiro, deve-se também observar o art. 2.007 do Código Civil: "São sujeitas à redução as doações em que se apurar excesso quanto ao que o doador poderia dispor, no momento da liberalidade. § 1° O excesso será apurado com base no valor que os bens doados tinham, no momento da liberalidade. § 2° A redução da liberalidade far-se-á pela restituição ao monte do excesso assim apurado; a restituição será em espécie, ou, se não mais existir o bem em poder do donatário, em dinheiro, segundo o seu valor ao tempo da abertura da sucessão, observadas, no que forem aplicáveis, as regras deste Código sobre a redução das disposições testamentárias. § 3° Sujeita-se a redução, nos termos do parágrafo antecedente, a parte da doação feita a herdeiros necessários que exceder a legítima e mais a cota disponível. § 4° Sendo várias as doações a herdeiros necessários, feitas em diferentes datas, serão elas reduzidas a partir da última, até a eliminação do excesso".

A partilha em vida, por seu turno, disciplinada pelo art. 2.018 do Código Civil, diz que é válida a partilha feita por ascendente, por ato entre vivos, contanto que não prejudique a legítima dos herdeiros necessários. Estamos falando dos casos nos quais o titular do patrimônio deseja partilhar e doar praticamente todos os seus bens em vida, buscando, com isso, fundamentalmente, evitar litígios entre seus filhos.

A partilha em vida difere da doação, pois nela não há liberalidade, característica da doação, mas sim uma renúncia ao domínio de bens.

Ou seja, o ascendente, em vida, divide seus bens e transfere seu patrimônio aos seus herdeiros necessários (descendentes e cônjuge ou companheiro, se houver), operando a sua transmissão definitiva (posse e propriedade) aos beneficiários (seus herdeiros necessários).

A partilha em vida pode englobar os bens da legítima, desde que respeitados os direitos hereditários dos herdeiros necessários. Nesse caso, não há necessidade de se proceder à colação quando do falecimento do ascendente para fins de conferência da legítima[42]. Considera-se que tal partilha operou uma sucessão propriamente dita. Ressalte-se que, nessa modalidade de doação em vida, todos os herdeiros necessários devem receber percentual idêntico ao que receberiam em sucessão por falecimento a título de legítima.

Em uma doação de apenas uma parte do patrimônio, ou no testamento, diferentemente, o pai pode, por exemplo, beneficiar um filho, ou o cônjuge, em detrimento dos demais, direcionando toda a sua disponível para esse herdeiro. Nesse caso, o herdeiro escolhido receberia toda a disponível – 50% do patrimônio – mais o percentual da sua legítima partilhado com seus irmãos e viúvo(a), dependendo do caso.

A partilha em vida pode oferecer vantagem para uma pacificação familiar, na medida em que sua anulação é mais restrita quando há alteração no quadro de herdeiros necessários, por exemplo, no caso de casamento posterior,

[42] Nesse sentido, *vide* o entendimento do STJ de que "(...) os descendentes que concorrerem à sucessão do ascendente comum são obrigados, para igualar as legítimas, a conferir o valor das doações que dele em vida receberam, sob pena de sonegação. Todavia, o dever de colacionar os bens admite exceções, sendo de ressaltar, entre elas, as doações que o doador determinar saiam da parte disponível, contanto que não a excedam, computado o seu valor ao tempo da doação (CC art. 2005), ou, como no caso, em que os pais doaram aos filhos todos os bens de que dispunham, com o consentimento destes, fazendo constar, expressamente, dos atos constitutivos de partilha em vida, a dispensa de colação futura" (REsp 1.523.552/PR, *DJe* 13-11-2015. Disponível em: https://stj.jusbrasil.com.br/jurisprudencia/864155676/recurso-especial-resp-1523552-pr-2015-0069008-1).

ou nascimento de um outro filho. Isso se dá pois a partilha em vida tem seu aspecto definitivo mais consistente que a doação, que sempre pode ser questionada, discutida em ação de redução ou até mesmo revogada. Embora seja de se ressaltar que alguns estudiosos do assunto entendem que, caso surja um novo herdeiro necessário (filho, cônjuge ou companheiro) nesse ínterim, a partilha tenha que ser refeita.

Ademais, a partilha em vida produz efeitos imediatos, permitindo aos contemplados a plena e desimpedida fruição dos bens recebidos. Por outro lado, a impossibilidade de se instituir usufruto sobre os bens que serão transferidos pode representar uma desvantagem sob o ponto de vista do doador.

Ressalte-se, finalmente, que, segundo o art. 548 do Código Civil, é nula a doação de todos os bens sem reserva de parte, ou renda suficiente para a subsistência do doador. Ou seja, ao menos o usufruto de algum(ns) bem(ns) deve ser mantido a fim de garantir a subsistência do doador.

Quadro Comparativo Doação × Testamento

Doação	Testamento
Ato pessoal, mas aceita-se procuração, desde que específica.	Ato personalíssimo.
Irrevogável (revogável somente em Juízo, nas hipóteses do art. 555 do CC – ingratidão ou inexecução do encargo). Opção de doação de nua-propriedade de cotas/ações com reserva de usufruto.	Revogável, até o falecimento.
Cláusulas de incomunicabilidade (inclusive dos frutos e rendimentos), impenhorabilidade, inalienabilidade, reversão e usufruto.	Cláusulas de incomunicabilidade (inclusive dos frutos e rendimentos), impenhorabilidade e inalienabilidade.
Parte legítima + disponível, sendo que a legítima vai à colação (por isso a importância de colocar no instrumento de doação que ela está sendo feita da parcela legítima e a colação está dispensada).	Pode-se segregar a parte legítima da disponível, e organizar o patrimônio, determinando legados específicos, como uma casa, o controle de uma empresa, a preferência de que o quinhão seja pago em dinheiro etc. Cabem também disposições de caráter não patrimonial, como reconhecer filhos.

Doação	Testamento
Caso a nua-propriedade de todos os bens já tenha sido doada, não precisa de inventário, basta averbar o falecimento do titular do usufruto e a extinção deste.	Em regra, Inventário Judicial, sendo possível o **inventário extrajudicial** se os herdeiros forem capazes e concordes e estiverem assistidos por advogado, desde que o **testamento** tenha sido previamente registrado judicialmente ou haja a expressa autorização do juízo competente.

19. Sucessão legítima

Sucessão legítima é aquela que ocorre em razão da lei, independentemente de doações ou testamentos. É a parcela do patrimônio que necessariamente deve ser atribuída aos herdeiros necessários.

Desde a entrada em vigor do Código Civil, os cônjuges passaram a ser herdeiros necessários, junto com os descendentes e, na falta destes, com os ascendentes.

19.1. Lei

Reza o art. 1.829 do Código Civil que: "A sucessão legítima defere-se na ordem seguinte: I – **aos descendentes**, em concorrência com o cônjuge sobrevivente, salvo se casado este com o falecido no regime da comunhão universal, ou no da separação obrigatória de bens (art. 1.640, parágrafo único); ou se, no regime da comunhão parcial, o autor da herança não houver deixado bens particulares[43]; II – **aos ascendentes**, em concorrência com o cônjuge; III – **ao cônjuge sobrevivente**[44]; IV – aos colaterais".

[43] Para entender a lógica da sucessão, se faz necessário voltar aos regimes de bens e entender o que são bens comuns e particulares em cada um deles. Como dissemos, atualmente temos cinco regimes de bens vigendo no Brasil: (i) Comunhão parcial de bens (é o que irá vigorar se o casal não escolher outro regime); (ii) Comunhão total de bens (convencional); (iii) Separação total de bens (convencional); (iv) Separação obrigatória de bens (imposto por lei); (v) Participação final dos aquestos (convencional). No item em que tratamos dos regimes de bens e seus impactos no divórcio, cada regime está individualmente explicado. Tudo o que foi dito em relação a bens comuns e particulares vale para a sucessão que, no entanto, veremos agora que existem regras específicas quantos aos herdeiros necessários (cônjuges e companheiros) em cada um dos regimes.

[44] Código Civil: "Art. 1.845. São herdeiros necessários os descendentes, os ascendentes e o cônjuge". "Art. 1.846. Pertence aos herdeiros necessários, de pleno direito, a metade dos bens da herança, constituindo a legítima".

Meio complicado, né? Vamos tentar em outras palavras:

Art. 1.829 do Código Civil: A sucessão legítima (a parte da herança referente a metade do patrimônio do falecido(a) que deve ser obrigatoriamente destinada aos herdeiros necessários – descendentes, ascendentes e cônjuge) se dá da seguinte forma:

I – Aos **descendentes (filhos, netos, bisnetos), juntamente com o cônjuge sobrevivente**, *salvo se o falecido fosse casado na comunhão total de bens* (porque, nesse caso, o cônjuge sobrevivente receberá metade de todo o patrimônio comum como meeiro, então o legislador achou que ele não precisaria herdar...), ou *na separação obrigatória* (por exemplo, se qualquer dos cônjuges tiver mais de 70 anos ao se casar – nesse caso, o sobrevivente não é nem herdeiro nem meeiro), ou *na comunhão parcial sem bens particulares* (nesse caso, quando um dos cônjuges falece, o sobrevivente será meeiro (terá direito a metade, 50% cinquenta por cento) dos bens comuns (por exemplo os adquiridos onerosamente – comprados, durante o casamento no regime de comunhão parcial) e terá direito à herança, junto com os descendentes, dos bens particulares do falecido – por exemplo, os que o falecido adquiriu por doação ou herança de seus pais).

II – Caso o falecido não tenha filhos, netos ou bisnetos (descendentes), a herança legítima (no mínimo, 50% do patrimônio) será dividida entre os **ascendentes (pai e mãe ou só pai ou só mãe) e o cônjuge sobrevivente** (*na separação total, voluntária ou obrigatória, e na comunhão parcial em relação aos bens particulares*); e será da seguinte forma: cônjuge mais pai e mãe: 1/3 (um terço) para cada um; cônjuge só com o pai ou só com a mãe: 1/2 (metade) para cada um.

III – Se o falecido não tiver nem ascendentes nem descendentes, *toda a herança (além, é claro, da meação)* vai para o **cônjuge sobrevivente** (*independentemente do regime de bens*).

IV e V – Se o falecido não tiver ascendentes, descendentes ou cônjuge, e não tiver feito testamento destinando seus bens a alguém, todo o patrimônio do falecido (sua herança) será destinado aos colaterais, ou seja, aos tios e primos, até o 4º grau. E se o falecido não tiver primos, sua herança vai para o município no qual o falecido vivia e faleceu. Obs.: Os colaterais (tios e primos) e o município não são herdeiros necessários, ou seja, na falta de ascendentes, descendentes, cônjuge ou companheiro, o falecido pode deixar 100% do seu patrimônio em testamento para quem ele quiser.

Finalmente, vale relembrar que, se o falecido não tiver deixado testamento destinando a outra metade dos seus bens (a parte chamada de "disponível", ou seja 50% do seu patrimônio) para quem ele bem entender, toda a sua herança será dividida conforme preveem os incisos desse art. 1.829 do Código Civil, ou seja, da mesma forma (nos mesmos percentuais) que os herdeiros necessários receberem a parte legítima, receberão também a parte disponível.

Visualização Gráfica da Sucessão

1) Sucessão no Regime de Comunhão Universal (Total) de Bens

Regime de bens - **Comunhão Universal** - Casamento e União Estável - Sucessão

Art. 1.829 do CC - cônjuge/companheiro não tem herança se concorrer com descendentes - só tem MEAÇÃO

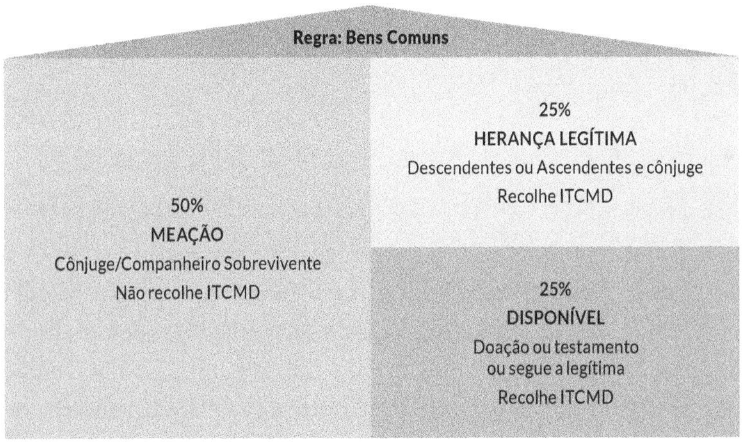

2) Sucessão no Regime de Separação Total de Bens Convencional

Regime de bens - **Separação Total Convencional** - Casamento e União Estável - Sucessão

Art. 1.829 do CC - cônjuge/companheiro não tem meação - só tem HERANÇA

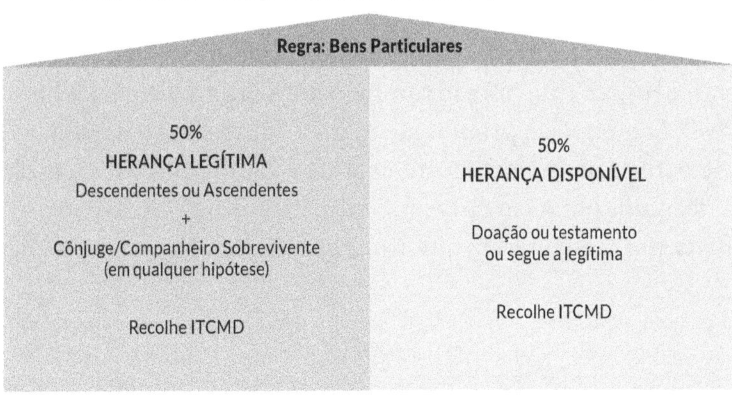

3) Sucessão no Regime de Comunhão Parcial de Bens

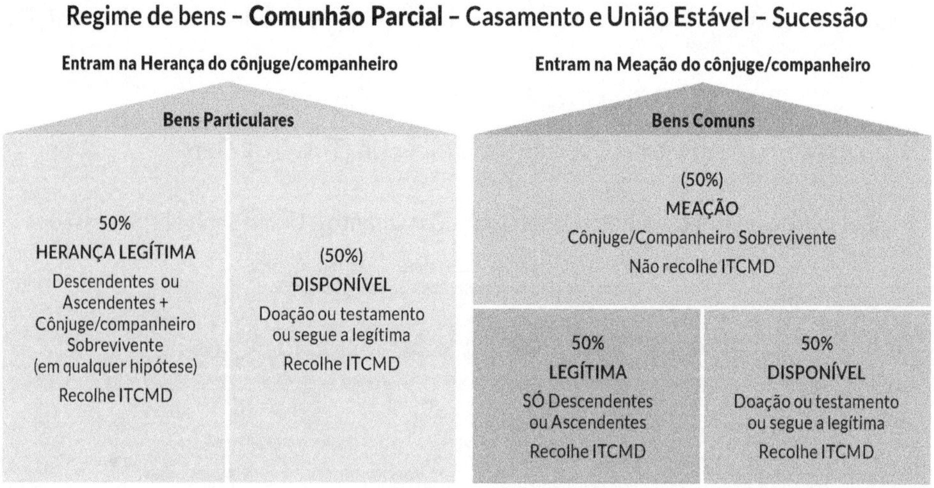

Uma regra que pode ajudar a entender essa mixórdia é a seguinte: onde há meação (bens comuns), não há herança (bens particulares), e vice-versa. Ademais, em relação à meação (metade do patrimônio recebido em razão do regime de bens, tanto no regime de comunhão total quanto no regime de comunhão parcial), o cônjuge sobrevivente não paga ITCMD, uma vez que a parcela patrimonial já é dele por meação. Já em relação à parcela de patrimônio que o cônjuge receber como herança (junto com os descendentes ou ascendentes), terá de pagar o ITCMD.

20. Companheiro é herdeiro necessário?

Muito se discutiu, e ainda se discute, porém em menor intensidade, se os companheiros (união estável) são também herdeiros necessários, assim como os cônjuges[45]. Logo após a promulgação do Código Civil em 2002, a doutrina majoritária entendeu que companheiros não são herdeiros necessários, podendo ser afastados por meio de testamento. Porém, juristas de peso, em menor número, divergiam, afirmando que, uma vez que a união estável é equiparada

[45] Sobre o tema, assista no canal do YouTube GEEF – Grupo de Estudos de Empresas Familiares ao vídeo: Mesa redonda 1: O cônjuge ou companheiro no planejamento sucessório. Convidados: Amedeo Papa, Karime Costalunga e Marcelo Rodrigues. Moderação: Roberta Nioac Prado – coordenadora do GEEF. Disponível em: https://youtu.be/SiGVodZ1m4Q.

ao casamento pela Constituição Federal, cônjuges e companheiros devem ter os mesmos direitos, ou seja, os companheiros são, sim, herdeiros necessários[46].

Em maio de 2017, o Supremo Tribunal Federal decidiu, em julgamento conjunto dos Recursos Extraordinários 646.721/RS e 878.694/MG, *por maioria*, pela inconstitucionalidade do art. 1.790 do Código Civil, dispositivo que disciplinava a sucessão entre companheiros, diferenciando-a da sucessão do cônjuge na sucessão de bens do *de cujus*: "não é legítimo desequiparar, para fins sucessórios, os cônjuges e os companheiros, isto é, a família formada pelo casamento e a formada por união estável. Tal hierarquização entre entidades familiares é incompatível com a Constituição". E adiante: "no sistema constitucional vigente, é inconstitucional a distinção de regimes sucessórios entre cônjuges e companheiros, devendo ser aplicado, em ambos os casos, o regime estabelecido no art. 1.829 do CC/2002".

Com isso, o STF expressamente afastou a possibilidade de tratamento diferenciado entre cônjuges e companheiros, inclusive no âmbito sucessório, impedindo entendimento discriminatório que hierarquizasse o casamento em qualquer situação. Lembre-se, ainda, de que, em consonância com o entendimento já sedimentado pelo Tribunal, tal decisão vale também para companheiros e cônjuges em relações homoafetivas.

Outrossim, alguns juristas ainda questionaram a inclusão do companheiro como herdeiro necessário nos termos do art. 1.845 do Código Civil[47], uma vez que o julgamento nada expressou a respeito do assunto.

Em 2018, o Enunciado n. 641 da *VIII Jornada de Direito Civil*, ocorrida em abril, concluiu que: "a decisão do Supremo Tribunal Federal que declarou a inconstitucionalidade do art. 1.790 do Código Civil não importa equiparação absoluta entre o casamento e a união estável. Estendem-se à união estável apenas as regras aplicáveis ao casamento que tenham por fundamento a solidariedade familiar (*no caso inclui-se a sucessão*). Por outro lado, é constitucional a distinção entre os regimes, quando baseada na solenidade do ato jurídico que funda o casamento, ausente na união estável (*questões formais*)".

No entanto, para a maioria dos autores, atualmente, não restam dúvidas de que, com a decisão do Supremo Tribunal Federal sobre a inconstitucionalidade

---

[46] Sobre a polêmica, ver CAHALI, Francisco José. *Direito das sucessões*. 4. ed. São Paulo: RT, 2012. p. 225-228.

[47] Código Civil: Art. 1.845: "São herdeiros necessários os descendentes, os ascendentes e o cônjuge".

do art. 1.790 do Código Civil, o convivente foi alçado à condição de herdeiro necessário, mesmo não estando expressamente elencado no rol do art. 1.845. Não obstante, é necessário destacar que as questões polêmicas em relação ao tratamento do companheiro no âmbito sucessório ainda podem surgir. De fato, o STF declarou a inconstitucionalidade do art. 1.790, porém a discussão acerca do *status* do companheiro, se herdeiro necessário ou não, não foi diretamente abordada pelos ministros, de modo que, objetivamente nesse aspecto, nada foi decidido.

21. Cônjuge herdeiro privilegiado

Como se não bastasse toda essa mixórdia de regras cogentes na sucessão, há ainda uma outra, que dispõe ser o cônjuge (e, por equiparação, o companheiro) um herdeiro privilegiado. Ou seja, conforme o art. 1.832 do Código Civil, 25% (ou 1/4) da herança (legítima) serão necessariamente direcionados ao cônjuge ou companheiro que concorrer com os descendentes comuns.

Visualização Gráfica do Cônjuge como Herdeiro Privilegiado

Sucessão - Cônjuge e Herdeiro Privilegiado - art. 1.832 do CC

- Concorrendo o cônjuge sobrevivente com os descendentes, caber-lhe-á quinhão igual ao dos que sucederem por cabeça;
- Se o cônjuge sobrevivente for **ascendente comum dos descendentes**, tal cônjuge sobrevivente tem garantido o mínimo de 1/4 da herança LEGÍTIMA que lhe couber.

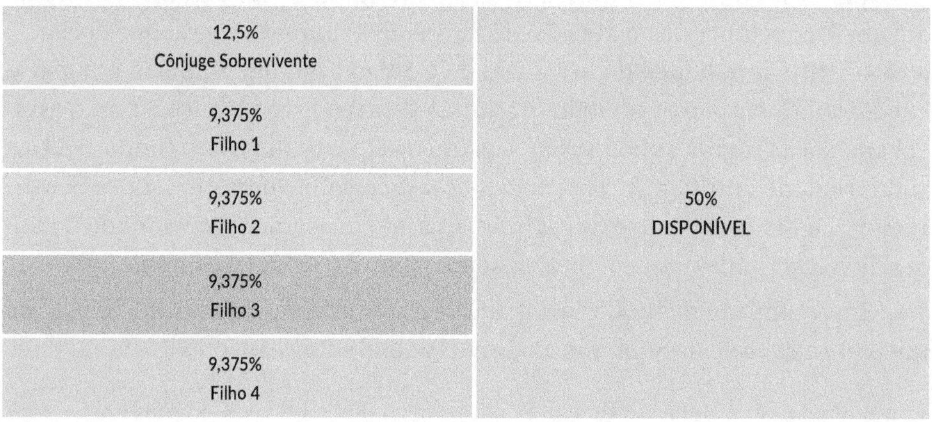

22. Alteração de regime de bens

Na vigência do Código Civil de 1916 não era possível a alteração do regime de bens durante o casamento.

Por conta dessa confusão toda que o legislador fez em relação à legítima, incluindo o cônjuge como herdeiro necessário (junto com os descendentes e os ascendentes), o legislador entendeu por bem autorizar a mudança do regime de bens no curso do casamento.

Esse pedido pode ser feito a qualquer momento durante o casamento (art. 1.639 do CC), desde que em Juízo (ou seja, não é possível fazer em cartório) e requerido por ambos os cônjuges, de comum acordo. Ademais, os postulantes devem indicar um motivo relevante e o pedido deve ser feito de boa-fé, sem que cause prejuízos a terceiros ou aos próprios cônjuges.

Uma vez concedida a alteração no regime de bens, a mudança passa a vigorar desde então. Em regra, não deve ser retroativa, e a partilha de bens deve ser feita para que o casal inicie essa nova fase sem pendências em relação ao regime anterior, evitando o risco de discussões futuras acerca de eventuais direitos de meação.

Em se tratando de alteração de regime de bens em união estável, os companheiros devem ir ao cartório no qual registraram sua união, escolher o novo regime e dar-se quitação plena e recíproca, declarando algo como: "vivemos em união estável desde 2010, no regime de comunhão parcial. Tudo o que foi comunicado foi partilhado, portanto damos quitação total mútua e plena em relação a qualquer meação. O que está no nome de cada um, a partir deste momento, passa a ser patrimônio pessoal". Em seguida, descrevem os bens que estão no IRPF de cada companheiro.

Ressalte-se que, para fazer a partilha, todo o patrimônio do casal deve ser submetido a avaliação da Secretaria da Fazenda e, se houver desequilíbrio dos quinhões em razão de meação, o ITCMD deverá ser recolhido sobre a parcela a maior que um dos dois receber.

23. Em resumo, como definir a sucessão?

Pontos básicos:

(a) O(A) falecido(a) é casado(a) ou vive em união estável? Desde quando?;

(b) Qual o regime de bens?;

(c) Quais são os bens comuns do casal (que sofrem meação) e os bens particulares do(a) falecido(a) (que deverão ser destinados aos herdeiros)?

(d) O(A) falecido(a) possui descendentes (comuns ou não comuns com o cônjuge/companheiro sobrevivente)?;

(d) Possui ascendentes?;

(e) Fez testamento?;

(f) Fez doações da parcela do seu patrimônio disponível ou antecipações de legítima? Ou seja, deverá ser feita "colação" no inventário de algum bem?

Anexos

Disclaimer: Ressalvamos que os modelos de documentos apresentados nesta obra visam apenas a ilustrar temas e cláusulas que podem ser úteis em projetos de organização patrimonial, governança corporativa, familiar e/ou planejamento sucessório.

Dessa forma, todas as cláusulas aqui apresentadas apenas ilustram possibilidades, a título de exemplo, e, se e quando usadas, devem ser escolhidas e redigidas à luz das necessidades, possibilidades, intenções e outras características de cada família e empresa, em consideração a cada caso concreto.

Ademais, os exemplos de documentos constantes dos anexos contêm cláusulas aleatoriamente copiadas e coladas de vários documentos e, portanto, podem compreender diferentes situações familiares, patrimoniais e empresariais, nas quais trabalhamos ao longo dos anos na nossa consultoria. Ou seja, nem sempre todas as cláusulas de uma minuta apresentada foram utilizadas ao mesmo tempo, para a mesma família e/ou empresa.

O objetivo de apresentar esses documentos é ajudar a família, ou o profissional, a enxergar nos exemplos oferecidos situações que possam fazer sentido para serem refletidas e adaptadas ao seu caso concreto.

1) Exemplo de Contrato Particular de Convivência (1)

CONTRATO PARTICULAR DE CONVIVÊNCIA
(com Regime de Comunhão Parcial de Bens)

Pelo presente instrumento particular, de um lado (nome), (nacionalidade), (estado civil), (profissão), inscrito no CPF sob o nº (informar) e no RG nº (informar), residente e domiciliado (endereço), doravante denominado COMPANHEIRO, e de outro lado (nome), (nacionalidade), (estado civil), (profissão), inscrita no CPF sob o nº (...) e no RG nº (...), residente e domiciliada (endereço completo), doravante denominada COMPANHEIRA, firmam o presente Contrato de Convivência conforme as cláusulas e condições abaixo:

Cláusula 1ª - Declaram os COMPANHEIROS que, embora vivendo em casas separadas, desde (data) vivem em união estável, de forma pública, duradoura e contínua, objetivando a constituição de família, conforme prevê o artigo 1.723 do Código Civil.

Do Regime de Bens

Cláusula 2ª - Os COMPANHEIROS, de comum acordo, elegem o regime da comunhão parcial de bens, previsto nos artigos 1658 e seguintes do Código Civil brasileiro, para reger a união estável.

Dos Bens Incomunicáveis

Cláusula 3ª - O COMPANHEIRO declara possuir bens e direitos a seguir discriminados (elencar) (CC, art. 674):

1) Uma casa (descrição), matrícula, no Cartório do Xº Ofício do Registro de Imóveis da Comarca de (...);
2) Um veículo marca (...), ano e modelo (...), placa (...), adquirido em (data);
3) Participação societária de 75% (setenta e cinco por cento) na sociedade XPTO Ltda., inscrita no CNPJ sob nº (...), com sede na Avenida (...), número (...), em São Paulo, capital;
4) 1.000.000 (um milhão) de ações preferenciais do Banco Itaú (ITUB4).

Cláusula 4ª - A COMPANHEIRA declara possuir os bens e direitos a seguir discriminados (elencar) (CC, art. 674);

1) Um apartamento (descrição), matrícula, no Cartório do Xº Ofício do Registro de Imóveis da Comarca de (...);
2) Um veículo marca (...), ano e modelo (...), placa (...), adquirido em (data);
3) Investimento bancário no valor de R$ (...);

4) As seguintes joias e objetos de família: a) (...); b) (...); c) (...).

Cláusula 5ª - Ambos OS COMPANHEIROS declaram que os bens e direitos elencados nas cláusulas 3ª e 4ª acima, bem como os sub-rogados em seu favor (aqueles adquiridos com o produto da venda dos bens descritos nessa cláusula), permanecerão particulares e pessoais, de cada um dos COMPANHEIROS, e não se comunicarão em quaisquer hipóteses ou causas de extinção do presente contrato.

Da Comunicabilidade dos Bens

Cláusula 6ª - Os demais bens e direitos adquiridos onerosamente na constância da união estável, por qualquer um dos COMPANHEIROS, passarão a pertencer a ambos, e em partes iguais, independentemente de no registro constar apenas o nome de um deles. Ou seja, tais bens pertencerão a ambos os COMPANHEIROS, mesmo que no documento de aquisição conste apenas o nome de um dos contratantes, assegurando, assim, a comunhão na aquisição onerosa futura de quaisquer bens, móveis ou imóveis.

Das Transações Imobiliárias

Cláusula 7ª - Os COMPANHEIROS declaram a necessidade de ambos estarem presentes em atos de transmissão imobiliária ou no estabelecimento de ônus real sobre quaisquer imóveis, tais como, exemplificativamente: aquisição, compra e venda a qualquer título, ou qualquer forma de oneração destes bens.

Parágrafo Primeiro - Ambos os COMPANHEIROS podem, nos atos aqui descritos, mutuamente representar-se por meio de procuração por instrumento público.

Das Obrigações dos Companheiros

Cláusula 8ª - Os COMPANHEIROS se comprometem a tratarem-se com respeito e lealdade, além de prestarem entre si assistência, guarda e sustento, na vigência da união, pelo prazo que esta perdurar.

Do Registro dos Filhos Havidos em Comum

Cláusula 9ª - Em caso de nascimento de filhos durante o período de duração deste contrato, os mesmos deverão ser registrados em nome de ambos os contratantes, sendo que tanto a mãe quanto o pai poderão incumbir-se do seu registro.

Da Extinção da União Estável

Cláusula 10 - A união estável reconhecida neste contrato poderá ser extinta de forma bilateral ou unilateral por qualquer das partes, sem prévio aviso, ou ainda pela morte de um dos COMPANHEIROS.

Da Alteração das Condições Contratuais
Cláusula 11 – Somente pela mesma forma escrita, com reconhecimento de firma e acompanhamento de duas testemunhas, poderão ser alteradas as condições estabelecidas neste contrato.

Da Partilha de Bens
Cláusula 12 – Em caso de rescisão contratual pelos COMPANHEIROS, procedida consensualmente a partilha dos bens e direitos, valerá a mesma de pleno direito, gozando da presunção de sua imutabilidade, decorrente do *pacta sunt servanda.*

Da Vigência
Cláusula 13 – O presente Contrato é firmado por tempo indeterminado e tem seu termo inicial contado a partir da sua assinatura.

Do Foro
Cláusula 14 – As partes elegem o foro da comarca de Recife, Pernambuco, para dirimir quaisquer controvérsias oriundas deste contrato.

E, por estarem justas e contratadas, as partes assinam este contrato em duas vias de igual teor e forma, na presença de duas testemunhas.

Recife, data.

____

O COMPANHEIRO

____

A COMPANHEIRA

Testemunhas (nome completo, RG, CPF e endereço completo):

____

Testemunha 1

____

Testemunha 2

2) Exemplo de Contrato Particular de Convivência (2)

CONTRATO PARTICULAR DE CONVIVÊNCIA
(com regime de separação total de bens)

Pelo presente instrumento particular, de um lado (nome), (nacionalidade), (estado civil), (profissão), inscrito no CPF sob o nº (informar) e no RG nº (informar), doravante denominado COMPANHEIRO LUÍS, e de outro lado (nome), (nacionalidade), (estado civil), (profissão), inscrito no CPF sob o nº (...) e no RG nº (...), doravante denominado COMPANHEIRO PAULO, ambos residentes e domiciliados (endereço completo), firmam o presente Contrato de Convivência conforme as cláusulas e condições abaixo:

Cláusula 1ª - Os COMPANHEIROS declaram que vivem em união estável, de forma pública, contínua, duradoura e com o objetivo de constituir família, nos termos do artigo 1.723 do Código Civil, desde que decidiram viver sob o mesmo teto.

Cláusula 2ª - Os COMPANHEIROS se comprometem a obedecer aos deveres de lealdade, respeito, assistência, guarda e sustento enquanto vigorar a união estável ora reconhecida.

Cláusula 3ª - Assim, os COMPANHEIROS elegem o regime legal da separação total de bens, em conformidade com os artigos 1.687 e 1.688 do Código Civil, de modo que os bens de cada um não compõem o patrimônio comum do casal.

Parágrafo Primeiro - Os COMPANHEIROS possuem, sempre possuíram e continuarão a possuir, na vigência da união estável, vidas financeiras, econômicas, profissionais e patrimoniais distintas e incomunicáveis.

Parágrafo Segundo - Os COMPANHEIROS, livres de qualquer induzimento, erro, dolo ou coação, manifestam expressamente a sua vontade, em caráter irrevogável e irretratável, de manter o referido afastamento patrimonial, livre de qualquer comunicação, ou ingerência administrativa, ao longo da união estável, em regime de absoluta e completa separação de bens passados, presentes e futuros, sem qualquer tipo de direito e ou de meação em relação aos bens do outro, em qualquer tempo, sejam, exemplificativamente:

a) Os bens imóveis, móveis, participação societária, direitos, créditos, investimentos, bens resultantes de doação ou herança, gratuita ou onerosamente adquiridos ao longo da união, bem como quaisquer acréscimos patrimoniais, frutos e rendimentos advindos de tais bens;

b) Os bens sub-rogados, ou seja, porventura adquiridos com o produto de alienação de bem preexistente de um ou de outro, também não se comunicarão, de forma nenhuma, entre os COMPANHEIROS, vigendo entre eles a mais absoluta separação de bens e afastamento patrimonial;

c) Os saldos bancários, as aplicações financeiras e os créditos e débitos de qualquer natureza, presentes e futuros, também não se comunicarão em nenhuma hipótese, ficando cada um dos Companheiros com a responsabilidade individual de movimentação e administração de seus respectivos negócios financeiros.

Parágrafo Terceiro - Cada um dos COMPANHEIROS administrará diretamente seu patrimônio pessoal, e independentemente de prévia anuência do outro. Ambos declaram que desejam manter a plena e livre administração e fruição de seus próprios bens e negócios, sem qualquer influência e/ou ingerência no patrimônio do outro.

Cláusula 4ª - Eventuais dívidas contraídas no futuro, no presente ou, porventura, já existentes, a qualquer título, por um e/ou por outro COMPANHEIRO, são exclusivas daquele que as contraiu, sem qualquer comunicação ou oneração do patrimônio do outro.

Cláusula 5ª - Na hipótese da aquisição de qualquer bem móvel ou imóvel, para o qual ambos os COMPANHEIROS hajam contribuído financeiramente, constará do documento respectivo, escritura ou promessa de compra e venda, o percentual de participação e propriedade de cada um.

Parágrafo Primeiro - Quando tratar-se de bem móvel de elevado valor (obras de arte), em que não haja possibilidade de constar a proporção da participação de cada um em documento público, os COMPANHEIROS o estabelecerão em documento à parte, registrarão e arquivarão no Cartório de Registro de Títulos e Documentos desta Comarca.

Cláusula 6ª - Os companheiros declaram ser mutuamente, um em relação ao outro, responsáveis por todas as providências necessárias em tratamentos de saúde, bem como a pessoa de confiança para manter-se no hospital como acompanhante, notadamente em caso de perda da consciência e impossibilidade de manifestar a própria vontade.

Cláusula 7ª - Os COMPANHEIROS, neste ato, renunciam, de forma irretratável e irrevogável, a qualquer ajuda material, a título de alimentos, em caso de extinção do presente contrato, por quaisquer de suas formas.

Cláusula 8ª - Os COMPANHEIROS, recíproca e expressamente, renunciam ao direito de habitação previsto no art. 7°, parágrafo único, da Lei n. 9.278/96.

Cláusula 9ª - Os COMPANHEIROS dão-se ampla, geral e irrevogável quitação com relação a qualquer ato ou omissão das partes, nada havendo a reclamar e/ou pleitear um em face do outro até a presente data, seja a título indenizatório, em caráter patrimonial, ou a qualquer outro título.

Cláusula 10 - Firmadas as declarações, transações e outras avenças constantes deste contrato, os COMPANHEIROS afirmam que as estipulações aqui presentes têm por objetivo afastar quaisquer desavenças e desentendimentos do relacionamento das partes, ou destas em relação aos filhos advindos antes de sua união, de forma a preservar o franco e bom entendimento hoje existente entre eles, e permitindo-lhes manter a convivência já existente de forma harmônica, onde a vontade livre e autônoma de cada COMPANHEIRO possa claramente prevalecer.

Cláusula 11 - O prazo de vigência da união estável é indeterminado. O presente contrato vigerá enquanto durar a união entre os contratantes, salvo a hipótese de aditamento ou alteração de suas cláusulas mediante instrumento escrito e, da mesma forma, livre e reciprocamente estipulado e aceito.

Cláusula 12 - Eventuais modificações ou revogação das normas e condições estabelecidas neste instrumento deverão ser feitas com a mesma formalidade, por escrito, com reconhecimento de firma de ambos os COMPANHEIROS e acompanhamento de duas testemunhas, ou por Instrumento Público no qual compareçam ambas as partes, e não alterarão os efeitos e objetivos da presente avença e manifestação de vontade dos Companheiros relativamente às demais cláusulas e condições.

Cláusula 13 - A união estável aqui reconhecida poderá ser extinta de forma bilateral ou unilateral por qualquer das partes, sem prévio aviso, ou pela morte de um dos COMPANHEIROS.

Cláusula 14 - Os companheiros, visando estabelecer segurança jurídica e dar publicidade ao contrato, se comprometem a, em até 30 (trinta) dias, registrar o presente contrato de declaração de união estável no Cartório do Registro de Títulos e Documentos do Cartório do xxxx Ofício de Registro Civil de Pessoas Naturais da Comarca; e, caso haja distrato, também se comprometem a, em até cinco dias contados da data do mesmo, registrá-lo no Cartório de Registro de Títulos e Documentos, assim como no Cartório (...), Livro (...).

Cláusula 15 - As partes elegem o foro da Comarca desta Capital, Estado do Rio de Janeiro, para dirimir quaisquer dúvidas e/ou questionamentos que possam advir deste instrumento, renunciando a qualquer outro, por mais privilegiado que seja.

E, por estarem justas e contratadas, as partes assinam este contrato em duas vias de igual teor e forma, na presença de duas testemunhas.

Rio de Janeiro, data.

____

COMPANHEIRO LUÍS

____

COMPANHEIRO PAULO

Testemunhas (nome completo, RG, CPF e endereço completo):

____

Testemunha 1

____

Testemunha 2

3) Exemplo de Declaração Particular de Dissolução de União Estável

DECLARAÇÃO PARTICULAR DE DISSOLUÇÃO DE UNIÃO ESTÁVEL

Por este instrumento particular de Dissolução de União Estável e com fundamento na Constituição Federal, art. 226, Lei n. 9.278/96 e Lei n. 10.406/2002 (Código Civil), os abaixo assinados:

(nome) ____________________, (nacionalidade) ____________, (profissão) ____________, portador(a) da Cédula de Identidade RG nº ____________, (órgão emissor) ______, emitida em ____/____/____, e CPF nº ____________, e (nome) ____________________, (nacionalidade) ____________, (profissão) ____________, portador(a) da Cédula de Identidade RG nº ____________, (órgão emissor) _____, emitida em ___/___/___, e CPF nº ____________, DECLARAM QUE DESDE A PRESENTE DATA NÃO MAIS CONVIVEM EM UNIÃO ESTÁVEL.

Manaus, data.

____________________	____________________
Assinatura	Assinatura
____________________	____________________
Testemunha	Testemunha
RG:	RG:
CPF:	CPF:

4) Exemplo de Contrato de Namoro

CONTRATO DE NAMORO

Pelo presente instrumento particular de contrato de namoro, de um lado (nome), (nacionalidade), solteiro, (profissão), inscrito no CPF sob o nº (informar) e no RG nº (informar), residente e domiciliado à (endereço), doravante denominado NAMORADO, e de outro lado (nome), (nacionalidade), divorciada, (profissão), inscrita no CPF sob o nº (informar) e no RG nº (informar), residente e domiciliada à (endereço), doravante denominada NAMORADA, ambos maiores e capazes em pleno gozo de suas faculdades mentais, de acordo com suas vontades livres de qualquer tipo de induzimento ou coação, firmam o presente contrato de namoro no qual estipulam e se obrigam, reciprocamente, às regras abaixo ajustadas:

Cláusula 1ª - As partes contratantes reconhecem que mantêm entre si um relacionamento afetivo baseado no amor e no relacionamento afetivo mútuo, conhecido como NAMORO, ou seja, uma relação afetiva na qual o casal se compromete e se apresenta, nos âmbitos familiares, sociais e profissionais, como NAMORADOS, sem estabelecer qualquer tipo de nexo matrimonial perante a Lei Civil Brasileira ou quaisquer instituições de caráter religioso.

Cláusula 2ª - Os contratantes declaram que não têm, no momento, intenção de constituir família, contrair matrimônio ou viver em união estável.

Cláusula 3ª - Na hipótese de haver vontade de contrair matrimônio ou formar família, no futuro, os contratantes se comprometem a realizar as formalidades pertinentes ao caso, casando-se ou firmando contrato de união estável, sendo certo que o presente instrumento não perderá a validade sem a declaração expressa das duas partes envolvidas.

Cláusula 4ª - Caso a legislação vigente no país imponha a situação automática de união estável entre as partes, fica estabelecido que esta será regida pelo regime de separação total de bens.

Cláusula 5ª - As partes passam a coabitar na mesma residência com a finalidade de redução de custos e divisão de despesas inerentes a moradia e alimentação, sem qualquer finalidade de constituir família ou firmar união estável[48].

[48] Exemplo de cláusula em contrato de namoro SEM COABITAÇÃO das partes envolvidas: Cláusula 5ª As partes residem em moradias separadas, e arcam individualmente com o próprio sustento e de suas famílias. Cláusula 6ª As partes não pretendem coabitar, muito embora casualmente permaneçam por algum tempo na residência um do outro, sem pretenderem com isto configurar interesse em constituir família ou viver em união estável.

Cláusula 6ª - O relacionamento afetivo entre os contratantes é baseado no amor, e, muito embora estejam morando juntos, não há entre eles nenhum ânimo de união estável.

Cláusula 7ª - Os contratantes estabelecem que a vida em comum será regulada pelo princípio da completa igualdade, cabendo a cada parte atender suas próprias despesas e contribuir nas despesas em comum na proporção de suas respectivas posses e rendimentos.

Cláusula 8ª - Pelo presente instrumento as partes declaram ainda que são totalmente independentes economicamente. Assim sendo, de forma irretratável e irrevogável, ambas as partes renunciam expressamente a qualquer ajuda material, a título de alimentos ou não, em caso de extinção da presente relação ou do presente contrato.

Cláusula 9ª - Em caso de separação de fato entre as partes, este contrato será rescindido automaticamente, independentemente de qualquer notificação.

Parágrafo Único - Todos os pertences de um, em posse de outro, deverão ser prontamente devolvidos ou disponibilizados ao seu proprietário de direito. Presentes não poderão ter sua devolução exigida, entendendo-se como presente qualquer objeto oferecido por uma parte à outra, de maneira espontânea, com a intenção de lhe dar alegria, em sinal de atenção, agradecimento, confiança ou amor, independentemente se seu valor econômico, ou de ter sido dado em ocasião comemorativa ou não.

Cláusula 10 - A guarda, cuidado e sustento, de animais de estimação adquiridos durante a vigência do contrato de namoro deverá ser decidida em comum acordo no momento da rescisão, sendo resguardada a visita da outra parte, ou ainda a guarda e manutenção compartilhada do pet.

Cláusula 11 - O presente contrato possui vigência por tempo indeterminado, vigendo enquanto a relação de namoro dos contratantes perdurar.

Cláusula 12 - A data de assinatura do presente contrato fica estabelecida como momento de início da relação para fins de aniversário e outras comemorações.

Cláusula 13 - Os contratantes declaram que têm plena ciência e integral conhecimento de todos os termos, eficácia e amplitude do presente contrato de namoro, deliberando que qualquer alteração, modificação ou acréscimo somente poderá produzir efeitos através de outro contrato, ao qual ambos deverão obrigatoriamente comparecer, ficando sem valor qualquer outro escrito, documento ou declaração individual dispondo de forma diversa, seja com data anterior ou mesmo posterior a esta escritura.

Cláusula 14 - Os contratantes elegem, para dirimir quaisquer questões pertinentes a este instrumento, o foro do município de São Paulo, Estado de São Paulo, renunciando, desde logo, a qualquer outro por mais privilegiado que seja.

Cláusula 15 - A legislação pátria vigente se aplica a este contrato, sem exceção, para prevenir quais quer abuso de direito.

Por estarem justas e contratadas, as partes assinam este contrato, em 2 (duas) vias idênticas, na presença das duas testemunhas abaixo arroladas.

São Paulo, data.

ASSINATURA DOS CONTRATANTES

____

____

ASSINATURA DAS DUAS TESTEMUNHAS

____

Nome completo/RG/CPF/Endereço completo

____

Nome completo/RG/CPF/Endereço completo

5) Exemplo de Escritura Pública de Confissão de Dívida

ESCRITURA DE CONFISSÃO DE DÍVIDA[49]

OUTORGANTE DEVEDOR:

OUTORGADA CREDORA:	
VALOR:	R$

Aos ______ dias do mês de ________________ de 2017, nesta Cidade e Estado de São Paulo, no ____° Tabelionato de Notas, (endereço), perante mim, escrevente, no final nomeada e assinada, compareceram partes entre si, justas e contratadas, a saber: **OUTORGANTE DEVEDOR**: (nome e qualificação completa). **OUTORGADA CREDORA**: (nome e qualificação completa). Os presentes identificados como os próprios, através da verificação dos documentos apresentados e acima referidos, de cuja identidade e capacidade jurídica, dou fé. **DA CONFISSÃO DA DÍVIDA**: Pela presente escritura e na melhor forma de direito, o outorgante devedor confessa que deve à outorgante credora a importância de R$ (valor em números e por extenso), que será paga em 36 (trinta e seis) parcelas de R$ (valor em números e por extenso) cada, mensais e consecutivas, corrigidas pelo IPCA, sendo a primeira para o dia (data). Devedor e Credora concordam desde já, de forma irrevogável e irretratável, que, sendo a empresa (nome) vendida, ou parcialmente vendida, a dívida (parcelas faltantes) será integralmente quitada à vista, obrigando-se o devedor, por si, seus herdeiros ou eventuais sucessores, a fazer a presente escritura sempre boa, firme e valiosa. **FORO**: Para dirimir qualquer pendência oriunda desta escritura, fica eleito o foro da cidade de São Paulo/SP, com renúncia expressa de qualquer outro, por mais privilegiado que seja ou se torne, sendo que a parte vencida arcará com todas as despesas do procedimento e honorários advocatícios do vencedor. **ACEITAÇÃO**: A credora aceita a presente escritura em todos os seus expressos termos. **ENCERRAMENTO**: Assim o disseram, dou fé. Pediram e eu lhes lavrei a presente escritura, a qual, depois de feita e lhes sendo lida em voz alta, acharam em tudo conforme, outorgaram, aceitaram e assinam.

[49] Para evitar o pagamento de ITCMD em caso de divórcio ou dissolução de união estável, se uma das partes, por exemplo, ficar com uma empresa cujo valor supere o valor devido da sua meação, e a outra não tiver condições de fazer o acerto no momento da separação, ou acordarem que o valor seja pago com os lucros apurados da empresa.

6) Exemplo de Escritura Pública de Testamento (1)

ESCRITURA PÚBLICA DE TESTAMENTO

Aos (data), neste Município e Comarca de (Estado), (cidade), República Federativa do Brasil, neste Cartório, perante mim, ____ª *Tabeliã de Notas da Capital de São Paulo*, e as duas testemunhas idôneas, especialmente convocadas para este ato, comparece como outorgante testador, (nome e qualificação completa). A presente, reconhecida como sendo a própria por mim, Tabeliã Titular, e pelas mencionadas testemunhas, por meio do documento apresentado e relatado, que fica arquivado junto ao cartão de assinaturas, cuja identidade e capacidade jurídica, dou fé. Pela testadora, perante as mesmas testemunhas, me foi dito em língua portuguesa que deseja fazer esse testamento, revogando por completo todo e qualquer outro testamento que tenha sido feito anteriormente a este. Por estar ela em seu pleno juízo, livre de qualquer coação, sugestão ou induzimento, aceitei suas declarações de última vontade, que são as seguintes: I. É natural (local de nascimento), (data de nascimento), filha de (nome e qualificação completa do pai e da mãe). II. Que tem 4 filhos: (nomes e qualificação completa). III. Que vive em união estável com (nome e qualificação completa), COM SUBSUNÇÃO AO REGIME DA SEPARAÇÃO OBRIGATÓRIA COM AFASTAMENTO DA SÚMULA 377 DO STF, conforme escritura pública declaratória registrada nesse mesmo ____º Tabelionato de Notas, instalado na (endereço do Tabelionato em que foi registrado o contrato de convivência prevendo tal regime), sendo, portanto, seus filhos (nomear os quatro) seus únicos herdeiros necessários. IV. Que por esta escritura e nos melhores termos de Direito quer e determina, por ocasião de sua morte, o seguinte: 1. DA PARTE LEGÍTIMA DOS SEUS BENS: Que a parte legítima de sua herança seja paga aos seus herdeiros necessários na forma do Código Civil com as cláusulas de incomunicabilidade e impenhorabilidade vitalícia, inclusive de frutos e rendimentos. <u>Justifica a testadora que tal vínculo seja instituído</u> a fim de que o patrimônio herdado por seus filhos seja preservado pelo maior tempo possível por seus descendentes consanguíneos, não ficando sujeito a interferência e/ou participação indesejada de terceiros. Tais cláusulas justificam-se, ainda, por ser vontade da testadora saber que seus bens, amealhados e mantidos com sacrifício por toda uma vida, não serão atingidos por qualquer forma de meação, ônus ou constrições decorrentes de dívidas, garantias, débitos e encargos não constituídos pela testadora.

2. DA PARTE DISPONÍVEL DOS SEUS BENS: Que da parte disponível de sua herança deseja atribuir (i) a sua filha (nomear), acima qualificada, como legado, o montante de R$ (valor em reais), atualizado anualmente pelo IGPM ou pelo IPCA, ou por outro índice que venha a substituí-los, a partir da data da assinatura deste testamento, que devem ser pagos quando do falecimento da testadora, da seguinte forma: (a) com um terreno (descrição do terreno) e (b) R$ (valor em dinheiro), oriundo de contas e aplicações que a testadora possui no Brasil e/ou no exterior. Uma vez feito esse acerto, deseja que todo o restante de seu patrimônio disponível seja igualmente dividido entre seus 4 (quatro) filhos (nomear) com as cláusulas de incomunicabilidade e impenhorabilidade vitalícia, inclusive dos frutos e rendimentos. Deseja ainda deixar expresso que essa sua determinação de última vontade, no que respeita a parcela disponível do seu patrimônio, aparentemente privilegiando sua filha (nomear), somente é feita a fim de tornar proporcionais os montantes recebidos a título de herança ou de adiantamento de herança, considerando não apenas os bens da testadora, mas também os bens de (nomear), pai de seus filhos. Durante o ano de 2020, (nome do pai) fez uma série de doações, de bens móveis e imóveis, a seus quatro filhos (nomear). Entretanto, em razão da conjuntura patrimonial econômica e financeira de seus bens, bem como da acomodação de interesses dos filhos, os seus três filhos (nomear) receberam a mais do que sua filha (nomear) o montante de R$ (valor em números e por extenso), valor esse informado por (nome do pai) à testadora. Assim, essa disposição testamentária tem por fim tornar justa a sucessão para seus quatro filhos, os quais ama e respeito igualmente, tornando equivalente e proporcional o valor monetário recebido de seus pais. Quer ainda declarar que, se no futuro (nome do pai) vier a possuir bens móveis e imóveis que correspondam ao valor de R$ (valor) atualizados à época, e que estes sejam por ele doados à sua filha (nomear), igualando as doações anteriores, que fará um novo testamento, determinando que seu patrimônio disponível seja igualmente dividido entre seus quatro filhos. A ora testadora nomeia como testamenteiro seu filho (nomear) e indica como inventariante sua filha (nomear), a quem dá por abonados em juízo e fora deste para a execução do encargo, rogando a eles e à justiça o fiel cumprimento do presente. Assim o disse, pediu-me, e eu, Tabeliã Titular, lhe lavrei este testamento, cumprindo todas as formalidades legais exigidas pelo artigo 1.864 e seguintes do Código Civil Brasileiro, do que dou fé. Escrito, li ao testador e às testemunhas que acharam tudo conforme a vontade do testador, que aceita e assina comigo e as duas testemunhas, que são: *, brasileira, solteira, secretária, portadora da cédula de identidade RG nº * SSP/SP e CPF nº *, residente e domiciliada na cidade de * – SP, na Rua *, e *, brasileira, solteira, profissão, portadora da cédula de identidade RG nº * e CPF nº *, residente e domiciliado nesta Capital, na *, todos identificados pelos documentos apresentados, do que dou fé. Nada mais. Tabeliã.

EM TESTEMUNHO __________ DA VERDADE

____

TABELIÃO TITULAR

7) Exemplo de Escritura Pública de Testamento (2)

ESCRITURA PÚBLICA DE TESTAMENTO

SAIBAM quantos esta escritura de testamento público virem que no (dia, mês e ano), nesta Cidade de (nomear) do Estado (nomear), República Federativa do Brasil, perante mim, Tabelião, compareceu como testadora (nome e qualificação completa), reconhecida por mim, Tabelião, e pelas duas testemunhas presentes, adiante nomeadas e no final assinadas, por intermédio de documento apresentado em seu original, do que dou fé. E, perante essas mesmas testemunhas, pela testadora, que está em seu juízo perfeito, no uso pleno de suas faculdades mentais, o que comigo atestam as sobreditas testemunhas, foi-me dito, em viva voz e em língua nacional, que, pela presente escritura, de sua livre e espontânea vontade, sem induzimento, sugestão, medo, coação ou outro artifício de pessoa alguma, vinha fazer seu testamento da maneira que segue:

HISTÓRICO PESSOAL

1. Declara ser brasileira, natural de (cidade), sendo filha de (pai e mãe com qualificação completa).
2. A testadora é divorciada de (ex-marido com qualificação completa) desde (datar).
3. Dessa união adveio o nascimento de seus filhos (nomes e qualificação).

DISPOSIÇÕES TESTAMENTÁRIAS

4. Tendo em vista que desde o seu divórcio são herdeiros necessários somente seus filhos, à luz do artigo 1.845 do Código Civil, que prevê serem herdeiros necessários os descendentes, os ascendentes e o cônjuge, deseja a testadora que tanto a legítima de seus herdeiros necessários quanto a parte disponível de seu patrimônio sejam igualmente divididas em 2 (duas) partes de igual valor e distribuídas entre seus filhos (nomear filhos) acima qualificados.
5. Quer e determina ainda que, caso venha a contrair novas núpcias ou a viver em união estável com um futuro companheiro, e, no segundo caso, na hipótese de a legislação vir a ser alterada ou o entendimento das Cortes pátrias evoluir no sentido de que o companheiro, a exemplo do cônjuge, é herdeiro necessário, deverão caber a seu eventual companheiro ou cônjuge, como pagamento de sua legítima, se for o caso, preferencialmente, ativos financeiros (saldos em conta, aplicações, fundos de investimento em renda fixa ou variável, previdências e outros eventualmente em instituições financeiras à época da abertura deste testamento) e outros bens móveis e imóveis (objetos e joias de valor, terrenos, apartamentos, casas) que não sejam relacionados ao grupo empresarial familiar (nome do grupo das empresas) ou outros empreendimentos industriais ou comerciais familiares da testadora (ações e cotas de empresas e *holdings* familiares).

Ou seja, em nenhuma hipótese a testadora quer que uma eventual legítima de eventual futuro marido ou companheiro seja paga com cotas ou ações de empresas ou *holdings* da família (nomear). Registra, ainda, a testadora que os bens são indicados (saldo em conta, aplicações, fundos de investimento em renda fixa ou variável, previdências, objetos e joias de valor, imóveis) em ordem de preferência, repita-se somente na hipótese de se entender, por força de mudança legislativa ou evolução jurisprudencial, ser o eventual futuro companheiro herdeiro necessário, não lhe destinando, assim, todos os bens supra relacionados, mas apenas estabelecendo uma ordem de pagamento limitada ao preenchimento de sua porção de direito, se for o caso.

6. Ademais, quer e determina a testadora que, se por ocasião do seu falecimento permaneça a condição de menoridade de seus filhos (nomear), deseja ela que o pai desses herdeiros, (nome do pai), já qualificado, não detenha a administração nem o usufruto legais decorrentes do poder parental, relativos ao patrimônio que a esses filhos couber por força de sua sucessão, instituindo, assim, como curador especial, nos termos do artigo 1.733, § 2º, do Código Civil, para administrar todos os bens recebidos por força dessa sucessão e para zelar pelos interesses econômicos das crianças, sua mãe (nomear), já antes qualificada, para integral gestão e completa administração do patrimônio a elas destinado, até que cada um deles atinja a maioridade civil.

7. Na hipótese de falta ou impossibilidade de sua mãe (nomear), exercerá o encargo seu irmão (nome e qualificação). Essa curadoria se dará independentemente de qualquer caução ou garantia, em Juízo ou fora dele, manifestando a testadora plena confiança nesses gestores relativamente à condução do patrimônio de seus filhos, dando-as por abonadas.

8. A testadora grava a totalidade do patrimônio deixado – porções legítima e disponível, com cláusulas vitalícias e absolutas de incomunicabilidade, extensivos tais gravames a quaisquer frutos, acessórios, rendimentos, lucros, dividendos e/ou benefícios, juros sobre capital ou outros advindos, direta ou indiretamente, do acervo de bens ora disposto, sejam de que natureza for, inclusive sub-rogados, adquiridos parcial ou totalmente, com o produto dos bens herdados ou dos respectivos frutos e rendimentos. Tendo em vista os vínculos ora instituídos, absolutos, vitalícios e extensivos aos correspondentes frutos e rendimentos, a testadora fundamenta tais disposições no seu expresso desejo de que tal patrimônio pertença exclusivamente aos seus herdeiros e legatários, sem qualquer meação ou participação de eventual cônjuge ou companheiro. Trata-se de patrimônio deixado exclusivamente a esses sucessores. É, portanto, vontade da testadora que o patrimônio assim disposto seja usufruído e administrado somente em favor de seus filhos (nomear). Estas são as causas, tidas pela testadora como justas, a fundamentar os gravames objetos desta cláusula.

8.1. A testadora quer ainda recomendar expressamente que seus filhos se casem ou vivam em união estável no regime de separação total de bens, independentemente da idade que tiverem quando eventualmente se der essa união, bem como independentemente das características pessoais e socioeconômicas do cônjuge ou companheiro(a). Isso por entender, a mãe e testadora, que a separação total de bens é o regime que melhor se ajusta à realidade dos casais na atualidade, onde ambos devem trabalhar e manter independência econômica e financeira entre si, embora ressalte que, na constância da união matrimonial, deva sempre prevalecer a mútua assistência moral e material, pilares de uma união de sucesso, fundada no amor e respeito mútuos.

9. Relativamente à participação de seus filhos nas empresas da família (nomear) e outras que venham a integrar o grupo, e no que tange à parte dessa participação que integrar a disponível desses herdeiros, estabelece a testadora que, até que cada um de seus filhos complete 25 (vinte e cinco) anos de idade, observado o disposto no item 10 a seguir, os direitos econômicos inerentes a tais cotas ou ações, os dividendos, juros sobre capital e demais frutos que se originem das referidas participações societárias, assim como os direitos políticos (voto em assembleias e reuniões de sócios) inerentes às cotas e ações aqui referidas, que integrarão, repita-se, a porção disponível que será recebida pelos filhos herdeiros, fica nomeada, na qualidade de gestora e até que se dê o evento antes aludido, a mãe da testadora, (nomear), já antes qualificada, e, na sua falta ou impossibilidade, o irmão da testadora, (nomear), também já antes qualificado, a quem caberá receber e administrar os dividendos e outros proventos e geri-los em favor dos interesses dos herdeiros, bem como votar e deliberar em nome dos herdeiros.

10. No que diz com a disponível recebida por seus filhos (nomear), no que respeita tanto aos bens móveis quanto aos imóveis, essa curadoria deve perdurar como gestão após a maioridade, de acordo com as seguintes condições: (i) quando cada um dos seus filhos, respectivamente, completar 21 (vinte e um) anos de idade, passará a gerir e administrar o patrimônio próprio juntamente com a gestora (mãe ou irmão) (conforme o caso), prevalecendo, na divergência, as decisões dessa(e) última(o); (ii) por sua vez, quando cada um completar 23 (vinte e três) anos de idade, cessará de pleno direito a administração da gestora sobre 50% (cinquenta por cento) dos bens recebidos pelos filhos, permanecendo a gestão conjunta relativamente aos 50% (cinquenta por cento) restantes da disponível; (iii) outrossim, quando completarem 25 (vinte e cinco) anos de idade, respectivamente, cessará também, de pleno direito, a administração da gestora sobre os 50% (cinquenta por cento) do remanescente do patrimônio da disponível cabente a esses filhos, ou seja, a totalidade do patrimônio remanescente cabente a esses filhos, passando, então, o correspondente descendente, na ocasião, a deter a plena gestão e livre fruição da totalidade de seus bens, observados os vínculos antes dispostos (incomunicabilidade).

11. Ainda a propósito das disposições constantes acerca da disponível de (nomear), enquanto perdurar a curadoria e/ou a gestão, é vontade da testadora que tais recursos sejam aplicados de forma segura, porém em investimentos de melhor performance e remuneração do que uma simples poupança, em instituições sólidas e particulares, tais como Bradesco, Itaú e Santander, sempre em fundos conservadores, compostos, no mínimo, de 70 a 80% (setenta a oitenta por cento) de renda fixa e 20 a 30% (vinte a trinta por cento) de renda variável de baixo risco, garantindo sempre um perfil de risco conservador de investimento.

12. A testadora nomeia para ocupar o cargo de testamenteiro seu irmão (nomear), dando-o por abonado em Juízo ou fora dele, dispensando-o de qualquer caução ou garantia.

13. Para ocupar o cargo de inventariante, a testadora nomeia sua mãe (nomear), anteriormente qualificada, dando-a por abonada em Juízo ou fora dele, dispensando-a de qualquer caução ou garantia.

14. Tendo em vista a nomeação de testamenteira, a testadora estabelece a remuneração em valor correspondente a 0,5% (meio por cento) da renda líquida anual do patrimônio objeto de sua sucessão, por ano, proporcionalmente, de exercício desse encargo. A mesma remuneração aplica-se ao cargo de inventariante, a ser exercido de acordo com a ordem indicada.

15. Tendo feito assim as suas declarações de última vontade, a testadora roga à justiça do país que as faça cumprir fielmente, tal como constam deste testamento, aqui e agora público, com estrita observância das leis do país _______________ (finalização no Cartório).

8) Exemplo de Diretivas Antecipadas de Vontade – DAV (1)[50]

ESCRITURA DE DECLARAÇÃO DE DIRETIVAS ANTECIPADAS DE VONTADE REFERENTE A DIREITOS DO CORPO, DA PERSONALIDADE E GESTÃO PATRIMONIAL

DECLARANTE:

Aos ______ dias do mês de ________________________ do ano de dois mil e __________, nesta Cidade e Estado de São Paulo, no 29° Tabelionato de Notas, instalado na ________________________ comparece como DECLARANTE: Nome e qualificação completa. A presente reconhecida como a própria, por meio da verificação dos documentos apresentados nos originais e acima referidos, de cuja identidade e capacidade jurídica dou fé. DECLARAÇÃO: E por ela declarante, me foi dito que, pela presente escritura, na melhor forma de direito, e sob sua responsabilidade DECLARA o seguinte: PRIMEIRO – Que está gozando de plena saúde e não está sob o impacto de nenhuma notícia ruim. Que este ato é realizado de livre e espontânea vontade, a qual, inclusive, já manifestou verbalmente a seus filhos e amigos próximos. Este ato contém a declaração das diretivas antecipadas de sua vontade a respeito dos direitos do corpo, da personalidade e da gestão patrimonial na eventualidade de moléstia grave irreversível ou acidente que a impeça de expressar seu desejo. A declarante entende que sua vida termina quando, em face de um diagnóstico médico seguro, não tiver mais a possibilidade de se manifestar. Viver no denominado "estado vegetativo" significaria para ela a negação de sua vida, de sua dignidade, de sua honra, e da imagem que deseja ter em vida e na posteridade. SEGUNDO – Assim sendo, caso sofra algum acidente ou moléstia grave que a impeça de expressar sua vontade a respeito do tratamento e de providências médicas ou legais atinentes à sua saúde e vida, como, por exemplo, ficar em estado de coma, e sendo declarado por junta médica o quadro irreversível de melhora, e, ainda, esgotadas todas as possibilidades de vida sem a ajuda de aparelhos, deseja e autoriza que não sejam ligados os equipamentos para mantê-la viva.

[50] Adaptado de modelo fornecido pelo 29° Cartório de Notas de São Paulo.

TERCEIRO - Que caso seja, no futuro, diagnosticada com alguma doença degenerativa incurável ou terminal, ou, ainda, que se encontre em estado vegetativo persistente e sem chance de recuperação, estado esse que resulte em perda definitiva de suas funções, capacidades e/ou habilidades básicas de sobrevivência, e, ainda, que esteja sem consciência para decidir por si mesma, que não quer ser submetida a procedimentos invasivos paliativos, com o único objetivo de prolongar uma vida vegetativa e inconsciente, sem qualidade e/ou dignidade. Pede ainda que, se e quando se esgotarem as possibilidades de resgate das condições de sua saúde e a equipe médica vislumbrar a possibilidade de morte próxima e inevitável, que seja o quanto antes empregada a sua sedação paliativa, com fármacos sedativos titulados apenas para controle dos sintomas a fim de evitar, aliviar e/ou ao menos minimizar dor e sofrimento. QUARTO - O diagnóstico médico deverá obedecer aos mesmos critérios fixados na Lei n. 9.434/97, art. 3°, bem como aos parâmetros da Resolução n. 1.995/2012 do Conselho Federal de Medicina. QUINTO - Que seus filhos (nomear e qualificar) ficam autorizados por este instrumento de declaração para, em conjunto, contratar um advogado, se necessário for, para efetuar e fazer cumprir os propósitos desta declaração e usar os fundos provenientes da declarante para executar as providências acima mencionadas. SEXTO - A declarante elege seus dois filhos (nomear filhos) para atuarem conjuntamente como gestores de seus negócios e patrimônio somente em caso de incapacidade e determina ainda que, em caso de incapacidade física ou mental dela, com ou sem interdição, um dos dois seja nomeado como seu curador, em detrimento de qualquer outro parente. A declarante abona, no tocante aos aspectos moral e pessoal, a conduta de seus filhos (nomear), que ficam expressamente autorizados a administrar em conjunto todos os recursos financeiros e todo o patrimônio (bens móveis e direitos) dela declarante. Estabelece ainda a declarante que, além de administrar todo o seu patrimônio no caso de incapacidade, como já explicitado, seus filhos possuem poderes para movimentar qualquer conta bancária dela declarante a fim de arcar com qualquer despesa médica e hospitalar que se façam necessárias. Ficam também autorizados seus filhos (nomear) a decidir junto com o médico responsável pela declarante qual o melhor procedimento médico e tratamento a ser empregado em caso de moléstia grave que afete a saúde da declarante. SÉTIMO - Que roga ao juiz competente à época que aceite este pedido da declarante, o qual é feito enquanto a declarante se encontra em plena e total capacidade civil e mental, e determina que o presente pedido deve prevalecer sobre quaisquer outras decisões de seus familiares, e que seja cumprido fielmente como exposto, em todas as suas disposições, por mais nobres que sejam os sentimentos contrários das pessoas e mesmo que sobrevenham dificuldades de qualquer natureza. Nada mais declarou.

ENCERRAMENTO: A declarante confirma para esta Tabeliã que os fatos acima são a mais pura expressão da verdade e que foram orientados por ela sobre as eventuais consequências judiciais desta escritura de declaração. Assim o disse, dou fé. Pediu-me e eu lhe lavrei a presente escritura, a qual, depois de feita e lhe sendo lida em voz alta, e por acharem em tudo conforme, aceita, outorga e assina.

9) Exemplo de Diretivas Antecipadas de Vontade - DAV (2)[51]

ESCRITURA DECLARATÓRIA DE DIRETIVAS ANTECIPADAS DE VONTADE

SAIBAM quantos a presente escritura virem que aos ________ dias do mês de __________________ de ________, no ______________________, perante mim, _________________________, Escrevente Autorizado e Substituto do Tabelião, compareceu o Sr. ____________. O presente foi identificado por mim, consoante os documentos de identidade apresentados, dou fé. Então, pelo outorgante, que está em seu perfeito juízo e no pleno gozo de suas faculdades mentais, segundo o meu parecer, falando em língua portuguesa, em voz alta e clara, me foi dito de sua livre e espontânea vontade, sem induzimento, sugestão, coação ou outro artifício de pessoa alguma, o que segue: PRIMEIRO – Respaldado pelos princípios constitucionais da dignidade da pessoa humana (art. 1°, III) e da autonomia (implícito no art. 5°), bem como da proibição de tratamento desumano (art. 5°, III), e pelo art. 15 do Código Civil brasileiro, por meio do presente documento de *Diretivas Antecipadas de Vontade*, venho expressar as instruções que devem ser levadas em consideração sobre meus cuidados médicos quando, por diferentes circunstâncias derivadas de um quadro irreversível de minha saúde física e/ou psíquica, eu não possa manifestar minha vontade. SEGUNDO – 2.1. Caso dois médicos entendam que padeço de uma ou mais das seguintes condições: (i) de uma doença terminal, incurável e irreversível, e que, portanto, não tenho nenhuma perspectiva de cura ou de melhora; (ii) de demência em estado avançado e irreversível ou de uma enfermidade degenerativa do sistema nervoso ou muscular, em fase avançada e irreversível, nas quais eu não esteja mais vivendo com qualidade; e (iii) em estado vegetativo persistente, condição que a Medicina tem uma grande certeza de irreversibilidade; manifesto aqui os procedimentos e medicamentos que <u>não desejo</u> que sejam administrados ou realizados, os quais considero invasivos e/ou dolorosos: (a) Ressuscitação cardiopulmonar, entendida como a abstenção da equipe de saúde em reanimar o paciente, caso o coração pare de bater e ele pare de respirar; (b) Respiração artificial; (c) Grandes procedimentos cirúrgicos; (d) Diálise; (e) Quimioterapia; (f) Radioterapia; (g) Traqueostomia; (h) Hemodiálise; (i) Pequenas cirurgias que não servirão para dar conforto ou aliviar a dor do paciente; (j) Exames invasivos; (k) Antibióticos;

[51] Modelo fornecido pelo 12° Cartório de Notas de São Paulo.

(l) Nutrição artificial, tendo em vista que a Medicina já comprovou que em graus avançados de doenças terminais, demência irreversível e estado vegetativo o paciente não sente fome, sendo possível, ainda, que tal procedimento lhe cause mais desconforto. 2.2. Manifesto expressamente meu desejo de que sejam realizados todos e quaisquer procedimentos cuja finalidade seja, exclusivamente, prover meu conforto e amenizar minha dor e/ou angústia, assegurada a assistência integral, o conforto físico, psíquico, social e espiritual, inclusive assegurando-me o direito de alta hospitalar, garantindo, consequentemente, um final digno de vida. 2.3. Não desejo a realização de nenhum procedimento com o objetivo de colocar fim a minha vida, desejo apenas que ela não seja desarrazoadamente prolongada. 2.4. Tenho plena consciência de que este documento vincula meus familiares, meus amigos e a equipe de saúde, que devem seguir todas as disposições aqui inscritas. 2.5. Desejo que, diante da constatação de irreversibilidade do meu quadro médico, se possível, seja efetuado o meu encaminhamento a minha residência, a fim de que eu desfrute dos últimos momentos de vida junto à minha família e no meu lar. TERCEIRO – 3.1. Nomeio os seguintes procuradores, na ordem aqui indicada, para decidirem acerca de situações não expressadas neste documento, diante das situações clínicas determinadas no item acima, e sobretudo para tomarem todas as providências necessárias ao fiel cumprimento do disposto no presente documento, devendo agir individualmente, um na falta ou impedimento do outro, em primeiro lugar, minha esposa ______; em segundo lugar, minha filha ______, e em terceiro lugar, minha irmã ______. 3.2. O procurador nomeado deverá ainda tomar todas as providências para anexar o presente documento ao meu prontuário, no respectivo hospital que serei atendido, de forma que a equipe médica responsável pelo meu tratamento tenha conhecimento integral das minhas *Diretivas Antecipadas de Vontade*. 3.3. O procurador nomeado não poderá revogar minha vontade aqui manifestada e deverá tomar as decisões sempre de acordo com o disposto no item II, acima, isto é, recusando medidas desproporcionais que prologuem meu sofrimento, sem trazer benefícios a minha cura. Esta vontade deverá prevalecer sobre quaisquer outras vontades que possam ser sugeridas por familiares ou médicos, por mais nobres que sejam os sentimentos contrários de tais pessoas. 3.4. Se algum membro da equipe médica, por qualquer que seja o motivo, não puder cumprir as disposições aqui previstas, o procurador nomeado deverá encaminhar o meu caso para outro profissional, a fim de que minha vontade seja cumprida. QUARTO – 4.1. Para elaborar este documento, busquei orientação de profissionais, que me instruíram acerca dos termos técnicos ora descritos, bem como das consequências de todos os procedimentos aos quais estou me recusando. 4.2. Este documento autoriza a suspensão ou não realização de procedimentos apenas quando <u>dois</u> médicos atestarem a irreversibilidade da condição de terminalidade, de demência avançada ou de estado vegetativo.

4.3. Este documento foi feito por uma pessoa em pleno gozo de sua capacidade civil, que, de acordo com as leis brasileiras e as Resoluções n. 1.995/2012, n. 1.805/2006 e n. 1.931/2009 do Conselho Federal de Medicina, tem a faculdade de recusar procedimentos médicos que tenham a finalidade apenas de prolongar a vida biológica, sem garantir-lhe qualidade de vida. QUINTO – 5.1. O presente documento não possui prazo de validade e somente deixará de ser aplicado em caso de sua revogação expressa. 5.2. Tenho ciência de que posso revogar a presente *Diretivas Antecipadas de Vontade* a qualquer tempo, fazendo uma nova diretiva ou apenas uma declaração de vontade revocatória. Em ambos os casos, os procuradores serão informados acerca das eventuais mudanças de minhas vontades, a fim de dar fiel cumprimento às mesmas. De como assim o disse e declarou, me pediu e eu lavrei a presente Escritura Declaratória de Diretivas Antecipadas de Vontade, que, feita e sendo lida, por achar conforme às suas declarações, aceita e assina.

Capítulo V

Estratégias Societárias e Sucessórias no Direito Brasileiro

Este Capítulo V, assim como o anterior, também se insere na esfera jurídica propriamente dita. Aqui trataremos fundamentalmente dos principais instrumentos de Direito Civil e Empresarial/Societário que utilizamos em organizações patrimoniais e em planejamentos sucessórios.

Assim como dissemos no capítulo anterior, nosso objetivo aqui não é tratar de situações complexas que envolvem doutrina e jurisprudências controversas, ou mesmo de circunstâncias muito particulares, mas sim apresentar, da maneira mais simples e clara possível, conceitos, estruturas, documentos e cláusulas, e suas principais utilizações práticas.

1. Sobre organização patrimonial e planejamento sucessório

Em geral, a organização patrimonial e o planejamento sucessório têm como principais finalidades:

(i) antecipar a sucessão, evitando inventários e mantendo para o doador, e/ou para seu cônjuge ou companheiro, liquidez, renda, controle e gestão de determinados bens;

(ii) determinar os quinhões de cada herdeiro necessário (descendentes, ascendentes e cônjuge/companheiro), considerando suas vocações pessoais e profissionais (por exemplo, deixar o controle de uma empresa para o(s) filho(s) com maior interesse e capacidade e outros bens de gestão mais simples para os demais herdeiros);

(iii) evitar que em um processo de divórcio ou de sucessão ex-cônjuges/companheiros ou viúvos(as) acessem o patrimônio empresarial ou determinados bens de uma família;

(iv) estabelecer metodologias de avaliação de bens (empresas, imóveis, obras de arte etc.), bem como a forma de pagamento dos haveres nos casos de entrada e saída de sócios na sociedade;

(v) estipular formas de mitigar conflitos de interesses, por exemplo, estabelecendo formas de saída do patrimônio comum;

(vi) aproveitar janelas fiscais e antecipar impostos (tais como garantir a atual alíquota do Imposto de Transmissão *Causa Mortis* e Doação – ITCMD, que provavelmente sofrerá aumentos no futuro)[1];

(vii) conferir maior proteção aos bens da família empresária[2].

Dessa forma, uma vez que o patriarca, a matriarca, o casal, a família e/ou o indivíduo estejam convencidos da importância e da conveniência de organizar o seu patrimônio e planejar a sua sucessão, há um caminho a ser percorrido, e várias temáticas a serem consideradas:

---

1 Sobre a incidência de tributos em planejamentos sucessórios e organizações patrimoniais, *vide* no canal do YouTube GEEF – Grupo de Estudos de Empresas Familiares o vídeo: Papo reto 3 – Principais tributos incidentes em planejamentos sucessórios e organizações patrimoniais. Convidado: Daniel Zugman. Moderação: Roberta Nioac Prado – coordenadora do GEEF. Disponível em: https://www.youtube.com/watch?v=2VBKFhD3SP4&t=2906s.

2 O que alguns denominam de "blindagem patrimonial", mas, a nosso ver, está incorreto. Inicialmente, não existe "blindagem" absoluta. A proteção patrimonial pode aumentar na medida em que aumentarem as combinações de estruturas (por exemplo: uma empresa operacional, controlada por uma *holding* Ltda., cujas cotas são detidas por uma *offshore* e as cotas dessa *offshore* estão reguladas em um *trust*, está tecnicamente muito mais "blindada" do que uma sociedade LTDA. operacional cujo controle é detido por uma *holding* da qual pessoas físicas são titulares). Outrossim, se estivermos falando de estruturas para ocultar crimes políticos contra a economia, lavagem de dinheiro, tráfico ilegal etc., ressaltamos que, sempre que houver interesse, determinação e empenho do Estado e do Ministério Público, qualquer estrutura será desmontada. Por outro lado, entendo que as estruturas de organização patrimonial e planejamento sucessório não devem ser usadas para "lavar dinheiro", "esconder patrimônio" e "fraudar credores". E sim para todas as outras finalidades elencadas no texto, inclusive uma maior proteção patrimonial contra penhoras indevidas e arbitrárias quando falamos, por exemplo, de alguns casos na Justiça do Trabalho. Essas estruturas podem ajudar o empresário de boa-fé a ter um tempo maior para se defender, sem ter parte relevante de sua liquidez indevidamente bloqueada e indisponível enquanto uma ação judicial não se resolve. E se tem algo de que não podemos acusar o nosso Judiciário é de celeridade.

(a) Inicialmente, há que se determinar qual será o patrimônio objeto do planejamento: ativos financeiros, bens imóveis, cotas e ações de empresas, obras de arte, embarcações, aviões etc.;

(b) Definido esse ponto, é importante agrupar os diferentes ativos em razão de sua natureza e localização. Por exemplo, ativos financeiros demandam estruturas distintas de ativos imobiliários. Ativos imobiliários no Brasil também demandam diferentes estruturas de ativos imobiliários localizados no exterior, e assim por diante. Nesse aspecto, a tributação em cada caso é extremamente diferente e a correta avaliação da estrutura pode proporcionar economias tributárias significativas;

(c) Paralelamente, devemos considerar e avaliar as características e as necessidades da família e de seus membros: suas aptidões, desejos, lacunas etc. em atenção às boas práticas de governança familiar e ao alinhamento estratégico da família[3];

(d) Se o planejamento envolver empresas familiares, é fundamental considerar a estrutura de governança corporativa da empresa ou do grupo empresarial[4];

(e) Em havendo herdeiros necessários, deve-se considerar o que será doado em vida, com ou sem reserva de usufruto, ou transmitido em morte por testamento, sempre em atenção à legítima e à disponível, e às demais regras cogentes do Direito de Família e das Sucessões[5];

(f) É fundamental também pensar e definir qual será a melhor forma de organizar o patrimônio pensando na gestão, presente e futura, dos ativos. Ademais, um bom planejamento sucessório deve ter alinhamento entre os envolvidos e flexibilidade estratégica ao longo do tempo;

(g) Também deve ser ponderado o nível de proteção desejado para os ativos;

(h) Feito isso, passamos a avaliar os custos e os benefícios de cada um dos instrumentos jurídicos possíveis no planejamento: testamentos, *holdings*, acordos de sócios, doações de nua-propriedade e reserva de usufruto etc., bem como a conveniência da implementação de

[3] *Vide* Capítulos I e II desta obra.

[4] *Vide* Capítulo III desta obra.

[5] *Vide* Capítulo IV desta obra.

boas práticas de governança, corporativa e familiar, e em quais aspectos, para finalmente indicar soluções concretas para cada caso concreto.

Sim, é um trabalho interdisciplinar que demanda conhecimento e aptidão em diversas especialidades. Nas palavras do Prof. Modesto Carvalhosa:

> Na minha experiência profissional, comprovei que as soluções para problemas envolvendo empresas familiares e famílias empresárias são sempre mais abrangentes, adequadas e viáveis se houver *interação das várias dinâmicas do processo, fortemente relacionadas entre si. (...) Atualmente, o mercado demanda profissionais que, além de especialistas em suas áreas, tenham conhecimento e significativa compreensão do todo relacionado com o seu universo de atuação.* Nesse sentido, imagina-se a melhor solução para cada caso concreto como uma grandiosa orquestra, que deve reunir excelentes músicos, especialistas em seus instrumentos, mas não pode prescindir de um maestro, conferindo harmonia ao todo (grifos nossos)[6].

Além disso, assim como em todas as ciências humanas, é necessário entender que são inúmeras as combinações de instrumentos e estruturas de organização patrimonial e planejamento sucessório possíveis, e que não existe uma única que sirva, que seja "a melhor" para todas as famílias: boas soluções variam, não só caso a caso, mas também no tempo, e em consideração às necessidades e possibilidades circunstanciais de cada grupo familiar.

Toda família é composta por pessoas, assim como "no final da linha" todos os sócios de empresas (*shareholders*) e as "partes interessadas" (*stakeholders*), gestores, colaboradores, fornecedores, consumidores etc. também são pessoas. E pessoas possuem "personalidades distintas", ou seja, egos, crenças, sentimentos, necessidades, dificuldades, aptidões e preferências que demandam ajustes e moldagens específicas.

Em consequência, a empresa familiar e o patrimônio tangível e intangível da família empresária ou investidora são extremamente vulneráveis aos ânimos e personalidades das pessoas que os compõem.

Dito isso, contatamos ser imprescindível que o planejamento jurídico e a organização patrimonial tenham como suporte primordial as pessoas que integram a família e a empresa. Vale dizer, todos os profissionais envolvidos no projeto de organização patrimonial e planejamento sucessório, sejam

---

6 Prefácio do livro: *Aspectos relevantes da empresa familiar*: governança e planejamento patrimonial sucessório. Coord. Roberta Nioac Prado. São Paulo: Saraiva/Fundação Getulio Vargas/Direito GV, 2013.

advogados, consultores, gestores etc., devem compartilhar dessa visão, buscando agir em conjunto e harmonicamente, de forma a ir ao encontro da função social da empresa e da família (e não "de encontro"), respeitando suas necessidades e limites.

Como dissemos no início, neste Capítulo V, trataremos dos principais instrumentos e estruturas de Direito Civil e Empresarial/Societário que dão suporte a um adequado planejamento sucessório e organização patrimonial, quais sejam: (i) as *holdings*; (ii) as doações de cotas e ações com reserva de usufruto; e (iii) as principais cláusulas em acordos de acionistas e cotistas.

Antes, porém, abordarei de forma suscinta e objetiva alguns conceitos e noções fundamentais em Direito Empresarial/Societário.

2. Conceitos: empresa, sociedade e pessoa jurídica

2.1. Empresa

Nos termos do art. 966 do Código Civil: "Considera-se empresário quem exerce profissionalmente atividade econômica organizada para a produção ou a circulação de bens ou de serviços".

Em outras palavras, segundo o Código Civil, o empresário é o profissional que exerce alguma atividade econômica (indústria, comércio ou prestação de serviços, tais como educação, saúde, telecomunicações, serviços de informática, seguros, transporte, serviços de limpeza, serviços de alimentação, turismo, serviços bancários e administrativos, agricultura, mineração, pecuária etc.) de forma ordenada, por meio da organização de fatores de produção, ou seja, da organização do conjunto de elementos necessários à cadeia produtiva, que vão desde a matéria-prima (passando por insumos, maquinário, equipamentos, funcionários, colaboradores, bens móveis, imóveis, tangíveis e intangíveis, contratos, financiamentos etc.) até a distribuição dos produtos ao consumidor final. Tudo isso profissionalmente, buscando bons resultados e margem de lucro (um delta positivo entre o custo da atividade e a receita obtida com o produto resultante, na sua venda).

Vale frisar que o lucro é um resultado esperado, porém incerto e aleatório. Ou seja, toda atividade empresária consubstancia-se em atividade de risco que, portanto, não garante ao empresário retorno financeiro.

Ressalte-se que o empresário não necessariamente é uma pessoa física, podendo também ser uma pessoa jurídica, ou sociedade empresária, constituída sob a forma de EIRELI (atualmente SLU)[7], Ltda.[8] ou S/A[9], cujo objetivo social seja exercer atividade econômica organizada, para produção de bens ou serviços, visando a obtenção de lucro.

Ou seja, para ser considerado empresário juridicamente, não basta ao cidadão ser rico, ou produzir e comercializar bens ou serviços (artísticos, literários ou científico) sem organizar fatores de produção[10].

2.2. Sociedade

Segundo o art. 981 do Código Civil: "Celebram contrato de sociedade as pessoas que reciprocamente se obrigam a contribuir, com bens ou serviços, para o exercício de atividade econômica e a partilha, entre si, dos resultados".

Vale dizer, segundo a lei, sociedade é a união de duas ou mais pessoas (físicas ou jurídicas) que, reciprocamente, se obrigam a contribuir com bens (dinheiro, imóveis, maquinário, conhecimento etc.) ou serviços (trabalho) para o exercício de atividade econômica, com o objetivo de partilhar, nas proporções de suas contribuições, os lucros.

Essa aliança pode se dar por meio de um contrato verbal (sociedades informais) ou escrito. Desse contrato e de seus "combinados" decorrem direitos e obrigações entre os sócios e para com os terceiros que se relacionam com a sociedade (*stakeholders*), também denominados de partes interessadas

---

7 EIRELI é a sigla de Empresa Individual de Responsabilidade Limitada, uma nova "roupagem" societária, criada em 2011, que possibilita a um único empresário exercer sua atividade empresarial com responsabilidade limitada. Teve por objetivo eliminar a figura daquele sócio "laranja" que figurava na sociedade com 0,1% do capital, apenas para viabilizar a responsabilidade Ltda. Sobre a EIRELI, assista no canal do YouTube GEEF – Grupo de Estudos de Empresas Familiares ao vídeo: Mesa redonda 13 – EIRELI e "Dissolução" Parcial em Divórcio. Convidados: Luís André Negrelli, Maria Fernanda Vaiano e Renato Vilela. Moderação: Roberta Nioac Prado – coordenadora do GEEF. Disponível em: https://youtu.be/6FejiunOnTY.
Atualmente, em razão da Lei n. 13.874/2019, que cria a Sociedade Limitada Unilateral (inicialmente criada por meio da MP n. 881/2019 para desburocratizar o processo de abertura de empresas no Brasil), a EIRELI deixou de ter relevância econômica e será paulatinamente substituída pelas SLU.

8 As sociedades Ltda. regem-se pelo art. 1.053 do Código Civil, podendo ter previsto em seu contrato social que regem-se, supletivamente, pela Lei n. 6.404/76 – Lei das S/A.

9 Regidas pela Lei n. 6404/76 – Lei das S/A.

10 Art. 966, parágrafo único, do Código Civil: "Não se considera empresário quem exerce profissão intelectual, de natureza científica, literária ou artística, ainda com o concurso de auxiliares ou colaboradores, *salvo se o exercício da profissão constituir elemento de empresa*" (por exemplo, uma editora, uma galeria de arte etc. são consideradas sociedades empresárias).

(funcionários, colaboradores, público-alvo, consumidores, fornecedores, a comunidade e seu entorno, o fisco e a sociedade em geral).

Várias são as razões pelas quais pode ser conveniente formar uma sociedade, dentre as quais destacamos: (i) reunir capital; (ii) agregar trabalho especializado ao negócio; (iii) agregar etapas da cadeia de produção do produto ou do serviço oferecido.

Quanto ao primeiro item, "reunir capital", temos que, ao nos associarmos a alguém, podemos estar buscando somar recursos econômicos que não teríamos sem tal aliança (dinheiro, ou qualquer espécie de bem suscetível de avaliação em dinheiro). Por exemplo, se pretendo abrir um negócio que necessita de investimentos da ordem de 100, e eu só tenho 60, tenho a opção de conseguir o numerário faltante em um empréstimo bancário (em geral, pagando altas taxas de juros) ou buscar um sócio alinhado com o negócio disposto a aportar tal valor na sociedade. Talvez faça mais sentido econômico e negocial a segunda opção: me associar a alguém.

No que respeita ao item (ii), "agregar trabalho especializado", pode ser vantajoso trazer para a sociedade alguém com capital intelectual ou capacidade técnica específica, necessária ao desenvolvimento do meu objeto social (comércio, indústria ou prestação de serviços), tal como o *know how* em determinada tecnologia. Contratar tal pessoa através da CLT (Consolidação das Leis do Trabalho) poderia ser outra opção, mas com isso o empresário incorreria em custos adicionais contratuais de remuneração, além de que um funcionário eventual não tem tanto compromisso e alinhamento com o negócio, comparando-se a quando este se torna efetivamente sócio.

Relativamente ao item (iii), "agregar etapas da cadeia de produção", temos que um contrato de sociedade pode viabilizar que dois ou mais empresários, pessoas físicas ou jurídicas, cooperem de forma associativa um com o outro em etapas distintas da cadeia de produção e distribuição de determinado produto (por exemplo, uma empresa extrai e manuseia a matéria-prima e outra a transforma em produto final, para distribuição aos consumidores). Com isso, a atividade empresarial pode ganhar escala, ter aumento na sua produtividade, reduzir seu custo médio de produção etc.

Em resumo, qualquer que seja a intenção de formar sociedade, ou seja, de associar-se a outra pessoa, física ou jurídica, a ideia central é "internalizar relações contratuais" a fim de reduzir custos e incrementar a lucratividade.

Ou seja, em vez de contratar "um terceiro" (um funcionário ou uma prestação de serviços), ou "com um terceiro" (um empréstimo ou a compra de produtos necessários para o desenvolvimento da minha atividade), com todos os custos fixos e variáveis que envolvem tal contrato, em me associo ao terceiro, trago para dentro do meu negócio alguém que pode contribuir com tais ativos, bens ou serviços, e partilhamos proporcionalmente os resultados (se houver).

2.3. Pessoa jurídica

No Direito, há uma distinção formal entre a pessoa natural (art. 2º do CC), comumente chamada de "pessoa física", e a "pessoa jurídica" (art. 45 do CC).

Para nós, no contexto desta obra, importam as pessoas jurídicas de Direito Privado, notadamente constituídas na forma de sociedades limitadas (Ltda.), sociedades por ações (S/A) ou Sociedades Limitadas Unipessoais (SLU)[11], que são as "roupagens" mais comuns utilizadas para o desenvolvimento de atividades empresárias, bem como para a constituição de *holdings*, assunto que será tratado a seguir.

A pessoa jurídica de Direito Privado tem como sua principal razão de existir garantir a limitação de responsabilidade dos sócios. Vale dizer, garantir ao sócio que não tenha praticado atos irregulares, que não responda pessoalmente pelas dívidas da sociedade com seu patrimônio particular[12].

Isso porque, em tese, para que haja responsabilização pessoal do sócio da sociedade limitada (Ltda.), da sociedade por ações (S/A) ou da EIRELI (SLU), é preciso que esse sócio ou administrador tenha exercido algum ato de gestão ou de controle com excesso de poder, ou infringido a norma legal ou o contrato social.

Assim, como regra, temos que, uma vez constituída uma sociedade (ainda que com um único sócio, no caso da SLU) e registrada nos termos da Lei, surge a personalidade jurídica, que somente poderá ser desconsiderada, ou seja, tornar seu(s) sócio(s) pessoalmente responsável(eis) por dívidas e obrigações da sociedade, nos termos do art. 50 do Código Civil[13].

---

[11] Antiga EIRELI (Empresas Individuais de Responsabilidade Limitada).

[12] Conforme o art. 1.052 do Código Civil: "Na sociedade limitada, a responsabilidade de cada sócio é restrita ao valor de suas cotas, mas todos respondem solidariamente pela integralização do capital social". De acordo com o art. 1º da Lei das Sociedades por Ações: "A companhia ou sociedade anônima terá o capital dividido em ações, e a responsabilidade dos sócios ou acionistas será limitada ao preço de emissão das ações subscritas ou adquiridas"; e o art. 980-A do Código Civil: "A empresa individual de responsabilidade limitada será constituída por uma única pessoa titular da totalidade do capital social, devidamente integralizado, que não será inferior a 100 (cem) vezes o maior salário mínimo vigente no País".

[13] Código Civil: "Art. 50. Em caso de abuso da personalidade jurídica, caracterizado pelo desvio de finalidade ou pela confusão patrimonial, pode o juiz, a requerimento da parte, ou do

Como já dito, toda atividade empresária é atividade de risco, ou seja, não garante ao empresário o sucesso quanto ao retorno financeiro. Por outro lado, toda atividade empresária gera uma série de responsabilidades, tais como: o pagamento de salários e encargos sociais, o recolhimento de tributos ao Poder Público (Federal, Estadual e Municipal), a assunção de custos e despesas inerentes à sua atividade junto a fornecedores de matéria-prima e outros insumos, eventuais financiamentos etc.

Dessa forma, é natural que o empresário queira "separar" seu patrimônio pessoal do patrimônio que irá correr o risco da atividade empresária. E é para isso que servem as pessoas jurídicas: abrigar sociedades e/ou empresas, limitando a responsabilidade dos sócios e seu risco patrimonial.

Conforme o art. 45 do Código Civil: "Começa a existência legal das pessoas jurídicas de direito privado com a inscrição do ato constitutivo no respectivo registro, precedida, quando necessário, de autorização ou aprovação do Poder Executivo, averbando-se no registro todas as alterações por que passar o ato constitutivo".

Já o art. 1.150, também do Código Civil, estabelece que "O empresário e a sociedade empresária vinculam-se ao Registro Público de Empresas Mercantis a cargo das Juntas Comerciais, e a sociedade simples ao Registro Civil das Pessoas Jurídicas, o qual deverá obedecer às normas fixadas para aquele registro, se a sociedade simples adotar um dos tipos de sociedade empresária".

Na Lei n. 6.404/76 – a Lei das S/A –, é o art. 94 que dispõe sobre o registro e a personalidade jurídica, nos seguintes termos: "Nenhuma companhia poderá funcionar sem que sejam arquivados e publicados seus atos constitutivos".

Ministério Público quando lhe couber intervir no processo, desconsiderá-la para que os efeitos de certas e determinadas relações de obrigações sejam estendidos aos bens particulares de administradores ou de sócios da pessoa jurídica beneficiados direta ou indiretamente pelo abuso" (Redação dada pela Medida Provisória n. 881, de 2019); Código de Defesa do Consumidor: "Art. 28. O juiz poderá desconsiderar a personalidade jurídica da sociedade quando, em detrimento do consumidor, houver abuso de direito, excesso de poder, infração da lei, fato ou ato ilícito ou violação dos estatutos ou contrato social". Ainda, na Legislação do Meio Ambiente (art. 4º da Lei n. 9.605/98), que assim dispõe: "Art. 4º Poderá ser desconsiderada a pessoa jurídica sempre que sua personalidade for obstáculo ao ressarcimento de prejuízos causados à qualidade do meio ambiente", entre outras. Também na Justiça do Trabalho, sendo aplicada de forma bastante ampla, embora, no nosso entendimento, com pouca ou nenhuma base legal. Sobre o tema, *vide* PRADO, Roberta Nioac; DONAGGIO, Angela Rita Franco. Responsabilidade pessoal dos administradores e sócios por atos praticados em nome da sociedade e desconsideração da personalidade jurídica. *Revista de Direito GV 5*, São Paulo: FGV, v. 3, n. 1, p. 75-100, jan.-jun. 2007.

Dessa forma, temos que a pessoa jurídica é um ente criado pelo Direito, e que só surge no mundo jurídico a partir de algumas formalidades legais e regulamentares. A simples redação e assinatura do ato contratual não dá origem à personalidade jurídica, que dependerá de inscrição (ato formal) no órgão competente para tanto (arts. 45 e 1.150 do Código Civil e art. 94 e seguintes da Lei Societária). No caso das sociedades empresárias, na Junta Comercial[14].

Em outras palavras, para existir uma pessoa jurídica, é necessário preencher algumas formalidades, dentre as quais, fundamentalmente: (i) ter um "ato constitutivo" (contrato social – Ltda. ou SLU – ou estatuto social – S/A); e (ii) esse ato ser registrado no registro correspondente (se Sociedade Empresária, na Junta Comercial, e se Sociedade Simples, no Registro Civil das Pessoas Jurídicas). Além disso, cada vez que alguma cláusula do seu ato constitutivo for alterada (mudança de sócio, objeto social, sede, administrador previsto em contrato, capital social etc.), tal ato deve ser averbado (registrado) no órgão competente (Junta Comercial ou Registro Civil das Pessoas Jurídicas).

O "ato constitutivo" de uma sociedade, de forma simplificada, é um documento escrito e assinado pelos sócios, com cláusulas dispondo, no mínimo, sobre (i) a denominação social (qual será o nome da pessoa jurídica); (ii) o objeto social, que vai definir o propósito da empresa, ou seja, elencar todas as atividades que a empresa poderá realizar. O objeto social deve ser definido de modo preciso e completo, lembrando que uma empresa não pode exercer uma atividade para a qual não tenha o registro junto aos órgãos competentes, ou emitir um documento fiscal de produto vendido ou serviço prestado em desacordo com seu objeto social, sob pena de incorrer na "desconsideração da personalidade jurídica"; (iii) a sede social (o local físico no qual a pessoa jurídica irá operar); (iv) o prazo de duração, que pode ser indeterminado ou determinado, tanto em anos (i.e., 20 anos) como em razão de um propósito específico, como a construção de determinado edifício; (v) o capital da sociedade, expresso em moeda corrente nacional (com qual valor em dinheiro ou bens suscetíveis de avaliação em dinheiro a pessoa jurídica vai começar a operar); (vi) o número de cotas de cada sócio no capital social e a forma de "integralização" destas na sociedade (como serão "pagas", ou seja: em dinheiro, com os bens especificados etc.); (vii) o nome e a qualificação das pessoas naturais que irão administrar a

[14] Sociedades simples, não empresárias, também podem tomar a forma da pessoa jurídica por meio da inscrição nos Cartórios de Registro Civil de Pessoas Jurídicas (art. 1.150 do Código Civil). Sua principal distinção em relação às sociedades empresárias diz respeito à não incidência da Lei de Falências nelas (art. 1º da Lei n. 11.101/2005, segundo o qual somente os empresários e as sociedades empresárias estão sujeitos à falência e à recuperação de empresa).

sociedade, bem como seus poderes e atribuições (quem assina pela sociedade, quais suas alçadas, até que valor podem transacionar, sem autorização dos sócios), suas competências, os assuntos que podem decidir sem a necessidade de convocação de assembleia geral ou reunião de sócios etc.

E, como dissemos, para que tenha personalidade jurídica e transforme-se em um sujeito com direitos e deveres, capacidade jurídica de ação, distinta de seus sócios pessoas físicas (limitando sua responsabilidade patrimonial), precisa cumprir todas as formalidades legais, não bastando simplesmente que duas ou mais pessoas se associem, ou seja, se juntem para dividir esforços (dinheiro, bens suscetíveis de avaliação em dinheiro ou serviços profissionais), ainda que tenham escopo empresário e finalidade de partilhar resultados (lucro).

Vistas essas diferenças, passamos a abordar as principais características das mais relevantes sociedades empresárias presentes no país: a sociedade limitada (Ltda.), a sociedade por ações (S/A), a S/A simplificada e a SLU (antiga EIRELI), que também são os principais tipos societários utilizados para a constituição de *holdings*.

3. Sociedades limitadas – Ltda.

As sociedades limitadas sempre foram a "roupagem" mais utilizada pelos empresários no Brasil.

Além de proteger o patrimônio pessoal dos sócios (limitar a responsabilidade), na medida em que, uma vez regularmente constituídas e registradas, criam a personalidade jurídica, ou seja, operam a separação do patrimônio pessoal dos sócios, conferindo responsabilidade limitada a eles, as sociedades limitadas são um tipo societário menos burocrático, de mais fácil gestão e que envolvem custos menores de registro e manutenção.

Até a entrada em vigor do Código Civil (arts. 1.052 a 1.087 da Lei n. 10.406/2002), a principal característica das sociedades limitadas era a sua natureza mais flexível, uma vez que, até então, eram reguladas por um Decreto de apenas 19 artigos (Decreto n. 3.708/2019), que permitia que grande parte das cláusulas societárias fosse livremente pactuada conforme o interesse de seus sócios, com base na autonomia privada.

A entrada em vigor do Código Civil em 2002, por outro lado, trouxe uma série de mudanças significativas para a estrutura dessas sociedades, dentre as quais citamos: (i) dispôs que no silêncio do contrato social a sociedade limitada rege-se pelas regras aplicáveis às sociedades simples (e não pela Lei das S/A, como era na vigência do Decreto n. 3.706/2019); (ii) estabeleceu quóruns de deliberação cogentes de 3/4 ou 75% do capital social para qualquer alteração do contrato social, independente da matéria[15]; (iii) determinou que as sociedades limitadas com mais de dez sócios devem deliberar em Assembleia (e não em reunião de sócios), seguindo as formalidades necessárias para convocação[16]; (iv) instituiu que a eleição de administradores não sócios depende da unanimidade, quando o capital social ainda não estiver integralizado, e de 3/4, depois de integralizado[17]; (v) determinou que os sócios administradores nomeados no contrato somente podem ser destituídos por 3/4 do capital social[18]; (vi) dispôs que a exclusão de sócios depende de previsão expressa no contrato social por justa causa; (vii) estabeleceu que, na falta de previsão contratual, a forma de pagamento de haveres do sócio que exerceu o direito de retirada deve se dar em 90 dias e em dinheiro.

Com isso, a constituição de uma sociedade limitada, que podia ser extremamente simples, passou a demandar maior atenção e cuidado, tal como,

---

[15] A Lei n. 14.451, de 21 de setembro de 2022, alterou a Lei n. 10.406, de 10 de janeiro de 2002 (Código Civil), para modificar os quóruns de deliberação dos sócios da sociedade limitada previstos nos arts. 1.061 e 1.076 nos seguintes termos: "Art. 1.061. A designação de administradores não sócios dependerá da aprovação de, no mínimo, 2/3 (dois terços) dos sócios, enquanto o capital não estiver integralizado, e da aprovação de titulares de quotas correspondentes a mais da metade do capital social, após a integralização"; "Art. 1.076. Ressalvado o disposto no art. 1.061, as deliberações dos sócios serão tomadas: (...) II - pelos votos correspondentes a mais da metade do capital social, nos casos previstos nos incisos II, III, IV, V, VI e VIII do *caput* do art. 1.071 deste Código".

[16] Ressalte-se que, mesmo nas sociedades com dez sócios ou menos, é importante a previsão contratual de convocação de suas reuniões para que não seja necessário aplicar as regras das Assembleias Gerais previstas na Lei das Sociedades por Ações (S/A), cujo procedimento é mais complexo e custoso.

[17] A Lei n. 14.451, de 21 de setembro de 2022, alterou a Lei n. 10.406, de 10 de janeiro de 2002 (Código Civil), para modificar os quóruns de deliberação dos sócios da sociedade limitada previstos nos arts. 1.061 e 1.076 nos seguintes termos: "Art. 1.061. A designação de administradores não sócios dependerá da aprovação de, no mínimo, 2/3 (dois terços) dos sócios, enquanto o capital não estiver integralizado, e da aprovação de titulares de quotas correspondentes a mais da metade do capital social, após a integralização"; "Art. 1.076. Ressalvado o disposto no art. 1.061, as deliberações dos sócios serão tomadas: (...) II - pelos votos correspondentes a mais da metade do capital social, nos casos previstos nos incisos II, III, IV, V, VI e VIII do *caput* do art. 1.071 deste Código".

[18] A Lei n. 14.451, de 21 de setembro de 2022, alterou a Lei n. 10.406, de 10 de janeiro de 2002 (Código Civil), para modificar os quóruns de deliberação dos sócios da sociedade limitada previstos nos arts. 1.061 e 1.076 nos seguintes termos: "Art. 1.061. A designação de administradores não sócios dependerá da aprovação de, no mínimo, 2/3 (dois terços) dos sócios, enquanto o capital não estiver integralizado, e da aprovação de titulares de quotas correspondentes a mais da metade do capital social, após a integralização"; "Art. 1.076. Ressalvado o disposto no art. 1.061, as deliberações dos sócios serão tomadas: (...) II - pelos votos correspondentes a mais da metade do capital social, nos casos previstos nos incisos II, III, IV, V, VI e VIII do *caput* do art. 1.071 deste Código".

por exemplo, prever em seu contrato social, além das cláusulas obrigatórias[19], cláusulas específicas contornando a nova legislação, por exemplo: (i) prevendo a subsidiariedade da Lei das S/A, para maior segurança jurídica; (ii) estabelecendo a forma de convocação de reuniões em sociedades com menos de dez sócios, para reduzir custos e complexidades procedimentais; (iii) firmando acordo de cotistas regulando voto e outras matérias; (iv) prevendo a possibilidade de exclusão por justa causa e o procedimento para tal (sob pena de ficar muito dificultada a exclusão de um sócio).

Além de determinar em cláusulas o que já era comumente previsto nos contratos sociais de sociedades limitadas, como a possibilidade de distribuição desproporcional dos lucros a ser deliberada em reunião de sócios, a possibilidade ou não da entrada de cônjuge e herdeiros na sociedade, bem como a forma de avaliação e o pagamento dos haveres[20].

4. Sociedades limitadas (Ltda.) com sócios figurativos e Sociedade Limitada Unipessoal (SLU)[21]

4.1. Sociedades limitadas (Ltda.) com sócios figurativos

Até 2011, as sociedades limitadas deveriam, obrigatoriamente, ser constituídas por duas ou mais pessoas[22].

---

[19] Nome e qualificação dos sócios, firma ou denominação social, objeto social, sede e prazo da sociedade, capital da sociedade, expresso em moeda corrente, a cota (participação) de cada sócio no capital social e o modo de realizá-la (integralizá-la, pagar para a sociedade); as pessoas naturais incumbidas da administração da sociedade, seus poderes e atribuições; a participação de cada sócio nos lucros e nas perdas; se os sócios respondem, ou não, subsidiariamente, pelas obrigações sociais.

[20] Sobre o tema, *vide* nossos artigos: PRADO, Roberta Nioac; VILELA, Renato. Falecimento de cotista da sociedade limitada: dissolução parcial como regra geral e as alternativas via cláusulas contratuais de planejamento sucessório – Boas práticas de governança corporativa. *In*: COELHO, Fabio Ulhoa; FERES, Marcelo Andrade (coord.). *Empresa familiar* – estudos jurídicos. São Paulo: Saraiva, 2013. p. 427-446; PRADO, Roberta Nioac; VILELA, Renato. Sair por quanto? Adequação do método de avaliação de participação societária em dissolução parcial de sociedade. *In*: AZAVEDO, Luís André N. de Moura; CASTRO, Rodrigo R. Monteiro de (coord.). *Sociedade limitada contemporânea*. São Paulo: Quartier Latin, 2013. p. 689-708; PRADO, Roberta Nioac. Dissolução parcial de sociedade empresária (Ltda. e S/A fechada), apuração de haveres e *goodwill*. *In*: PRADO, Roberta Nioac; PEIXOTO, Daniel Monteiro (coord.). *Reorganizações empresariais*: aspectos societários e tributários. São Paulo: Saraiva, 2011. p. 223-267. (Série GVlaw)

[21] Antigas EIRELI (Empresa Individual de Responsabilidade Limitada).

[22] Com o advento da Lei n. 12.441/2011, surgiu a possibilidade de constituição de Empresa Individual de Responsabilidade Limitada. A Sociedade Limitada Unipessoal, por sua vez, está

Dessa forma, o empresário individual que não quisesse ter sócios, mas quisesse ter a limitação da responsabilidade (separar seu patrimônio pessoal do patrimônio da empresa para desenvolver suas atividades empresárias), acabava por constituir uma sociedade limitada, com um sócio "figurativo", ou seja, um sócio que possuía, por exemplo, 0,01% do capital social, enquanto o principal possuía os restantes 99,99%.

Tudo isso exclusivamente para que pudesse exercer a prática de atividade econômica organizada (empresa) sob a proteção da personalidade jurídica, sem ter sócios atuantes.

4.2. Empresa Individual de Responsabilidade Limitada (EIRELI)

Em julho de 2011, foi sancionada a Lei n. 12.441, alterando o Código Civil e passando a permitir a constituição de Empresa Individual de Responsabilidade Limitada (EIRELI) e eliminando a necessidade de um sócio figurativo.

Ou seja, tal lei passou a permitir a constituição de uma sociedade limitada somente por uma pessoa ou, em outras palavras, que uma única pessoa física fosse individualmente titular de uma pessoa jurídica de natureza empresarial, com personalidade jurídica, autonomia patrimonial e limitação de responsabilidade, e, em consequência, garantindo a proteção de seu patrimônio particular, desatrelando-o das obrigações do seu negócio.

E, para aqueles que queriam ser empresários individuais, a EIRELI tornou-se um formato muito atraente e procurado.

Por outro lado, tal lei definiu características e requisitos necessários para a sua constituição que não agradaram a todos, dentre os quais: (a) a EIRELI deve ter capital social mínimo de 100 vezes o salário mínimo, imediatamente integralizado no momento de sua constituição; e (b) limitou a existência de apenas uma EIRELI por pessoa física.

Em razão dessas limitações, bem como da promulgação da lei que prevê a Sociedade Limitada Unipessoal (SLU), a EIRELI, na prática, será paulatinamente descontinuada e transformada em SLU.

---

prevista no art. 7º da Lei n. 13.874/2019 – Lei da Liberdade Econômica –, que incluiu os §§ 1º e 2º ao art. 1.052 da Lei n. 10.406/2002 (Código Civil). A Lei n. 14.195, de 26 de agosto de 2021, em seu art. 41, extinguiu a EIRELI, ficando determinada a regulamentação pelo Departamento Nacional de Registro Empresarial e Integração (DREI), de como se dará a transformação da EIRELI em Sociedade Limitada Unipessoal.

4.3. Sociedade Limitada Unipessoal (SLU)

A Sociedade Unipessoal Limitada, também chamada de SLU, foi criada pela Medida Provisória n. 881/2019, posteriormente sancionada pela Lei n. 13.874/2019. Ela é muito semelhante à EIRELI, mas, para a constituição desse tipo societário, não há a necessidade de integralização de capital social mínimo.

Além disso, a lei que cria a SLU permite que o sócio possua mais de uma empresa nesse formato, ou seja, o empresário pode ter mais de uma SLU com diferentes atividades (objetos sociais), se for de seu interesse e conveniência.

Ademais, o art. 41 da Lei n. 14.195/2021 determinou que as atuais Empresas Individuais de Responsabilidade Limitada (EIRELI) sejam transformadas em Sociedades Limitadas Unipessoais (SLU), independentemente de qualquer alteração em seu ato constitutivo.

4.4. Sociedade por ações (S/A)

As sociedades por ações, também denominadas de sociedades anônimas ou companhias, são regidas pela Lei n. 6.404/76 e suas posteriores atualizações legais.

As sociedades por ações podem ter seu capital aberto (quando os valores mobiliários por ela emitidos são admitidos para negociação em mercados organizados, como o de Bolsa de Valores, por exemplo) ou fechado.

Devem ser constituídas por duas ou mais pessoas e seu capital social é dividido em ações. Suas ações podem ser ordinárias (com direito a voto) ou preferenciais (em geral, sem direito a voto, mas com preferências pecuniárias, como prioridade na distribuição de dividendos mínimos ou fixos).

4.4.1. Classes de ações preferenciais, ordinárias e voto plural

As ações preferenciais emitidas por S/A podem ter classes distintas (direitos distintos), tanto nas S/A abertas quanto nas fechadas (art. 15 da Lei das S/A), e as companhias fechadas podem também contar com diferentes classes de ações ordinárias, por exemplo, com direito de voto em separado para ocupação de cargos administrativos ou voto plural (art. 16 da Lei das S/A).

A Lei n. 14.195, de 26 de agosto de 2021, incluiu na Lei das S/A (Lei n. 6.404/76) a possibilidade da criação de ações ordinárias, de uma ou mais classes, com até 10 votos, o voto plural. Na prática, o voto plural foi criado a fim de possibilitar às *startups* a captação de recursos com investidores privados ou mesmo em Bolsas de Valores, sem a perda do poder de comando da empresa pelos seus fundadores. O voto plural é considerado uma tendência mundial, em especial para *startups* do setor de tecnologia (já é utilizada, por exemplo, nos Estados Unidos, Reino Unido, Itália, França, Suécia e Finlândia).

Com efeito, esse mecanismo concilia a manutenção do poder de controle com a captação de recursos, permitindo que acionistas que detenham pequena parcela do capital social exerçam maior poder político (controle societário) na companhia, sem a necessidade de acordos de acionistas com os investidores.

Essa super ON (ação ordinária), que proporciona um "super voto", poderá subsistir pelo prazo de até sete anos, sendo prorrogável por qualquer prazo, desde que deliberado pela maioria dos titulares de ações sem direito ao voto plural em assembleia geral.

Uma vez terminado o prazo original e não sendo prorrogado, as ações com voto plural serão automaticamente convertidas em ações ordinárias tradicionais, voltando a deter um voto cada.

Ainda segundo a Lei n. 14.195/2021, dentre outras disposições, o voto plural só poderá ser adotado por companhias fechadas ou que ainda não tenham realizado sua oferta pública inicial de ações. Nas empresas já existentes, para que as ações ordinárias com voto plural sejam criadas, é necessário um quórum de aprovação de, no mínimo, metade do total de votos conferidos pelas ações com direito a voto e metade das ações preferenciais sem direito a voto ou com voto restrito, se emitidas. Além disso, as acionistas dissidentes da deliberação terão o seu direito de recesso assegurado, exceto se a criação dessas ações já estiver prevista ou autorizada pelo estatuto social da companhia.

Como regra geral, as ações com voto plural serão automaticamente convertidas em ações sem voto plural, caso sejam transferidas para terceiros (verifica-se, portanto, que a lei atribui às ações com voto plural caráter personalista, vinculando-as ao acionista que foi originariamente favorecido com esse direito). Ademais, o voto plural não poderá ser adotado em assembleias que deliberarem sobre a remuneração dos administradores e a celebração de transações com partes relacionadas.

Embora configure um instituto novo no Brasil, e já esteja sob o escrutínio de diversos juristas, creio que poderá vir a atuar como um mecanismo societário interessante em organizações patrimoniais e planejamentos sucessórios, por exemplo, preservando o poder dos patriarcas em empresas familiares, ou concentrando o voto em um ou mais herdeiros que sejam também executivos da empresa.

Essa flexibilidade estatutária poderá vir a ser muito positiva[23] para empresas fechadas familiares (*holdings* ou não), no sentido de acomodar interesses

[23] Muito embora as classes de ações sejam criticadas em termos de boas práticas de governança corporativa para empresas de capital aberto (Código das Melhores Práticas de

distintos dos sócios (em uma família que possui irmãos que trabalham e irmãos que não trabalham na empresa, por exemplo), especialmente quando há a somatória de um acordo de acionistas[24] com cláusulas claras de saída no caso de insatisfação dos não controladores (ou daqueles que não trabalham na empresa).

Ressalte-se que, embora a sociedade limitada atualmente possa ter cotas ordinárias e preferenciais[25], a empresa constituída sob a forma de S/A, amparada pela Lei n. 6.404/76, sempre foi considerada a melhor estrutura societária no sentido de regrar participações societárias com diferentes direitos (ações ordinárias, preferenciais e classes distintas de ações), por ser dotada de maior segurança jurídica e por apresentar normas solidificadas no ordenamento brasileiro nesse sentido, enquanto que regras mais sofisticadas em sociedades limitadas são vistas, em certa medida, como mais frágeis, ainda gerando debates doutrinários e alguns desalinhamentos jurisprudenciais, fundamentalmente depois das alterações trazidas pelo Código Civil de 2002[26].

Outrossim, em regra, a opção da roupagem jurídica de *holdings* familiares costuma ser a sociedade limitada, uma vez que a S/A tem a sua gestão mais cara e complexa, por exemplo, no que tange às publicações obrigatórias.

Não obstante, aparentemente, essa desvantagem, entre outras, parece estar mitigada com a entrada em vigor da Lei Complementar n. 182/2021, que será tratada a seguir.

Governança Corporativa do IBGC e Regulamento do Novo Mercado da Bovespa: www.ibgc.org.br e www.bovespa.com.br), o próprio IBGC publicou o Caderno de Boas Práticas de Governança Corporativa para Empresas de Capital Fechado: um guia para Sociedades Limitadas e Sociedades por Ações Fechadas, do qual fui relatora, que contempla situações em organizações patrimoniais de empresas familiares nas quais as classes de ações podem fazer sentido. Disponível em: https://conhecimento.ibgc.org.br/Paginas/Publicacao.aspx?PubId=21047. E, no canal do YouTube GEEF – Grupo de Estudos de Empresas Familiares, o vídeo: Governança Corporativa II – Empresas Fechadas. Caderno IBGC. Disponível em: https://www.youtube.com/watch?v=fPy4hFIbt94.

[24] Veremos adiante cláusulas importantes em sociedades *holdings*, bem como em acordos de cotistas ou de acionistas, tais como opções de compra e venda, direito de retirada e forma de apuração e pagamento de haveres etc.

[25] Em 2003, o Departamento Nacional de Registro de Comércio (DNRC) vedou cotas preferenciais nas sociedades limitadas (Instrução Normativa n. 98/2003). Mais recentemente, o Departamento de Registro Empresarial e de Integração (DREI), órgão registral que sucedeu aquele, por meio da Instrução Normativa n. 38/2017, admitiu expressamente as cotas preferenciais nas sociedades limitadas, o que, inclusive, foi ratificado pela Instrução Normativa n. 81/2018 do mesmo DREI.

[26] Entendemos que a pluralidade de votos, em princípio, não poderá ser utilizada em sociedades limitadas, pois será, segundo a lei que a criou, desconsiderada nos casos em que a legislação expressamente indicar quóruns com base em percentual de ações ou do capital social, sem menção ao número de votos conferidos pelas ações, como é o caso do Código Civil ao prever determinados quóruns em reuniões e assembleias de sócios de Ltda.

4.5. Lei das S/A simplificada[27] (SAS)

A Lei Complementar n. 182/2021, publicada em 2 de junho de 2021 ("LC 182"), que instituiu o marco legal das *startups* e do empreendedorismo inovador, trouxe importantes alterações na Lei das Sociedades por Ações (Lei n. 6.404/76).

São alterações consideradas as mais significativas dos últimos tempos, que visam a simplificar e facilitar a constituição e a gestão das S/A. Apesar de a lei não usar a terminologia SAS (Sociedades Anônimas Simplificadas), o novo regime vem sendo assim nomeado por várias razões.

Em primeiro lugar, as SAS fechadas com receita bruta anual de até R$ 78 milhões vão poder publicar as documentações exigidas pela LSA eletronicamente, não mais sendo obrigadas a publicar em jornais impressos (*Diário Oficial* e jornais de grande circulação), facilitando sua gestão e reduzindo seus custos de manutenção[28].

Além disso, poderão substituir seus livros contábeis e outros documentos societários por registros mecanizados ou eletrônicos.

Ainda no regime simplificado, a diretoria das S/A poderá ser composta por apenas um diretor, sendo que, na regra anterior, que ainda vale para as S/A não simplificadas, são necessários, no mínimo, dois diretores.

Sem dúvida, todas essas possibilidades (diretoria composta por apenas uma pessoa, desoneração com publicações obrigatórias e substituição dos livros por registros eletrônicos) irão propiciar significativa simplificação e redução de custos de manutenção da S/A.

Outra flexibilização importante, que até então só era viável nas sociedades limitadas, é a possibilidade de os dividendos na SAS serem distribuídos desproporcionalmente, por meio de decisão da assembleia.

Nesse sentido, um sócio minoritário, por exemplo, com participação de 10% do capital da empresa, mas que seja seu administrador principal (o CEO da empresa) e que, portanto, contribua consideravelmente com a sociedade

---

[27] Sobre o tema, assista no canal do YouTube GEEF - Grupo de Estudos de Empresas Familiares ao vídeo: Papo Reto 1 GEEF: Lei Complementar 182/21 - Lei das S/A Simplificadas. Convidado: Walfrido Warde, um dos idealizadores técnicos da lei. Mediação: Roberta Nioac Prado - coordenadora do GEEF. Disponível em: https://www.youtube.com/watch?v=iyKCjpFRVMM.

[28] Anteriormente, estavam dispensadas dessas publicações somente as S/A com menos de 20 sócios e patrimônio líquido (PL) inferior a R$ 10.000.000,00 (dez milhões de reais). E isso a partir de 2019, pois até então a dispensa era somente para empresas com PL inferior a R$ 1.000.000,00 (um milhão de reais).

por meio de seu próprio trabalho, poderá auferir dividendos de, por exemplo, 30%, enquanto os demais sócios (capitalistas ou investidores), titulares dos 90% restantes das ações, receberão 70% dos dividendos.

Dessa maneira, a lei permite que a assembleia geral estabeleça livremente a distribuição de dividendos em consideração ao esforço proporcional de cada sócio, desde que em observância ao art. 202 da LSA, e excepcionando as ações preferenciais com direito a dividendos fixos ou mínimos[29].

Como se vê, praticamente todas as razões pelas quais o empresário em geral optava por constituir uma sociedade limitada (operacional ou *holding)*, e não uma S/A, foram dirimidas.

Assim, a eventual insegurança jurídica que as sociedades limitadas podem apresentar em estruturas mais complexas, também poderá ser superada ao se optar pela SAS, notadamente em se tratando de sociedades operacionais[30].

Ressalte-se que, em se tratando de empresas operacionais, a Lei das SAS vai além, ao introduzir dois novos dispositivos legais à Lei n. 6.404/76, quais

---

[29] Ambas as ações preferenciais, com dividendo fixo ou mínimo, têm prioridade na distribuição. Porém, a ação com dividendo fixo (por exemplo, 10% do lucro social) não participa dos lucros remanescentes e a ação com dividendo mínimo (por exemplo, 10% do valor nominal da ação) participa dos lucros distribuídos em igualdade de condições com as ordinárias, depois de a estas ser assegurado dividendo igual ao mínimo.
Lei das S/A: "Art. 202. Os acionistas têm direito de receber como dividendo obrigatório, em cada exercício, a parcela dos lucros estabelecida no estatuto ou, se este for omisso, a importância determinada de acordo com as seguintes normas: (...) § 1º O estatuto poderá estabelecer o dividendo como porcentagem do lucro ou do capital social, ou fixar outros critérios para determiná-lo, desde que sejam regulados com precisão e minúcia e não sujeitem os acionistas minoritários ao arbítrio dos órgãos de administração ou da maioria".

[30] Sobre as principais diferenças entre a S/A e a Ltda., antes da Lei das SAS, veja: PRADO, Roberta Nioac; DONAGGIO, Angela. Sociedade limitada *versus* Sociedade por ações. Acordos de acionistas e de cotistas: cláusulas relevantes. *In*: PRADO, Roberta Nioac; PEIXOTO, Daniel Monteiro; DE SANTI, Eurico Marcos Diniz (coord.). *Estratégias societárias, planejamento tributários e sucessório*. São Paulo: Saraiva, 2009. p. 3-27. (Série GVlaw); PRADO, Roberta Nioac; PRADO, Viviane Muller. Determinantes estratégias na escolha do tipo societário: Ltda. ou S/A – Tabela comparativa. *In*: PRADO, Roberta Nioac; PEIXOTO, Daniel Monteiro; DE SANTI, Eurico Marcos Diniz (coord.). *Estratégias societárias, planejamento tributários e sucessório*. São Paulo: Saraiva, 2009. p. 31-43. (Série GVlaw); e, ainda, PRADO, Roberta Nioac. Sete características fundamentais das sociedades limitadas e das sociedades por ações que podem determinar a estratégia de opção por um tipo societário ou outro. *In*: PRADO, Roberta Nioac; PEIXOTO, Daniel Monteiro; DE SANTI, Eurico Marcos Diniz (coord.). *Estratégias societárias, planejamento tributário e sucessório*. São Paulo: Saraiva, 2009. p. 46-50. (Série GVlaw) O artigo e o quadro comparativo estão bastante desatualizados, mas ainda podem oferecer balizamentos para reflexões sobre a comparação entre os tipos societários.

sejam, os arts. 294-A e 294-B, dispondo sobre a "companhia de menor porte", aquelas que auferem receita bruta anual inferior a R$ 500.000.000,00 (quinhentos milhões de reais).

Essas companhias terão condições facilitadas, ou seja, poderão, de forma mais simples e com custo menor, ter acesso ao Mercado de Capitais (Bolsas de Valores e Mercados de Balcão), podendo deixar de captar dinheiro (caro!) exclusivamente em bancos.

Nesse sentido, caberá à Comissão de Valores Mobiliários – CVM estabelecer, em regulamento próprio, a forma de atualização do referido valor limite, bem como os critérios adicionais para a manutenção da condição de companhia de menor porte após seu acesso ao mercado de capitais.

Ainda caberá à CVM, no âmbito de suas competências, disciplinar o tratamento a ser empregado às companhias abertas que se caracterizem como de menor porte, no que respeita, por exemplo: (i) à obtenção de registro de emissor de valores mobiliários e das distribuições públicas de valores mobiliários de sua emissão; (ii) à obrigatoriedade de instalação do conselho fiscal a pedido de acionistas[31]; (iii) à obrigatoriedade de intermediação de instituição financeira em distribuições públicas de valores mobiliários, no aumento de capital; (iv) ao recebimento de dividendo obrigatório; (v) à forma de realização das publicações e demais regras atinentes à elaboração e prestação de informações periódicas e eventuais.

Essa lei entrou em vigor a partir de 1º de setembro de 2021 e promete movimentar o mercado!

5. Organização patrimonial e planejamento sucessório – *holdings*[32]

Dito isso, vamos tratar das *holdings*, assunto central no âmbito das pessoas jurídicas utilizadas em organizações patrimoniais e planejamentos sucessórios.

---

[31] Nesse sentido, há autores que divergem sobre a possiblidade de a CVM excluir regra cogente da Lei das S/A.

[32] Sobre o assunto, *vide* no canal do YouTube GEEF – Grupo de Estudos de Empresas Familiares o vídeo: Holding controladora de empresa familiar planejamento sucessório. Disponível em: https://www.youtube.com/watch?v=zxdF1WIaKQE.

6. O que são *holdings*?

A palavra *holding* tem origem inglesa e significa deter, segurar, manter, possuir.

Grosso modo, as *holdings* são pessoas jurídicas cuja atividade principal é deter participação acionária (ações ou cotas) de uma ou mais empresas operacionais, em geral o poder de controle dessas sociedades, visando a comandar a sua gestão e determinar as suas políticas operacionais e negociais, ou seja, concentrar de maneira unificada o processo de tomada de decisões em todos os níveis da(s) empresa(s) operacional(is) que controla.

6.1. Fundamento legal da *holding*

O fundamento legal da *holding* está na Lei n. 6.404/76 – Lei das S/A –, em seu art. 2º, § 3º, que assim dispõe: "A companhia pode ter por objeto participar de outras sociedades (...)".

Ressalte-se que, muito embora sua previsão legal conste da Lei das S/A, uma *holding* pode ser constituída na forma de sociedade limitada, notadamente se em seu contrato social houver a previsão de que haverá a aplicação subsidiária das normas da Lei das S/A na interpretação e lacunas do contrato social da Ltda.

Mas, na verdade, a grande diferença entre uma *holding* (seja ela constituída sob a forma de Ltda., S/A ou SLU) e uma empresa operacional reside, essencialmente, em seu objeto social, ou seja, na razão pela qual ela foi criada.

6.2. Principais funções das *holdings*

As *holdings* criadas no âmbito das boas práticas de governança, envolvendo a organização patrimonial e o planejamento sucessório de famílias empresárias, têm como suas principais causas de existir:

(i) Concentrar e regrar o exercício do poder de controle e do direito de voto, determinando regras e princípios para a gestão do patrimônio comum empresarial, ações ou cotas de uma ou mais empresas operacionais (que são os ativos constantes do patrimônio da *holding*).

Tanto por via do contrato social da sociedade *holding*, quanto por meio de acordo de sócios[33], podemos estabelecer regras específicas

[33] Ver adiante, neste mesmo capítulo, o item que trata dos acordos de sócios.

para a gestão (no âmbito da empresa), tais como: estipular quóruns especiais para nomeação de gestores, para a alienação de ativos acima de determinado valor, para fusões, cisões e incorporações, para a distribuição de dividendos e reinvestimento de lucros, ou determinar a administração dos ativos de maneira mais conservadora ou mais alavancada (impedindo alavancagens) etc.;

(ii) Apartar o uso e a gestão do patrimônio pessoal dos sócios, do patrimônio e da gestão empresarial (conferindo maior proteção patrimonial à família, pessoas físicas), na medida em que a *holding* afasta alguns riscos de contaminação de bens pessoais por dívidas da empresa;

(i) Conferir maior proteção ao controle e à gestão da empresa operacional, resguardando a continuidade do seu comando, na medida em que a *holding* pode afastar a empresa operacional de eventuais riscos pessoais dos sócios, tais como sucessões e divórcios litigiosos.

Nesse sentido, o contrato social ou um acordo de sócios pode, por exemplo, regrar formas de evitar que, em um processo dessa natureza[34], ex-cônjuges/companheiros ou viúvos(as) acessem o patrimônio empresarial ou determinados bens de uma família, bem como que eventuais conflitos familiares contaminem a sociedade operacional e seu regular andamento;

(iii) Instituir formas de mitigar conflitos de interesses entre sócios familiares, por exemplo: (a) estabelecendo formas de saída do patrimônio comum (voluntárias[35] ou involuntárias) e prevendo detalhadamente metodologias de avaliação dos bens constantes do ativo da *holding* (empresas, imóveis, obras de arte etc.), bem como a forma

---

[34] Sobre o tema, consultar: PRADO, Roberta Nioac; VILELA, Renato (coord.). *Litígios societários*: divórcios (coletânea de jurisprudência). São Paulo: Saraiva, 2013. (Coleção Direito em Contexto Direito GV); PRADO, Roberta Nioac; VILELA, Renato (coord.). *Litígios societários*: inventários (coletânea de jurisprudência). São Paulo: Saraiva, 2012. (Coleção Direito em Contexto Direito GV) (obs.: não estão atualizados).

[35] Sobre o tema, assista no canal do YouTube GEEF – Grupo de Estudos de Empresas Familiares ao vídeo: Mesa redonda 4 GEEF: Way out! Como planejar a hora de separar, dividir o patrimônio, cindir ou sair da empresa familiar. Convidados: Emerson Drigo, Otavio Villares e Renato Vilela. Moderação: Roberta Nioac Prado – coordenadora do GEEF. Disponível em: https://youtu.be/-jnJtZp5WjM. Os documentos constantes no anexo deste capítulo contêm cláusulas exemplificativas nesse sentido.

de pagamento dos haveres nesses casos (em bens, dinheiro, em 24 ou 60 meses etc.); (b) detalhando regras para o exercício do direito de preferência na compra, venda, cessão e transferência de ações e cotas de participações societárias (procedimento, prazos etc.), bem como opões de compra (*call*) e venda (*put*) nos casos que especificar (por exemplo, na maioridade de um filho, no nascimento de um neto, em casos em que a empresa ficar mais de dois exercícios sem distribuir dividendos etc.); (c) estipulando cláusulas de *tag along* ou *drag along* quando da alienação de controle societário[36]; (d) indicando diretrizes para a entrada de sócios herdeiros e/ou credores no quadro social e contemplando a metodologia de apuração e a forma de pagamento de haveres nesses casos etc.;

(iv) Organizar a gestão do patrimônio imobiliário da família que possua bens imóveis destinados a aluguéis, compra e venda etc., viabilizando tributação sobre a renda mais vantajosa[37];

(v) Regular a gestão e a utilização do patrimônio comum da família (fazendas, casas de praia, avião, embarcações etc.), estabelecendo as condições para o seu uso compartilhado, direitos, deveres e obrigações, manutenção etc.;

(vi) Simplificar o processo sucessório, evitando ou reduzindo o inventário, na medida em que, após a constituição de uma *holding*, a nua-propriedade das suas ações cotas pode ser doada aos herdeiros, com reserva de usufruto vitalício para o doador[38]. Ou seja, a *holding* pode servir como veículo de sucessão antecipada de bens, permitindo que o doador resguarde o poder político (voto e gestão) e o poder patrimonial (recebimento de lucros e dividendos) em relação aos ativos constantes do patrimônio da *holding*.

Em suma, a *holding* é uma ferramenta, corporificada em uma pessoa jurídica, que permite a seus titulares normatizar, de forma concreta e exequível,

---

[36] Essas cláusulas serão tratadas com maior detalhamento ainda nesse capítulo, e exemplos destas constam no anexo deste mesmo capítulo.

[37] Atualmente (outubro de 2022), o recebimento de aluguéis por via da pessoa jurídica (*holdings* imobiliárias) reduz a alíquota do IRPF (Imposto de Renda Pessoa Física) de 27,5% para 14%, em média. Ressalte-se que há discussões e projetos de lei propondo, por exemplo, a tributação de dividendos, o que possivelmente traria impactos na redução dessas alíquotas. Questões tributárias precisam de acompanhamento e atualização constantes.

[38] A doação da nua-propriedade de cotas ou de ações com reserva de usufruto será tratada com maior detalhamento ainda neste capítulo.

e em um único instrumento (no contrato social ou em um acordo de sócios, por exemplo), o que não seria possível (ou seria muito mais difícil e custoso) regrar e dar efetividade entre pessoas físicas.

É importante dizer que todas as cláusulas e disposições supracitadas podem estar previstas tanto nos contratos sociais das *holdings* quanto em acordos de sócios. A diferença fundamental é que, quando dispostas no contrato social, valem para todos os sócios e, quando previstas e reguladas no acordo de cotistas (*holding* Ltda.) ou acordo de acionistas (*holding* S/A), valem apenas para os signatários do acordo. Além disso, em acordos de sócios a publicidade é menor, uma vez que os acordos não precisam ser arquivados na Junta Comercial.

6.3. Tipos de *holding*

Os tipos de *holding* mais comuns, utilizados em organizações patrimoniais e planejamentos sucessórios, são:

(i) *Holding* Pura: administra participações (ações ou cotas) em uma ou mais sociedades operacionais;

(ii) *Holding* Mista: administra participações em sociedade(s) operacional(is) e tem atividade operacional própria[39];

(iii) *Holding* Imobiliária: serve para administrar bens imóveis da família, em regra, destinados à compra e venda e/ou locação; e

(iv) *Holding* Patrimonial: administra o patrimônio de uso pessoal e conjunto da família.

6.3.1. *Holding* pura e suas principais aplicações

A *holding* pura, também conhecida como *holding* de controle, é a *holding* clássica, aquela que administra e controla participações (ações ou cotas) em sociedade(s) operacional(is) e tem como função primordial comandar e fiscalizar tais empresas, de maneira unificada, definindo e orientando sua estratégia, planos, metas e políticas de gestão.

[39] Essas, em geral, não são muito recomendadas, em razão da "mistura" indesejável de atividades (titularidade de controle societário, de bens próprios e de atividade empresarial de risco) que pode facilitar a "confusão patrimonial" e a decorrente desconsideração da personalidade jurídica.

A estrutura de governança jurídica e organização patrimonial de uma família envolvendo uma *holding* pura pode também viabilizar a concentração do poder de controle em herdeiros com maior vocação empresarial, estabelecendo participações societárias com direitos distintos (ações ordinárias com direito a voto plural, ações preferenciais com direito a dividendo fixo ou mínimo etc.).

Ademais, pode-se pensar ainda na constituição de duas ou mais *holdings* puras (cujos ativos são exclusivamente ações ou cotas de sociedades operacionais) para organizar sua gestão, agrupando sociedades operacionais, controladas por uma mesma família empresária, em função de objetivos sociais distintos, tais como indústria, comércio, logística e distribuição, agronegócio, serviços etc.

Em qualquer dos casos, a *holding* pura pode ser utilizada como instrumento para antecipar e facilitar a herança aos seus herdeiros e ou cônjuge/companheiro. Nesse caso, o(a) controlador(a) e titular das cotas ou ações da(s) empresa(s) operacional(is) constitui a empresa, integraliza suas participações e doa aos seus herdeiros as cotas/ações da *holding*.

Assim como nos casos dos demais bens doados, as cotas ou ações da *holding* podem ser gravadas com cláusulas de usufruto em favor do doador (sendo transferida aos donatários apenas a nua-propriedade), e também com cláusulas de impenhorabilidade, reversão, inalienabilidade e incomunicabilidade[40].

6.3.2. *Holding* imobiliária e suas principais aplicações

A *holding* imobiliária, por vezes denominada de administradora de bens ou patrimonial, amplamente utilizada no Brasil, em geral é constituída para concentrar, unificar e facilitar a gestão do patrimônio de famílias que possuem muitos imóveis para renda (usualmente locação e compra e venda) de alto valor econômico e gestão complexa (pela quantidade e/ou qualidade dos imóveis).

Como gestora desses bens, a *holding* imobiliária pode também obter benefícios tributários em comparação com os imóveis de titularidade das pessoas físicas. Atualmente (março de 2022), o recebimento de aluguéis via pessoa jurídica (*holdings* imobiliárias) reduz a alíquota do IRPF (Imposto de Renda Pessoa Física) de 27,5% para 14%, em média.

Importante enfatizar que, seja qual for o modelo utilizado para fins de economia tributária, é fundamental a família possuir um acompanhamento legal

[40] *Vide* item neste capítulo que trata do usufruto e da nua-propriedade. *Vide* também sobre esse tema no Capítulo IV desta obra.

fiscal muito ágil e eficaz. Além de as regras tributárias mudarem constantemente no Brasil, o regime de tributação pode variar enormemente, por exemplo, se a *holding* estiver sob o regime de tributação por lucro real ou presumido.

Em geral, o lucro real é mais benéfico para períodos nos quais os imóveis da *holding* precisarão contar com muitos investimentos (reformas, *retrofit* ou revitalização de construções antigas etc.). Já o lucro presumido tende a ser favorável nos períodos em que a *holding* essencialmente recebe aluguéis e não faz grandes investimentos na manutenção dos imóveis dos quais é titular.

Ademais, se a *holding* imobiliária tiver como objeto, além da gestão de aluguéis, a compra e venda de imóveis, é importante atentar para a discriminação dos bens imóveis no balanço social da empresa (se os imóveis constam do ativo fixo ou circulante da empresa). Um imóvel que consta como ativo fixo ou imobilizado (ou seja, que em regra será locado), se for vendido pela *holding*, poderá ter uma incidência de imposto de até 34% sobre o valor da sua venda. Por outro lado, se constar no ativo circulante (imóvel que está à venda), a tributação pode cair para menos de 7% do valor de sua venda[41].

Finalmente, a *holding* imobiliária também pode ser constituída com o objetivo de antecipação de herança. Nesse caso, o titular do patrimônio constitui a *holding*, transfere para ela todos os imóveis que pretende transferir aos seus herdeiros e doa as cotas da empresa formada, em geral com reserva de usufruto vitalício, mantendo a gestão e o poder de voto (direitos políticos) e os direitos patrimoniais (recebimentos de lucros). Essas cotas também podem ser gravadas com as cláusulas de reversão, incomunicabilidade, impenhorabilidade e inalienabilidade[42].

6.3.3. *Holding* patrimonial e suas principais aplicações

Também muito utilizada no Brasil, e por nós denominada de *holding* patrimonial, é a empresa que tem como finalidade regrar a administração e o uso comum de patrimônio de titularidade da família, sejam bens imóveis

---

[41] Lembrando que na venda de imóvel de titularidade de pessoa física incide o ganho de capital (tabela de alíquotas para valores distintos de venda que varia de 15 a 22%) sobre a diferença entre o valor de aquisição e o valor da venda. Assista no canal do YouTube GEEF – Grupo de Estudos de Empresas Familiares ao vídeo: Papo reto 3 – Principais Tributos incidentes em Planejamentos Sucessórios e Organizações Patrimoniais. Convidado: Daniel Zugman. Moderação: Roberta Nioac Prado – coordenadora do GEEF. Disponível em: https://www.youtube.com/watch?v=2VBKFhD3SP4&t=2906s.

[42] *Vide* também sobre esse tema no Capítulo IV desta obra.

(fazendas, casas de praia etc.), sejam bens móveis (barcos, aeronaves, acervo de obras de arte etc.).

Nessas situações, a *holding* também pode ser constituída com o intuito de, além de facilitar a gestão e regrar o uso compartilhado, evitar o condomínio imobiliário que, como é sabido, é de difícil administração, uma vez que, entre outros engessamentos, demanda unanimidade para quase todos os atos de gestão (especialmente de alienação).

Também a *holding* patrimonial pode ser constituída com o objetivo de antecipar e facilitar a herança aos seus herdeiros e cônjuge. Nesse caso, o detentor do patrimônio constitui a *holding*, transfere para ela todos os seus bens e direitos e doa aos seus herdeiros as cotas da empresa formada.

Ademais, da mesma forma como nas demais *holdings*, as cotas, por sua vez, podem ser gravadas com cláusulas de usufruto em favor do doador (sendo transferida aos donatários apenas a nua-propriedade), e também com cláusulas de impenhorabilidade, reversão, inalienabilidade e incomunicabilidade[43].

6.4. Como escolher a *holding*?

Como dito no início deste capítulo, quando pensamos em criar uma *holding* para fins de organização patrimonial e planejamento sucessório, o primeiro passo é determinar qual será o patrimônio objeto do planejamento: ativos financeiros, bens imóveis, cotas e ações de empresas, obras de arte, embarcações, aviões etc.

Uma vez definido esse ponto, é importante agrupar os diferentes ativos em razão de sua natureza e localização: ativos financeiros demandam estruturas distintas de ativos imobiliários. Ativos imobiliários no Brasil também demandam diferentes estruturas de ativos imobiliários localizados no exterior, e assim por diante. Nesse aspecto, a tributação em cada caso é extremamente diferente e a correta avaliação da estrutura pode proporcionar economias tributárias significativas.

Por exemplo, se o objeto da organização patrimonial e/ou do planejamento sucessório for patrimônio imobiliário localizado no Brasil para uso pessoal e/ou da família, a sugestão será a constituição de uma *holding* patrimonial com regras de governança, gestão e utilização desse(s) bem(ns).

---

[43] *Vide* também sobre esse tema no Capítulo IV desta obra.

Por outro lado, se o patrimônio imobiliário estiver localizado no Brasil, mas for destinado para compra, venda e aluguel, uma *holding* imobiliária, mais cuidadosamente gerida em atenção à legislação tributária e contábil, com regras de governança, gestão (manutenção e atualização constante dos imóveis) e distribuição e reinvestimento dos lucros, possivelmente será mais adequada.

Tratando-se de empresa(s) operacional(is) sediada(s) no Brasil, em princípio, será o caso de se considerar uma *holding* pura, com regras de exercício de direito de voto, políticas e estratégia de gestão empresarial etc.

Se estivermos considerando, para fins de organização patrimonial e planejamento sucessório, aplicações financeiras no Brasil, provavelmente será o caso de se constituir um FIM – fundo múltiplo de investimentos – exclusivo e fechado (constituído apenas para uma pessoa, casal ou família).

Se estivermos tratando de patrimônio imobiliário ou de aplicações financeiras localizados no exterior, será necessário um estudo específico e aprofundado da legislação na qual os imóveis, bens e outros ativos se encontram, para que se constitua uma *offshore* com regras adequadas para gestão, tributação e sucessão desse bem, em consonância com as regras de direito sucessório e de família vigentes no Brasil[44].

É fundamental também pensar e definir qual será a melhor forma de organizar o patrimônio pensando na sua gestão presente e futura. Um planejamento deve ter alinhamento entre os envolvidos e flexibilidade estratégica ao longo do tempo.

Nesse sentido, devemos avaliar os custos e benefícios de cada um dos demais instrumentos jurídicos possíveis no planejamento em combinação com a(s) estrutura(s) de *holding(s)*: testamentos, acordos de sócios, doações de nua-propriedade e reserva de usufruto etc. Finamente, é importante levar em conta o nível de proteção de ativos desejado[45].

---

[44] Podendo ainda se considerar, dependendo de inúmeras variáveis, os *Trusts* ou as Fundações internacionais. Sobre o assunto, *vide* vários artigos do livro: ZUGMAN, Daniel; BASTOS, Frederico; VILELA, Renato (coord.). *Planejamento patrimonial e sucessório*. Controvérsias e aspectos práticos. São Paulo: Dialética, 2021.

[45] Além disso, também conforme ressaltado no início deste capítulo, deve-se considerar (a) as características e necessidades da família e de seus membros: suas aptidões, desejos, lacunas etc. em atenção às boas práticas de governança e ao alinhamento estratégico da família (regras e princípios de Governança Familiar e Alinhamento Estratégico da Família – Capítulos I e II); (b) se o planejamento envolver empresas familiares, é fundamental considerar a estrutura de governança corporativa da empresa ou do grupo empresarial (Capítulo III); (c) em havendo herdeiros necessários, considerar sempre o que será doado, com ou sem

Assim como em todas as ciências humanas, são inúmeras as combinações de instrumentos em estruturas de organização patrimonial e planejamento sucessório, e não existe uma única estrutura que sirva, que seja "a melhor" para todas as famílias: boas soluções variam, não só no caso a caso, mas também no tempo, e em consideração às necessidades e possibilidades circunstanciais e temporais de cada família.

6.5. A escolha do tipo societário da *holding*

A maioria das *holdings* imobiliárias e patrimoniais é constituída sob a forma de sociedade Ltda. empresária. Além de ser o tipo societário mais comum e mais utilizado no país, em geral atende a contento as necessidades da família.

As *holdings* puras, cujo objeto social é participar e controlar empresas operacionais, também são preferencialmente constituídas sob a forma de sociedade Ltda. empresária. Porém, algumas vezes, notadamente quando são controladoras de empresas de grande porte, por exemplo, companhias com ações negociadas em Bolsa, ou sociedades com grande número de herdeiros, com participações e interesses muito distintos, pode ser mais indicado que sejam constituídas na forma de S/A fechada, tendo em vista sua maior segurança jurídica e facilidade de criação de tipos diferentes de ações (ordinárias, preferenciais, de classes distintas etc.) regrando interesses societários distintos.

Algumas famílias optam por constituir suas *holdings* patrimoniais como sociedade Ltda. simples, registradas no Registro Civil de Pessoas Jurídicas. Embora tenham um custo um pouco mais alto do que as Ltda. empresárias, registradas em Junta Comercial, alguns entendem que a maior privacidade conferida a tais tipos societários traz um benefício considerável.

Finalmente, algumas pessoas que, por exemplo, não têm herdeiros necessários, ou não querem incluir seus cônjuges, companheiros e/ou filhos menores na estrutura societária da *holding*, mas querem obter benefícios fiscais ou restringir sua responsabilidade pessoal, optam por constituir suas *holdings* como Sociedade Limitada Unipessoal (SLU).

---

reserva de usufruto, ou legado em testamento, levando em consideração a legítima e a disponível (Capítulo IV).

6.5.1. Cláusulas relevantes no contrato social de uma *holding*

Além das cláusulas obrigatórias nos contratos sociais[46], algumas outras cláusulas são recomendadas.

De maneira resumida, em se tratando de *holdings* constituídas sob a forma de sociedades Ltda., que, como dito, são a grande maioria no Brasil, e notadamente após a entrada em vigor do Código Civil de 2002, propomos sempre a previsão expressa em cláusula[47]:

(a) da aplicação supletiva da Lei das S/A na interpretação e lacunas do contrato social (maior segurança jurídica);

(b) do nome do(s) sócio(s) administrador(es), seus poderes e, na sua falta, quem assume automaticamente em seu lugar;

(c) da forma de convocação de reuniões de sócios (em sociedade com poucos sócios pode até ser por e-mail com aviso de recebimento);

(d) de quóruns específicos para deliberações importantes (compra e alienação de ativos acima de determinado valor, alavancagem, fusão, cisão e incorporação, mudança do objeto social etc.);

(e) da possibilidade de distribuição desproporcional dos lucros a ser deliberada em reunião de sócios;

(f) do direito de preferência na compra e venda de participações;

(g) da possibilidade de exclusão por justa causa e o procedimento para tal;

(h) da possibilidade da entrada de novos sócios (cônjuges, companheiros, credores etc.) somente mediante a aprovação por unanimidade dos sócios remanescentes;

(i) da metodologia de avaliação da sociedade (Patrimônio Líquido – PL, Valor Econômico, combinação de metodologias etc.) no caso de herdeiros, cônjuges, viúvos e credores não serem automaticamente recepcionados como sócios;

---

[46] Na sociedade limitada, por exemplo: nome e qualificação completa do sócios, firma ou denominação e objeto social, sede e prazo da sociedade; capital da sociedade (expresso em moeda corrente, podendo compreender qualquer espécie de bens, suscetíveis de avaliação pecuniária); a cota de cada sócio no capital social, e o modo de realizá-la (forma de integralização); a(s) pessoa(s) naturais(l) a quem compete(m) a administração da sociedade, bem como seus poderes e atribuições; e se os sócios respondem, ou não, subsidiariamente, pelas obrigações sociais (em geral, em uma sociedade limitada não devem responder).

[47] Os documentos constantes no anexo deste capítulo contêm cláusulas exemplificativas nesse sentido.

(j) da forma de pagamento dos haveres (se é a sociedade que vai adquirir a participação com seu caixa, para ficar em tesouraria, ou os sócios remanescentes pessoal e/ou proporcionalmente), se o pagamento é feito em bens ou em dinheiro, se à vista, parcelado etc.).

As cláusulas (i) e (j) são muito relevantes, na medida em que, no silêncio do contrato, o Código de Processo Civil determina que a apuração do valor seja feita em balanço especialmente levantado[48], simulando uma dissolução total da sociedade.

Em uma *holding* imobiliária ou patrimonial, o valor do patrimônio líquido pode ser muito elevado (nesse sentido, se poderia prever, por exemplo, que o pagamento ao ex-cônjuge será feito com base no PL à época da separação, sem trazer a valor de mercado, à época do levantamento do balanço, o valor de cada bem, uma vez que os imóveis tendem a valorizar-se muito no tempo). Por outro lado, em uma empresa com PL baixo (poucos ativos), mas que gera muito caixa (empresas de tecnologia, por exemplo), o valor patrimonial pode ser muito inferior ao seu valor real de mercado (nesse caso, por exemplo, poderia ser previsto que o pagamento dos haveres aos filhos, ao viúvo ou à viúva, seja feito com base em avaliação pelo valor econômico), que, nessa situação, seria uma avaliação mais justa[49].

Prever tais situações (metodologia de avaliação e pagamento de haveres) em contratos sociais de *holdings*, ou em acordos de sócios, é bastante interessante, na medida em que propicia que fujamos das incertezas da configuração das hipóteses legais de retirada dos sócios, em especial na dissolução parcial e na exclusão de sócio, bem como possibilita estabelecer critérios mais claros para

[48] Conforme o art. 606 do CPC: "Em caso de omissão do contrato social, o juiz definirá, como critério de apuração de haveres, o valor patrimonial apurado em balanço de determinação, tomando-se por referência a data da resolução e avaliando-se bens e direitos do ativo, tangíveis e intangíveis, a preço de saída, além do passivo também a ser apurado de igual forma". Vale dizer, todos os ativos e passivos da empresa devem ser avaliados a valor de mercado para, em seguida, subtrair-se do valor do ativo o passivo social. Além disso, o valor apurado deve ser pago em 90 dias (art. 1.031, § 2º, do CC).

[49] Sobre o tema, assista no canal do YouTube GEEF – Grupo de Estudos de Empresas Familiares ao vídeo: Mesa redonda 23 – *Valuation* em Empresas Familiares. Convidados: Antonio Reis, Fernando Gentil Monteiro e João Pedro Nascimbeni. Mediação: Roberta Nioac Prado – coordenadora do GEEF. Disponível em: https://youtu.be/Pcc2-cpZoGA. Veja também: Mesa redonda 25 – M&A e Novos Negócios: *Valuation* e questões jurídicas no âmbito de EF. Convidados: Ana Lúcia Arduin, Christian Callas e Marcelo Rodrigues. Mediação: Roberta Nioac Prado – coordenadora do GEEF. Disponível em: https://www.youtube.com/watch?v=LLe5j_VILAQ&t=4s; e ainda: Mesa redonda 22 – Fundo Legar de Liquidez. Convidados: Christian Callas, Marcelo Rodrigues e Marco Fernandes. Mediação: Roberta Nioac Prado – coordenadora do GEEF. Disponível em: https://youtu.be/95fBHsHvEL0.

apuração do valor a ser pago aos sócios retirantes e da forma de pagamento, inclusive em divórcios e sucessões.

Ademais, em qualquer situação, a empresa pagar os haveres em dinheiro, em até 90 dias, parece não ser oportuno para o negócio.

Exemplos Gráficos de Estruturas de *Holdings* Imobiliária, Patrimonial e Pura

Holding Pura e *Holding* Imobiliária - Modelo Básico - Exemplos Gráficos

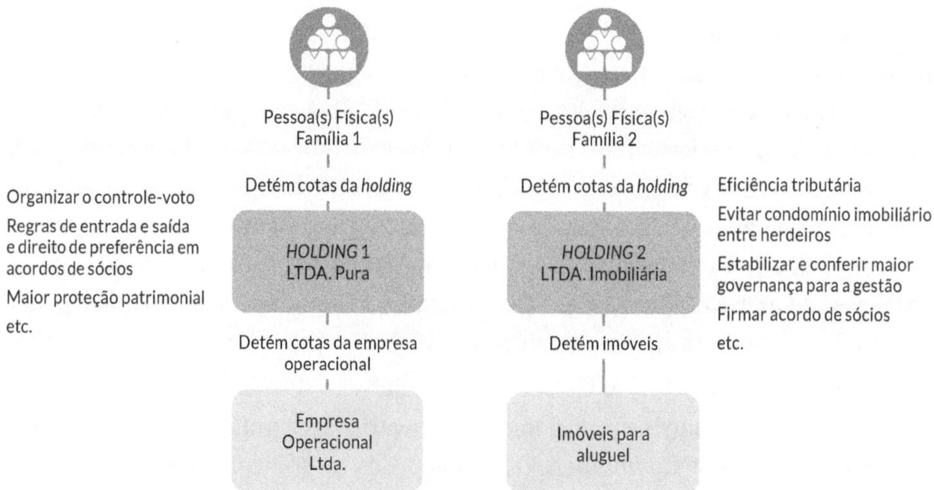

Holdings Operacionais e *Holdings* Patrimoniais - Exemplo Gráfico

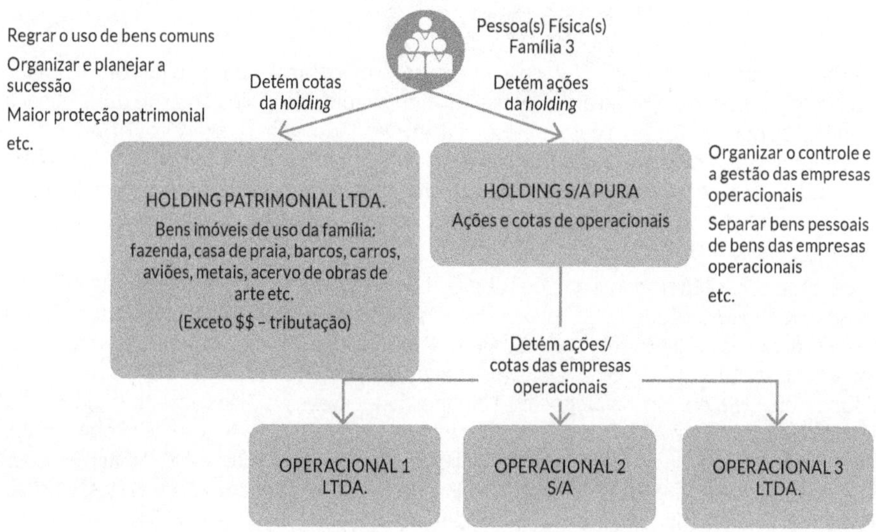

ESTRUTURAS SUCESSÃO, DE PROTEÇÃO E GOVERNANÇA - ATIVOS DISTINTOS
***Holdings* Operacionais, *Holdings* Patrimoniais e Fundos de Investimentos - Exemplo Gráfico**

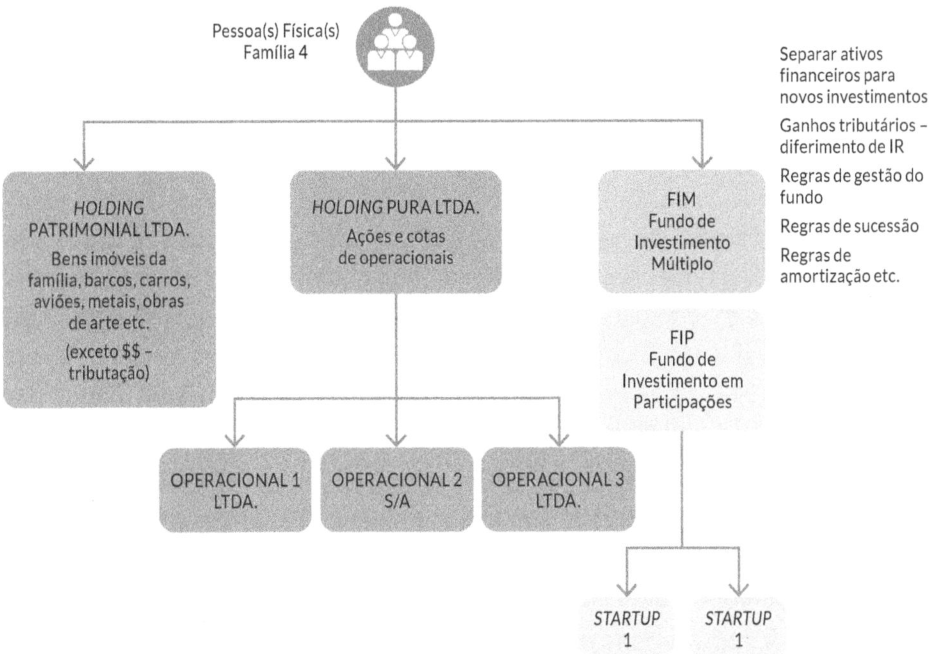

6.6. Bem de família e *holding* patrimonial - proteção contra credores

O bem de família legal, ou obrigatório, está previsto na Lei n. 8.009/90.

É o imóvel utilizado como residência da entidade familiar, decorrente de casamento, união estável, entidade monoparental ou qualquer organização familiar protegida por previsão legal específica.

O objetivo do bem de família, que torna o imóvel onde a família vive domicílio impenhorável e inalienável enquanto forem vivos os cônjuges/companheiros ou até que os filhos completem sua maioridade, é proteger a habitação da família, considerada pela nossa Constituição como base da sociedade. Ainda, de acordo com a Súmula 364 do STJ, tal conceito se estende para atingir o imóvel onde reside pessoa solteira, separada ou viúva.

O bem de família, voluntário ou convencional, está disciplinado no Código Civil (arts. 1.711 a 1.722). Pode ser instituído pelos cônjuges, pela entidade familiar ou por terceiro, mediante escritura pública ou testamento, e gravado na matrícula do imóvel, desde que não ultrapasse um terço do patrimônio líquido das pessoas que fazem a instituição. Esse limite existe para proteger eventuais credores.

A modalidade voluntária do bem de família pode ser relevante quando houver mais de um bem residencial familiar e a família quiser esclarecer qual bem deseja instituir como bem de família, conferindo-lhe o benefício da impenhorabilidade por dívidas posteriores a tal instituição.

Para o estabelecimento de bem de família de forma voluntária, é necessário que alguns requisitos sejam observados: (i) a instituição deve ser feita de boa-fé, ou seja, o instituidor do bem de família tem que provar que naquele momento está solvente e sem dívidas; (ii) ao tempo da instituição do bem de família, o imóvel deve estar livre e desembaraçado de quaisquer ônus; (iii) o valor do imóvel a ser registrado como bem de família não pode ultrapassar 1/3 do patrimônio líquido da família existente quando da sua instituição e o(s) instituinte(s) deve declarar expressamente que o patrimônio afetado como bem de família não ultrapassa o valor do limite permitido por lei.

Sempre que a escolha voluntária for realizada nesse contexto e observando tais requisitos, ela deve prevalecer sobre a determinação legal.

Outrossim, caso o imóvel residencial da família seja integralizado em *holding* patrimonial, perderá sua caracterização de bem de família.

Dessa forma, a decisão de escolher um dos imóveis residenciais da família como bem de família voluntário, ou de integralizá-lo em uma *holding* patrimonial, deve levar em conta, primeiramente, a capacidade financeira da família e seus objetivos. Uma família com uma única propriedade não tem necessidade de gastar dinheiro para instituir o bem de família voluntário, pois, com o bem de família legal, sua residência já tem a impenhorabilidade garantida automaticamente. Já a família com uma quantidade maior de imóveis poderá se beneficiar tanto da escolha de um imóvel de maior valor como bem de família quanto da criação de uma *holding* patrimonial, pelos motivos já comentados.

7. Doação da nua-propriedade e reserva de usufruto[50]

Como já dito no Capítulo IV, o direito de propriedade tem quatro atributos: uso, gozo ou fruição, disposição e o direito de reivindicar o bem de quem injustamente o detenha (art. 1.228 do CC).

---

[50] Sobre o assunto, *vide* no canal do YouTube GEEF – Grupo de Estudos de Empresas Familiares o vídeo: Usufruto de Cotas de Holding. Planejamento Sucessório. Disponível em: https://www.youtube.com/watch?v=lcfprjuTUW4&feature=youtu.be.

Ademais, os direitos de usar, gozar/fruir e dispor podem estar concentrados nas mãos de um único proprietário, ou cindidos nas mãos de duas ou mais pessoas, nas figuras jurídicas denominadas de usufruto e nua-propriedade, modalidade de doação comumente utilizada em antecipações sucessórias, quando um pai/mãe doa a nua-propriedade de um imóvel ao filho e reserva o usufruto vitalício para si: o direito a posse, uso, administração e percepção dos frutos (conforme o art. 1.394 do CC).

Conforme mencionado anteriormente, essa modalidade de doação tem uma série de vantagens, além de permitir ao doador a manutenção da gestão e fruição do patrimônio doado: evitar o inventário (nos termos do art. 1.410, I, do CC, com a morte do usufrutuário, o usufruto se extingue[51]), antecipar o pagamento de custas e despesas processuais, inclusive com advogados, desonerando os herdeiros e garantindo a alíquota de Imposto de Transmissão *Causa Mortis* e Doação (ITCMD) da época da doação, podendo também mitigar eventuais brigas entre herdeiros, uma vez que no seu falecimento seus bens, ou parte deles, já estarão divididos.

Nesse sentido, é possível, por exemplo, via uma *holding*, doar a nua-propriedade de um imóvel residencial para um dos filhos e a casa de praia para o outro, imaginando-se que os imóveis tenham valores semelhantes e que tal doação não irá ferir o direito de legítima de nenhum dos herdeiros necessários[52].

Em muitos casos, essa espécie de doação tem o benefício de permitir uma transição mais gradual entre gerações, inserindo, paulatinamente, os herdeiros e legatários na realidade patrimonial do(s) doador(es). Por exemplo, o pai pode iniciar o processo doando a nua-propriedade do bem ao(s) filho(s) e reservando a totalidade do usufruto para si, para, em momentos posteriores, fazer novas doações de parcelas do usufruto (30% do direito patrimonial e 10% do direito de voto), e assim sucessivamente.

Porém, ao doar a nua-propriedade de um imóvel, o doador (por exemplo, o pai) tem a desvantagem de perder a prerrogativa de aliená-lo sem a anuência

---

[51] Código Civil: "Art. 1.410. O usufruto extingue-se (...) I – pela renúncia ou morte do usufrutuário; [sucessão sem inventário] II – pelo termo de sua duração; III – pela extinção da pessoa jurídica, em favor de quem o usufruto foi constituído, ou, se ela perdurar, pelo decurso de trinta anos da data em que se começou a exercer; IV – pela cessação do motivo de que se origina; V – pela destruição da coisa (...)".

[52] Var Capítulo IV desta obra, na parte que trata de legítima, disponível e herdeiros necessários.

expressa do nu-proprietário (por exemplo, o filho), uma vez que a doação é ato bilateral, que só pode ser revogado nas hipóteses taxativamente previstas no Código Civil[53], diferentemente do testamento, que, sendo ato unilateral do testador, pode ser por ele revogado a qualquer tempo e sem a necessidade de justificativas e anuências.

7.1. Doação de nua-propriedade de cotas ou ações de *holdings* – O "pulo do gato"

A doação de nua-propriedade de cotas ou ações de *holding* é uma alternativa para o doador permanecer na gestão dos bens, podendo, inclusive, aliená-los sem necessidade de autorização do donatário (o nu-proprietário)[54].

Por exemplo, ao conferir bens, imóveis, cotas ou ações de sociedades operacionais ao capital de uma *holding* e, subsequentemente, doar somente a nua-propriedade das cotas ou das ações dessa *holding*, com reserva de usufruto, os doadores mantêm a prerrogativa de alienar os bens que compõem seus ativos, na qualidade de administrador societário[55].

Ou seja, o doador reserva para si não apenas o usufruto patrimonial (por exemplo, receber os dividendos distribuídos pela empresa ou os montantes auferidos com os aluguéis dos imóveis), mas também o usufruto político: o direito de votar com as cotas ou ações da *holding*, se autoelegendo seu administrador, com amplos poderes de gestão e, inclusive, de alienação dos bens do ativo daquela *holding*.

---

[53] Código Civil: "Art. 555. A doação pode ser revogada por ingratidão do donatário, ou por inexecução do encargo. (...) Art. 557. Podem ser revogadas por ingratidão as doações: I – se o donatário atentou contra a vida do doador ou cometeu crime de homicídio doloso contra ele; II – se cometeu contra ele ofensa física; III – se o injuriou gravemente ou o caluniou; IV – se, podendo ministrá-los, recusou ao doador os alimentos de que este necessitava". Além disso, por ser a revogação uma medida "excepcional", tem que ser pedida judicialmente e deve ser cabalmente provada: o que pode ser difícil (inclusive emocionalmente), caro e demorado.

[54] Sobre o tema, *vide*: PRADO, Roberta Nioac. Sociedade *holding* e doação de ações e de cotas com reserva de usufruto. *In*: PRADO, Roberta Nioac; PEIXOTO, Daniel Monteiro; DE SANTI, Eurico Marcos Diniz (coord.). *Estratégias societárias, planejamento tributário e sucessório*. São Paulo: Saraiva, 2009. p. 239-257. (Série GVlaw)

[55] Sobre o assunto, *vide* no canal do YouTube GEEF – Grupo de Estudos de Empresas Familiares o vídeo: Usufruto de Cotas de Holding. Planejamento Sucessório. Disponível em: https://www.youtube.com/watch?v=lcfprjuTUW4&feature=youtu.be.

7.2. Incomunicabilidade, impenhorabilidade e inalienabilidade

A doação da nua-propriedade de ações ou cotas de *holdings*, com reserva de usufruto, também pode ser feita com as cláusulas de incomunicabilidade, impenhorabilidade e inalienabilidade, inclusive de seus frutos e rendimentos, lembrando sempre das regras de legítima quanto ao montante da doação e o estabelecimento de cláusulas restritivas[56].

Pode também conter cláusula de reversão, já tratada no Capítulo IV, que é aquela que estabelece que o bem doado retorne ao patrimônio do doador em caso de falecimento precoce do donatário[57]. Acontecendo essa situação (tão indesejável), o patrimônio doado retorna ao doador, que pode dispor e novamente direcioná-lo.

7.3. Cláusulas relevantes no instrumento de doação de nua-propriedade com reserva de usufruto

1) Caso o usufruto das cotas ou ações de uma *holding* pura, imobiliária ou patrimonial seja reservado para um casal, e a nua-propriedade seja doada a um ou mais filhos, é importante fazer constar no instrumento de doação que, no falecimento de um dos titulares do usufruto, esse direito se consolida no usufrutuário sobrevivente (artigo 1.411 do CC): "Art. 1.411. Constituído o usufruto em favor de duas ou mais pessoas, extinguir-se-á a parte em relação a cada uma das que falecerem, salvo se, por estipulação expressa, o quinhão desses couber ao sobrevivente";
2) Caso a doação seja da nua-propriedade de ações, ou de cotas de *holding*, deve haver cláusula específica reservando o poder político de voto na *holding* aos usufrutuários, sob pena de futuramente haver questionamentos quanto a tal direito, com fundamento no art. 114 da Lei das S/A, que diz que "O direito de voto da ação gravada com usufruto, se não for regulado no ato de constituição do gravame, somente poderá ser exercido mediante prévio acordo entre o proprietário e o usufrutuário";
3) Importante prever cláusula de reversão, evitando que, no caso de falecimento precoce do donatário (em geral o nu-proprietário), as

[56] *Vide* o Capítulo IV desta obra, que trata da doação e do testamento.

[57] Art. 547 do Código Civil.

cotas da *holding* sejam partilhadas com seus cônjuges ou companheiros (viúvos, herdeiros necessários);

4) Finalmente, sugerimos cláusula de incomunicabilidade, inclusive dos frutos e rendimentos, a fim de evitar que os bens doados exclusivamente aos filhos se comuniquem com o cônjuge ou companheiro no regime de comunhão parcial de bens (conforme dispõe o art. 1.660, I e V, do CC)[58].

Exemplos Gráficos de Doação de Nua-Propriedade com Reserva de Usufruto de Ações e Cotas de *Holdings*

Holding Patrimonial - Doação de Nua-Propriedade de Cotas com Reserva de Usufruto - Exemplo Gráfico

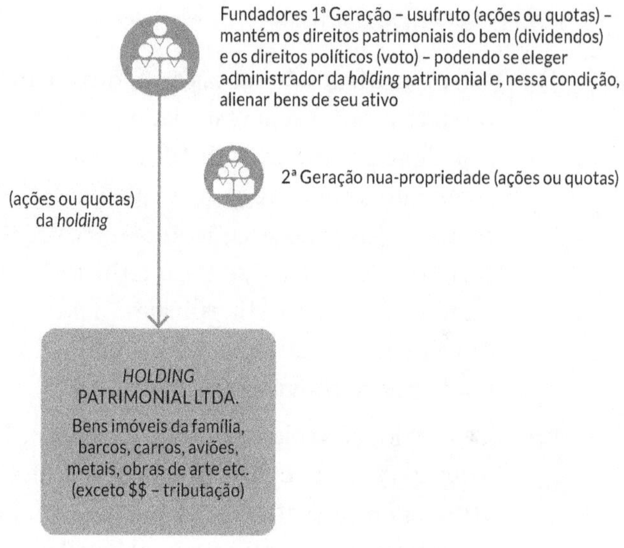

[58] "Art. 1.660. Entram na comunhão: (...) IV - as benfeitorias em bens particulares de cada cônjuge; V - os frutos dos bens comuns, ou dos particulares de cada cônjuge, percebidos na constância do casamento, ou pendentes ao tempo de cessar a comunhão."

Holding Operacional (controle de 1 ou mais empresas)
Doação de Nua-Propriedade de Cotas com Reserva de Usufruto - Exemplo Gráfico

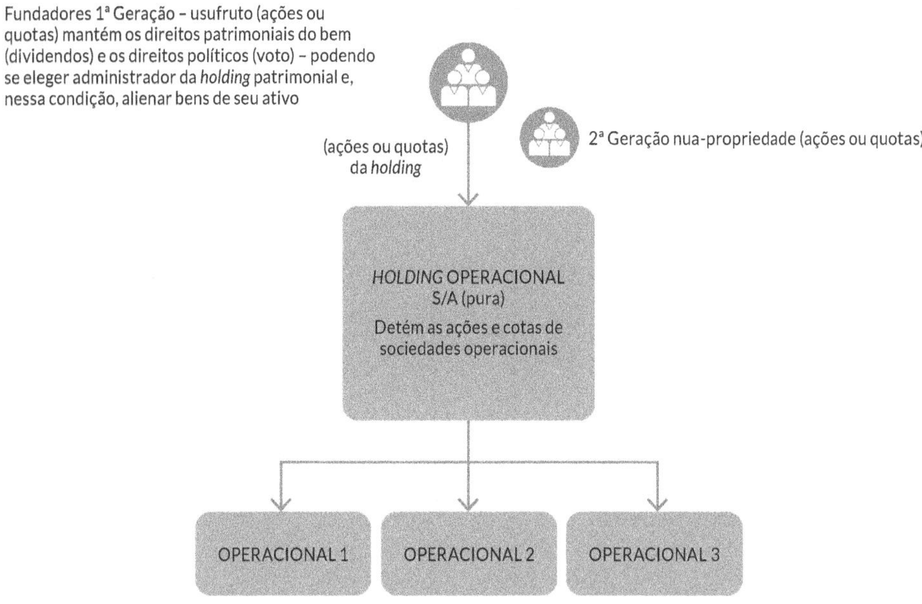

8. Acordos de sócios[59] no âmbito de sociedades *holdings*

8.1. Previsão legal

Os acordos de acionistas têm sua previsão legal no art. 118 da Lei n. 6.404/76 (Lei das S/A), que assim dispõe: "Os acordos de acionistas, sobre a compra e venda de suas ações, preferência para adquiri-las, exercício do direito a voto, ou do poder de controle deverão ser observados pela companhia quando arquivados na sua sede. (...)".

Embora estejam previstos na Lei das S/A, essa espécie de contrato pode também ser utilizada em sociedades Ltda., com a denominação de "Acordo de Cotistas". Isso desde que esteja previsto no contrato social que a sociedade limitada é regida subsidiariamente pela Lei das S/A (art. 1.053, parágrafo único, do CC).

[59] Sobre o assunto, *vide* no canal do YouTube GEEF - Grupo de Estudos de Empresas Familiares o vídeo: Acordo de Sócios: Cotistas e Acionistas. Disponível em: https://www.youtube.com/watch?v=Q7bHtZFxhzE. Assista também: Mesa redonda 19 - Voto individual e voto em bloco na Empresa Familiar? Qual a melhor governança? Convidados: Emerson Drigo da Silva, Lia Roston e Marcia Setti. Moderação: Roberta Nioac Prado - coordenadora do GEEF. Disponível em: https://youtu.be/3UPRVDL4xVY.

Podem ser utilizados em empresas operacionais (Ltda. ou S/A) ou em sociedades *holdings* (Ltda. ou S/A).

O acordo de sócios tem como principal função regular[60]: (i) o exercício conjunto do direito de voto; (ii) as reuniões prévias; (iii) quóruns qualificados para determinadas matérias; (iv) regras de direto de preferência na alienação de participações societárias; (v) formas de saída da empresa e liquidez, tais como *Call/Put, Look Back Provision, Tag Along* e *Drag Along*; (vi) modalidades de solução de impasses e controvérsias, tais como *Buy or Sell, Shot Gun* ou Cláusula Texana; (vii) soluções por meio de mediação e arbitragem; (viii) eleição de foro para determinadas matérias etc.

A seguir trataremos de algumas dessas cláusulas.

8.2. Algumas cláusulas relevantes em acordos de sócios

Neste item cuidaremos de cláusulas prevendo e regulando formas de saída da empresa, por exemplo, para dar liquidez aos sócios, bem como de modalidades de solução de impasses e controvérsias.

Pela própria denominação de algumas dessas cláusulas – *call/put, look back provision, tag along, drag along, buy or sell* e *shot gun* –, constatamos que se trata de preceitos importados do Direito estrangeiro (notadamente dos Estados Unidos), originalmente utilizados no contexto de operações de controle societário, M&A[61] ou formação de *joint ventures*[62].

Atualmente, porém, podem, e de fato são, ser muito utilizadas em contextos de organização patrimonial e planejamento sucessório. Como exemplo, podemos citar um caso no qual o patriarca/matriarca queira garantir que seus herdeiros tenham a possibilidade de, em determinadas situações, reconcentrar poder de controle na sociedade, vender sua participação para investir em outros negócios, ou mesmo transacionar suas cotas ou ações em situações de impasse, preservando os interesses da empresa, sua continuidade e estabilidade.

---

[60] Os documentos constantes no anexo deste capítulo contêm cláusulas exemplificativas nesse sentido.

[61] *Mergers and acquisitions*, ou fusões e aquisições.

[62] *Joint Venture* é um termo econômico comumente utilizado para designar a cooperação econômica ou estrutural entre duas ou mais empresas, em geral por um tempo limitado, e sem que cada uma delas perca sua identidade própria. Nesse sentido, cláusulas de saída, liquidez e solução de impasses se mostravam fundamentais.

Essas matérias, outrossim, não possuem previsão legal expressa específica no Brasil[63] e, portanto, para serem válidas, devem observar as balizas do ordenamento jurídico, fundamentalmente a boa-fé objetiva aos fins econômicos e sociais do Direito que norteia a autonomia privada, a vontade livre das partes para contratar e regrar seus interesses particulares com terceiros, em igualdade de condições[64], sem privilégios ou favorecimentos e sem padecer de defeito nos seus elementos constitutivos, tais como erro, dolo, coação ou fraude.

Além disso, na prática, tais disposições devem conter, no mínimo: (i) a definição clara e manifesta dos eventos nos quais elas podem ser invocadas; (ii) o critério detalhado da forma de avaliação da participação societária, de modo justo e economicamente eficiente, em cada caso concreto; e (iii) a forma e as condições de pagamento do preço.

Para reforçar a eficácia das disposições, sugere-se também a previsão de cláusulas penais para os casos de inadimplemento contratual, tais como multas e indenizações por perdas e danos.

Vejamos cada uma delas.

8.2.1. *Call option* - Opção de compra

Traduzida para o português, a *call option* é uma cláusula que regula uma "opção de compra". É o direito de alguém de comprar, vinculado à obrigação de outrem de vender, determinada coisa.

---

[63] Embora seja de se ressaltar que a própria lei societária, de maneira superficial, reconhece a importância de meios de resolução de impasses, por exemplo, em situações de empate: no Código Civil, art. 1.010: "Quando, por lei ou pelo contrato social, competir aos sócios decidir sobre os negócios da sociedade, as deliberações serão tomadas por maioria de votos, contados segundo o valor das cotas de cada um. (...) § 2° Prevalece a decisão sufragada por maior número de sócios no caso de empate, e, se este persistir, decidirá o juiz". E, na Lei das S/A, art. 129: "As deliberações da assembleia geral, ressalvadas as exceções previstas em lei, serão tomadas por maioria absoluta de votos, não se computando os votos em branco. § 2° No caso de empate, se o estatuto não estabelecer procedimento de arbitragem e não contiver norma diversa, a assembleia será convocada, com intervalo mínimo de 2 (dois) meses, para votar a deliberação; se permanecer o empate e os acionistas não concordarem em cometer a decisão a um terceiro, caberá ao Poder Judiciário decidir, no interesse da companhia".

[64] Outrossim, alguns problemas concretos podem surgir em relação a tais cláusulas, e impactar na formação do preço, tornando o negócio desequilibrado ou até mesmo ilegítimo, dentre os quais: (i) assimetria de informação entre as partes; (ii) capacidade financeira dos indivíduos muito diversa; (iii) capacidade de gestão e de conhecimento do negócio muito díspar entre os envolvidos.

A *call option* pode ser prevista em um acordo de sócios a fim de regular a compra e venda, e a transferência de ações ou de cotas entre seus signatários.

Em resumo, tem por objetivo assegurar a um sócio (em geral, é um direito atribuído a sócios controladores a fim de reforçar seu controle) o direito de comprar a participação, total ou parcial, de outro sócio, em determinadas circunstâncias específicas, e na forma contratada. Por exemplo, "em cinco anos a contar da data da assinatura desse instrumento (ou a partir da maioridade do sócio X, do nascimento do primeiro filho do sócio Y etc.), o sócio 'A' tem o direito de, manifestando-se por escrito conforme estabelecido nas cláusulas (...), comprar a participação do sócio 'B', que fica obrigado a vender, conforme o preço e as condições de pagamento previamente ajustados". Ou, ainda, em hipóteses tais como se houver a fusão ou a abertura de capital da empresa ou, se e quando, o seu faturamento atingir determinado patamar.

Pode, ainda, ser contratada na forma denominada no mercado de americana (exercida a qualquer momento até a data do vencimento ou da ocorrência do evento) ou europeia (que só pode ser exercida no vencimento).

O importante, como dito, é definir o preço (ou a forma e os critérios de avaliação da participação) a ser pago pelo adquirente das ações ou cotas, de modo preciso, seja com base em uma avaliação específica em data predeterminada, ou variar de acordo com a média de valores de mercado e/ou de duas ou mais avaliações (por exemplo, o valor do patrimônio líquido contábil ou o fluxo de caixa descontado (valor econômico), ou uma combinação das duas avaliações).

O acordo de sócios pode, ainda, estabelecer que a avaliação seja feita por um profissional ou empresa determinada e, nesse caso, determinar que o valor apurado será vinculante para todos.

Finalmente, recomenda-se estipular que, caso a opção seja exercida, e o sócio obrigado a vender sua participação se recuse a transferir suas cotas ou ações ao titular do direito de *Call*, ou se o preço não for pago da forma e nas condições pactuadas pelo que exerceu a opção, uma multa será devida.

Como dito, não existe uma forma predeterminada na lei para essa cláusula, que deverá ser moldada de acordo com o que for negociado entre os sócios, sempre de boa-fé e com seus contornos definidos de acordo com os objetivos de cada caso específico.

8.2.2. *Put option* – Opção de venda

Traduzida para o português, a *put option* é uma cláusula que regula uma "opção de venda".

É o direito de alguém de vender, vinculado à obrigação de outrem de comprar, determinada coisa.

A *put option* pode ser prevista em acordo de sócios a fim de regular a compra e venda e a transferência de ações ou cotas entre seus signatários.

Ao contrário da opção de compra, a *put option* garante ao sócio o direito de vender sua participação societária, total ou parcial, a outro sócio que, por sua vez, fica obrigado a comprar referida participação nas condições preestabelecidas em contrato.

Em resumo, essa disposição tem por objetivo assegurar a um sócio (em geral é um direito atribuído a sócios minoritários que buscam liquidez) o direito de vender sua participação, total ou parcial, a outro sócio, em determinadas circunstâncias específicas, e na forma contratada. Por exemplo, "em dez anos a contar da data da assinatura desse instrumento (ou a partir da maioridade do sócio X, do nascimento do primeiro filho do sócio Y etc.), o sócio 'A' tem o direito de, manifestando-se por escrito conforme estabelecido nas cláusulas (...), vender a sua participação ao sócio 'B', que fica obrigado a comprá-la, conforme o preço e as condições de pagamento previamente ajustados". Ou, ainda, em hipóteses tais como se não houver a abertura de capital da empresa em até quatro anos, ou se o seu faturamento não atingir determinado patamar em cinco anos, ou se a companhia ficar mais de três exercícios sem pagar dividendos etc.

Pode, ainda, ser contatada na forma denominada no mercado de americana (exercida a qualquer momento até a data do vencimento ou da ocorrência do evento) ou europeia (que só pode ser exercida no vencimento).

O importante, como dito, é definir o preço (ou a forma e os critérios de avaliação da participação) a ser pago pelo adquirente das ações ou cotas, de modo preciso, seja com base em uma avaliação específica em data predeterminada, ou variando de acordo com a média de valores de mercado e/ou de duas ou mais avaliações (por exemplo, o valor do patrimônio líquido contábil ou o fluxo de caixa descontado (valor econômico), ou uma combinação das duas avaliações).

O acordo de sócios pode, ainda, estabelecer que a avaliação seja feita por um profissional ou empresa determinada, e, nesse caso, determinar que o valor apurado será vinculante para todos.

Finalmente, recomenda-se estipular que, caso a opção seja exercida, e alguma das partes se recuse a cumprir com a obrigação assumida, qual seja, transferir suas cotas ou ações ou pagar o preço na forma e nas condições pactuadas, uma multa será devida.

Como dito, não existe uma forma predeterminada na lei para essa cláusula, que deverá ser moldada de acordo com o que for negociado entre os sócios, sempre de boa-fé e com seus contornos definidos de acordo com os objetivos de cada caso específico.

8.2.3. *Look back provision* - Direito a indenização

O *look back provision* é uma cláusula normalmente prevista em complemento a uma opção de compra (*call option*).

Visa a impedir que quem comprou ações ou cotas, em geral em decorrência de uma opção de compra, não as revenda para terceiros por preços superiores ao que pagou, durante um prazo previamente estabelecido. E que, caso isso ocorra, que a diferença de valor entre o preço que pagou no exercício do *call* e o preço que vendeu para terceiros seja integral ou parcialmente (um percentual desse valor, por exemplo, 90% no primeiro ano, 80% no segundo ano, e assim por diante) compensada ao vendedor prejudicado.

Seria uma cláusula nesse sentido: "Aquele que adquirir ações por meio do exercício do *call* regulado nesse instrumento de acordo de sócios, e revendê-las a terceiros em prazo inferior a um ano, fica obrigado a pagar ao(s) primeiro(s) vendedor(es) a eventual diferença de preço, entre o que pagou e o valor que recebeu pelas ações/cotas na revenda. Tal diferença de preço deverá ser quitada em uma única parcela, atualizada pelo IGPM até o momento efetivo do ressarcimento".

8.2.4. *Tag along* - Direito de venda conjunta

Tag Along, em português, significa ir junto, seguir, acompanhar alguém em determinado ato.

Em um acordo de sócios, é o direito que o(s) minoritário(s) tem de "saída conjunta" concomitantemente com os sócios controladores, na hipótese de alienação do controle de determinada empresa.

Para as companhias abertas, com ações negociadas em Bolsas de Valores, o *tag along* está previsto e regulado pelo art. 254-A da Lei das Sociedades por Ações (Lei n. 6.404/76).

Em empresas fechadas, sejam constituídas na forma de LTDA. ou S/A, tal direito pode estar previsto, respectivamente, no contrato ou no estatuto social, ou em um acordo de sócios.

Caso esteja prevista em estatuto ou contrato social, valerá para todos os sócios da empresa. No caso de estar prevista em um acordo de sócios, valerá apenas para os signatários do acordo, ou, ainda, para aqueles especificados no documento.

Em havendo pacto nesse sentido, em empresas fechadas, o terceiro (adquirente do controle da empresa), pessoa física ou jurídica, será obrigado a fazer uma oferta para adquirir todas, ou parte das ações ou cotas dos demais sócios com direito ao *tag along*, pelo mesmo preço, prazo, e nas mesmas condições contratadas com o sócio alienante do controle (ou nas condições especificadas na cláusula, por exemplo, uma porcentagem desse valor, ou, ainda, tendo por base outros critérios e parâmetros, desde que objetivos, para a apuração do valor devido).

Também o sócio alienante, que recebeu a proposta para vender sua participação societária (em geral o controle), tem o dever de exigir que o proponente (aquele que pretende comprar tal participação) adquira as cotas ou ações dos demais sócios, nas condições do acordo, sob pena de não adquirir o controle da sociedade.

Sob o ponto de vista econômico, esse mecanismo importa na distribuição do prêmio de controle entre o acionista controlador e os demais acionistas da companhia (se a previsão for legal ou estatutária), ou entre o acionista controlador e os acionistas signatários do acordo.

É uma cláusula instituída, em geral, em favor de sócios minoritários, para que estes possam participar da venda e também receber eventual ágio em uma negociação de venda do poder de controle da sociedade a terceiros (economicamente, como regra, o bloco de controle tem valor superior à soma individual das ações ou das cotas que o compõem e, em princípio, os minoritários têm direito de participar desse ágio)[65].

Por outro lado, essa cláusula também evita que o sócio minoritário seja obrigado a permanecer na empresa em uma nova configuração societária, com sócios controladores com os quais, por exemplo, não possua afinidade ou confiança.

---

[65] Sobre o tema, *vide* PRADO, Roberta Nioac. *Oferta pública de ações obrigatória nas S/A – Tag Along*. São Paulo: Quartier Latin, 2005; PRADO, Roberta Nioac. Fundamentos jurídicos e econômicos da OPA *a posteriori* (*tag along*) e a questão sob a ótica de empresas que praticam boas governança corporativa. In: KUYVEN, Luiz Fernando Martins (coord.). *Temas essenciais de direito empresarial* – estudos em homenagem a Modesto Carvalhosa. São Paulo: Saraiva, 2012 (versão atualizada da publicação na *Revista de Direito GV*, n. 3, v. 2, p. 167-190, jan.-jun. 2006).

É importante destacar que no *tag along* os sócios terão o direito, mas não o dever, de vender suas ações ou cotas ao adquirente do controle.

8.2.5. *Drag along* – Obrigação de venda conjunta

Ao contrário do *tag along*, o *drag along* é o dever de venda ou de "saída conjunta" (*drag* significa arrastar).

O *drag along* não é previsto em lei, nem para empresas abertas nem para empresas fechadas, mas também pode ser estabelecido tanto no estatuto, ou contrato social, quanto em acordo de sócios.

Caso esteja prevista em estatuto ou contrato social, valerá para todos os sócios minoritários da empresa. No caso de estar prevista em um acordo de sócios, valerá apenas para os signatários do acordo, ou, ainda, para aqueles especificados.

Havendo cláusula nesse sentido, os sócios signatários do acordo terão o dever de alienar suas participações (ações ou cotas), no todo ou em parte, conforme pactuado, ao adquirente do controle da empresa, em regra, pelo mesmo preço e nas mesmas condições contratadas com o sócio alienante do controle, ou por uma maioria societária preestabelecida no contrato (por exemplo, 40% da participação).

Essa cláusula tem como principal objetivo ampliar o universo de possíveis interessados na aquisição do controle da empresa, possibilitando que não tenham que conviver com sócios minoritários "herdados" e indesejados.

Além disso, pode propiciar que o valor oferecido pela participação controladora seja superior, por viabilizar que o proponente adquira maior quantidade de participações societárias e, com isso, consolide um bloco de controle mais substancial.

8.2.6. *Buy or Sell, Shotgun, Russian Roulette, Texas Shootout* ou Cláusula Texana – Solução de controvérsias

São cláusulas que preveem que, em determinadas situações de impasse[66], um sócio ofereça sua participação (ações ou cotas) ao outro, por determinado

---

[66] O impasse acontece quando os sócios ou administradores da sociedade não mais conseguem acordar e chegar a um consenso, em relação a determinadas deliberações, seja por não alcançarem quórum mínimo para a tomada de decisão, seja por haver empate na votação, ou por algum sócio exercer seu direito de veto. São situações que podem colocar em risco a continuidade e/ou a solvabilidade da empresa.

preço e condições, cabendo ao outro sócio optar por comprá-la ou vendê-la, pelo mesmo preço e condições ofertadas[67].

Ou seja, é uma cláusula que viabiliza ao sócio que não deseja continuar a sociedade com outro(s) sócio(s) o direito de fixar um preço para suas ações ou cotas, que seja aquele com o qual concordará em comprar a participação do outro sócio ou vender a sua.

Uma vez disparado o gatilho dessa cláusula, caberá ao outro sócio decidir se vende sua participação ao sócio que fez a oferta e estabeleceu o preço ou se compra a participação do ofertante (semelhante ao princípio de "um corta o bolo e o outro escolhe o pedaço").

Como todas as demais cláusulas de um acordo de sócios, para ser válida, deve ser prevista, regulada e empregada de boa-fé.

É uma cláusula cada vez mais comum em acordos de sócios, pela sua qualidade de "resolver conflitos" na medida em que tem por objetivo "pôr fim" a algum desentendimento que possa prejudicar os negócios da empresa e, também, os interesses das partes envolvidas, tanto de quem sai quanto de quem fica.

8.2.7. *Flip The Coin* - Solução de controvérsias

Esta cláusula prevê que, em determinadas situações de impasse, as partes deverão literalmente jogar "cara ou coroa", com uma moeda, para decidir a disputa.

Alguns consideram essa disposição um "verdadeiro absurdo", pois julgam que não é possível resolver demandas societárias por meio de um "jogo de azar", um jogo no qual o fator sorte é majoritária ou completamente decisivo no resultado de uma disputa[68].

---

[67] *Buy or Sell*, *Shotgun*, *Russian Roulette*, *Texas Shootout* ou Cláusula Texana, em essência, são muito similares, mas, se vistas no detalhe, podem possuir algumas pequenas diferenças, tais como: (i) um sócio põe o preço e o outro decide se compra ou vende sua participação; (ii) cada um dos sócios precifica a cota ou ação, entrega em um envelope lacrado a um terceiro contratado para abrir os envelopes e, a partir de um critério previamente definido, por exemplo, aquele que estabelecer o maior preço, leva a participação do outro; (iii) a partir de um preço mínimo, as partes interessadas/envolvidas fazem um leilão etc.

[68] É, assim como as demais cláusulas com nome estrangeiro (*call*, *put*, *tag along*, *drag along* etc.), uma cláusula importada notadamente dos EUA em contratos de M&A. Para alguns, a validade dessa cláusula, se questionada em Juízo, teria grande chance de ser considerada contrária à legislação brasileira.

Pessoalmente, acho que em alguns casos pode ser uma cláusula interessante. O jogo do "cara ou coroa" é comumente utilizado na escolha entre duas alternativas ou para resolver uma controvérsia entre duas partes. Só há duas possibilidades de resultado (cara ou coroa), e com a mesma probabilidade de ocorrência: ou se ganha ou se perde tudo!

Sabendo disso, é possível, ou melhor, provável, que as pessoas comprometidas com uma solução dessa natureza envidem seus melhores esforços em uma negociação racional e equilibrada para ambas as partes, em vez de correrem o risco de perder a totalidade do ponto em questão.

8.2.8. Mediação[69], cláusula arbitral[70] e escalonada Med-Arb

É cada vez mais comum que os acordos de sócios contenham cláusula prevendo que litígios relacionados à sua interpretação ou execução sejam resolvidos por mecanismos privados de solução de controvérsias, em substituição ao Poder Judiciário, tais como conciliação, mediação e/ou arbitragem.

As boas práticas de governança recomendam que os contratos contenham cláusula dispondo que a conciliação e/ou a mediação precedam à arbitragem e que todas elas substituam o Poder Judiciário como mecanismo de solução de conflitos.

Ou seja, uma cláusula expressa no acordo de sócios prevendo que, em havendo algum tipo de conflito quanto à interpretação ou execução do documento, as partes contratem um terceiro negociador ou mediador, pessoa neutra e imparcial em relação ao litígio, para lhes auxiliar na discussão e facilitar uma tomada de decisão amigável.

Em um processo de negociação ou de mediação, as partes têm a oportunidade de conversar, expor seus pontos de vista, interesses e sentimentos,

---

[69] Sobre a mediação, *vide* no canal do YouTube GEEF – Grupo de Estudos de Empresas Familiares o vídeo: Mesa redonda 8 – A importância da mediação para as famílias empresárias. Convidadas: Adriana Adler, Ana Luiza Isoldi e Alessandra Fachada Bonilha. Moderação: Roberta Nioac Prado – coordenadora do GEEF. Disponível em: https://www.youtube.com/watch?v=cAunk3T5yx0&t=1538s.

[70] Sobre arbitragem, assista no canal do YouTube GEEF – Grupo de Estudos de Empresas Familiares ao vídeo: Mesa redonda 17 – Mediação e Arbitragem em Litígios Societários e Empresas Familiares. Convidados: Amedeo Papa, Ana Lúcia Arduin e Vera Cecília Monteiro de Barros. Moderação: Roberta Nioac Prado – coordenadora do GEEF. Disponível em: https://youtu.be/USCWsZ2y1wc.

trocar informações e explorar, juntas, com a coordenação de um especialista profissional, soluções para compor a lide.

Além de esse processo ser muito mais rápido do que um processo judicial, a negociação e a mediação em geral envolvem custos muito menores e oferecem, com grandes êxitos, maior oportunidade para as partes voltarem a viver em paz, o que pode ser extremamente relevante quando estamos tratando de famílias empresárias. Como é cediço, são muito raros os casos de famílias que, após um processo judicial, voltam a conviver em harmonia.

Ao final do processo de negociação e/ou de mediação, se as partes chegarem a um acordo, devem formalizá-lo em um novo contrato, com o auxílio do negociador ou do mediador, e executá-lo. Importante esclarecer que o negociador e o mediador não são como um árbitro ou juiz que decidem pelas partes. Sua função é coordenar o processo a fim de ajudá-las a, pessoal e voluntariamente, encontrar soluções satisfatórias para seu problema.

A cláusula escalonada Med-Arb prevê que, caso não haja sucesso na negociação ou na mediação, as partes devem submeter o litígio a um árbitro ou a uma câmara arbitral, também um mecanismo privado de solução de conflitos, que deverá definitivamente resolver a lide. O processo de arbitragem apresenta várias vantagens em comparação ao Poder Judiciário, dentre as quais podemos citar três: (i) maior especialização dos árbitros no assunto em questão; (ii) maior celeridade, rapidez, na resolução do litígio; e (iii) sigilo do processo.

Temos no Brasil várias câmaras especializadas, tais como o Centro de Arbitragem e Mediação da Câmara de Comércio Brasil Canadá (CAM-CCBC), a Câmara de Conciliação, Mediação e Arbitragem CIESP/FIESP, a Câmara FGV de Mediação e Arbitragem, entre outras.

Caso os signatários do acordo considerem importante prever tais mecanismos para a solução de eventuais conflitos, é importante que o acordo de sócios contenha cláusula compromissória nesse sentido, prevendo a negociação, a mediação e/ou a arbitragem, e regulando o procedimento para a escolha dos árbitros, ou da Câmara Arbitral, bem como o procedimento a ser seguido para a solução da disputa.

Seguem alguns exemplos de redação de cláusulas nesse sentido[71]:

I – Cláusula Padrão: "Qualquer litígio originário ou relacionado ao presente contrato, inclusive quanto à sua interpretação ou execução,

[71] Exemplos disponíveis em: https://ccbc.org.br/cam-ccbc-centro-arbitragem-mediacao/resolucao-de-disputas/arbitragem/modelos-de-clausula/.

será definitivamente resolvido por arbitragem, administrada pelo Centro de Arbitragem e Mediação da Câmara de Comércio Brasil-Canadá ('CAM-CCBC'), de acordo com o seu Regulamento, constituindo-se o tribunal arbitral de [um/três] árbitros, indicados na forma do citado Regulamento".

II - Cláusula Detalhada: "1. Qualquer controvérsia oriunda deste contrato ou com ele relacionada será definitivamente resolvida por arbitragem. 1.1. A arbitragem será administrada pelo Centro de Arbitragem e Mediação da Câmara de Comércio Brasil-Canadá ('CAM-CCBC') e obedecerá às normas estabelecidas no seu Regulamento, cujas disposições integram o presente contrato. 1.2. O tribunal arbitral será constituído por [um/três] árbitros, indicados na forma prevista no Regulamento do CAM-CCBC. 1.3. A arbitragem terá sede em [Cidade, Estado]. 1.4. O procedimento arbitral será conduzido em [idioma]. 1.5. [Lei aplicável]".

III - Cláusula Padrão Escalonada Med-Arb: "Qualquer controvérsia originária do ou relacionada ao presente contrato, inclusive quanto à sua interpretação ou execução, será submetida obrigatoriamente à mediação, administrada pelo Centro de Arbitragem e Mediação da Câmara de Comércio Brasil-Canadá ('CAM-CCBC'), de acordo com o seu Roteiro e Regimento de Mediação, a ser coordenada por Mediador participante da Lista de Mediadores do CAM-CCBC, indicado na forma das citadas normas. A controvérsia não resolvida pela mediação, conforme a cláusula de mediação acima, será definitivamente resolvida por arbitragem, administrada pelo mesmo CAM-CCBC, de acordo com o seu Regulamento, constituindo-se o tribunal arbitral de três árbitros, indicados na forma do citado Regulamento".

IV - Cláusula Detalhada Escalonada Med-Arb: "1. Qualquer controvérsia originária do ou relacionada ao presente contrato, inclusive quanto à sua interpretação ou execução, será submetida obrigatoriamente à mediação, administrada pelo Centro de Arbitragem e Mediação da Câmara de Comércio Brasil-Canadá ('CAM-CCBC'), de acordo com o seu Roteiro e Regimento de Mediação, a ser coordenada por Mediador participante da Lista de Mediadores do CAM-CCBC, indicado na forma das citadas normas. 1.1. A controvérsia não resolvida pela mediação, conforme a cláusula de mediação acima, será definitivamente resolvida por arbitragem, administrada pelo mesmo

> CAM-CCBC, de acordo com o seu Regulamento. 1.2. A arbitragem será administrada pelo CAM-CCBC e obedecerá às normas estabelecidas no seu Regulamento, cujas disposições integram o presente contrato. 1.3. O tribunal arbitral será constituído por [um/três] árbitros, indicados na forma prevista no Regulamento do CAM-CCBC. 1.4. A arbitragem terá sede em [Cidade, Estado]. 1.5. O procedimento arbitral será conduzido em [idioma]. 1.6. [Lei aplicável]".

Ressaltamos, finalmente, que todas as cláusulas aqui mencionadas podem ser previstas em contrato social (Ltda.) ou estatuto social (S/A), ou em acordo de cotistas (Ltda.) ou de acionistas (S/A). A diferença é que, quando previstas no contrato ou estatuto social, operarão efeitos para todos os sócios, enquanto, se previstas em acordos de cotistas ou acionistas, operarão efeitos somente para os signatários do acordo.

Destaque-se que um mesmo acordo de sócios pode prever todas ou apenas algumas dessas cláusulas e, em qualquer caso, regular específica e detalhadamente as hipóteses em que poderão ou deverão ocorrer.

Anexos

Disclaimer: Ressalvamos que os modelos de documentos apresentados nesta obra visam apenas a ilustrar temas e cláusulas que podem ser úteis em projetos de organização patrimonial, governança corporativa, familiar e/ou planejamento sucessório.

Dessa forma, todas as cláusulas aqui apresentadas apenas ilustram possibilidades, a título de exemplo, e, se e quando usadas, devem ser escolhidas e redigidas à luz das necessidades, possibilidades, intenções e outras características de cada família e empresa, em consideração a cada caso concreto.

Ademais, os exemplos de documentos constantes dos anexos contêm cláusulas aleatoriamente copiadas e coladas de vários documentos e, portanto, podem compreender diferentes situações familiares, patrimoniais e empresariais, nas quais trabalhamos ao longo dos anos na nossa consultoria. Ou seja, nem sempre todas as cláusulas de uma minuta apresentada foram utilizadas ao mesmo tempo, para a mesma família e/ou empresa.

O objetivo de apresentar esses documentos é ajudar a família, ou o profissional, a enxergar nos exemplos oferecidos situações que possam fazer sentido para serem refletidas e adaptadas ao seu caso concreto.

1) Exemplo de Minuta de Instrumento Particular de Constituição de Sociedade Limitada Simples (*Holding* Patrimonial registrada no Registro Civil de Pessoas Jurídicas)

INSTRUMENTO PARTICULAR DE CONSTITUIÇÃO DE SOCIEDADE SIMPLES LIMITADA

MONALISA Administração de Bens Ltda.

I - AS PARTES

São PARTES no presente instrumento particular:

I.1. Isabel Armand (qualificação completa)

I.2. Eduardo Bernard (qualificação completa)

As PARTES, supraqualificadas, têm entre si justa e acertada a constituição da sociedade simples limitada, denominada MONALISA Administração de Bens Ltda. (doravante SOCIEDADE), que se regerá pelas cláusulas abaixo convencionadas:

II - NOME, SEDE, OBJETO E PRAZO DE DURAÇÃO

CLÁUSULA PRIMEIRA: A SOCIEDADE é do tipo simples, por cotas de responsabilidade limitada, e girará sob a denominação social de MONALISA Administração de Bens Ltda.

CLÁUSULA SEGUNDA: A SOCIEDADE tem sede (endereço completo), podendo abrir e encerrar filiais, sucursais, agências e escritórios em qualquer parte do território nacional, por deliberação dos sócios.

CLÁUSULA TERCEIRA: O objeto social da SOCIEDADE é exclusivamente gestão de bens próprios.

CLÁUSULA QUARTA: A SOCIEDADE tem prazo indeterminado de duração.

III - CAPITAL SOCIAL

CLÁUSULA QUINTA: O capital social subscrito e totalmente integralizado é de R$ 1.000.000,00 (um milhão de reais), dividido em 1.000 (mil) cotas no valor nominal de R$ 1.000,00 (mil reais) cada uma, assim distribuído entre os sócios:

Sócio	Cotas	%	Valor (R$)
Isabel	700	70	700.000,00
Eduardo	300	30	300.000,00
TOTAL	1.000	100	1.000.000,00

Parágrafo Primeiro: A Sócia Isabel integraliza neste ato as suas cotas sociais mediante a conferência, à SOCIEDADE, de (i) uma fazenda (descrição completa) e (ii) uma casa em Trancoso (descrição completa). Todos os sócios, de comum acordo, atribuem às cotas o valor de R$ 700.000,00 (setecentos mil reais). Na forma do art. 1.055, § 1°, do Código Civil, todos os sócios se responsabilizam solidariamente pela exata estimação de valor das cotas conferidas à integralização do capital social.

Parágrafo Segundo: O sócio Eduardo integraliza, neste ato, suas cotas sociais em moeda corrente do País.

Parágrafo Terceiro: A responsabilidade de cada sócio é restrita ao valor de suas cotas, mas todos respondem solidariamente pela integralização do capital social, nos termos do art. 1.052 da Lei n. 10.406/2002.

Parágrafo Quarto: A cada cota corresponderá um voto nas deliberações dos sócios cotistas.

Parágrafo Quinto: As cotas são indivisíveis, reconhecendo a sociedade um só possuidor para cada uma delas.

Parágrafo Sexto: É vedado aos sócios dar suas cotas em fiança, penhor, penhora, caução ou garantia de qualquer natureza, em favor de terceiros, salvo com a expressa anuência de cotistas detentores de 2/3 das cotas sociais.

IV - ADMINISTRAÇÃO E REPRESENTAÇÃO DA SOCIEDADE

CLÁUSULA SEXTA: A gestão dos negócios sociais em geral e a prática, para tanto, de todos os atos necessários ou convenientes a esse fim, assim como a sua representação em juízo ou fora dele, ativa ou passivamente, e, em geral, perante quaisquer terceiros, repartições públicas ou autoridades federais, estaduais ou municipais, bem como autarquias, sociedades de economia mista, entidades paraestatais e instituições financeiras, competirá ao sócio Eduardo, já qualificado anteriormente, na qualidade de sócio administrador.

Parágrafo Primeiro: O sócio administrador poderá constituir, com o consentimento expresso da sócia Isabel, procuradores para representar a SOCIEDADE na prática de determinados atos, devendo a procuração ser por tempo determinado e especificar taxativamente os atos a serem praticados.

Parágrafo Segundo: Na ausência, impedimento, interdição ou morte do sócio Eduardo, a sócia Isabel assumirá automaticamente a função de sócio administrador, com todos os poderes conferidos no *caput* desta Cláusula Sexta.

Parágrafo Terceiro: São expressamente vedados, sendo nulos e inoperantes com relação à SOCIEDADE, os atos de quaisquer dos sócios, administrador, procuradores ou funcionários, que a envolverem em obrigações relativas a negócios ou operações estranhas ao objeto social, tais como fianças, avais, endossos ou quaisquer outras garantias em favor de terceiros.

CLÁUSULA SÉTIMA: Os sócios se reunirão obrigatoriamente, ao menos uma vez no ano, no primeiro quadrimestre do ano civil, para deliberação e aprovação das contas referentes ao exercício anterior, consistentes dos demonstrativos financeiros obrigatórios, bem como do balanço patrimonial, mediante convocação efetivada pelo sócio administrador para tal fim, através de e-mail (com aviso de recebimento) endereçado ao domicílio da sócia, com 30 (trinta) dias de antecedência e especificando o dia, a hora e o local da Reunião, colocando-se, no mesmo prazo, os documentos e demonstrativos à disposição da mesma. Quando necessário, os sócios se reunirão, extraordinariamente, observado o mesmo procedimento para convocação da reunião.

Parágrafo Primeiro: Das reuniões se fará ata, lavrada em livro próprio, que permanecerá na sede da SOCIEDADE, cuja cópia, autenticada pelos administradores, será levada a registro perante o Registro Civil de Pessoas Jurídicas no prazo de 20 (vinte) dias e as deliberações deverão ser aprovadas pelos sócios, representando, no mínimo, 75% (setenta e cinco por cento) do capital social, correspondendo a cada cota do capital social um voto, ressalvadas as matérias cujo quórum especial seja previsto neste contrato ou na legislação aplicável.

Parágrafo Segundo: Qualquer sócio poderá ser representado por procurador, sendo então considerado presente à Reunião, desde que este seja advogado, e, se pessoa jurídica, por seu representante legal ou procurador, ao qual será obrigatoriamente outorgado mandato com os poderes específicos para tal ato, que deverá ser arquivado juntamente com a ata, perante o Registro Civil de Pessoas Jurídicas.

Parágrafo Terceiro: As convocações para as reuniões de sócios deverão ser feitas na forma do *caput*, mas poderão ser dispensadas se estiverem presentes os sócios representando a totalidade do capital social, sendo que, para que as reuniões possam se instalar, é necessária a presença de sócios que representem a maioria votante do capital social.

Parágrafo Quarto: As reuniões dos sócios serão presididas e secretariadas por quaisquer pessoas, livremente escolhidas pelos sócios presentes, que terão a obrigação de respeitar e dar validade às deliberações tomadas em atenção a este Contrato e nos termos das vinculações previstas em Acordo de Cotistas validamente firmado.

Parágrafo Quinto: Para a aprovação das seguintes matérias serão necessários os votos favoráveis de sócios representando a totalidade das cotas do capital social:

(a) modificação deste contrato social, inclusive aumento de capital social com subscrição em dinheiro, crédito ou bens, fusão, cisão da SOCIEDADE, alteração do objeto social, transformação do tipo societário, incorporação de outra, ou dela por outra, ingresso em grupo de sociedades, ou dissolução ou liquidação da SOCIEDADE;

(b) alienação ou oneração de bens de ativo permanente da SOCIEDADE, especialmente a fazenda e a casa de praia;

(c) constituição de obrigações, empréstimos, garantias acima de R$ 100.000,00 (cem mil reais), reajustados, a partir da presente data, pela variação do IGP/M, medido pela Fundação Getulio Vargas;

(d) distribuição de lucros, juros sobre o capital próprio e dividendos;

(e) eleição de novos administradores.

Parágrafo Sexto: Nenhum sócio poderá votar em deliberações que lhe digam respeito ou sobre as quais tenha interesse estranho à SOCIEDADE.

CLÁUSULA OITAVA: O sócio administrador deverá manter, na sede da SOCIEDADE e com os devidos registros, o Livro de Atas de Reuniões de Sócios, além dos demais livros obrigatórios, fiscais e societários, determinados pela legislação aplicável.

V - TRANSFERÊNCIA, CESSÃO E LIQUIDAÇÃO DE PARTICIPAÇÃO SOCIETÁRIA

CLÁUSULA NONA: A transferência de cotas desta SOCIEDADE entre os seus sócios respeitará, mutuamente e nas respectivas proporções de participação, o direito de preferência dos demais, mediante convocação de Reunião de sócios para tal fim, respeitado o previsto na CLÁUSULA DÉCIMA *infra*.

CLÁUSULA DÉCIMA: Caso algum ou alguns dos sócios ("Sócio Ofertante") deseje(m) transferir, a qualquer título, direta ou indiretamente, no todo ou em parte, a terceiros, as suas cotas sociais ou quaisquer direitos a elas relativos, deverá(**ão**) dar preferência aos demais sócios, para adquiri-las, em paridade de condições em relação à eventual proposta desses terceiros.

Parágrafo Primeiro: Para tanto, deverá(**ão**) comunicar, por carta registrada, aos demais sócios, sua intenção de ceder e transferir as cotas, indicando o valor do crédito a ser transferido, o nome do interessado (TERCEIRO), o preço, a forma de pagamento e demais condições.

Parágrafo Segundo: Qualquer um dos demais sócios ("Sócio Ofertado") terá(**ão**) o prazo de 30 (trinta) dias, a contar do recebimento da correspondência prevista no Parágrafo Primeiro *supra*, para manifestar o seu interesse na aquisição. Sendo positiva a manifestação, operar-se-á, de imediato, a transferência das cotas, devendo o sócio que exerceu a preferência pagar o preço nas mesmas condições em que pagaria o TERCEIRO.

Parágrafo Terceiro: Não manifestando nenhum dos Sócios Ofertados interesse na aquisição das cotas, no prazo de 30 (trinta) dias, o Sócio Ofertante estará livre para transferi-las ao TERCEIRO, pelo preço e condições combinadas, no prazo de 30 (trinta) dias.

Parágrafo Quarto: Vencido esse prazo sem que se concretize a transferência, caso haja, novamente, interesse em transferir as cotas, será necessário conceder, novamente, o direito de preferência aos demais Sócios, repetindo-se toda a operação.

Parágrafo Quinto: Serão nulas, de pleno direito, todas e quaisquer transferências de cotas feitas (i) sem respeitar o direito de preferência ou (ii) em condições diversas das comunicadas na correspondência prevista no Parágrafo Primeiro *supra*.

Parágrafo Sexto: Qualquer que seja a modalidade do negócio jurídico que implique em transferência direta ou indireta de participação societária a terceiros, mesmo que não envolva pagamento em pecúnia (caso de permuta, subscrição de capital etc.), será obrigatória, sob pena de nulidade do negócio, a concessão de direito de preferência, pelo Sócio Ofertante, aos Sócios Ofertados, expressando em moeda nacional o valor do negócio jurídico, para os fins previstos na presente cláusula.

Parágrafo Sétimo: Exceção feita aos casos previstos no Parágrafo Oitavo, *infra*, desta Cláusula Décima, serão nulos de pleno direito os negócios jurídicos a título gratuito que impliquem a transferência direta ou indireta das cotas a terceiros não contemplados no Parágrafo Nono *infra*.

Parágrafo Oitavo: Os sócios ficam dispensados das disposições previstas na presente cláusula, nas hipóteses de transferência das cotas a ascendentes ou descendentes, em linha reta. Também ficam dispensados na hipótese de versão das cotas em subscrição e integralização do capital social de sociedades das quais façam parte, única e exclusivamente, os sócios e seus descendentes ou ascendentes, em linha reta. Em ambos os casos, porém, é obrigatória a comunicação prévia à SOCIEDADE, com antecedência de 30 (trinta) dias, sob pena de ineficácia do negócio jurídico.

CLÁUSULA DÉCIMA PRIMEIRA: Respeitado o previsto na Cláusula Quarta *supra*, em caso de liquidação ou dissolução total da SOCIEDADE, o liquidante, sócio ou não, será eleito pela maioria votante dos sócios. Nessa hipótese, os haveres da SOCIEDADE serão empregados na liquidação das obrigações, respeitados os direitos dos credores preferenciais, e o remanescente será rateado entre os sócios, em proporção ao número de cotas de cada um.

Parágrafo Primeiro: O liquidante convocará Reunião dos sócios para prestação de contas, cuja ata deverá ser publicada e averbada.

CLÁUSULA DÉCIMA SEGUNDA: Em caso de penhora, arrematação ou adjudicação, por terceiros, estes não farão jus à admissão na SOCIEDADE, exceto se houver anuência de todos os demais sócios remanescentes sempre por unanimidade. Não admitido o terceiro, os haveres correspondentes às cotas penhoradas, arrematadas ou adjudicadas serão pagos em moeda corrente, nos termos e condições previstos no Parágrafo Único, *infra*. A presente disposição se aplica, igualmente, ao caso de penhora, arrematação ou adjudicação das cotas do capital das sócias, pessoas jurídicas, caso em que os haveres destas na SOCIEDADE serão apurados e pagos na forma desta cláusula.

Parágrafo Único: A apuração dos haveres será regularmente realizada, salvo disposição em contrário em Acordo de Cotistas, em conformidade com o balanço patrimonial especialmente levantado, com base na respectiva participação no patrimônio líquido e que se realizará em 60 (sessenta) parcelas mensais, iniciadas no prazo de 90 (noventa) dias da data de seu desligamento da SOCIEDADE, devendo ser pagas em dinheiro, sem atualização monetária.

VI - EXERCÍCIO SOCIAL E DISTRIBUIÇÃO DOS LUCROS

CLÁUSULA DÉCIMA TERCEIRA: O exercício social coincide com o ano-calendário civil, terá início no dia 1° de janeiro e se encerrará em 31 de dezembro, e ao final de cada exercício serão elaboradas as demonstrações financeiras exigidas por lei.

Parágrafo único: Os sócios, mediante deliberação, poderão levantar balanços intermediários, inclusive para períodos inferiores a seis meses.

CLÁUSULA DÉCIMA QUARTA: Os lucros líquidos obtidos no período terão a aplicação que lhes for determinada pelos sócios, representando a totalidade do capital social, mediante deliberação em reunião.

Parágrafo Primeiro: Na deliberação sobre a destinação do resultado do exercício, deverão ser distribuídos aos sócios, no mínimo, 75% (setenta e cinco por cento) do lucro líquido (após provisão para imposto de renda e contribuição social sobre lucro líquido), podendo a reunião de sócios cotistas deliberar distribuição em percentual maior ou menor.

Parágrafo Segundo: Nenhum dos sócios terá direito a qualquer parcela dos lucros, até que seja adotada deliberação expressa sobre a sua aplicação.

VII - DISPOSIÇÕES GERAIS E TRANSITÓRIAS

CLÁUSULA DÉCIMA QUINTA: Os sócios administradores, supranomeados (cláusula Sexta), declaram, sob as penas da lei e para os fins e efeitos do art. 1.011, § 1°, do Código Civil, que não estão impedidos de exercer a administração da sociedade, por lei especial, ou em virtude de condenação criminal, ou por se encontrarem sob os efeitos dela, a pena que vede, ainda que temporariamente, o acesso a cargos públicos; ou por crime falimentar, de prevaricação, peita ou suborno, concussão, peculato, ou contra a economia popular, contra o sistema financeiro nacional, contra normas de defesa da concorrência, contra as relações de consumo, a fé pública ou a propriedade.

CLÁUSULA DÉCIMA SEXTA: Os casos omissos neste instrumento serão regulados de acordo com as normas dispostas na Lei n. 10.406, de 10 de janeiro de 2002, no que se refere às sociedades limitadas e, supletivamente, nas omissões daquela norma, pelo disposto na Lei n. 6.404, de 15 de dezembro de 1976, bem como suas respectivas alterações.

CLÁUSULA DÉCIMA SÉTIMA: Para dirimir dúvidas, litígios ou controvérsias decorrentes do presente Contrato Social, assim como quaisquer questões relativas à gestão da SOCIEDADE, as PARTES elegem, de comum acordo, o Foro Central da Capital do Estado da Bahia, com exclusão de qualquer outro, por mais privilegiado que seja.

E assim, por estarem justas e acordadas, as partes firmam o presente instrumento em 4 (quatro) vias, de igual teor e forma, na presença das duas testemunhas abaixo nomeadas.

Salvador, data.

2) Exemplo de Minuta de Contrato Social de Sociedade Ltda. Empresária (*Holding* Patrimonial ou Imobiliária Ltda.) Registrada na Junta Comercial

INSTRUMENTO PARTICULAR DE CONSTITUIÇÃO DE SOCIEDADE EMPRESÁRIA LIMITADA

SANTORINI PARTICIPAÇÕES LTDA.

Pelo presente instrumento particular, as partes abaixo identificadas e qualificadas:

1. Manuel Antônio Remy (nome e qualificação completos); (PAI)
2. Veridiana Augusta Dubois Remy (nome e qualificação completos); (MÃE)
3. Teodoro Dubois Remy (nome e qualificação completos); (FILHO)
4. Manuela Dubois Remy (nome e qualificação completos); (FILHA)

(se algum for menor de idade, deve ser representado por seus Pais)

têm entre si justa e acertada a constituição da SOCIEDADE empresária limitada, denominada **SANTORINI PARTICIPAÇÕES LTDA.** (doravante SOCIEDADE), que se regerá pelas cláusulas abaixo convencionadas:

"CONTRATO SOCIAL DA SOCIEDADE EMPRESÁRIA LIMITADA SANTORINI PARTICIPAÇÕES LTDA.

CAPÍTULO I – DA DENOMINAÇÃO SOCIAL

1.1. A Sociedade tem a denominação de SANTORINI PARTICIPAÇÕES LTDA., sendo regida por este Contrato Social, pelas disposições legais aplicáveis às sociedades limitadas e, supletivamente, pela Lei n. 6.404/76 (Lei das Sociedades por Ações).

CAPÍTULO II – DA SEDE SOCIAL

2.1. A Sociedade tem sede na rua (endereço), na cidade de (cidade), estado de (estado), podendo manter filiais, escritórios e representações em qualquer localidade do território nacional, podendo atribuir-lhes capital autônomo para os fins de direito.

CAPÍTULO III - DO OBJETO SOCIAL

3.1. A Sociedade tem como objeto social a realização de investimentos com recursos próprios em atividades diversas, móveis ou imóveis, podendo para tanto, exemplificativamente, comprar, vender, alugar, alienar a qualquer título, onerar e permutar todos os seus ativos móveis ou imóveis.

CAPÍTULO IV - DO CAPITAL SOCIAL

4.1. O capital social, neste ato totalmente subscrito e integralizado, é de R$ 1.000.000,00 (um milhão de reais), dividido em 1.000.000 (um milhão) de cotas sociais, no valor nominal de R$ 1,00 (um real) cada uma, distribuídas entre os sócios, conforme segue:

(a) Manuel Antônio (nome completo) detém 450.000 (quatrocentos e cinquenta mil) cotas, no valor nominal de R$ 1,00 (um real) cada uma, totalizando o valor de R$ 450.000,00 (quatrocentos e cinquenta mil reais);

(b) Veridiana Augusta (nome completo) detém 450.000 (quatrocentos e cinquenta mil) cotas, no valor nominal de R$ 1,00 (um real) cada uma, totalizando o valor de R$ 450.000,00 (quatrocentos e cinquenta mil reais);

(c) Teodoro (nome completo) detém 50.000 (cinquenta mil) cotas, no valor nominal de R$ 1,00 (um real) cada uma, totalizando o valor de R$ 50.000,00 (cinquenta mil reais);

(d) Manuela (nome completo) detém 50.000 (cinquenta mil) cotas, no valor nominal de R$ 1,00 (um real) cada uma, totalizando o valor de R$ 50.000,00 (cinquenta mil reais);

(*QUADRO*)

Sócio	**Cotas**	**%**	**Valor (R$)**
Manuel Antônio	450.000	45	450.000,00
Veridiana Augusta	450.000	45	450.000,00
Teodoro	50.000	5	50.000,00
Manuela	50.000	5	50.000,00
TOTAL	1.000.000	100	1.000.000,00

4.2. O Sócio Manuel Antônio integraliza neste ato as suas cotas sociais mediante a conferência, à SOCIEDADE, dos seguintes imóveis (descrição). Todos os sócios, de comum acordo, atribuem aos imóveis o valor de R$ 450.000,00 (quatrocentos e cinquenta mil reais).

4.3. A Sócia Veridiana Augusta integraliza neste ato as suas cotas sociais mediante a conferência, à SOCIEDADE, de uma casa de praia (descrição). Todos os sócios, de comum acordo, atribuem ao imóvel o valor de R$ 450.000,00 (quatrocentos e cinquenta mil reais).

4.4. Os sócios Teodoro e Manuela integralizam, neste ato, suas cotas sociais em moeda corrente do País.

Na forma do art. 1.055, § 1º, do Código Civil, todos os sócios se responsabilizam solidariamente pela exata estimação de valor das cotas conferidas à integralização do capital social.

4.5. A responsabilidade dos sócios é restrita ao valor de suas cotas, mas todos respondem solidariamente pela integralização do capital social.

4.6. As cotas representativas do capital social são indivisíveis em relação à SOCIEDADE, e cada uma delas confere ao seu titular direito a apenas um voto nas deliberações sociais.

4.6.1. As cotas detidas pelo sócio Teodoro, nu-proprietário, estão gravadas pela constituição do usufruto vitalício, patrimonial e político, em favor dos sócios Manuel Antônio e Veridiana Augusta.

4.6.2. As cotas detidas pela sócia Manuela, nua-proprietária, estão gravadas pela constituição do usufruto vitalício, patrimonial, em favor dos sócios Manuel Antônio e Veridiana Augusta.

4.6.3. Conforme instrumento público de doação da nua-propriedade das cotas para os FILHOS, registrado no Tabelionato (especificar), no falecimento de qualquer dos usufrutuários, Manuel Antônio e Veridiana Augusta, seu quinhão caberá de forma vitalícia ao sobrevivente.

4.7. É vedado aos Sócios dar suas cotas em fiança, penhor, penhora, caução ou garantia de qualquer natureza, em favor de terceiros, salvo com a expressa anuência de cotistas detentores de 3/4 (três quartos) das cotas sociais.

CAPÍTULO V – DA DURAÇÃO DA SOCIEDADE

5.1. O prazo de duração da Sociedade é de 20 (vinte) anos contados da presente data.

CAPÍTULO VI – DA ADMINISTRAÇÃO DA SOCIEDADE

6.1. Os sócios elegem neste ato para administrar a Sociedade a sócia Veridiana Augusta, acima qualificada, na qualidade de Diretora, com prazo de mandato indeterminado.

6.1.1. A Diretora fica dispensada de prestar caução para o exercício de seu cargo.

6.1.2. Cabe à Diretora, com plenos poderes, a constituição de procuradores para a Sociedade, a determinação dos poderes que a estes serão conferidos e o estabelecimento do prazo de duração dos respectivos mandatos.

6.1.3. Compete, igualmente, à Diretora praticar todos os atos de interesse da Sociedade e os que se façam necessários ao pleno e fiel cumprimento do seu objeto social da Sociedade.

6.1.4. A Diretora receberá a remuneração que for fixada pelos sócios.

6.2. Na ausência, impedimento, interdição ou morte da Sócia Veridiana Augusta, o Sócio Manuel Antônio assumirá automaticamente a função de Sócio Administrador, com todos os poderes conferidos ao administrador neste capítulo. E, na falta de ambos, assumem em conjunto os Sócios Teodoro e Manuela, na mesma função de Sócios Administradores e com os mesmos poderes conferidos nesse capítulo.

CAPÍTULO VII - REUNIÕES DE SÓCIOS

7.1. As Reuniões de Sócios realizar-se-ão a qualquer tempo, sempre que a lei exigir, mediante convocação, por escrito, de qualquer dos sócios, com antecedência mínima de 24 (vinte e quatro) horas, formalidade essa que fica dispensada na hipótese de comparecimento de todos os sócios.

7.1.1. Das reuniões serão lavradas atas, as quais serão arquivadas na sede social da Sociedade e, quando exigido pela legislação aplicável, levadas a registro perante o Registro Público de Empresas Mercantis e publicadas.

7.1.2. A reunião torna-se dispensável quando todos os sócios decidirem, por escrito, sobre a matéria que seria objeto de deliberação.

CAPÍTULO VIII - DO DIREITO DE PREFERÊNCIA

8.1. Os sócios terão preferência para aquisição de cotas representativas do capital social, proporcionalmente às suas respectivas participações. A preferência incidirá na cessão, transferência, usufruto e/ou qualquer forma de alienação ou oneração, direta ou indireta, das cotas e/ou dos direitos a elas inerentes, até mesmo de subscrição (doravante denominados em conjunto e/ou isoladamente "TRANSFERÊNCIA").

8.1.1. O cotista que decidir transferir a totalidade ou parte de sua participação na Sociedade, e/ou dos direitos inerentes a tal participação ("COTISTA OFERTANTE"), deverá, primeiramente, enviar comunicação escrita aos demais cotistas ('NOTIFICAÇÃO DE VENDA'), especificando: (i) o número de cotas ofertadas; (ii) a qualificação completa do terceiro interessado, se houver, sua atividade principal e sua composição acionária, tratando-se de pessoa jurídica; e (iii) o preço de venda e condições de pagamento das cotas ofertadas.

8.1.2. Uma vez recebida a NOTIFICAÇÃO DE VENDA, os demais cotistas terão prazo de 30 (trinta) dias, a contar da data do efetivo recebimento da NOTIFICAÇÃO DE VENDA, para, através de comunicação escrita enviada ao COTISTA OFERTANTE ("ACEITAÇÃO"), manifestar seu interesse pelo exercício de seu direito de preferência, que terá caráter irrevogável e irretratável.

8.2. A falta de manifestação a respeito do exercício do direito de preferência no prazo estabelecido presume, para todos os efeitos, renúncia irrevogável e irretratável ao direito de preferência ora estabelecido, ficando o COTISTA OFERTANTE liberado para transferir a totalidade, ou pelo saldo remanescente, as COTAS ofertadas ao terceiro interessado.

8.3. As cotas somente poderão ser TRANSFERIDAS a terceiros se observados os procedimentos previstos nesta Cláusula Oitava. Toda e qualquer TRANSFERÊNCIA de cotas efetuada em desacordo com os mecanismos previstos neste Capítulo Oitavo será nula de pleno direito e não produzirá efeitos perante os cotistas, a Sociedade ou quaisquer terceiros.

8.4. O direito de preferência previsto neste Capítulo Oitavo, seja no que diz respeito à cessão de cotas, seja no que diz respeito à cessão do direito de subscrição, não se aplica na hipótese de cessões para sociedades das quais os cotistas sejam controladores, bem como não se aplica também na cessão de cotas para filhos ou cônjuges dos cotistas, devendo, nesse caso, ser aprovada por cotistas representando a maioria do capital social.

8.5. Independentemente do disposto neste Capítulo Oitavo, nenhum dos sócios poderá ceder ou transferir qualquer de suas cotas aos demais ou a terceiros, sem o prévio consentimento, por escrito, do sócio, ou sócios, representando a maioria do capital social.

CAPÍTULO IX – DA DISSOLUÇÃO, RETIRADA, EXCLUSÃO E FALECIMENTO[72]

DISSOLUÇÃO PARCIAL DA SOCIEDADE

9.1. A morte, ausência declarada, interdição, exclusão ou retirada de quaisquer dos sócios não dissolverá a Sociedade, que continuará com o(s) sócio(s) remanescentes(s), em conformidade com as disposições abaixo.

---

[72] Sobre o tema, *vide* nossos artigos: PRADO, Roberta Nioac; VILELA, Renato. Falecimento de cotista da sociedade limitada: Dissolução parcial como regra geral e as alternativas via cláusulas contratuais de planejamento sucessório – Boas práticas de governança corporativa. *In*: COELHO, Fabio Ulhoa; FERES, Marcelo Andrade (coord.). *Empresa familiar* – estudos jurídicos. São Paulo: Saraiva, 2013. p. 427-446; PRADO, Roberta Nioac; VILELA, Renato. Sair por quanto? Adequação do método de avaliação de participação societária em dissolução parcial de sociedade. *In*: AZEVEDO, Luís André N. de Moura; CASTRO, Rodrigo R. Monteiro de (coord.). *Sociedade limitada contemporânea*. São Paulo: Quartier Latin, 2013. p. 689-708.

FALECIMENTO, AUSÊNCIA DECLARADA, INTERDIÇÃO, DIVÓRCIO OU DISSOLUÇÃO DE UNIÃO ESTÁVEL

9.2. Em caso de falecimento, ausência declarada, interdição, divórcio ou dissolução de união estável de um dos sócios, os herdeiros, legatários, curador, cônjuge ou companheiro meeiro somente substituirão o falecido, interdito, ausente, cônjuge ou companheiro mediante prévio e expresso consentimento dos sócios representando a unanimidade do capital social remanescente.

9.2.1. Não sendo admitidos na Sociedade os herdeiros, legatários, curador, cônjuge ou companheiro meeiro, a participação do sócio falecido, ausente, interdito ou divorciado, terá o tratamento previsto abaixo.

9.2.2. Os haveres do sócio falecido, declarado ausente, interditado ou divorciado, serão apurados pelo valor econômico (fluxo de caixa descontado) das empresas operacionais as quais possuem controle e/ou participação, a ser elaborado por consultoria especializada escolhida de comum acordo pelos sócios remanescentes.

9.2.3. O pagamento dos haveres será realizado em moeda corrente nacional, entre 12 (doze) e 60 (sessenta) parcelas mensais, de acordo com a possibilidade da sociedade, sendo certo que todos buscarão chegar em um bom termo, baseados na boa-fé e no pagamento integral do preço com a maior celeridade possível.

DIREITO DE RETIRADA - TOTAL OU PARCIAL

9.3. Os sócios têm o direito de se retirar, total ou parcialmente, da Sociedade, mediante comunicação prévia aos demais sócios feita com, no mínimo, 90 (noventa) dias de antecedência. Os haveres do sócio que se retirar serão apurados e pagos conforme o os itens 9.2.2 e 9.2.3 acima.

EXCLUSÃO DE SÓCIO

9.4. É reconhecido aos sócios que representem 3/4 (três quartos) da totalidade das cotas da Sociedade o direito de, em reunião especialmente convocada para esse fim, promoverem a exclusão de sócio nos seguintes casos: a) violação de cláusula contratual e/ou falta de cumprimento dos deveres sociais; b) comprometimento, por atos ou omissões, do andamento normal da sociedade, ou do desenvolvimento e expansão dos negócios sociais; c) desarmonia em relação aos sócios representando a maioria do capital social, com efeitos negativos para a Sociedade; d) prática de atos que impeçam ou dificultem a condução normal dos negócios sociais; e) ingresso em juízo contra a Sociedade; ou f) ocorrência de qualquer outro motivo justo para exclusão.

9.4.1. Na hipótese de exclusão acima referida, ao sócio a ser excluído será dada ciência da justa causa que lhe é imputada, com antecedência mínima de 8 (oito) dias úteis da realização da Reunião de Sócios que deliberará sobre tal matéria, para que possa comparecer e, querendo, exercer sua defesa, em até 30 (trinta) minutos, sendo certo que não lhe será dado o direito de voto para deliberar acerca da própria exclusão.

9.4.2. Os haveres do sócio excluído serão apurados pelo patrimônio líquido (PL) com base no último balanço patrimonial levantado pela Sociedade e pagos a quem de direito, em moeda corrente nacional, e em até 180 (cento e oitenta) meses, de acordo com a possibilidade da Sociedade, sendo certo que todos buscarão chegar num bom termo, baseados na boa-fé e no pagamento integral do preço com a maior celeridade possível.

9.4.3. A exclusão de sócio titular da maioria das cotas sociais se operará, necessariamente, por vias judiciais, nos termos da lei.

9.4.4. A alteração do Contrato Social relativa à exclusão de sócio de que trata esta cláusula será válida independentemente da assinatura do sócio excluído, salvo na exclusão do sócio titular de cotas que representem a maioria absoluta do capital social.

PENHORA, ARREMATAÇÃO OU ADJUDICAÇÃO

9.5. Em caso de penhora, arrematação ou adjudicação de cotas por terceiros, estes não farão jus à admissão na Sociedade, exceto se houver anuência de todos os demais sócios remanescentes, sempre por unanimidade.

9.5.1. Não admitido o terceiro, os haveres correspondentes às cotas penhoradas, arrematadas ou adjudicadas serão pagos em moeda corrente nacional, conforme o disposto no item 9.4.2 acima.

CAPÍTULO X - DO EXERCÍCIO SOCIAL

10.1. O exercício social inicia-se em 1° de janeiro e encerra-se em 31 de dezembro de cada ano, data em que serão levantadas as demonstrações financeiras correspondentes, de acordo as determinações legais.

10.1.1. Do lucro apurado em cada exercício serão deduzidos, antes de qualquer outra destinação, a provisão para o Imposto sobre a Renda e os Prejuízos Acumulados.

10.1.2. O saldo que se verificar será distribuído aos sócios, de acordo com deliberação destes acerca da matéria, permitida a sua distribuição desproporcional, ou destinado, no todo ou em parte, à formação de Reservas ou à Conta de Lucros Acumulados, de acordo com a deliberação dos sócios.

10.1.3. O prejuízo do exercício será, obrigatoriamente, absorvido pelos Lucros Acumulados e pelas Reservas de Lucros, nesta ordem. Eventuais prejuízos remanescentes terão o tratamento deliberado pelos sócios.

10.1.4. A Sociedade poderá levantar semestralmente, ou em períodos menores, balanços intercalares, para verificação de resultados, e com base nestes, distribuir lucros ou bonificações.

CAPÍTULO XI - DAS DELIBERAÇÕES DOS SÓCIOS

11.1. Todas e quaisquer deliberações sociais, inclusive as que versarem sobre a exclusão de sócio e a transformação do tipo societário da Sociedade, deverão ser tomadas por deliberação dos sócios que representem a maioria do capital social, salvo quórum específico previsto na legislação em vigor ou neste Contrato Social.

CAPÍTULO XII - DAS DISPOSIÇÕES GERAIS

12.1. A sociedade será regida por este Contrato Social, pelas disposições legais aplicáveis *às* sociedades limitadas, conforme a Lei n. 10.406/2002, e, supletivamente, pela Lei n. 6.404/76 (Lei das Sociedades por Ações).

12.2. Os sócios elegem o foro desta Capital do Estado do Rio Grande do Norte, com preferência a qualquer outro, por mais privilegiado que seja, para dirimir quaisquer dúvidas ou questões oriundas deste Contrato Social.

13.3. Os sócios e administradores declaram, sob as penas da lei, que não estão impedidos de exercer atividades mercantis e/ou a administração da Sociedade, por lei especial, ou em virtude de condenação criminal, ou por se encontrarem sob os efeitos dela, a pena que vede, ainda que temporariamente, o acesso a cargos públicos; ou por crime falimentar, de prevaricação, peita ou suborno, concussão, peculato, ou contra a economia popular, contra o sistema financeiro nacional, contra normas de defesa da concorrência, contra as relações de consumo, fé pública, ou a propriedade."

E, por estarem assim justas e contratadas, as partes assinam o presente instrumento em 4 (quatro) vias de igual forma e teor, na presença de 2 (duas) testemunhas.

FOLHA DE ASSINATURAS DO INSTRUMENTO PARTICULAR DE CONSTITUIÇÃO DA SOCIEDADE EMPRESÁRIA LIMITADA SANTORINI PARTICIPAÇÕES LTDA.

Natal, ____ de ________________ de 2022.

____
Manuel Antônio

____
Veridiana Augusta

____
Teodoro

Por seus representantes legais (PAI E MÃE)

____
Manuela

Testemunhas:

1) Nome:	2) Nome:
RG:	RG:
CPF:	CPF:

____
Visto da Advogada

3) Exemplo de Minuta de Instrumento Particular de Constituição de Sociedade Limitada (*Holding* Pura Ltda. Registrada na Junta Comercial)

INSTRUMENTO PARTICULAR DE CONSTITUIÇÃO DE SOCIEDADE EMPRESÁRIA LIMITADA

GALÁPAGOS PARTICIPAÇÕES LTDA.

Pelo presente instrumento particular, as partes abaixo identificadas e qualificadas:

I.1. Luís Nicolas (qualificação completa e endereço). PAI

I.2. Ana Eugênia (qualificação completa e endereço). MÃE

I.3. Ana Luísa (qualificação completa e endereço). FILHA

têm entre si justa e acertada a constituição da SOCIEDADE empresária limitada, denominada **GALÁPAGOS PARTICIPAÇÕES LTDA.** (doravante SOCIEDADE), que se regerá pelas cláusulas abaixo convencionadas:

"CONTRATO SOCIAL DA SOCIEDADE EMPRESÁRIA LIMITADA GALÁPAGOS PARTICIPAÇÕES LTDA.

CAPÍTULO I - DA DENOMINAÇÃO SOCIAL

1.1. A SOCIEDADE tem a denominação de GALÁPAGOS PARTICIPAÇÕES LTDA., sendo regida por este Contrato Social, pelas disposições legais aplicáveis às sociedades limitadas e, supletivamente, pela Lei n. 6.404/76 (Lei das Sociedades por Ações).

CAPÍTULO II - DA SEDE SOCIAL

2.1. A SOCIEDADE tem sede na rua (...) conjunto (...), na cidade de São Paulo, estado de São Paulo, podendo manter filiais, escritórios e representações em qualquer localidade do território nacional, e atribuir-lhes capital autônomo para os fins de direito.

CAPÍTULO III - DO OBJETO SOCIAL

3.1. A SOCIEDADE tem como objeto social exclusivamente a participação no capital da Sociedade Operacional ATOBÁ LTDA., podendo realizar investimentos com recursos próprios em atividades diversas.

CAPÍTULO IV - DA DURAÇÃO DA SOCIEDADE

4.1. A SOCIEDADE durará por prazo indeterminado.

CAPÍTULO V - DO CAPITAL SOCIAL

5.1. O capital social, neste ato totalmente subscrito e integralizado, é de R$ 1.000.000,00 (um milhão de reais) dividido em 1.000.000 (um milhão) de cotas sociais, no valor nominal de R$ 1,00 (um real) cada uma, distribuídas entre os sócios, conforme segue:

(a) Luís Nicolas (nome completo) detém 759.000 (setecentos e cinquenta e nove mil) cotas, no valor nominal de R$ 1,00 (um real) cada uma, totalizando o valor de R$ 759.000,00 (setecentos e cinquenta e nove mil reais);

(b) Ana Eugênia (nome completo) detém 240.000 (duzentas e quarenta mil) cotas, no valor nominal de R$ 1,00 (um real) cada uma, totalizando o valor de R$ 240.000,00 (duzentos e quarenta mil reais);

(c) Ana Luísa (nome completo) detém 1.000 (mil) cotas, no valor nominal de R$ 1,00 (um real) cada uma, totalizando o valor de R$ 1.000,00 (um mil reais);

(*QUADRO*)

Sócio	**Cotas**	**%**	**Valor (R$)**
Luís Nicolas	759.000	75,9	759.000,00
Ana Eugênia	240.000	24	240.000,00
Ana Luísa	1.000	0,1	1.000,00
TOTAL	1.000.000	100	1.000.000,00

5.2. O Sócio Luís Nicolas integraliza neste ato as suas cotas sociais mediante a conferência, à SOCIEDADE, de 1.000.000 (um milhão) de cotas da Empresa Operacional ATOBÁ LTDA. Todos os sócios, de comum acordo, atribuem às cotas o valor de R$ 1.000.000,00 (um milhão de reais), que corresponde a 1/3 (um terço) da soma do capital social da Empresa Operacional ATOBÁ LTDA. (ao seu valor patrimonial líquido naquela sociedade). Na forma do art. 1.055, § 1°, do Código Civil, todos os sócios se responsabilizam solidariamente pela exata estimação de valor das cotas conferidas à integralização do capital social.

5.3. As Sócias Ana Eugênia e Ana Luísa integralizam, neste ato, suas cotas sociais em moeda corrente do País.

5.4. A responsabilidade dos sócios é restrita ao valor de suas cotas, mas todos respondem solidariamente pela integralização do capital social.

5.5. As cotas representativas do capital social são indivisíveis em relação à SOCIEDADE, e cada uma delas confere ao seu titular direito a apenas um voto nas deliberações sociais.

5.6. É vedado aos Sócios dar suas cotas em fiança, penhor, penhora, caução ou garantia de qualquer natureza, em favor de terceiros, salvo com a expressa anuência de cotistas detentores de 4/5 (quatro quintos) das cotas sociais.

CAPÍTULO VI - DA ADMINISTRAÇÃO E REPRESENTAÇÃO DA SOCIEDADE

6.1. A gestão dos negócios sociais em geral e a prática, para tanto, de todos os atos necessários ou convenientes a esse fim, assim como a sua representação em juízo ou fora dele, ativa ou passivamente, especialmente nas deliberações sociais da Empresa Operacional ATOBÁ LTDA. e, em geral, perante quaisquer terceiros, repartições públicas ou autoridades federais, estaduais ou municipais, bem como autarquias, sociedades de economia mista, entidades paraestatais e instituições financeiras, competirá ao Sócio (pai), já qualificado anteriormente, na qualidade de Sócio Administrador.

6.2. O Sócio Administrador poderá constituir procuradores para representar a SOCIEDADE na prática de determinados atos, devendo a procuração ser por tempo determinado e especificar taxativamente os atos a serem praticados.

6.3. Na ausência, impedimento, interdição ou morte do Sócio Luís Nicolas, a Sócia Ana Eugênia assumirá automaticamente a função de Sócia Administradora, com todos os poderes conferidos ao administrador neste capítulo. E, na falta de ambos, assume a Sócia Ana Luísa, na mesma função de Sócia Administradora e com os mesmos poderes conferidos ao administrador neste capítulo.

6.4. São expressamente vedados, sendo nulos e inoperantes com relação à SOCIEDADE, os atos de quaisquer dos sócios, Administrador, procuradores ou funcionários, que a envolverem em obrigações relativas a negócios ou operações estranhas ao objeto social, tais como fianças, avais, endossos ou quaisquer outras garantias em favor de terceiros.

6.5. Cabe, ainda, ao Sócio Administrador, com plenos poderes, a constituição de procuradores para a SOCIEDADE e a determinação dos poderes que a estes serão conferidos e o estabelecimento do prazo de duração dos respectivos mandatos.

6.6. O Sócio Administrador fica dispensado de prestar caução para o exercício de seu cargo.

6.7. O Sócio Administrador receberá a remuneração que for fixada pela maioria dos sócios.

CAPÍTULO VII - REUNIÕES E DELIBERAÇÕES DE SÓCIOS

7.1. Os Sócios se reunirão obrigatoriamente, ao menos uma vez no ano, no primeiro quadrimestre do ano civil, para deliberação e aprovação das contas referentes ao exercício anterior, consistentes dos demonstrativos financeiros obrigatórios, bem como do balanço patrimonial, mediante convocação efetivada pelo Sócio Administrador para tal fim, por escrito, com 30 (trinta) dias de antecedência e especificando o dia, a hora e o local da Reunião, colocando-se, no mesmo prazo, os documentos e demonstrativos à disposição dos mesmos.

7.2. Quando necessário, e a qualquer tempo, os Sócios se reunirão, extraordinariamente, observado o mesmo procedimento para convocação da reunião do item 7.1, mediante convocação, por escrito, de qualquer dos sócios, com antecedência mínima de 48 (quarenta e oito) horas, formalidade essa que fica dispensada na hipótese de comparecimento de todos os sócios.

7.3. As convocações para as reuniões de sócios deverão ser feitas na forma dos itens 7.1 e 7.2, mas poderão ser dispensadas se estiverem presentes os Sócios representando a totalidade do Capital Social, sendo que, para que as reuniões possam se instalar, é necessária a presença de Sócios que representem a maioria votante do Capital Social.

7.4. A reunião torna-se dispensável quando todos os sócios decidirem, por escrito, sobre a matéria que seria objeto de deliberação.

7.4.1. Qualquer Sócio poderá ser representado por procurador, sendo então considerado presente à Reunião, desde que este seja sócio ou advogado, e, se pessoa jurídica, por seu representante legal ou procurador, ao qual será obrigatoriamente outorgado mandato com os poderes específicos para tal ato, que deverá ser arquivado juntamente com a ata, perante o Registro Público de Empresas Mercantis.

7.5. Para a aprovação das seguintes matérias serão necessários os votos favoráveis de Sócios representando, no mínimo, 76% (setenta e seis por cento) das cotas do capital social[73].

(a) alienação ou oneração de bens de ativo permanente da SOCIEDADE, especialmente as cotas de capital da Sociedade Operacional ATOBÁ LTDA.;

(b) aquisição, a qualquer título, de bens que não sejam cotas da Sociedade Operacional ATOBÁ LTDA. ou direitos a elas relativos;

(c) contratação de consórcios de sociedades ou 'joint ventures';

[73] Matérias que precisam da aprovação da mãe.

(d) constituição de obrigações, empréstimos, garantias acima de R$ 500.000,00 (quinhentos mil reais), reajustados, a partir da presente data, pela variação do IGP/M, medido pela Fundação Getulio Vargas;

(e) distribuição de lucros, juros sobre o capital próprio e dividendos;

(f) eleição de novos administradores.

7.6. As demais deliberações sociais, inclusive as que versarem sobre o exercício de voto nas Empresas Operacionais Controladas, bem como a exclusão de sócio e a transformação do tipo societário da SOCIEDADE, deverão ser tomadas por deliberação dos sócios que representem a maioria do capital social, salvo quórum específico previsto na legislação em vigor ou neste Contrato Social.

7.7. As reuniões dos sócios serão presididas e secretariadas por quaisquer pessoas, livremente escolhidas pelos Sócios presentes, que terão a obrigação de respeitar e dar validade às deliberações tomadas em atenção a este Contrato e nos termos das vinculações previstas em Acordo de Cotistas e outros documentos validamente firmados.

7.8. Das reuniões serão lavradas atas, as quais serão arquivadas na sede social da SOCIEDADE e, quando exigido pela legislação aplicável, levadas a registro perante o Registro Público de Empresas Mercantis e publicadas, em até 20 (vinte) dias, e as deliberações deverão ser aprovadas pelos sócios, representando, no mínimo, 75% (setenta e cinco por cento) do Capital Social, correspondendo a cada cota do Capital Social um voto, ressalvadas as matérias cujo quórum especial seja previsto neste contrato ou na legislação aplicável.

7.9. O Sócio Administrador deverá manter, na sede da SOCIEDADE e com os devidos registros, o Livro de Atas de Reuniões de Sócios, além dos demais livros obrigatórios, fiscais e societário, determinados pela legislação aplicável.

CAPÍTULO VIII - DO DIREITO DE PREFERÊNCIA

8.1. A transferência de cotas desta SOCIEDADE entre os seus Sócios respeitará, mutuamente e nas respectivas proporções de participação, o direito de preferência dos demais, mediante convocação de Reunião de Sócios para tal fim, respeitado o previsto no Capítulo VI *supra*.

8.2. Caso algum ou alguns dos Sócios ('Sócio Ofertante') deseje(m) transferir, a qualquer título, direta ou indiretamente, no todo ou em parte, a terceiros, as suas cotas sociais ou quaisquer direitos a elas relativos, deverá(ão) dar preferência aos demais Sócios, para adquiri-las, em paridade de condições em relação a eventual proposta desses terceiros.

8.3. Para tanto, deverá(ão) comunicar, por escrito, aos demais Sócios, sua intenção de ceder e transferir as cotas, indicando o valor do crédito a ser transferido, o nome e a qualificação do interessado (TERCEIRO), o preço, a forma de pagamento e demais condições.

8.4. Qualquer um dos demais Sócios ('Sócio Ofertado') terá(ão) o prazo de 30 (trinta) dias, a contar do recebimento da correspondência prevista no item 8.3 *supra*, para manifestar o seu interesse na aquisição. Sendo positiva a manifestação, operar-se-á, de imediato, a transferência das cotas, devendo o Sócio que exerceu a preferência pagar o preço nas mesmas condições em que pagaria o TERCEIRO;

8.5. Caso mais de um Sócio Ofertado exerça o direito de preferência, a aquisição de cotas será repartida proporcionalmente entre eles.

8.6. Não manifestando nenhum dos Sócios Ofertados interesse na aquisição das cotas, no prazo de trinta dias, o Sócio Ofertante estará livre para transferi-las ao TERCEIRO, pelo preço e condições combinadas, no prazo de 30 (trinta) dias.

8.7. Vencido esse prazo sem que se concretize a transferência, caso haja, novamente, interesse em transferir as cotas, será necessário conceder, novamente, o direito de preferência aos demais Sócios, repetindo-se toda a operação.

8.8. Serão nulas, de pleno direito, todas e quaisquer transferências de cotas feitas (i) sem respeitar o direito de preferência ou (ii) em condições diversas das comprovadamente comunicadas por escrito na forma prevista neste Capítulo.

8.9. Qualquer que seja a modalidade do negócio jurídico que implique em transferência direta ou indireta a terceiros, mesmo que não envolva pagamento em pecúnia (caso de permuta, subscrição de capital etc.), será obrigatória, sob pena de nulidade do negócio, a concessão de direito de preferência, pelo Sócio Ofertante, aos Sócios Ofertados, expressando em moeda nacional o valor do negócio jurídico, para os fins previstos na presente cláusula.

8.10. Os Sócios ficam dispensados das disposições previstas na presente Cláusula, nas hipóteses de transferência das cotas a ascendentes ou descendentes, em linha reta, sendo, porém, obrigatória a comunicação prévia à SOCIEDADE, com antecedência de 30 (trinta) dias, sob pena de ineficácia do negócio jurídico.

CAPÍTULO IX - DA DISSOLUÇÃO, RETIRADA, EXCLUSÃO E FALECIMENTO

9.1. A SOCIEDADE considerar-se-á dissolvida, entrando em liquidação, por qualquer dos motivos previstos em lei, ou por deliberação de sócios, representando pelo menos 4/5 (quatro quintos) do capital social.

9.2. Em caso de liquidação ou dissolução total da SOCIEDADE, o liquidante, Sócio ou não, será eleito pela maioria votante dos sócios. Nessa hipótese, os haveres da SOCIEDADE serão empregados na liquidação das obrigações, respeitados os direitos dos credores preferenciais, e o remanescente será rateado entre os Sócios, em proporção ao número de cotas de cada um.

9.3. O liquidante convocará Reunião dos sócios para prestação de contas, cuja ata deverá ser publicada e averbada.

9.4. Em caso de falecimento, ausência ou interdição de um dos sócios, o cônjuge-meeiro, os herdeiros, legatários ou o curador somente substituirão o falecido, interdito ou ausente, na SOCIEDADE, mediante prévio e expresso consentimento dos sócios representando a totalidade do capital social remanescente. Não sendo admitidos na SOCIEDADE o cônjuge, os herdeiros, os legatários ou o curador, a participação do sócio falecido, ausente ou interdito, terá o tratamento previsto abaixo, nos itens 9.7 e seguintes.

9.5. É reconhecido aos sócios que representem a maioria do capital social o direito de, em reunião especialmente convocada para esse fim, promover a exclusão de sócio nos seguintes casos: (a) violação de cláusula contratual e/ou falta de cumprimento dos deveres sociais; (b) comprometimento, por atos ou omissões, do andamento normal da SOCIEDADE, ou do desenvolvimento e expansão dos negócios sociais; (c) desarmonia em relação aos sócios representando a maioria do capital social, com efeitos negativos para a SOCIEDADE; (d) prática de atos que impeçam ou dificultem a condução normal dos negócios sociais; (e) ingresso em juízo contra a SOCIEDADE; ou, (f) ocorrência de qualquer outro motivo justo para exclusão.

9.6. O sócio passível de exclusão deverá ser cientificado com antecedência de, no mínimo, 15 (quinze) dias da realização da reunião que deliberará sobre tal matéria, para que possa comparecer e, querendo, apresentar sua defesa.

APURAÇÃO DE HAVERES - FALECIMENTO, AUSÊNCIA, INTERDIÇÃO OU RETIRADA

9.7. Nos casos de morte, ausência declarada, interdição ou retirada de quaisquer dos sócios, a apuração dos haveres será regularmente realizada em conformidade com o balanço patrimonial e demonstrações financeiras especialmente levantados, e tendo como base 3 (três) vezes o EBITDA da Sociedade Operacional ATOBÁ LTDA., somado ao valor venal de referência ou valor de marcado, o maior deles, dos eventuais imóveis do ativo da *Holding*, para posterior pagamento ao sócio retirante ou excluído, seus herdeiros ou representantes legais, em 48 (quarenta e oito) parcelas mensais e sucessivas, a primeira delas vencendo-se após 30 (trinta) dias a contar daquela data, corrigidas anualmente pelo IGPM, ou por índice que venha a substituí-lo, acrescidas de juros de 3% (três por cento a.a.).

9.8. A morte, ausência declarada, interdição ou retirada de quaisquer dos sócios não dissolverá a SOCIEDADE, que continuará com o(s) sócio(s) remanescente(s), em conformidade com as disposições deste Capítulo.

9.9. Ficando o quadro social reduzido a apenas 1 (um) sócio, proceder-se-á a sua recomposição em até 180 (cento e oitenta) dias, contados da data da respectiva deliberação, ou a transformação da GALÁPAGOS PARTICIPAÇÕES LTDA. em Sociedade Limitada Unipessoal (SLU), conforme a Lei n. 13.874/2019.

PENHORA, MEAÇÃO E ARREMATAÇÃO OU ADJUDICAÇÃO

9.10. Em caso de meação, penhora, arrematação ou adjudicação, por terceiros, das cotas sociais, estes não farão jus à admissão na SOCIEDADE, exceto se houver anuência de todos os demais sócios por unanimidade.

9.11. Não admitido o terceiro, os haveres correspondentes às cotas penhoradas, arrematadas ou adjudicadas serão apurados mediante balanço especialmente levantado na data da ocorrência, e baseado no patrimônio líquido contábil da Empresa GALÁPAGOS LTDA., e deverão ser pagos em 36 (trinta e seis) parcelas mensais e sucessivas, a primeira delas vencendo-se após 30 (trinta) dias a contar da data para o exercício do referido direito, acrescidas de atualização monetária anual pelo IPCA ou IGPM, o menor deles. A presente disposição se aplica, igualmente, ao caso de penhora, arrematação ou adjudicação das cotas do capital das sócias, pessoas jurídicas, caso em que os haveres destas na SOCIEDADE serão apurados e pagos na forma desta Cláusula.

CAPÍTULO X – DO EXERCÍCIO SOCIAL

10.1. O exercício social inicia-se em 1° de janeiro e encerra-se em 31 de dezembro de cada ano, data em que serão levantadas as demonstrações financeiras correspondentes, de acordo com as determinações legais.

10.2. Do lucro apurado em cada exercício serão deduzidos, antes de qualquer outra destinação, a provisão para o Imposto sobre a Renda e os Prejuízos Acumulados.

10.3. O saldo que se verificar será distribuído aos sócios, de acordo com deliberação destes acerca da matéria, permitida a sua distribuição desproporcional, ou destinado, no todo ou em parte, à formação de Reservas ou à Conta de Lucros Acumulados, de acordo com a deliberação dos sócios.

10.4. O prejuízo do exercício será, obrigatoriamente, absorvido pelos Lucros Acumulados e pelas Reservas de Lucros, nesta ordem. Eventuais prejuízos remanescentes terão o tratamento deliberado pelos sócios.

10.5. A SOCIEDADE poderá semestralmente, ou em períodos menores, levantar balanços intercalares, para verificação de resultados, e, com base nestes, distribuir lucros ou bonificações.

CAPÍTULO XI – DAS DISPOSIÇÕES GERAIS

11.1. Os sócios elegem o foro desta Capital do Estado do Rio de Janeiro, com preferência a qualquer outro, por mais privilegiado que seja, para dirimir quaisquer dúvidas ou questões oriundas deste Contrato Social.

11.2. Os sócios e administradores declaram, sob as penas da lei, que não estão impedidos de exercer atividades mercantis e/ou a administração da SOCIEDADE, por lei especial, ou em virtude de condenação criminal, ou por se encontrarem sob os efeitos dela, a pena que vede, ainda que temporariamente, o acesso a cargos públicos; ou por crime falimentar, de prevaricação, peita ou suborno, concussão, peculato, ou contra a economia popular, contra o sistema financeiro nacional, contra normas de defesa da concorrência, contra as relações de consumo, fé pública, ou a propriedade."

E, por estarem assim justas e contratadas, as partes assinam o presente instrumento em 6 (seis) vias de igual forma e teor, na presença de 2 (duas) testemunhas infra-assinadas.

Rio de Janeiro, data.

LUÍS NICOLAS

ANA EUGÊNIA

ANA LUÍSA

Visto da Advogada:

Testemunhas:

1) Nome:
RG:
CPF:

2) Nome:
RG:
CPF:

4) Exemplo de Minuta de Acordo de Cotistas (de sócios de *holding* pura controladora de empresa operacional)

ACORDO DE COTISTAS DA EMPRESA ALASKA LTDA.

Por este instrumento particular e melhor forma de Direito, as "Partes" a seguir qualificadas:

I. (A) (nome e qualificação completa - tronco familiar 1);
(B) (nome e qualificação completa - tronco familiar 2);
(C) (nome e qualificação completa - tronco familiar 3);
(D) (nome e qualificação completa - tronco familiar 4);

doravante denominadas, quando em conjunto, "Partes" e

II. Como interveniente anuente:

ALASKA LTDA. (qualificação completa, CNPJ, sede), neste ato representada nos termos de seu Contrato Social, doravante denominada "Empresa";

Considerando que signatários deste Acordo são titulares da totalidade das Cotas da "Empresa";

Considerando que as Partes desejam formalizar os ajustes que fizeram entre si, referentes às regras e aos procedimentos que devem prevalecer nas suas relações enquanto cotistas da "Empresa";

Resolvem firmar o presente Acordo de Cotistas ("Acordo de Cotistas"), nos seguintes termos e condições:

I. PRINCÍPIOS FUNDAMENTAIS DA EMPRESA

Cláusula 1ª - As Partes deverão exercer seu direito de voto e poder de controle de boafé, de modo a garantir que as atividades da Empresa sejam pautadas pelos seguintes princípios básicos e premissas:

(i) Os negócios sociais devem ser conduzidos em consonância com as políticas internas e o Código de Ética da Empresa;

(ii) As decisões estratégicas no que tange à Empresa deverão ter como objetivos básicos a lucratividade, a sustentabilidade e a criação de valor para seus sócios;

(iii) A gestão dos negócios da Empresa será exercida por profissionais independentes, capacitados, experientes e éticos, que atendam às qualificações técnicas necessárias para os cargos por eles ocupados e estejam alinhados com as crenças e valores da Empresa;

(iv) A administração da Empresa deverá buscar altos níveis de lucratividade, eficiência e competitividade, respeitando sempre o compromisso de ser um agente de promoção de desenvolvimento econômico, ambiental e social;

(v) As decisões estratégicas da Empresa, a condução dos negócios sociais pelo melhor interesse da Empresa, buscando garantir uma política consistente de valorização da Empresa;

(vi) A política de recursos humanos da Empresa deverá ter como objetivos primordiais o crescimento sustentável de seus negócios em consideração à sua missão e valores, e o desenvolvimento e a implementação de novos projetos com a constante reafirmação dos compromissos econômicos, ambientais e sociais assumidos pela Empresa junto às comunidades em que atua;

(vii) As relações comerciais e os negócios em geral da Empresa deverão sempre ser contratados em atendimento ao princípio da boa-fé e tendo em vista, primordialmente, o interesse da Empresa e a compatibilidade com condições e práticas equitativas às de mercado, verificadas à época da contratação de tais negócios;

(viii) Os negócios entre a Empresa, de um lado, e quaisquer das Partes, de outro, somente deverão ser contratados com o conhecimento e a anuência por escrito de todos os demais sócios;

(ix) Eventuais relações comerciais entre a Empresa, as Partes, seus descendentes, ascendentes e demais familiares até 3° grau serão conduzidas em condições de mercado e sempre respeitando os padrões de conduta estabelecidos pelas Partes, bem como aqueles estabelecidos na legislação e regulamentação aplicável.

II. DAS COTAS ABRANGIDAS NESTE ACORDO

Cláusula 2ª - Este Acordo de Cotistas, durante toda a sua vigência, abrange a totalidade das Cotas da Empresa de que as Partes são ou venham a ser titulares, a qualquer título, e, ainda, todos os direitos a elas inerentes.

Parágrafo 1° - Cada uma das Partes declara, individualmente: (i) ser titular e legítimo possuidor das Cotas da Empresa; (ii) que as Cotas encontramse livres e desembaraçadas de quaisquer ônus ou gravames, judiciais ou extrajudiciais, dívidas ou obrigações de qualquer natureza; e (iii) não existir qualquer procedimento judicial, administrativo ou fiscal que possa, de qualquer forma, ainda que indiretamente, afetar as Cotas de sua propriedade.

Parágrafo 2° - A transferência, a qualquer título, das Cotas da Empresa, direta ou indiretamente, e a cessão de quaisquer direitos a elas inerentes só poderão ocorrer com plena e integral observância deste Acordo de Cotistas e desde que o adquirente ou cessionário o subscreva integralmente e sem restrições.

Parágrafo 3° - Nenhuma Parte poderá constituir penhor, caução ou qualquer outro direito real, de forma direta ou indireta, sobre suas Cotas em garantia de qualquer dívida, própria ou de terceiros, salvo se autorizado, por escrito, por todas as demais Partes subscritoras desse Acordo.

Parágrafo 4° - As partes se comprometem a alterar o contrato social da Empresa a fim de fazer nele constar a existência deste Acordo de Cotistas, em até 30 (trinta) dias da assinatura desse Acordo.

III. DO DIREITO DE PREFERÊNCIA

Cláusula 3ª - A Parte que pretender alienar suas Cotas, no todo ou em parte, obrigase a notificar sua intenção por escrito às demais Partes, bem como dar às Partes preferência para aquisição de todas as Cotas a serem alienadas, na forma e nos termos dos parágrafos abaixo.

Para os fins deste Acordo de Cotistas, o termo "Alienar" ou "Alienação" significa alienar, vender, ceder, transferir, conferir ao capital, instituir usufruto ou fideicomisso, dispor, cancelar ou substituir as Cotas, de qualquer forma, direta ou indiretamente, a título gratuito ou oneroso, ou por meio de qualquer outro negócio jurídico que resulte na transferência direta ou indireta da titularidade e direitos das Cotas.

Parágrafo 1° - A notificação prevista no *caput* desta Cláusula deverá informar o preço por cota e os demais termos e condições pelos quais a Parte alienante pretende aliená-las.

Parágrafo 2° - O exercício do direito de preferência deverá ser manifestado pela Parte interessada em exercê-lo, por escrito, em até 30 (trinta) dias, contados do recebimento da notificação da Parte alienante.

Parágrafo 3° - Caso não seja exercido o direito de preferência por nenhuma das Partes, a Parte alienante poderá alienar as Cotas ofertadas ao terceiro interessado nas mesmas condições previstas na notificação enviada às demais Partes, desde que o faça no prazo de até 90 (noventa) dias, contados da data do envio da notificação de sua intenção de Alienar Cotas.

Parágrafo 4° - Após o decurso de tal prazo sem a efetivação da Alienação, a Parte que desejar Alienar Cotas deverá, observando o mesmo procedimento, conceder novamente o direito de preferência previsto nesta Cláusula às Partes signatárias deste Acordo.

Parágrafo 5° - Caso mais de uma Parte deseje adquirir as Cotas ofertadas nos termos desta Cláusula, o direito de preferência será exercido na proporção da participação de cada uma das Partes no capital social da Empresa.

Parágrafo 6º – Exercido o direito de preferência a que se refere esta Cláusula, o preço de aquisição a ser pago pela(s) Parte(s) será o mesmo, no mesmo prazo e nas mesmas condições, constantes da notificação a que se refere o *caput* desta Cláusula, desde que a Parte que desejar Alienar Cotas informe, por escrito, o nome do potencial comprador, no prazo de 7 (sete) dias contados da manifestação da(s) Parte(s) acerca do exercício do direito de preferência, e comprove para a(s) Parte(s) que a oferta foi feita por terceiro: (i) que não seja competidor da Empresa, suas coligadas ou controladas; (ii) que não seja empresa controlada, controladora ou coligada da Parte que deseja Alienar Cotas; (iii) que não seja parente ou cônjuge de parentes, até o terceiro grau da Parte; e (iv) que não mantenha qualquer relação comercial, profissional ou pessoal, duradoura com a Parte, ressalvado o disposto no parágrafo 7º abaixo.

Parágrafo 7º – O direito de preferência previsto nesta Cláusula não se aplica à Alienação de Cotas de propriedade de Cotista Pessoa Jurídica (i) para seus herdeiros, sucessores, cônjuges e companheiros; ou (ii) que venha a ser aprovada por escrito pela unanimidade dos Cotistas Partes neste Acordo.

Parágrafo 8º – Na hipótese de descumprimento da obrigação de pagamento prevista no parágrafo 6º acima, a(s) Parte(s) que tiver(em) exercido o direito de preferência nos termos desta Cláusula estarão sujeitas ao pagamento de multa não compensatória equivalente a 10% (dez por cento) do valor total a ser pago pelas Cotas em razão do exercício do direito de preferência.

Parágrafo 9º – Qualquer Alienação de Cotas que viole o disposto nesta Cláusula ou qualquer outra disposição deste Acordo de Cotistas será nula e ineficaz perante a Empresa e as demais Partes.

IV. DA OBRIGAÇÃO DE VENDA CONJUNTA (*DRAG ALONG*)

Cláusula 4ª – As Partes que, em conjunto, sejam titulares de, no mínimo, 51% (cinquenta e um por cento) das Cotas ("Partes do *Drag Along*"), e que desejem alienar a totalidade das mesmas a terceiros (não relacionados com as Partes), terão o direito de exigir que quaisquer das demais Partes alienem, em conjunto com as Partes do *Drag Along*, a totalidade das cotas de que são titulares, pelo mesmo preço e nas mesmas condições, considerando-se o preço por cota.

Para os fins deste Acordo de Cotistas, o termo "*Drag Along*" significa o direito de determinar a venda conjunta das cotas das Partes, e o termo "Partes do *Drag Along*" significa as Partes que podem exercer o direito de determinar a venda conjunta das cotas.

Parágrafo 1º – Para o exercício do direito de *Drag Along* previsto nesta Cláusula, as Partes do *Drag Along* deverão enviar à(s) outra(s) Parte(s) notificação neste sentido, informando o nome do potencial comprador, o preço por cota, bem como os demais termos e condições pelos quais desejam Alienar suas Cotas.

Parágrafo 2° - A(s) outra(s) Parte(s) deverá(ão), no prazo de 30 (trinta) dias contados do recebimento da notificação a que se refere o parágrafo 1° acima, responder se deseja(m) exercer o direito de preferência a que se refere a Cláusula 3ª acima (Direito de Preferência), para adquirir a totalidade das cotas das Partes do *Drag Along*, pelo preço por cota constante da notificação para efeito do *Drag Along*.

Parágrafo 3° - No caso de resposta negativa ou de ausência de resposta no prazo aqui previsto, as Partes do *Drag Along* poderão efetivar a venda da totalidade das cotas, nas mesmas condições previstas na notificação a que se refere o parágrafo 1° acima, obrigandose a(s) outra(s) Parte(s) sobre cujas cotas o direito de *Drag Along* foi exercido a praticar todos os atos necessários à efetivação da Alienação de suas Cotas. Na hipótese de descumprimento da obrigação de fazer prevista neste parágrafo, a(s) Parte(s) estarão sujeitas ao pagamento de multa não compensatória equivalente a 10% (dez por cento) do valor total a ser pago.

Parágrafo 4° - Se as Partes do *Drag Along* não efetivarem a Alienação dentro de até 60 (sessenta) dias contados da data de término do prazo a que se refere o parágrafo 2° acima, as Partes do *Drag Along* não poderão Alienar as Cotas sem novamente atender às exigências e ao procedimento previstos neste Acordo de Cotistas.

Parágrafo 5° - A obrigação de venda conjunta prevista nesta Cláusula não se aplica na hipótese de Alienação de Cotas, a qualquer título, para seus herdeiros, sucessores, cônjuges e/ou companheiros.

V. DO DIREITO DE VENDA CONJUNTA (*TAG ALONG*)

Cláusula 5ª - A alienação direta ou indireta de controle da Empresa somente pode ser contratada sob a condição suspensiva ou resolutiva de que o Adquirente do Controle se obrigue a comprar as cotas da Empresa de titularidade dos demais sócios signatários desse acordo, por meio de uma Notificação de Oferta, de forma a lhes assegurar tratamento igualitário àquele dado ao alienante.

Parágrafo 1° - Para os fins desta cláusula, entende-se por controle e seus termos correlatos qualquer percentual societário maior ou igual a 40% (quarenta por cento) das cotas da Empresa, de forma direta ou indireta, de fato ou de direito.

Parágrafo 2° - A obrigação prevista nesta cláusula se aplica à Alienação de Controle por meio de uma única operação ou por operações sucessivas, e o preço a ser considerado para a aquisição deverá ser o maior pago em qualquer operação.

Parágrafo 3° - A aquisição deve observar o mesmo preço, prazos e condições oferecidos para o sócio ou grupo de sócios Alienantes do Controle quando a alienação for contratada em uma única operação.

Parágrafo 4° - Respeitados os termos e condições deste Acordo, quando do recebimento de uma Notificação de Oferta, cada Cotista Ofertado terá o direito de exigir que a Alienação de Cotas em questão (Controle da Empresa) englobe também as cotas de sua titularidade na mesma proporção das Cotas da(s) Parte(s) Alienante(s), no prazo de 30 (trinta) dias contados do recebimento da Notificação de Oferta a que se refere o *caput* da cláusula 6ª acima, por meio de uma Notificação de Resposta, por escrito, através de Cartório de Títulos e Documentos.

Parágrafo 5° - No caso de resposta negativa ou de ausência de resposta no prazo acima previsto (parágrafo 4°), as Partes Alienantes poderão efetivar a venda das suas cotas de controle, nas mesmas condições previstas na Notificação de Oferta de Exercício de Direito de Venda Conjunta (*Tag Along*) a que se refere o *caput* da cláusula 6ª acima.

Parágrafo 6° - Se os Alienantes não efetivarem a Alienação dentro de até 90 (noventa) dias contados da data de término do prazo a que se refere o parágrafo 4° acima, as Partes não poderão Alienar suas Cotas sem novamente atender às exigências e ao procedimento previstos neste Acordo de Cotistas.

Parágrafo 7° - Se um ou mais cotistas Ofertados exercerem seu Direito de Venda Conjunta (exercício do *Tag Along*), deverão aderir integralmente aos termos da Alienação de Controle, observadas as mesmas condições aplicáveis aos Alienantes. Caso a forma de pagamento pelas cotas Ofertadas, nos termos da proposta recebida pelos Alienantes, seja em bens e/ou direitos em qualquer percentual em relação ao valor total das cotas ofertadas, e não somente pagamento em moeda corrente nacional, cada cotista Ofertado, se vier a exercer seu Direito de Venda Conjunta (exercício do *Tag Along*), poderá optar por receber a totalidade do seu percentual em moeda corrente nacional.

Parágrafo 8° - O exercício do Direito de Venda Conjunta (exercício do *Tag Along*) será irrevogável e irretratável. Caso qualquer cotista Ofertado exerça o Direito de Venda Conjunta (exercício do *Tag Along*), este deverá tomar ou fazer com que sejam tomadas as providências necessárias ou razoavelmente desejáveis para a célere consumação da venda efetuada nos termos desta Cláusula 6ª, obrigando-se, neste ato, a celebrar e a entregar quaisquer instrumentos razoavelmente especificados pelo(s) Cotista(s) Alienante(s).

Parágrafo 9° - O Direito de Venda Conjunta (exercício do *Tag Along*) previsto nesta Cláusula não se aplica na hipótese de Alienação de Cotas, a qualquer título, para seus herdeiros, sucessores, cônjuges e/ou companheiros.

VI. DA OPÇÃO DE VENDA (*PUT*)

Cláusula 6ª – Nos casos abaixo listados, o cotista A terá uma Opção de Venda irrevogável e irretratável para alienar a totalidade, e não menos que a totalidade, das Cotas de sua titularidade ao Cotista B, que terá a obrigação de compra da participação do Cotista A.

Parágrafo 1° – Condições do Exercício da Opção de Venda. O exercício da Opção de Venda está condicionado à ocorrência de qualquer uma das seguintes hipóteses, isolada ou cumulativamente, a qualquer tempo:

(a) A renúncia, destituição ou saída do Sócio B do cargo de administrador da Empresa; e/ou

(b) A transferência ou oneração de parte ou da totalidade das cotas do Sócio B (ou dos direitos sobre elas) sem o prévio e expresso consentimento do Sócio A; e/ou

(c) O não pagamento de dividendos pela Empresa por mais de dois exercícios sociais consecutivos.

Parágrafo 2° – Notificação de Exercício da Opção de Venda. Fica desde já acordado entre os Cotistas A e B que a Opção de Venda constante desta cláusula poderá ser exercida a qualquer tempo, se ocorrer qualquer das Condições de Exercício da Opção de Venda, mediante o envio de correspondência escrita ao Sócio B, e as demais Partes nesse Acordo, dentro do prazo de até 90 (noventa) dias da data da ciência da verificação de qualquer das condições acima referidas (Condições do Exercício da Opção de Venda).

Parágrafo 3° – Enviada a Notificação de Exercício de Opção de Venda, qualquer das demais Partes nesse Acordo também terá o direito de adquirir, proporcionalmente à sua participação no capital da Empresa, mediante notificação aos demais Cotistas dentro do prazo máximo de 30 (trinta) dias, devendo as Cotas objeto da Opção de Venda ser transferidas aos Cotistas que exercerem a referida opção, na proporção de suas participações no capital social da Companhia, nos termos da cláusula 3ª deste Acordo (exercício do Direito de Preferência).

Parágrafo 4° – Preço da Opção de Venda. Se qualquer das Condições de Exercício da Opção de Venda for implementada, e houver o exercício de referida opção de venda, o preço a ser pago pelo cotista B e/ou qualquer das Partes interessadas signatária desse Acordo será apurado pela administração da Empresa no prazo de 30 (trinta) dias a contar do exercício da Opção de Venda e corresponderá ao resultado da multiplicação: (i) do percentual de Cotas representativas do capital social da Empresa detidas pelo Cotista A na data do exercício da Opção de Venda; (ii) pelo *Valuation* da Empresa pelo "Valor Econômico", qual seja, o valor da Empresa e de suas Cotas que vier a ser determinado por empresa especializada, mediante a utilização de metodologia reconhecida (fluxo de caixa descontado e múltiplos).

Parágrafo 5° - O Preço da Opção de Venda apurado na forma do parágrafo 4° acima será pago em até 5 (cinco) parcelas anuais, iguais e consecutivas, vencendo-se a primeira parcela no prazo de 30 (trinta) dias a contar da data de apuração do Preço da Opção de Venda, e as seguintes no mesmo dia dos anos subsequentes. Cada parcela do Preço da Opção de Venda será corrigida pelo CDI a partir da data da apuração do Preço da Opção Venda até a data do seu efetivo pagamento.

VII. DA OPÇÃO DE COMPRA (*CALL*)

Cláusula 7ª - No caso listado no parágrafo 1° abaixo, o cotista B terá uma Opção de Compra irrevogável e irretratável para adquirir a totalidade, e não menos que a totalidade, das Cotas de titularidade do Cotista A, que terá a obrigação de venda da sua participação do Cotista B.

Parágrafo 1° - Condições do Exercício da Opção de Compra. O exercício da Opção de Compra pode ser exercício após 10 (dez) anos a contar da data da assinatura desse Acordo.

Parágrafo 2° - O preço de aquisição no Exercício da Opção de Compra deverá ser o maior valor entre: (i) 125% (cento e vinte e cinco por cento) do preço justo, entendido como preço justo o valor de avaliação da Empresa, apurado com base nos critérios de patrimônio líquido avaliado a preço de mercado; ou (ii) o "Valor Econômico", entendido como o fluxo de caixa descontado, que vier a ser determinado por empresa especializada, escolhida de comum acordo entre os Cotistas A e B.

Parágrafo 3° - O Preço da Opção de Compra apurado na forma do parágrafo 2° acima será pago em até 4 (quatro) parcelas anuais, iguais e consecutivas, vencendo-se a primeira parcela no prazo de 30 (trinta) dias a contar da data de apuração do Preço da Opção de Compra, e as seguintes no mesmo dia dos anos subsequentes. Cada parcela do Preço da Opção de Venda será corrigida pelo CDI a partir da data da apuração do Preço da Opção Venda até a data do seu efetivo pagamento.

Parágrafo 4° - Notificação de Exercício da Opção de Compra. Fica desde já acordado entre os Cotistas A e B que a Opção de Compra constante dessa cláusula poderá ser a qualquer tempo, após o prazo de 10 (dez) anos a contar da data da assinatura desse Acordo, mediante o envio de correspondência escrita ao Cotista A, e as demais Partes nesse Acordo.

Parágrafo 5° - Enviada a Notificação de Exercício de Opção de Compra, qualquer das demais Partes nesse Acordo também terá o direito de adquirir, proporcionalmente à sua participação no capital da Empresa, mediante notificação aos demais Cotistas dentro do prazo máximo de 30 (trinta) dias, devendo as Cotas objeto da Opção de Compra ser transferidas aos Cotistas que exercerem a referida opção, na proporção de suas participações no capital social da Empresa.

Parágrafo 6° - Preço da Opção de Compra. Passados 10 (dez) anos da data da assinatura deste Acordo, em havendo o exercício de referida opção de Compra, o preço a ser pago pelo cotista B, e/ou qualquer das Partes interessadas signatárias desse Acordo, ao Cotista A será apurado pela administração da Empresa no prazo de 30 (trinta) dias a contar do exercício da Opção de Compra e corresponderá ao resultado da multiplicação: (i) do percentual de Cotas representativas do capital social da Empresa detidas pelo Cotista A na data do exercício da Opção de Compra; (ii) pelo *Valuation* da Empresa pelo seu "Valor Econômico" que vier a ser determinado por empresa especializada, de comum acordo entre os cotistas A e B, mediante a utilização de metodologia reconhecida (fluxo de caixa descontado e múltiplos).

VIII. DO EXERCÍCIO DO DIREITO DE VOTO E DA COMPOSIÇÃO E FUNCIONAMENTO DOS ÓRGÃOS DA ADMINISTRAÇÃO DA EMPRESA

Cláusula 8ª - A Empresa será administrada pelo Conselho de Administração e pela Diretoria, que serão compostos e funcionarão em conformidade com a legislação aplicável, o seu Contrato Social e as disposições deste Acordo de Cotistas.

Parágrafo 1° - O Conselho de Administração da Empresa será composto por, no mínimo, 5 (cinco) e, no máximo, 7 (sete) membros, dos quais, no mínimo, 40% (quarenta por cento) deverão ser Conselheiros Independentes, eleitos para um mandato de até 2 (dois) anos, sendo permitida a reeleição.

Parágrafo 2° - Para fins deste Acordo de Cotistas, o termo "Conselheiro Independente" tem o significado a ele atribuído pelo Regulamento de Listagem do Novo Mercado[74].

[74] Regulamento do Novo Mercado B3: "Art. 16. O enquadramento do conselheiro independente deve considerar sua relação: I - com a companhia, seu acionista controlador direto ou indireto e seus administradores; e II - com as sociedades controladas, coligadas ou sob controle comum. § 1° Para os fins da verificação do enquadramento do conselheiro independente, não é considerado conselheiro independente aquele que: I - é acionista controlador direto ou indireto da companhia; II - tem seu exercício de voto nas reuniões do conselho de administração vinculado por acordo de acionistas que tenha por objeto matérias relacionadas à companhia; III - é cônjuge, companheiro ou parente, em linha reta ou colateral, até segundo grau do acionista controlador, de administrador da companhia ou de administrador do acionista controlador; e IV - foi, nos últimos 3 (três) anos, empregado ou diretor da companhia ou do seu acionista controlador. § 2° Para os fins da verificação do enquadramento do conselheiro independente, as situações descritas abaixo devem ser analisadas de modo a verificar se implicam perda de independência do conselheiro independente em razão das características, magnitude e extensão do relacionamento: I - é afim até segundo grau do acionista controlador, de administrador da companhia ou de administrador do acionista controlador; II - foi, nos últimos 3 (três) anos, empregado ou diretor de sociedades coligadas, controladas ou sob controle comum; III - tem relações comerciais com a companhia, o seu acionista controlador ou sociedades coligadas,

Parágrafo 3º - As Partes indicarão, com antecedência de no mínimo 5 (cinco) dias úteis da data da realização da Reunião de Sócios que deliberará acerca da matéria, e de no mínimo 3 (três) dias úteis da realização da reunião prévia relativa a tal Reunião de Sócios, as pessoas por elas escolhidas para serem eleitas para o Conselho de Administração.

Parágrafo 4º - As Partes obrigam-se a votar em bloco para eleger os conselheiros indicados nos termos dos parágrafos 1º e 2º desta cláusula.

Parágrafo 5º - Nas Reuniões de Sócios convocadas para preencher vaga de conselheiro, as Partes votarão de modo a eleger substituto que seja compatível com os parágrafos 1º e 2º desta cláusula.

Parágrafo 6º - A Empresa será administrada por uma Diretoria, composta na forma descrita no seu Contrato Social.

Parágrafo 7º - A escolha dos diretores da Empresa se dará em reunião do Conselho de Administração da Empresa convocada especialmente para esse fim.

Parágrafo 8º - Os membros do Conselho de Administração ou da Diretoria que, por qualquer motivo, tiverem interesse particular ou conflitante com o da Empresa em determinada deliberação, podendo influenciar ou tomar decisões motivadas por tais interesses, deverão abster-se de participar da discussão e votação desta matéria, ainda que como representantes de terceiros, devendo, para tanto, manifestar, tempestivamente, seu conflito de interesses ou interesse particular, sob pena de outra pessoa fazê-lo.

IX. DAS REUNIÕES PRÉVIAS E DO EXERCÍCIO DO DIREITO DE VOTO

Cláusula 9ª - As Partes comprometemse, por si e seus sucessores a qualquer título, a exercer o direito de voto atribuído às Cotas de que são titulares, de modo a fazer com que as obrigações assumidas neste Acordo de Cotistas venham a ser integralmente cumpridas.

Parágrafo 1º - Previamente a cada Reunião de Sócios da Empresa, deverá ser convocada e realizada reunião para discutir cada uma das matérias da ordem do dia da Reunião de Sócios da Empresa, procurando as Partes chegar a um consenso com respeito às deliberações a serem tomadas ("Reunião Prévia").

controladas ou sob controle comum; IV - ocupa cargo em sociedade ou entidade que tenha relações comerciais com a companhia ou com o seu acionista controlador que tenha poder decisório na condução das atividades da referida sociedade ou entidade; V - recebe outra remuneração da companhia, de seu acionista controlador, sociedades coligadas, controladas ou sob controle comum além daquela relativa à atuação como membro do conselho de administração ou de comitês da companhia, de seu acionista controlador, de suas sociedades coligadas, controladas ou sob controle comum, exceto proventos em dinheiro decorrentes de participação no capital social da companhia e benefícios advindos de planos de previdência complementar".

Parágrafo 2° - Salvo se diversamente acordado, por escrito, pelas Partes, as Reuniões Prévias serão realizadas no escritório (endereço) às 10 horas da manhã, no mínimo 3 (três) dias úteis antes da data da respectiva Reunião de Sócios, sendo admitida a participação de apenas 1 (um) representante de cada uma das Partes.

Parágrafo 3° - A Reunião Prévia será convocada mediante notificação, por escrito, por qualquer das Partes às outras Partes com, pelo menos, 4 (quatro) dias úteis de antecedência da data da respectiva Reunião de Sócios, devendo a notificação fazer referência à ordem do dia da Reunião de Sócios e aos demais assuntos a serem tratados na Reunião Prévia.

Parágrafo 4° - A notificação para convocação da Reunião Prévia será dispensada se todas as Partes, devidamente representadas, estiverem presentes à Reunião Prévia. As Partes não poderão deliberar na Reunião Prévia acerca de qualquer assunto não especificado na ordem do dia da respectiva Reunião de Sócios ou na notificação de convocação da Reunião Prévia, salvo se todas as Partes estiverem presentes à Reunião Prévia e concordarem, por escrito, em fazêlo.

Parágrafo 5° - A Reunião Prévia será validamente realizada com a presença de Partes, devidamente representadas, representando, no mínimo, 80% (oitenta por cento) das Cotas da Empresa.

Parágrafo 6° - No caso de não instalação ou de não realização, por qualquer motivo, da Reunião Prévia, as Partes deverão votar, na respectiva Reunião de Sócios, pelo adiamento e realização de nova Reunião de Sócios.

Parágrafo 7° - Na Reunião Prévia, para cada Cota com direito a voto de titularidade de uma das Partes presentes à Reunião Prévia será atribuído um voto. A aprovação das decisões da Reunião Prévia dependerá do voto afirmativo de Partes representando, no mínimo, 75% (setenta e cinco por cento) das Cotas vinculadas a esse Acordo.

Parágrafo 8° - As decisões aprovadas na Reunião Prévia vincularão o voto de todas as Partes na respectiva Reunião de Sócios, devendo as Partes votar em bloco na Reunião de Sócios, de acordo com tais decisões.

Parágrafo 9° - A ausência de qualquer Parte à Reunião Prévia, desde que regularmente convocada e instalada, não isentará ou desvinculará tal Parte da obrigação de votar em bloco de acordo com as decisões aprovadas na Reunião Prévia, conforme previsto no parágrafo 7° desta cláusula.

Parágrafo 10 - Das decisões da Reunião Prévia será lavrada ata, que será assinada por tantas Partes quantas necessárias para a aprovação da decisão de acordo com o *quórum* exigido no parágrafo 7° acima.

Parágrafo 11 - Da ata extrair-se-ão cópias, que serão fornecidas às Partes, inclusive qualquer Parte ausente à Reunião Prévia, devendo a ata servir como instrução de voto para tal Parte.

Parágrafo 12 - O eventual exercício, por qualquer das Partes, do direito de voto nas Reuniões de Sócios da "Empresa" em desacordo com as decisões aprovadas na Reunião Prévia ou das demais disposições aplicáveis deste Acordo de Cotistas importará em nulidade do voto exercido em desacordo com as decisões aprovadas na Reunião Prévia.

X. EXECUÇÃO ESPECÍFICA

Cláusula 10 - O não cumprimento das obrigações assumidas nos termos deste Acordo de Cotistas sujeitará a(s) Parte(s) faltosa(s) às medidas judiciais cabíveis com vistas à obtenção da tutela específica da obrigação inadimplida.

Parágrafo 1° - Verificada a impossibilidade da tutela específica e não havendo providências que assegurem o resultado prático equivalente ao do adimplemento da obrigação não cumprida, fica desde já acordado que o simples pagamento de perdas e danos não constituirá compensação adequada.

Parágrafo 2° - Qualquer das Partes terá o direito de requerer ao Presidente da Reunião de Sócios da "Empresa" que declare a invalidade do voto proferido contra disposição expressa deste Acordo de Cotistas que tenha sido efetuado em desacordo com qualquer das restrições impostas neste Acordo de Cotistas, independentemente de qualquer procedimento judicial ou extrajudicial.

Parágrafo 3° - Sem prejuízo do acima disposto, fica assegurado a qualquer das Partes o direito de exigir judicialmente (i) a anulação da Reunião de Sócios que aceite como válido o voto proferido contra disposição expressa deste Acordo de Cotistas; (ii) o suprimento judicial da vontade do cotista em caso de recusa em exercer o direito de voto nas condições ora pactuadas ou de cumprir qualquer outra obrigação prevista neste Acordo de Cotistas.

Parágrafo 4° - A fim de assegurar o cumprimento com as obrigações ora assumidas, e para assegurar sua validade perante terceiros, uma via do presente Acordo será arquivada na sede da Empresa e uma via será arquivada com a advogada da Empresa (nome e OAB endereço do escritório). Também haverá averbação deste Acordo no Contrato Social da Empresa.

Parágrafo 5° - As Partes expressamente concordam que indenizações pecuniárias não são suficientes para compensar a si e/ou a Empresa, em função do descumprimento por parte de qualquer dos Cotistas, de qualquer das obrigações e acordos ora estabelecidos. Portanto, cada Cotista concorda e reconhece que qualquer violação ou ameaça de violação será sujeita a execução específica, nos termos do art. 118 da Lei das S/A e do Código de Processo Civil.

XI. PRAZO DE VIGÊNCIA

Cláusula 11 - Este Acordo de Cotistas tem a vigência de 20 (vinte) anos a contar da data de sua assinatura.

XII. DISPOSIÇÕES GERAIS

Cláusula 12 - A eventual abstenção de qualquer das Partes do exercício de direitos previstos neste Acordo de Cotistas não significará renúncia ou novação dos mesmos, que poderão ser invocados ou exercidos a qualquer momento, observada a legislação em vigor.

Parágrafo 1° - Obrigam-se as Partes e a "Empresa" a cumprir e a fazer cumprir integralmente tudo que é pactuado entre elas no presente Acordo de Cotistas, pelo que reconhecem e afirmam ser nula e ineficaz, entre elas, perante a "Empresa" ou qualquer terceiro, qualquer atitude e/ou medida tomada em discordância com o aqui pactuado e/ou que represente violação às obrigações assumidas pelas Partes e pela "Empresa" neste Acordo de Cotistas.

Parágrafo 2° - O presente Acordo de Cotistas obriga a "Empresa", as Partes, e quaisquer de seus herdeiros, legatários e sucessores a qualquer título.

Parágrafo 3° - Todas as obrigações assumidas neste Acordo de Cotistas têm caráter irrevogável e irretratável.

Parágrafo 4° - As Partes desde já se obrigam a praticar todos os atos, inclusive a convocação de Reuniões de Sócios e o exercício do direito de voto, e a assinar todos os documentos necessários ou úteis para alterar os Contratos e Estatutos Sociais, conforme o caso, dos Cotistas Pessoas Jurídicas (*holdings*) e da "Empresa", de forma a adaptá-los ao pactuado no presente Acordo de Cotistas.

Parágrafo 5° - Obrigam-se as Partes a arquivar este Acordo de Cotistas na "Empresa", que se obriga por si e seus sucessores, em caráter irrevogável e irretratável, a observá-lo, rigorosamente, em todos os seus termos e condições, razão pela qual também o assina na qualidade de interveniente.

Parágrafo 6° - Este Acordo de Cotistas cancela e substitui qualquer outro acordo de cotistas firmado entre as Partes, esteja ou não arquivado na sede da "Empresa.

Parágrafo 7° - A invalidação, no todo ou em parte, de quaisquer cláusulas deste Acordo de Cotistas não afetará as demais, que permanecerão sempre válidas e eficazes até o cumprimento, pelas Partes, de todas as suas obrigações previstas neste Acordo de Cotistas. Ocorrendo o disposto neste parágrafo, as Partes desde já se comprometem a negociar, no menor prazo possível, em substituição à cláusula invalidada, a inclusão, neste Acordo de Cotistas, de termos e condições válidos que reflitam os termos e condições da cláusula invalidada, observados a intenção e o objetivo das Partes quando da negociação da cláusula invalidada e o contexto em que se insere.

Parágrafo 8° - As disputas ou controvérsias relacionadas ao Acordo de Cotistas serão resolvidas por meio de conciliação, mediação ou arbitragem, nessa ordem, conduzida junto à Câmara de Conciliação, Mediação e Arbitragem da FIESP/CIESP, de conformidade com o Regulamento da referida Câmara. Não obstante o disposto neste parágrafo, as Partes concordam que podem requerer medidas perante o Poder Judiciário para obter medidas acautelatórias, bem como qualquer outra medida que não possa ser obtida segundo a lei brasileira de arbitragem, incluindo, sem limitação, as previstas nos artigos 461 (obrigação de fazer ou não fazer), 462 (fatos supervenientes), 639 e seguintes (obrigações dos herdeiros) do Código de Processo Civil. A necessidade da propositura de qualquer ação ou outra medida, nos termos deste parágrafo, perante o Poder Judiciário, não conflita com a eleição de um painel de arbitragem, nem representa uma dispensa com relação à necessidade de submissão à arbitragem. Para fins do disposto nesta Cláusula, as Partes elegem o foro da Cidade de Belo Horizonte, Estado de Minas Gerais.

XIII. COMUNICAÇÕES

Cláusula 13 - Todas as comunicações e notificações entre as Partes e a "Empresa" deverão ser encaminhadas para os seguintes endereços:

I. Nome:
Endereço completo:
Telefone fixo:
Celular:
E-mail:

II. Nome:
Endereço completo:
Telefone fixo:
Celular:
E-mail:

As comunicações serão consideradas entregues quando encaminhadas sob protocolo ou com "aviso de recebimento" expedido pela Empresa Brasileira de Correios e Telégrafos para os endereços acima, ou quando da emissão de confirmação de transmissão quando enviados via *e-mail*. Os originais dos documentos enviados por *e-mail* deverão ser encaminhados para os endereços acima em até 2 (dois) dias úteis após o envio da mensagem.

E, por estarem justas e contratadas, as Partes e a Interveniente Anuente, obrigando-se por si e seus sucessores, firmam este Acordo de Cotistas em 6 (seis) vias de igual teor e forma para um só efeito, na presença das 2 (duas) testemunhas abaixo assinadas.

Belo Horizonte, data e assinaturas

_______________	_______________
Sócio	Sócio
_______________	_______________
Sócio	Sócio

____

"Empresa" interveniente anuente
Representante Legal:
Cargo: Diretor

Testemunhas:

_______________	_______________
Nome	Nome
RG	RG
CPF	CPF

5) Exemplo de Minuta de Acordo de Cotistas (*Holding* Controladora de Empresas Operacionais)

ACORDO DE COTISTAS DA SEYCHELLES LTDA.

(*Holding* controladora das Empresas Operacionais SINGAPURA S/A e NEPAL LTDA.)

Por este instrumento particular e melhor forma de Direito, as "Partes" a seguir qualificadas:

I. (A) (nome, qualificação completa, pessoa física - família 1);
(B) (nome, qualificação completa, pessoa física - família 2);
(C) (nome, qualificação completa, pessoa física - família 3);
(D) (nome, qualificação completa, pessoa física - família 4);
(E) (nome, qualificação completa - *holding* família 5 - ILINOIS LTDA.);
(F) (nome, qualificação completa - *holding* família 6 - TEXAS S/A);

doravante denominadas, quando em conjunto, "Partes" e

II. Como intervenientes anuentes:

SEYCHELLES LTDA. (qualificação completa, CNPJ, sede), neste ato representada nos termos de seu Contrato Social, doravante denominada "*Holding*";

SINGAPURA S/A (qualificação completa, CNPJ, sede), neste ato representada nos termos de seu Contrato Social, doravante denominada "*EMPRESA 1*";

NEPAL LTDA. (qualificação completa, CNPJ, sede), neste ato representada nos termos de seu Contrato Social, doravante denominada "*EMPRESA 2*";

Considerando que os signatários deste Acordo são titulares da totalidade das Cotas da *Holding*;

Considerando que a *Holding* é titular de 95% (noventa e cinco por cento) do capital social das Empresas 1 e 2;

Considerando que as Partes desejam formalizar os ajustes que fizeram entre si, referentes às regras e aos procedimentos que devem prevalecer nas suas relações enquanto cotistas da *Holding* controladora das Empresas 1 e 2;

Resolvem as "Partes" firmar o presente Acordo de Cotistas ("Acordo de Cotistas"), nos seguintes termos e condições:

I - DA COMPOSIÇÃO E FUNCIONAMENTO DA *HOLDING*

Cláusula 1ª - A *Holding* será administrada pela Diretoria, que funcionará em conformidade com a legislação aplicável, seu Contrato Social e as disposições deste Acordo de Cotistas.

Parágrafo 1° - A Diretoria será composta por 3 (três) diretores, sem denominação específica, eleitos para um mandato de até 2 (dois) anos, sendo permitida a reeleição.

Parágrafo 2° - Os sócios (pessoa física) - famílias 1, 2, 3 e 4 - indicarão em conjunto um dos três Diretores da *Holding*, a ILINOIS LTDA. indicará outro dos três Diretores da *Holding* e a TEXAS S/A o outro Diretor da *Holding*.

II - DA DISTRIBUIÇÃO DE DIVIDENDOS

Cláusula 2ª - Os sócios expressamente concordam que 30% (trinta por cento) dos lucros percebidos pela *Holding* serão distribuídos a título de dividendos a seus sócios, signatários deste Acordo, na proporção de sua participação no capital da *Holding* e seguindo as seguintes diretrizes:

Parágrafo 1° - A *Holding* somente pode pagar dividendos à conta de lucro líquido do exercício, de lucros acumulados e de reserva de lucros.

Parágrafo 2° - A distribuição de dividendos com inobservância do disposto acima implica responsabilidade solidária dos administradores, que deverão repor à caixa social a importância distribuída, sem prejuízo da ação penal que no caso couber.

Parágrafo 3° - Os acionistas não são obrigados a restituir os dividendos que em boa-fé tenham recebido.

Parágrafo 4° - Distribuições realizadas de forma diferente daquela prevista no *caput* dessa cláusula dependerão de deliberação dos sócios titulares de 80% (oitenta por cento) das cotas representativas do capital social da *Holding*.

Parágrafo 5° - Mensalmente e com base nas metas de faturamento estabelecidas no início de cada exercício social e de acordo com o levantamento de balancetes mensais das Empresas 1 e 2, a *Holding* poderá antecipar aos Sócios a distribuição dos dividendos apurados no exercício.

III - DAS REUNIÕES PRÉVIAS E DO EXERCÍCIO DO DIREITO DE VOTO

Cláusula 3ª - As Partes comprometemse, por si e por seus sucessores, a qualquer título, a exercer o direito de voto atribuído às Cotas de que são titulares de modo a fazer com que as obrigações assumidas neste Acordo de Cotistas venham a ser integralmente cumpridas.

Parágrafo 1° - Previamente a cada Reunião de Sócios da *Holding*, deverá ser convocada e realizada reunião para discutir cada uma das matérias da ordem do dia da Reunião de Sócios das Empresas 1 e 2, procurando as Partes chegar a um consenso com respeito às deliberações a serem tomadas ("Reunião Prévia").

Parágrafo 2° - Salvo se diversamente acordado, por escrito, pelas Partes, as Reuniões Prévias serão realizadas no escritório (endereço) às 10 horas da manhã, no mínimo 3 (três) dias úteis antes da data da respectiva Reunião de Sócios, sendo admitida a participação de apenas 1 (um) representante de cada uma das Partes.

Parágrafo 3° - A Reunião Prévia será convocada mediante notificação, por escrito, por qualquer das Partes às outras Partes com, pelo menos, 5 (cinco) dias úteis de antecedência da data da respectiva Reunião de Sócios, devendo a notificação fazer referência à ordem do dia da Reunião de Sócios e aos demais assuntos a serem tratados na Reunião Prévia.

Parágrafo 4° - A notificação para convocação da Reunião Prévia será dispensada se todas as Partes, devidamente representadas, estiverem presentes à Reunião Prévia. As Partes não poderão deliberar na Reunião Prévia acerca de qualquer assunto não especificado na ordem do dia da respectiva Reunião de Sócios ou na notificação de convocação da Reunião Prévia, salvo se todas as Partes estiverem presentes à Reunião Prévia e concordarem, por escrito, em fazêlo.

Parágrafo 5° - A Reunião Prévia será validamente realizada com a presença de Partes, devidamente representadas, representando, no mínimo, 80% (oitenta por cento) das Cotas da *Holding*.

Parágrafo 6° - No caso de não instalação ou de não realização, por qualquer motivo, da Reunião Prévia, as Partes deverão votar, na respectiva Reunião de Sócios, pelo adiamento e realização de nova Reunião de Sócios.

Parágrafo 7° - Na Reunião Prévia, para cada Cota com direito a voto de titularidade de uma das Partes presentes à Reunião Prévia será atribuído um voto. A aprovação das decisões da Reunião Prévia dependerá do voto afirmativo de Partes representando, no mínimo, 80% (oitenta por cento) das Cotas vinculadas a esse Acordo.

Parágrafo 8° - As decisões aprovadas na Reunião Prévia vincularão o voto de todas as Partes na respectiva Reunião de Sócios, devendo as Partes votar em bloco na Reunião de Sócios, de acordo com tais decisões.

Parágrafo 9° - A ausência de qualquer Parte à Reunião Prévia, desde que regularmente convocada e instalada, não isentará ou desvinculará tal Parte da obrigação de votar em bloco de acordo com as decisões aprovadas na Reunião Prévia, conforme previsto no parágrafo 7° desta cláusula.

Parágrafo 10 - Das decisões da Reunião Prévia será lavrada ata, que será assinada por tantas Partes quantas necessárias para a aprovação da decisão de acordo com o *quórum* exigido no parágrafo 7° acima.

Parágrafo 11 - Da ata extrair-se-ão cópias, que serão fornecidas às Partes, inclusive qualquer Parte ausente à Reunião Prévia, devendo a ata servir como instrução de voto para tal Parte.

Parágrafo 12 - O eventual exercício, por qualquer das Partes, do direito de voto nas Reuniões de Sócios da *Holding* em desacordo com as decisões aprovadas na Reunião Prévia ou as demais disposições aplicáveis deste Acordo de Cotistas importará em nulidade do voto exercido em desacordo com as decisões aprovadas na Reunião Prévia.

IV - DIREITO DE VETO DOS COTISTAS X E Y

Cláusula 4ª - As matérias abaixo enumeradas não poderão ser aprovadas pelo competente órgão societário da *Holding*, a saber, Reunião de Cotistas ou Diretoria, caso qualquer um dos cotistas X ou Y, em conjunto ou separadamente, confira no órgão competente o voto negativo a respeito de tais matérias:

(a) Alteração das regras de distribuição de dividendos e reinvestimento na *Holding* e nas Empresas 1 e 2;

(b) Alteração no Contrato Social da *Holding* e das Empresas 1 e 2, que envolvam mudanças relacionadas aos seguintes temas: (i) objeto social; (ii) capital social; (iii) organização e competência dos órgãos corporativos, incluindo número de membros e duração de seus mandatos; (iv) administração da *Holding* e das Empresas 1 e 2;

(c) Aquisição, venda ou oneração de negócios ou ativos permanentes, quando o valor individual ou o valor agregado num período de um ano exceder (i) a 5% (cinco por cento) do patrimônio líquido da *Holding* e/ou das Empresas 1 e 2 ou ao valor agregado de US$ 1.000.000 (um milhão de dólares), prevalecendo o menor, o qual será sempre submetido à ratificação pela Reunião de Cotistas dentro de 15 (quinze) dias a contar da data da assinatura do respectivo contrato;

(d) Transformação, fusão, cisão parcial, cisão total, incorporação da *Holding* e/ou das Empresas 1 e 2 em outra sociedade e vice-versa;

(e) Assunção de qualquer débito financeiro que exceda: (i) 20% (vinte por cento) do patrimônio líquido da *Holding* e/ou das Empresas 1 e 2 na data do último balanço disponível aprovado pelos sócios; ou (ii) a 1 (uma) vez o atual Fluxo de Caixa da Empresa, calculado nos 12 (doze) meses precedentes à assunção do débito, o qual dependerá sempre de autorização prévia da Reunião de Cotistas;

(f) Os cotistas X e Y devem ser devida e adequadamente notificados com antecedência mínima de 20 (vinte) dias acerca de qualquer procedimento ou reunião proposta relativa ao órgão societário pertinente. Qualquer falta no cumprimento de tal exigência tornará nulos de pleno direito os procedimentos e deliberações do respectivo órgão corporativo.

V - CLÁUSULA DE NÃO CONCORRÊNCIA

Cláusula 5ª - Enquanto as Partes Signatárias deste Acordo permanecerem sócias da *Holding*, e durante toda a vigência deste Acordo, todos concordam em utilizar unicamente as Empresas 1 e 2 como meio para desenvolver o mercado (especificar objetos sociais) no Brasil.

Parágrafo 1° - Assim sendo, nenhuma das Partes poderá, direta ou indiretamente, por meio de qualquer pessoa ou entidade por ela controlada, possuir, administrar, operar, controlar, se envolver ou participar, seja na propriedade, administração ou controle, ou estar vinculada como executivo, empregado, diretor, consultor ou de qualquer outro modo, ou ter interesse financeiro, ou ajudar ou prestar assistência a qualquer pessoa na condução de qualquer entidade ou negócio vinculado ao mercado (especificar objetos) no Brasil e que concorra, direta ou indiretamente, com as Empresas 1 ou 2.

Parágrafo 2° - Além disso, enquanto permanecerem como cotistas da *Holding*, e durante toda a vigência deste Acordo, concordam em não competir uns com os outros no mesmo mercado (especificar) em nenhum país do Mercosul.

Parágrafo 3° - Na hipótese de violação, direta ou indireta, desta Cláusula por qualquer das Partes Signatárias, os prejudicados terão o direito de enviar uma notificação por escrito à Parte que violar esse dispositivo, identificando e pormenorizando o ato que quaisquer deles considerem como violação desta cláusula de não competição, sendo que, nesse caso, o seguinte procedimento deverá ser observado: (a) no prazo de 2 (dois) meses após o recebimento da notificação por escrito supramencionada, todas as Partes deverão fazer seus melhores esforços para negociar uma solução satisfatória para as partes lesadas; (b) se, no final do prazo mencionado no item (a) acima, as Partes não chegarem a mútuo consenso nesse sentido, este Acordo perderá sua eficácia, exceto com relação às Cláusulas VI, VII, VIII, IX e X e seus parágrafos, e, imediatamente após a rescisão parcial do presente Acordo de Sócios, os signatários prejudicados comprarão as cotas do(s) sócio(s) violadores, por 80% (oitenta por cento) do valor do patrimônio líquido do último balanço, com pagamento em 60 (sessenta) parcelas mensais, sem juros ou correção monetária.

VI - EXECUÇÃO ESPECÍFICA

Cláusula 6ª - O não cumprimento das obrigações assumidas nos termos deste Acordo de Cotistas sujeitará a(s) Parte(s) faltosa(s) às medidas judiciais cabíveis com vistas à obtenção da tutela específica da obrigação inadimplida.

Parágrafo 1° - Verificada a impossibilidade da tutela específica e não havendo providências que assegurem o resultado prático equivalente ao do adimplemento da obrigação não cumprida, fica desde já acordado que o simples pagamento de perdas e danos não constituirá compensação adequada.

Parágrafo 2° - Qualquer das Partes terá o direito de requerer ao Presidente da Reunião de Sócios da *Holding* que declare a invalidade do voto proferido contra disposição expressa deste Acordo de Cotistas que tenha sido efetuado em desacordo com qualquer das restrições impostas neste Acordo de Cotistas, independentemente de qualquer procedimento judicial ou extrajudicial.

Parágrafo 3° - Sem prejuízo do acima disposto, fica assegurado a qualquer das Partes o direito de exigir judicialmente (i) a anulação da Reunião de Sócios que aceite como válido o voto proferido contra disposição expressa deste Acordo de Cotistas; (ii) o suprimento judicial da vontade do cotista em caso de recusa em exercer o direito de voto nas condições ora pactuadas ou de cumprir qualquer outra obrigação prevista neste Acordo de Cotistas.

Parágrafo 4° - A fim de assegurar o cumprimento com as obrigações ora assumidas, e para assegurar sua validade perante terceiros, uma via do presente Acordo será arquivada na sede da *Holding* e uma via será arquivada com a advogada da Empresa (nome e OAB, endereço do escritório). Também haverá averbação deste Acordo no Contrato Social da *Holding*.

Parágrafo 5° - As Partes expressamente concordam que indenizações pecuniárias não são suficientes para compensar a si e/ou a *Holding*, em função do descumprimento por parte de qualquer dos Cotistas, de qualquer das obrigações e acordos ora estabelecidos. Portanto, cada Cotista concorda e reconhece que qualquer violação ou ameaça de violação será sujeita à execução específica, nos termos do art. 118 da Lei das S/A e do Código de Processo Civil.

VII - DO DIREITO DE INFORMAÇÃO DOS SÓCIOS SIGNATÁRIOS DESSE ACORDO

Cláusula 7ª - Qualquer Parte neste Acordo terá, a qualquer tempo, o direito, o qual poderá ser exercido direta ou indiretamente, por meio de seus representantes, mediante notificação por escrito à administração da *Holding* às outras Partes, com, no mínimo, 7 (sete) dias úteis de antecedência, de:

(a) examinar os registros contábeis e sociais da *Holding* e das Empresas 1 e 2, bem como tirar cópias destes;

(b) solicitar e obter qualquer informação com relação aos negócios da *Holding* e das Empresas 1 e 2;

(c) examinar todo e qualquer contrato(s) ou acordo(s) celebrado pela Empresa, bem como toda e qualquer documentação pertinente às suas atividades, inclusive informações e relatórios apresentados ou elaborados pelos auditores externos da Empresa, devendo os administradores instruir tais auditores externos nesse sentido.

Parágrafo 1º - As informações obtidas por uma Parte, devido a esta cláusula, deverão permanecer como propriedade exclusiva da Empresa e deverão ser mantidas em estrita confidencialidade. Dessa forma, tais informações não poderão, de qualquer modo que seja, ser divulgadas, no todo ou em parte, pela Parte que as obteve ou por seus representantes, sendo que dita Parte deverá ser responsável por qualquer violação das obrigações de confidencialidade por parte de seus representantes.

Parágrafo 2º - As Partes terão o direito de, a qualquer tempo, receber e examinar os Relatórios da Administração preparados pelos membros da administração da Empresa, obrigatoriamente ao final de cada trimestre ou em períodos menores, caso solicitados por qualquer das Partes.

VIII - OPÇÃO DE COMPRA POR INADIMPLEMENTO OU VIOLAÇÃO DO ACORDO E PENALIDADES

Cláusula 8ª - Em caso de inadimplemento ou mora no adimplemento, por qualquer das Partes, doravante "Parte(s) Inadimplente(s)", das suas obrigações previstas neste ACORDO, qualquer Parte terá uma opção de compra irrevogável e irretratável para adquirir a totalidade, e não menos que a totalidade, das Cotas de titularidade de qualquer Parte(s) Inadimplente(s), e poderá enviar notificação ("Notificação de Inadimplemento") para que, no prazo de 30 (trinta) dias, contados do recebimento da Notificação de Inadimplemento, (i) providencie(m) o cumprimento da(s) Obrigação(ões) inadimplidas ou em mora; e (ii) recomponha(m) as demais Partes ao estado em que se encontrariam caso a(s) Parte(s) Inadimplente(s) não houvesse(m) inadimplido ou não estivesse(m) em mora no adimplemento de suas Obrigações.

Parágrafo 1º - Se, no prazo de 30 (trinta) dias, contados do recebimento da Notificação de Inadimplemento, a(s) Parte(s) Inadimplente(s) não sanar(em) a inadimplência verificada conforme previsto na referida notificação, as Partes que não forem Partes Inadimplentes e que assim desejarem, doravante "Partes Adimplentes", poderão, observados os procedimentos constantes dos parágrafos 2º a 5º desta Cláusula, à sua escolha, (a) adquirir as Cotas da(s) Parte(s) Inadimplente(s) pelo preço por Cota equivalente a 75% (setenta e cinco por cento) do valor patrimonial constante do balanço do último exercício social à data da expedição da Notificação de Inadimplemento "Opção de Compra por Inadimplemento"; ou

(b) vender a totalidade das suas Cotas à(s) Parte(s) Inadimplente(s) pelo preço por Cota equivalente a 125% (cento e vinte e cinco por cento) do valor patrimonial de mercado à data da expedição da Notificação de Inadimplemento, "Opção de Venda por Inadimplemento".

Parágrafo 2° - O exercício da Opção, de Compra ou de Venda, por Inadimplemento seguirá o seguinte procedimento:

(i) Após o decurso do prazo de 30 (trinta) dias do recebimento da Notificação de Inadimplemento pelas Parte(s) Inadimplente(s) e antes de decorridos 45 (quarenta e cinco) dias do recebimento da Notificação de Inadimplemento pelas Parte(s) Inadimplente(s), as Partes Adimplentes que tiverem interesse em exercer a Opção de Inadimplemento deverão enviar notificação à(s) Parte(s) Inadimplente(s) informando que exercem a Opção de Compra por Inadimplemento ou a Opção de Venda por Inadimplemento, "Notificação de Exercício de Compra ou de Venda", informando, ainda, o preço a ser pago por Cota, calculado conforme os procedimentos previstos no *caput* desta Cláusula.

(ii) As Partes Adimplentes que exercerem a Opção de Inadimplemento ou a(s) Parte(s) Inadimplente(s), conforme o caso, terão prazo de 60 (sessenta) dias, contados do recebimento, pela(s) Parte(s) Inadimplente(s), da Notificação de Exercício, para pagamento do preço das Cotas alienadas em razão do exercício da Opção de Compra ou de Venda por Inadimplemento pelas Partes Adimplentes.

Parágrafo 3° - Se houver mais de uma Parte Inadimplente, e duas ou mais Partes Adimplentes desejarem exercer a Opção de Venda por Inadimplemento, as Partes Inadimplentes deverão adquirir as Cotas das Partes Relevantes Adimplentes que desejarem exercer a Opção de Inadimplemento de Venda na proporção de suas participações na *Holding*, excluídas as participações dos outros cotistas que não forem Partes Inadimplentes.

Parágrafo 4° - Se houver mais de uma Parte Adimplente que deseje exercer a Opção de Compra por Inadimplemento, as Partes Adimplentes deverão adquirir as Cotas da(s) Parte(s) Inadimplente(s)s na proporção de suas participações na *Holding*, excluídas as participações de todos os outros cotistas que não exerceram a Opção de Compra por Inadimplemento.

Parágrafo 5° - Se houver mais de uma Parte Inadimplente, a contagem dos prazos previstos nesta Cláusula que tenham por termo inicial a data de recebimento da Notificação de Inadimplemento ou da Notificação de Exercício iniciarseá a partir da data que a última Parte Inadimplente tenha recebido a Notificação de Inadimplemento ou da Notificação de Exercício, conforme o caso.

IX - DISPOSIÇÕES GERAIS E ARBITRAGEM

Cláusula 9ª - Qualquer alteração ou modificação deste Acordo só poderá ser feita ou obrigará as partes, se escrita e assinada por todas as partes.

Parágrafo 1° - Os direitos e obrigações das partes neste Acordo, bem como a posição contratual por cada um deles assumida, não poderão ser transferidos ou cedidos na totalidade ou em parte, salvo da forma prevista neste Acordo ou mediante o prévio consentimento por escrito das demais partes.

Parágrafo 2° - O fato de qualquer parte deixar de exigir, a qualquer tempo, o cumprimento do disposto neste Acordo ou deixar de exercer algum direito por ele outorgado, não significará renúncia a qualquer de suas disposições. Caso qualquer cláusula deste Acordo venha a se tornar eficaz, não seja passível de execução ou seja inválida, tal fato não afetará a exequibilidade ou a validade das demais cláusulas deste Acordo, que permanecerão em pleno vigor e efeito. Em tal caso, as partes deverão negociar de boa-fé no sentido de substituir a cláusula ou disposição ineficaz, de forma a manter os objetivos e princípios estabelecidos neste Acordo.

Parágrafo 3° - A *Holding*, a Belize Ltda. e a Moscou S/A firmam este instrumento, na qualidade de intervenientes, valendo tal interveniência como arquivamento do Acordo na sede da *Holding*, a Belize Ltda. e a Moscou S/A, para todos os efeitos legais.

Parágrafo 4° - Este Acordo deverá ser mencionado no Contrato Social da *Holding*, da SINGAPURA e da NEPAL. Tal menção constitui um impedimento à realização de quaisquer atos contrários aos termos deste Acordo, ficando a *Holding*, a SINGAPURA e a NEPAL legitimamente autorizadas a não efetuar, nesse caso, o registro de tais atos e, portanto, recusar-se a transferir a propriedade ou título a quaisquer direitos sobre as cotas afetadas.

Parágrafo 5° - As partes obrigam-se a não celebrar qualquer acordo de voto ou transferência de Cotas que não seja o presente Acordo. Os termos e condições deste Acordo beneficiarão e obrigarão as partes e seus respectivos sucessores a qualquer título.

Parágrafo 6° - As partes envidarão esforços visando a solucionar, de forma amigável e por consenso, os desentendimentos ou conflitos oriundos da interpretação e/ou implementação do disposto neste instrumento. Cada uma das partes obriga-se a agir da seguinte maneira:

(a) Se as partes não alcançarem uma solução amigável e consenso com relação aos desentendimentos ou conflitos oriundos da interpretação ou implementação deste Acordo, depois de discussão por um período de até 7 (sete) dias úteis, o conflito ou controvérsia será submetido a um Tribunal Arbitral, no prazo de 10 (dez) dias úteis contados da notificação de uma parte a qualquer das outras nesse sentido, nos termos da Lei n. 9.307/96 e do Regulamento do Centro de Mediação e Arbitragem ("Regulamento");

(b) A arbitragem será regida de acordo com as regras do Regulamento do Centro de Arbitragem e Mediação da Câmara de Comércio Brasil-Canadá (CAM-CCBC) responsável pela administração do procedimento arbitral;

(c) O Tribunal será composto por 3 (três) árbitros, sendo um deles nomeado pela(s) parte(s) reclamante(s), o outro pela parte(s) reclamada(s) e o terceiro árbitro, que atuará como presidente do Tribunal Arbitral, pelos árbitros nomeados pelas partes. A escolha do terceiro árbitro deverá ser feita em 10 (dez) dias da nomeação do segundo árbitro. Caso uma das partes não nomeie um árbitro ou no caso de os árbitros nomeados não chegarem a um consenso quanto ao terceiro árbitro, caberá ao Presidente Centro de Arbitragem e Mediação da Câmara de Comércio Brasil-Canadá (CAM-CCBC) nomeá-lo no prazo máximo de 10 (dez) dias contados a partir da data em que se verificar o impasse ou a omissão;

(d) A sede da arbitragem será a cidade de São Paulo, estado de São Paulo, e o idioma será o português;

(e) Os árbitros deverão decidir de acordo com a legislação brasileira aplicável;

(f) A decisão arbitral será considerada final e definitiva e obrigará as partes, que renunciam expressamente a qualquer forma de recurso judicial contra a decisão arbitral;

(g) As partes poderão recorrer ao Poder Judiciário exclusivamente nos casos determinados neste item (g), sem que tal conduta seja considerada como ato de renúncia à arbitragem como único meio de solução de controvérsias escolhido pelas partes para (i) assegurar a instituição da arbitragem, (ii) obter medidas cautelares de proteção de direitos previamente à constituição do Tribunal Arbitral e (iii) executar qualquer decisão do Tribunal Arbitral; e

(h) A responsabilidade pelo pagamento das custas da arbitragem será determinada em conformidade com o Regulamento.

Parágrafo 7° - Este Acordo será regido e interpretado de acordo com as leis do Brasil.

Parágrafo 8° - As partes elegem como único competente o foro da comarca da capital de São Paulo para analisar e julgar as controvérsias e conflitos oriundos deste Acordo, renunciando a qualquer outro, por mais privilegiado que seja.

X - COMUNICAÇÕES

Cláusula 10 - Todas as comunicações e notificações entre as Partes e a *Holding* deverão ser encaminhadas para os seguintes endereços:

I. Nome:
Endereço completo:
Telefone fixo:
Celular:
E-mail:

II. Nome:
Endereço completo:
Telefone fixo:
Celular:
E-mail:

Parágrafo Único – As comunicações serão consideradas entregues quando encaminhadas sob protocolo ou com "aviso de recebimento" expedido pela Empresa Brasileira de Correios e Telégrafos para os endereços acima, ou quando da emissão de confirmação de transmissão quando enviados via *e-mail*. Os originais dos documentos enviados por *e-mail* deverão ser encaminhados para os endereços acima em até 2 (dois) dias úteis após o envio da mensagem.

E, por estarem justas e contratadas, as Partes e as Intervenientes Anuentes, obrigando-se por si e seus sucessores, firmam este Acordo de Cotistas em 7 (sete) vias de igual teor e forma para um só efeito, na presença das 2 (duas) testemunhas abaixo assinadas.

São Paulo, data.

____
Sócio Pessoa Física 1

____
"Empresa" interveniente anuente
Representante legal:
Cargo: Diretor

Testemunhas:

________________________	________________________
Nome RG CPF	Nome RG CPF

6) Exemplo de Escritura de Doação de Nua-Propriedade de Cotas com Reserva de Usufruto

Escritura Pública de Doação de Nua-Propriedade de Cotas de *Holdings* Patrimoniais com Reserva de Pleno Usufruto Político (Voto) e Patrimonial (Lucros e Dividendos), com Cláusula de Reversão e de Incomunicabilidade Inclusive dos Frutos

SAIBAM quantos esta pública escritura virem que, aos ____ dias do mês de ______________ do ano ________, nesta cidade de São Paulo, capital do Estado do mesmo nome, República Federativa do Brasil, na Rua ____________, nº ____, perante mim, ____ º Tabelião de Notas e às duas testemunhas idôneas, especialmente convocadas para este ato, adiante nomeadas, qualificadas e assinadas, compareceu como outorgante doador (nome, qualificação completa e endereço), reconhecido como o próprio de que trato pelo exame dos documentos apresentados e acima referidos, do que dou fé, e, do outro lado, como outorgados donatários (i) (filho 1 - qualificação completa e endereço) (ii) (filha 2 - qualificação completa e endereço), ambos, neste ato, representados por seus pais (se menores, pai e mãe assinam como representantes), reconhecidos todos como os próprios de que trato pelo exame dos documentos apresentados e acima referidos, do que também dou fé. Então, pelo referido outorgante doador (nome), acima qualificado, que se acha no pleno gozo de suas faculdades mentais e inteiramente livre de coação, induzimento ou sugestão, segundo o meu parecer e o entender das testemunhas, me foi dito, em idioma nacional e de modo a ser por todos ouvido, o seguinte: (1) que, considerando a vontade do outorgante doador, que seus dois filhos recebam igual tratamento em face do patrimônio por ele detido; (2) que, a justo título e completamente livre e desembaraçado de quaisquer ônus ou responsabilidades, dúvidas, litígios, encargos, é senhor e legítimo possuidor de 1.000.000 (um milhão) de cotas sociais da Sociedade (nome da *holding* patrimonial 1 do filho); (3) que é, também, senhor e legítimo possuidor, a justo título e completamente livre e desembaraçado de quaisquer ônus ou responsabilidades, dúvidas, litígios e encargos, de 1.000.000 (um milhão) cotas da Sociedade (nome da *holding* patrimonial 2 da filha); (4) que todos os bens constantes do patrimônio da (*holding* 1) e da (*holding* 2) foram avaliados e examinados pelos donatários, com cujos valores de mercado concordam e aceitam de pleno direito;

(5) que, pela presente escritura e nos melhores termos de direito, de sua livre e espontânea vontade, sem induzimento ou coação de qualquer espécie, e que, por possuir outros bens e meios suficientes para sua subsistência e em respeito ao sistema de normas pátrio, que rege as doações, ele, outorgante doador, doa a nua-propriedade, como de fato doado tem, das cotas sociais adiante e expressamente referidas para cada um dos outorgados donatários que dele as recebe, da seguinte forma e nas seguintes quantidades: (i) para (filho 1), a nua-propriedade de 1.000.000 (um milhão) de cotas, de emissão da Sociedade (*holding* patrimonial 1), (ii) para (filha 2), a nua-propriedade de 1.000.000 (um milhão) de cotas, de emissão da Sociedade (*holding* patrimonial 2); (6) que o outorgante doador reserva para si o usufruto vitalício sobre as participações societárias ora doadas, sem qualquer restrição, inclusive aí incluídos todos os frutos e direitos inerentes aos bens ora doados, irrestrito direito de voto em todas as reuniões e assembleias de sócios, sem interferência alguma ou qualquer restrição dos donatários, podendo inclusive, o outorgante doador, na qualidade de gestor vitalício dessas sociedades, alienar bens sociais, bem como praticar quaisquer outros atos de gestão que julgue conveniente, ainda recebendo sempre todos os frutos, rendimentos e direitos inerentes aos bens ora doados; (7) que, assim, desde já, cede e transfere, como de fato cedido e transferido tem, para as pessoas dos mesmos outorgados donatários, toda a nua-propriedade dos bens ora doados, obrigando-se ele, outorgante doador, por si e terceiros, a fazer a presente doação sempre boa, firme e valiosa na forma da lei; (8) que, para todos os efeitos de direito, estima em R$ ______,00 (______ reais) o valor da nua-propriedade dos bens ora doados; (9) que, ainda pela presente escritura, ele, outorgante doador, determina que: (i) nos termos previstos no art. 547 do Código Civil, no caso de outorgante doador sobreviver a qualquer um dos ora outorgados donatários, os bens ora atribuídos ao outorgado donatário retornarão ao patrimônio do outorgante doador; (ii) nos termos do art. 1.668 do Código Civil, as doações aqui feitas o são com as cláusulas de incomunicabilidade vitalícia, inclusive dos frutos e da livre administração de cada qual deles outorgados donatários, estendendo-se a mesma incomunicabilidade quando, a partir do falecimento do outorgante doador, venham os outorgados donatários a adquirir a plena propriedade dos bens ora doados. Em seguida, pelos outorgados donatários, em presença das mesmas testemunhas, me foi dito que aceitavam a presente escritura em todos os seus expressos termos, tal como está redigida. Assim o disseram, do que dou fé; a pedido das partes lavrei esta escritura, que lhes li em voz alta, pausada e clara, na presença simultânea das partes e das testemunhas presentes, e por acharem-na em tudo conforme a outorgaram, aceitaram e assinam com duas testemunhas que são ______ e ______, minhas conhecidas. Eu, __________, escrivão, a subscrevo e assino em público e raso em testemunho da verdade.

OUTORGANTE

FILHO 1 FILHA 2

OUTORGADOS

TESTEMUNHA 1 TESTEMUNHA 2

Referências

BARBOSA, Rui. *Oração aos Moços*. Disponível em: https://www.portalabel.org.br/images/pdfs/oracao-aos-mocos.pdf. Acesso em: 15 set. 2022.

BRASIL. Lei n. 10.406, de 10 de janeiro de 2002. Institui o Código Civil. *Diário Oficial da União*, Brasília, jan. 2002. Disponível em: http://www.planalto.gov.br/ccivil_03/leis/2002/l10406compilada.htm. Acesso em: 15 set. 2022.

BRASIL. Lei n. 6.404, de 15 de dezembro de 1976. Dispõe sobre as Sociedades por Ações. *Diário Oficial da União*, dez. 1976. Disponível em: http://www.planalto.gov.br/ccivil_03/leis/l6404consol.htm. Acesso em: 15 set. 2022.

CAHALI, Francisco José. *Direito das sucessões*. 4. ed. São Paulo: RT, 2012.

CARVALHOSA, Modesto. Prefácio. *In*: PRADO, Roberta Nioac (coord.). *Aspectos relevantes da empresa familiar*: governança e planejamento patrimonial sucessório. São Paulo: Saraiva/Fundação Getulio Vargas; Direito GV, 2013.

GEEF – Grupo de Estudos de Empresas Familiares. YouTube. Disponível em: https://www.youtube.com/channel/UCr9Yvlk_2YLgVtt5sn_GA_w. Acesso em: 15 set. 2022.

GERSICK, Kelin E.; HAMPTON, Marion McCollom; LANSBERG, Ivan; DAVIS, John. *Generation to Generation*: Life cycles of family business. Harvard Business School Press, 1997.

IBCG. *Caderno de Boas Práticas de Governança Corporativa para Empresas de Capital Fechado. Um guia para sociedades limitas e sociedades por ações fechadas*. Disponível em: https://conhecimento.ibgc.org.br/Lists/Publicacoes/

Attachments/21047/Cad%2012%20-%20Empresas%20de%20Capital%20 Fechado.PDF. Acesso em: 15 set. 2022.

IBGC. *Caderno 8 – Boas práticas para Assembleia de Acionistas*, jul. 2010. Disponível em: https://conhecimento.ibgc.org.br/Paginas/Publicacao.aspx?PubId=21048. Acesso em: 15 set. 2022.

IBGC. *Caderno 9: Boas práticas para reuniões do Conselho de Administração.* Disponível em: https://conhecimento.ibgc.org.br/Paginas/Publicacao.aspx?PubId=21053. Acesso em: 15 set. 2022.

IBGC. *Caderno de Boas Práticas para Reuniões do Conselho de Administração.* Disponível em: https://edisciplinas.usp.br/pluginfile.php/2758341/mod_resource/content/1/9.pdf. Acesso em: 15 set. 2022.

IBGC. *Código das Melhores Práticas de Governança Corporativa.* Disponível em: https://www.ibgc.org.br/.

IBGC. *Diversidade do Conselho de Administração e Estrutura de Capital.* Disponível em: https://conhecimento.ibgc.org.br/Paginas/Publicacao.aspx?PubId=23992. Acesso em: 15 set. 2022.

IBGC. *ESG risco e retorno: a perspectiva do Conselho de Administração.* Disponível em: https://conhecimento.ibgc.org.br/Paginas/Publicacao.aspx?PubId=23721. Acesso em: 15 set. 2022.

IBGC. *Modelo de Regimento Interno de Conselho de Administração.* Disponível em: https://conhecimento.ibgc.org.br/Paginas/Publicacao.aspx?PubId=22480. Acesso em: 15 set. 2022.

IBGC. *Monitoramento do Desempenho Empresarial.* Disponível em: https://conhecimento.ibgc.org.br/Paginas/Publicacao.aspx?PubId=24515. Acesso em: 15 set. 2022.

IBGC. *O pensar estratégico das organizações e o papel de seus órgãos de governança.* Disponível em: https://conhecimento.ibgc.org.br/Paginas/Publicacao.aspx?PubId=24514. Acesso em: 15 set. 2022.

PRADO, Roberta Nioac (coord.). *Aspectos relevantes da empresa familiar*: governança e planejamento patrimonial sucessório. Prefácio de Modesto Carvalhosa. São Paulo: Saraiva, 2013.

PRADO, Roberta Nioac (coord.). *Empresas familiares* – governança corporativa, governança familiar e governança jurídico sucessória. São Paulo: Saraiva, 2011.

PRADO, Roberta Nioac (coord.). *Empresas familiares e famílias empresárias* – governança e planejamento jurídico e sucessório. São Paulo: Quartier Latin, 2019.

PRADO, Roberta Nioac (coord.). *Empresas familiares*: uma visão interdisciplinar. Patrocínio: PwC e Grupo Agis. São Paulo: Noeses, 2015.

PRADO, Roberta Nioac. Direito e deveres patrimoniais de cônjuges/companheiros, fraude à meação. *In*: PRADO, Roberta Nioac; PEIXOTO, Daniel Monteiro; SANTI, Eurico Marcos Diniz de (coord.). *Estratégias societárias, planejamento tributário e sucessório*. São Paulo: Saraiva, 2009.

PRADO, Roberta Nioac. Dissolução parcial de sociedade empresária (Ltda. e S/A fechada), apuração de haveres e *goodwill*. *In*: PRADO, Roberta Nioac; PEIXOTO, Daniel Monteiro (coord.). *Reorganizações empresariais*: aspectos societários e tributários. São Paulo: Saraiva, 2011. (Série GVlaw)

PRADO, Roberta Nioac. Empresas familiares – governança corporativa, familiar e jurídico sucessória. *In*: PRADO, Roberta Nioac (coord.). *Empresas familiares* – governança corporativa, governança familiar, governança jurídica. São Paulo: Saraiva, 2011. (Série GVlaw)

PRADO, Roberta Nioac. *Empresas familiares*: família, propriedade e gestão – conflitos de interesses, direito e governança. *In*: FONTES FILHO, Joaquim Rubens; LEAL, Ricardo Pereira Câmara (orgs.). *Governança corporativa em empresas familiares*. São Paulo: Saint Paul Editora, 2011.

PRADO, Roberta Nioac. Fundamentos jurídicos e econômicos da OPA *a posteriori* (*tag along*) e a questão sob a ótica de empresas que praticam boas governança corporativa. *In*: KUYVEN, Luiz Fernando Martins (coord.). *Temas essenciais de direito empresarial* – estudos em homenagem a Modesto Carvalhosa. São Paulo: Saraiva, 2012 (versão atualizada da publicação na *Revista de Direito GV*, n. 3, v. 2, p. 167-190, jan.-jun. 2006.

PRADO, Roberta Nioac. Governança Corporativa e ordenamento jurídico brasileiro. *In*: MELO, Marcelo; MENEZES, Paulo Lucena de (orgs.). *Acontece nas melhores famílias* – repensando a empresa familiar. São Paulo: Saraiva/Virgília, 2008.

PRADO, Roberta Nioac. *Oferta pública de ações obrigatória nas S/A – Tag Along*. São Paulo: Quartier Latin, 2005.

PRADO, Roberta Nioac. Sete características fundamentais das sociedades limitadas e das sociedades por ações que podem determinar a estratégia de opção por um tipo societário ou outro. *In*: PRADO, Roberta Nioac; PEIXOTO, Daniel Monteiro; DE SANTI, Eurico Marcos Diniz (coord.). *Estratégias societárias, planejamento tributário e sucessório*. São Paulo: Saraiva, 2009. (Série GVlaw)

PRADO, Roberta Nioac. Sociedade *holding* e doação de ações e de cotas com reserva de usufruto. *In*: PRADO, Roberta Nioac; PEIXOTO, Daniel Monteiro; DE SANTI, Eurico Marcos Diniz (coord.). *Estratégias societárias, planejamento tributário e sucessório*. São Paulo: Saraiva, 2009. (Série GVlaw)

PRADO, Roberta Nioac. Uses and Limits of Conventional Corporate Governance Instruments: Analysis and Guidance for Reform. Resenha do artigo de Simon C. Y. Wong. *In*: FONTES FILHO, Joaquim Rubens; LEAL, Ricardo Pereira Câmara (orgs.). *Governança Corporativa* – Internacionalização e convergência – Os novos rumos das práticas de governança. São Paulo: Saint Paul, 2010.

PRADO, Roberta Nioac; DONAGGIO, Angela Rita Franco. Responsabilidade pessoal dos administradores e sócios por atos praticados em nome da sociedade e desconsideração da personalidade jurídica. *Revista de Direito GV 5*, São Paulo: FGV, v. 3, n. 1, p. 75-100, jan.-jun. 2007.

PRADO, Roberta Nioac; DONAGGIO, Angela Rita Franco. Sociedade limitada *versus* Sociedade por ações. Acordos de acionistas e de cotistas: cláusulas relevantes. *In*: PRADO, Roberta Nioac; PEIXOTO, Daniel Monteiro; DE SANTI, Eurico Marcos Diniz (coord.). *Estratégias societárias, planejamento tributários e sucessório*. São Paulo: Saraiva, 2009. (Série GVlaw)

PRADO, Roberta Nioac; OLIVEIRA, Fábio Villares. Investimento na acepção econômica e o dever legal de diligência dos administradores nas tomadas de decisão empresarial de investimento. *In*: LIMA, Maria Lucia Pádua (org.). *Trinta anos de Brasil*: Diálogos entre Direito e Economia. São Paulo: Saraiva, 2012. t. 3. (Série GVlaw)

PRADO, Roberta Nioac; PRADO, Viviane Muller. Determinantes estratégias na escolha do tipo societário: Ltda. ou S/A – Tabela comparativa. *In*: PRADO, Roberta Nioac; PEIXOTO, Daniel Monteiro; DE SANTI, Eurico Marcos Diniz (coord.). *Estratégias societárias, planejamento tributários e sucessório*. São Paulo: Saraiva, 2009. (Série GVlaw)

PRADO, Roberta Nioac; VILELA, Renato. Breves apontamentos sobre a evolução do Conselho de Administração no Brasil a partir dos anos 1980. *In*: FONTES FILHO, Joaquim Rubens; LEAL, Ricardo Pereira Câmara (orgs.). *Governança*

Corporativa - Discussão sobre os conselhos de empresas no Brasil. São Paulo: Saint Paul, 2012.

PRADO, Roberta Nioac; VILELA, Renato. Empresas familiares: governança corporativa, governança familiar e planejamento patrimonial sucessório. *In*: SILVA, Regina Beatriz Tavares da; CAMARGO NETO, Theodureto de Almeida (coords.). *Grandes temas de direito de família e das sucessões*. São Paulo: Saraiva, 2014. v. 2.

PRADO, Roberta Nioac; VILELA, Renato. Falecimento de cotista da sociedade limitada: dissolução parcial como regra geral e as alternativas via cláusulas contratuais de planejamento sucessório - Boas práticas de governança corporativa. *In*: COELHO, Fabio Ulhoa; FERES, Marcelo Andrade (coord.). *Empresa familiar* - estudos jurídicos. São Paulo: Saraiva, 2013.

PRADO, Roberta Nioac; VILELA, Renato. Falecimento de cotista da sociedade limitada: Dissolução parcial como regra geral e as alternativas via cláusulas contratuais de planejamento sucessório - Boas práticas de governança corporativa. *In*: COELHO, Fabio Ulhoa; FERES, Marcelo Andrade (coord.). *Empresa familiar* - estudos jurídicos. São Paulo: Saraiva, 2013.

PRADO, Roberta Nioac; VILELA, Renato (coord.). *Litígios societários*: divórcios (coletânea de jurisprudência). São Paulo: Saraiva, 2013. (Coleção Direito em Contexto Direito GV)

PRADO, Roberta Nioac; VILELA, Renato (coord.). *Litígios societários*: inventários (coletânea de jurisprudência). São Paulo: Saraiva, 2012. (Coleção Direito em Contexto Direito GV)

PRADO, Roberta Nioac; VILELA, Renato. Sair por quanto? Adequação do método de avaliação de participação societária em dissolução parcial de sociedade. *In*: AZEVEDO, Luís André N. de Moura; CASTRO, Rodrigo R. Monteiro de (coord.). *Sociedade limitada contemporânea*. São Paulo: Quartier Latin, 2013.

PRADO, Roberta Nioac; VILELA, Renato. Teoria e prática na governança corporativa. *In*: FONTES FILHO, Joaquim Rubens; LEAL, Ricardo Pereira Câmara (orgs.). *O futuro da Governança Corporativa* - desafios e novas fronteiras. São Paulo: Saint Paul, 2013.

SCHADECK, Marise; GRZYBOVSKI, Denize; BELTRAME, Betina; MOZZATO, Anelise Rebelato. Cultura organizacional e os sete pecados capitais: uma proposta para compreender os sistemas simbólicos. *Cad. EBAPE.BR*, Rio de

Janeiro, v. 14, n. 1, art. 8, jan.-mar. 2016. Disponível em: http://www.scielo.br/pdf/cebape/v14n1/1679-3951-cebape-14-01-00164.pdf. Acesso em : 15 set. 2022.

ZUGMAN, Daniel; BASTOS, Frederico; VILELA, Renato (coord.). *Planejamento patrimonial e sucessório*. Controvérsias e aspectos práticos. São Paulo: Dialética, 2021.